ReNew

新視野・新觀點・新活力

ReNew

新視野·新觀點·新活力

Eminent Historians Imagine What Might Have Been

WHAT IF？2

史上25起重要事件的另一種可能

羅伯・考利（Robert Cowley）編

黃煜文 譯

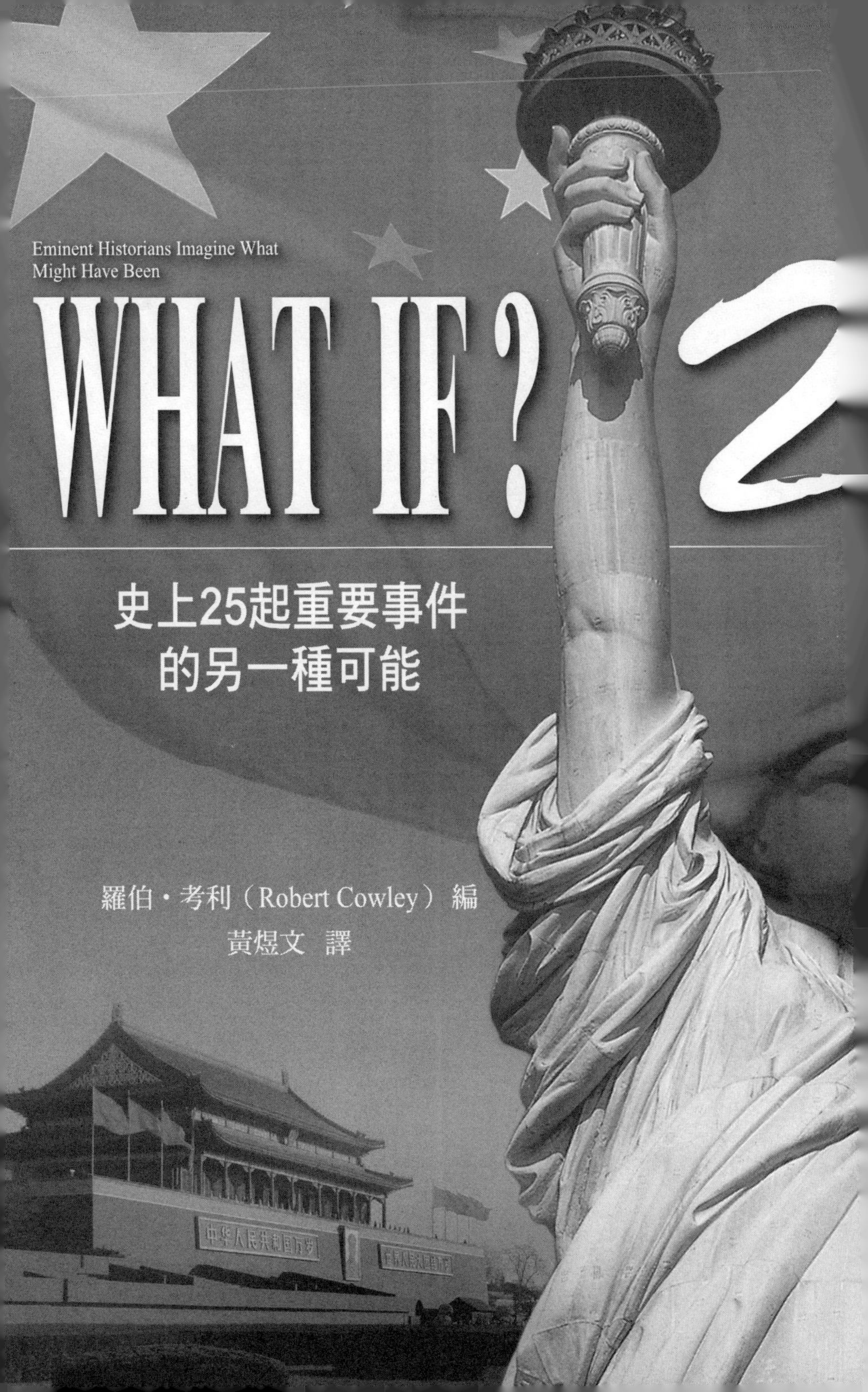

推薦序

假如蔣經國不是說「你等會」……

卜大中

歷史可以「假如」嗎？假如我爸爸沒有碰到我媽媽，假如他們碰到但沒結婚，會有今天的我嗎？腦筋常常急轉彎的小朋友問我：「怪叔叔，假如國父的媽媽沒生國父，中國會怎樣？」我正忙著想會不會有十次革命、肇建民國這些機車事，他卻格格笑了，說：「中國會少一個人啦！」

「假如」真的很有趣，從個人人生到一個國家的歷史，再到全人類，上帝只要「假如」一下，立即完全改觀。不過，已經發生的事，正是上帝「假如」之下的產物，所以，上帝有最多製造「假如」的材料。人嘛，權力越大的傢伙可以「假如」的選項就越多；小人物嘛，就只有「被假如」的份。所以，「假如」並非偶然，乃是必然的另一種面目。

假如袁世凱一念之間決定勤王，不派兵包圍光緒而是包圍慈禧，中國會怎樣？假如一八九五年中日海戰勝方是中國而不是日本，台灣沒有被「馬關條約」掉，台灣會怎樣？假如李鴻章聽得懂孫中山的廣東番話，沒把他趕出去，而讓他做個「弼馬瘟」之類的官，中國會怎樣？假如太平天國不要胡搞亂搞，而把滿清推翻，中國會怎樣？假如，好吧！更早一點，陳圓圓長得很醜，中國會怎樣？

扯太遠啦，說近一點的事。假如日本只打中國，不惹美國、英國，現在會怎樣？假如胡宗南攻進延安剿滅了毛澤東和中國共產黨（只差一點），中國會怎樣？假如老毛在建國後不久就蒙馬克思寵召，由劉少奇、周恩來主政，中國會怎樣？假如金日成沒發神經發動韓戰，台灣會怎樣？假如陳啟禮一行買的腳踏車沒被美國警察發現，台灣現在會怎樣？假如蔣經國那天肚子痛去大便時，門外沒有人聲聲催促他說出副總統人選，台灣會怎樣？假如天安門學運沒被屠殺鎮壓，而成功促成中共政變或崩潰，中國會怎樣？最後，假如針孔攝影機沒被發明出來，台灣社會會怎樣？

以上所有人物，假如都沒被他們的老母生出來，又會怎樣？當然，這樣問很無聊，他們的父母若沒被他們父母的父母生出來……陷入無聊循環，沒完沒了。看官不免也要問，假如沒你這個無聊的卜大中，我們會怎樣？然後自問自答說：「我們會耳根清靜得多，幸福快樂得多。」

假如《鐵達尼號》電影裡的女主角蘿絲不是肥妹，而是骨頭妹，她的信子（男友）傑克就可以和她一起趴在木板上被救啦！結果呢？過著幸福快樂的日子嗎？非也。蘿絲會生一堆孩子（那年代沒避孕的東西），看他們倆那麼愛嘿咻就知道啦。傑克還是個窮混混，到處用畫畫把妹，蘿絲又胖又嘮叨，家中一堆吵吵鬧鬧的孩子，傑克一定跟別的女人跑掉，蘿絲從此過著貧窮悲慘的生活。回想起來真巴不得當年肥胖，讓木板承受不住兩人重量，而讓傑克淹死凍死，多麼浪漫美好，賺人熱淚，也賺人電影票費。看來，還是不要「假如」的好。

言歸正傳！

假如袁世凱決心勤王，老太后被殺或被關，她不能出馬選立委逃避坐牢，或偷渡到中國去吃香喝辣，光緒正式掌大權，中國今天會是英、日那樣的內閣制；光緒及後代是虛君，天天鬧誹聞，沒正事可幹；也就不會有軍閥割據、國民革命、共黨作亂了吧！只是愛新覺羅王子妃可能撞死在自強隧道裡；王子可能愛上上流美，結婚時，老媽——慈禧的孫女——憤而拒絕參加！

假如沒有馬關條約，台灣沒送給日本，台灣就逃不過日後的軍閥內戰、國民革命、滿清覆亡、中日戰爭、國共內戰、三反五反、鎮反肅反、土改反右、三年大飢荒、文化大革命、反精神污染……至今一窮二白，活像另一個海南島。

假如李鴻章收買了本來想做官的孫中山，國民革命就未必成功，滿清帶病延年，到今天還是大清天下，人人留辮子穿馬褂，自稱「奴才」。什麼都不一樣，只有一件事一樣，就是大陸拍的清初三帝的神話，一定得到清廷欽頒的什麼「金雞獎」、「金馬獎」、「金鼎獎」。

假如太平天國推翻清廷，建立「天國」，今天會是亞洲第一個奉基督教之名的國家，也是最早的中共式朝廷：人民公社、人民食堂、男大營女大營……只准官吏貪腐姦淫，不准百姓點燈。中國就成為一個官吏樂園，毛、鄧、江、胡等高幹就是近五十年「天國」的繼承人。共產黨也早就有了前身，不必辛苦革命啦。

假如陳圓圓是個恐龍妹，吳三桂是個禿頭佬，就不會「衝冠一怒為紅顏」啦！那他就死守山海關，不讓清兵越雷池一步。如果後來清兵真的進不來，今天仍是大明天下，我們看到有權勢的大傢伙就是太監宦官啦！引刀割雞雞，唬爛又臭屁。

假如中共被國民黨剿滅（機會很多次喔！），今天中國就是國民黨天下，二蔣在南京關起門來當皇帝，不會勵精圖治。然後中國就貪官遍地、飢民遍野、貧富兩極、極權獨裁，和今天的大陸很像。

假如老毛在建立政權後不久就嗝屁了，就變成中國的列寧。中國在右派劉少奇、周恩來統治下，老早就改革開放、吸進外資，中國也早就富裕起來，當然也早就和美國友好、建交啦；台灣說不定早就被賣給中國了，現在就不會有李登輝、陳水扁、民進黨、台聯啦。看吧，藍軍要怪就怪毛澤東活太久了吧！

假如金日成沒有打韓戰，美國也沒介入，台灣恐怕是另一番景象呢！美國曾遊說孫立人推翻老蔣，為孫所拒。等孫有意時（見《中國時報》訪問美國前國務卿魯斯克〔Dean Rusk〕），剛好發生韓戰，美國決定支持老蔣維持現狀。如果沒韓戰，在美、孫合作下推翻老蔣不是不可能，然後由孫組成臨時政府；大局底定後，交由民間政黨競選形成民主體制。其結果是台灣早在一九五〇年代中末期就正式變成一個獨立的民主國家，也是聯合國會員國，受美國庇護。當時，中國正在關門互咬，沒力氣對付美、台，台灣早就獨立了，沒有現在的統獨爭議。當然，若老蔣後來不退出聯合國，接受美國建議留在聯合國會員國內，而只退出安理會，由美國背書的「兩個中國」也就變成既定事實，當時的中國也無力反對。兩次良機錯失，台灣就有了今天的困境與窘境。

假如陳啟禮一行人的腳踏車沒被美國警察發現，電話沒被美方竊聽到，暗殺江南的事就不會被發現，美國就無法向小蔣施壓，小蔣就不會外放蔣孝武，培養蔣孝武接班的事就不會中斷，後來就又是一個「蔣總統」——蔣孝武總統。那台灣今天的台獨勢力就不會這麼大，就沒有李登輝總統、陳水扁總統，局面全然不同，統派心情會比較 high，獨派則比較解 high。

有笑話說蔣經國在一九八四年的中常會上肚子痛，去廁所棒塞，秘書長在外催促他要提的副總統人選。小蔣說：「你等會！」秘書長聽成「李登輝」，就到會上宣布李登輝了。

假如蔣當時提的不是李，而是其他任何重量級人選，如林洋港等，現在就不會台獨聲浪四起；又如果是外省大老，如俞國華、王昇、李煥、李國鼎、孫運璿（假如沒生病），都不會把台灣帶向主體認同之路，今天和中國統一就容易許多，也不會有這十年來的兩岸緊張和軍事演習，也不需要連、宋去訪問北京，兩岸早就官方互訪了。自然也就沒有杜正勝爭議，也沒有新黨、親民黨的誕生，連戰也不需要自稱為「純種中國人」了。（有雜種中國人嗎？誰？）

不過，兩岸關係那麼好，台灣大老婆更緊張，包大陸二奶也更容易了嘛。三通可能早就通了，包括通姦、通敵、通婚。

假如天安門學運成功，中國有兩個可能：一是民主化，變成跟台灣一樣，政客多如狗，天天吵吵鬧鬧、荒腔走板，但是會多元化與重視人權，政治參與爆炸，很熱鬧；另一是中共崩潰，亂成一團，暴民四起，社會解體，最後是大軍閥出而一統天下，重行獨裁政體專制。無論哪一項，對台灣都影響深遠。

最後，假如沒發明針孔攝影機，台灣人民會很悶。你能想像沒有璩美鳳情慾光碟、陳勝鴻誹聞的日子嗎？還有其他那麼多名人的情慾表演，如果沒有變成八卦，大家怎麼活？活不下去呀！

「假如」是個有趣的心智遊戲。假如古早人類是把內褲穿在頭上，今天羞於見人的器官，就不是私處，而是鼻子（男）和嘴巴（女）啦！

What If? 2

史上25起重要事件的另一種可能

前言

羅伯・考利

現今歷史研究遭遇的麻煩之一，就是人們把歷史看得太嚴肅。我的意思並不是說，歷史不是嚴肅的事業，或者是歷史不重要。歷史並不是召喚福特的鬼魂，也並非「胡說八道」，我們需要歷史。哲學家齊克果認識到：「生命必定是不斷往前，卻只能回溯地理解。」然而，這種理解不應該被當成一劑救急的胃藥，對於這種歷史的配藥方式，我的胃實在感到不舒服。

歷史的莊嚴性從我們還是學童時就困擾著我們。我們被迫灌輸歷史是一種社會研究，是一種取向；在這種取向中，所有的種族、國籍與性別都被賦予均等的時間：每個都必須包含在內，一個也不能冒犯；對特殊興趣的沉迷，不只造成了扭曲，也令人覺得枯燥。以偉人或重要事件為主的歷史已經不再流行，大趨勢，那些高漲、碎開並且退去的波浪，成了近日的主題。我們會留下一種印象，認為歷史是不可避免的，就算回到當初，已經發生的事也不會以別的方式發生，因此戲劇性與偶然性在人類存在的大架構中完全沒有容身之處。

更常發生的便是歷史敘事感的消失，歷史不再是巨大而不斷發展的小說。我認識一位年輕的女士，她在常春藤大學上一門關於美國革命前婦女的課程。在我們討論了補償、種族與性別角色的問題之後，我不經意地問她，是否讀過帕克曼（Francis Parkman）的作品。「誰是帕克曼？」她問道。要不是我知道今日最好的歷史學家無需是個好作家或吸引人的說故事者，我一定會為她的回答感到困擾不已。歷史沒有理由不具有娛樂功能，特別當內容是為了讓人們對於過去不感興趣的主題重新提起興趣時。帕克曼，記得嗎，他是說故事者的典範。

這些想法帶領我到現在這本書，即兩年前出現的《What If?：史上二十起重要事件的另一種可能》的續篇，而現在也到了對歷史學家喜愛的神秘問題提出一套新解釋的時候了。第一本書完全是軍事的，武力對峙提供反事實歷史一座最自然的舞台——但它絕非唯一的舞台。非軍事的事件也能提供場所來檢視什麼事可能發生。思索人類史上四個最重要的時刻，我們將在本書討論這些主題。如果耶穌未被釘上十字架而且彼拉多（Pilate）決定釋放他呢？如果馬丁・路德因異端觀點而被處以火刑，如果他選擇的戰鬥工具——印刷機——還沒發明出來呢？如果在哥倫布之前的半個世紀，明朝皇帝沒有召回由宦官探險家鄭和率領的大艦隊，反而允許他沿著非洲海岸繼續航行呢？如果是中國人而非西班牙人發現了新世界呢？或者，如果一九一七年德國人沒有以著名的「密封火車」將列寧送往彼得格勒（Petrograd）——如果他太晚抵達俄國，因而無法發動一場成功的革命呢？

另一方面，也可以思索一個看似不重要卻造成重大影響的拒絕，亦即小羅斯福向一位初進社交圈的美麗少女（她剛好是個共和黨員）求婚卻吃了閉門羹。另外還有一種現象，我們也許可以稱之為反反事實。如威廉・麥克尼爾所做的，假設我們抽離某件在我們日常生活中看似普通卻頗為重要的物品，如馬鈴薯，歷史將會大不相同。

讀者將會發現，本書有相當大的比例是屬於軍事上原本可能發生卻並未發生的歷史；沒有辦法，它們就是令人難以抗拒。約西亞・奧伯想在阿克提姆（Actium）獲勝，不過是在安東尼與克麗歐佩特拉的協助之下。在希西莉亞・侯蘭的文章中，威廉並未在黑斯廷斯（Hastings）獲勝，而他所代表的法蘭西—羅馬世界失去的將不只是一場戰役而已。張伯倫懇求希特勒讓我們的世界能存有一點和平，但是希特勒任性而為，完全不理會張伯倫的說法，而於一九三八年十月進攻捷克。威廉森・莫瑞告訴我們，結果無疑將會是一場全面歐戰，但是這場戰爭很快就會讓德國處於不利的地位，才兩年便會讓一切改觀。安德魯・羅伯茲問道，如果一九四〇年是哈里法克斯（Lord Halifax）而非邱吉爾成為大不列顛的首相（原本極可能會如此），結果將會如何。卡勒伯・卡爾提到，如果艾森豪沒有在一九四四年初秋「關掉」巴頓將軍的汽油，冷戰是不是可以避免，一百萬人的性命是不是也能保全呢？理查・法蘭克則探討，如果沒有投下兩顆原子彈，日本可能會負隅頑抗，對世界造成災難性後果。

不可否認，這些假設場景具有娛樂價值，而它們的目的也正是如此。要理解歷史發生了什麼事，最好的方式莫過於思考原本可能發生但是並未發生的事。反事實的歷史能夠更加突顯對峙的利害關係，可以指出真正屬於轉捩點的時刻——或者是事件逐漸從不幸走上悲劇的時刻。合理性是關鍵，我們每天所做的選擇在當時看起來微不足道，但有時卻以劇烈而不可預見的方式改變我們的一生。歷史只是數百萬個人類決定的總和，這個總和也許會提升某個個人，使其為我們全體做決定。然而，歷史也可能憑藉一次單一的意外——這個意外具有更改數千乃至於數百萬個個人決定的力量。如果在黑斯廷斯戰役中射死英王哈洛德（Harold）的箭射偏了呢？如果一九三三年二月，一心一意要刺殺總統候選人小羅斯福的贊格拉（Giuseppe Zangara）提早了幾分鐘出現在邁阿密的競選大會上呢？無論一些歷史學家再怎麼勤勉地想將藝術轉化為科學，這些事物都無法被量化。歷史唯一不變的規則就是沒有規則，正是這種無規則性使得歷史研究充滿驚訝與奇想。

1 西方哲學全面改寫

假如蘇格拉底死於一場失敗戰役中，西元前四二四年

維克多・韓森

西方思想傳統的基礎也許立基於某個軍事時刻，這樣的想法或許讓人感到不安，但它潛在的後果其實更甚於此。根據韓森的說法，在西元前四二四年秋末的一個下午，我們所知的哲學在「伯羅奔尼撒戰爭（一場在雅典與斯巴達之間持續了二十七年的鬥爭）中的一塊三不管地帶意外發生的一場失敗戰役」「差一點就胎死腹中」——他的話一點都不誇張。在迪利姆（Delium）戰役中，雅典一支軍容不整的分遣部隊遭遇斯巴達盟國底比斯的大軍，當中有一名來自雅典的中年步兵，這個人就是蘇格拉底，一位尚未建立名聲的哲學家。服兵役是公民的義務，十八到六十歲的希臘男子一生至少會有二到三次的機會體驗這種強烈恐怖的插曲，蘇格拉底已經打過兩次仗了。如果他跟其他在迪利姆並肩作戰的數百人一樣，在試著逃回雅典的過程中被人追上並且遭到殺害呢？如果蘇格拉底沒能再活四分之一個世紀，也就是他影響力最大的時期呢？或者，如果他沒能活著遇見並教導年輕的柏拉圖——沒有了蘇格拉底，柏拉圖也許會成為政治人物或詩人，而

非哲學家?迪利姆遭遇戰除了留下大批腐朽的屍體之外，似乎未曾決定任何事。正如韓森所說，在這當中如果再多一名雅典受害者，則「西方哲學與政治思想的整個流程將會有劇烈的改變」。

維克多・韓森（Victor Davis Hanson）是加州州立大學佛瑞斯諾分校的古典文學教授，也是十一本書的作者。他的著作從希臘軍事與農業史延伸到戰爭史與當代農業，最新的作品是《土地曾是一切》（*The Land Was Everything*）、《戰爭的靈魂》（*The Soul of Battle*）與《屠殺與文化》（*Carnage and Culture*）。

惡夢般的撤退

古典時代的希臘人不認為行動與沉思這兩種生活之間存在著矛盾，即便是服兵役與哲學這兩種極端的對立也不例外。哲學家赫拉克利圖斯（Heraclitus）說，戰爭是「我們所有人的父親」。柏拉圖清楚地表示，戰鬥「本來就一直存在於每個希臘城邦之間。」許多希臘作家、思想家與政治家都曾在方陣中戰鬥過：抒情詩人阿基羅庫斯（Archilochus）在愛琴海薩索斯島（Thasos）的戰爭中被殺；詩人提爾泰奧斯（Tyrtaeus）、阿爾西爾斯（Alcaeus）以及卡利努斯（Callinus），劇作家艾席魯斯（Aeschylus）與索福克里斯（Sophocles），民主領袖伯里克里斯（Pericles），歷史家修昔的底斯（Thucydides），以及演說家德摩斯提尼斯（Demosthenes），他們在方陣行列或是三層戰船的槳座中都有著自己的位置。在圍攻薩摩斯（Samos）時（西元前四四〇年），梅利蘇斯（Melissus）——薩摩斯哲學家，同時也是帕門尼德斯（Parmenides）的弟子——駕著船前去與伯里克里斯的艦隊戰鬥。索福克里斯也在那個海域，他是雅典人選出來的高級將領之一，來此是為了要奴役薩摩斯。哲學家同時也是數學家的阿基米德，死於敘拉古（Syracuse）的戰事中，他在最後一刻使用了新奇的軍事機器對抗圍攻的羅馬軍隊。

因此，當西元前四二四年的秋天，蘇格拉底這位西方倫理哲學之父，同時也是參加過波提戴亞（Potidaea）與安菲波利斯（Amphipolis）戰役的老兵，發現自己正置身險境之時，也就不令人驚訝了。這位年邁的四十五歲重裝步兵在迪利姆的邊境小神廟附近，逃過了慘烈的軍事災難，平凡無奇、頂著大肚子的中年士兵就這樣夾雜在潰退的雅典烏合之眾中，與老人、雜牌軍、外僑及菜鳥兵一起逃亡。

迪利姆，伯羅奔尼撒戰爭（西元前四三一至四〇四年）中的一塊三不管地帶意外發生的一場失敗戰役，但是這場戰役卻鮮為人知，也少有人研究。儘管如此，它確實是雅典的一場軍事災難——這是自六十六年前馬拉松之役以來在雅典附近發生的最大一場陸戰——在這場災難中，聚集在當地的雅典步兵在數個鐘頭內就被殲滅了百分之十五，受傷或被俘的士兵無疑更多於此數。

伯羅奔尼撒戰爭進行到第七年時，雅典人希望能夠解決南與伯羅奔尼撒人、北與底比斯人兩面作戰的態勢，因此在西元前四二四年的秋天進攻位於北部邊境的比歐西亞（Boeotia）。不幸的是，他們設想了一個充滿野心卻不可行的計畫，想聯合海陸軍一起進攻，希望藉由部署兩支分遣部隊前後夾擊底比斯的軍隊。當時的史家修昔的底斯記載，雅典將軍德摩斯提尼斯於夏初出海，企圖出其不意地兩棲登陸，而在比歐西亞鄉野掀起民主暴亂。然後，在游擊隊的支援下，他打算往東行進到迪利姆的神廟與小村落——就在這一天，另外一位將領希波克拉提斯（Hippocrates）及其雅典重裝步兵則從雅典出發，蘇格拉底也在當中。

這個構想是要以鉗形攻勢擊潰底比斯人，藉此將整個比歐西亞鄉野納為雅典的民主衛星國，並使其轉而向斯巴達寡頭政權宣戰。然而，德摩斯提尼斯對比歐西亞西部沿海城鎮西菲（Siphae）發動的海上攻擊在時間拿捏上卻太早，一旦他的計畫被比歐西亞人發現，就無法順利吸引住與南方雅典陸軍對抗的敵軍兵力，所以他便放棄了這場戰役。結果，蘇格拉底和他的朋友失去了奇襲的良機，並且在沒有援軍的狀況下立即要面對同仇敵愾的底比斯大軍。

希波克拉提斯是伯里克里斯的年輕外甥，也是指揮這支雜牌遠征軍的將領，他很快就率領他的部隊返國，停止讓他的雅典步兵占領迪利姆的阿波羅神廟。他命令砍下附近的葡萄園，並且將周遭原本給流浪者居住的農舍全部拆除，用來建築防禦工事。大肆破壞鄉野地區之後，希波克拉提斯留下了一小股兵力駐守迪利姆，然後便率領七千名左右的重裝步兵往阿提加（Attica）邊境方向撤退幾千碼。

底比斯軍終於抵達，雅典人卻已經準備好要棄守，並且明顯感受到這場仗已經輸了——他們都鬆了一口氣。修昔的底斯說，一大群沒有武裝的市民與外國人跟著雅典重裝步兵出國，但稍早之前就已經各自走散，幾乎沒有人還跟著軍隊。相較之下，底比斯人至少有七千名重裝步兵、一萬名輕裝部隊、一千名騎兵，另外再加上五百名散兵。戰爭開始時，蘇格拉底跟他的朋友會發現，他們在數量上處於二比一以上的劣勢。

在毫無預警之下，緊追在後的底比斯大軍突然翻過小丘，捕捉到集結卻未設防的雅典陸軍，他們還在聆聽希波克拉提斯的戰前訓話。修昔的底斯又說，河川限制了作戰的範圍。他對於實際作戰的描述相當簡短。儘管處於仰攻的態勢，雅典軍右翼在希波克拉提斯的指揮之下，很快就與處於敵軍左翼的比歐西亞同盟軍正面交鋒。面對雅典軍的仰攻，這些驚慌的同盟軍很快就往比歐西亞方陣的方向撤退，雅典看起來已經勝券在握。於此同時，在戰場的另一端，底比斯將軍帕恭達斯（Pagondas）以及增援的底比斯中路與右翼則穩住陣腳，並且立刻攻擊雅典軍左翼。於是，在迪利姆這個地方便展開了一場當時最典型的重裝步兵大戰——問題在於，我方強大的右翼是否能在我方弱小而處於不利態勢的左翼崩潰與失敗前就能贏得戰爭。

實際的狀況是，比歐西亞方陣的極左翼是由提斯皮埃（Thespiae）村民所構成，這些不幸的村民很快就被希波克拉提斯指揮下的雅典軍殲滅。蘇格拉底也許就跟他的朋友與同伴一起部署在這裡——拉克斯（Laches，柏拉圖對話錄中有一篇即以其名命名）、阿爾希比亞德（Alcibiades，他的年輕門徒，以任性執拗聞名）以及皮里蘭匹斯（Pyrilampes，柏拉圖的繼父）——軍中有許多人都已經年近中年，而且還遠超過四十歲（例如蘇格拉底、拉克斯、皮里蘭匹斯）。而或許是因為人們預期這場戰事不會太久，所以還有數千名前線的雅典軍隊便在夏末與秋季之時被部署在愛琴海的其他區域。

無論如何，修昔的底斯告訴我們，在戰鬥的第一階段，底比斯人的盟友比歐西亞軍在雅典人攻向山頂時敗退下來，有些人開始逃跑，有些人則碰巧遇上試圖作戰與堅守的隊伍。於此同時，在戰場的另一端，帕恭達斯「逐漸開始」將弱小的雅典左翼趕下山去，並且按照計畫有系統地利用地形與軍力優勢清理戰場。帕恭達斯薄弱的左翼傷亡慘重，使得雅典重裝步兵有機會威脅他的後方；此時，帕恭達斯才派出後備的比歐西亞騎兵前往左翼，越過山丘襲擊處於勝利態勢的雅典右翼的後方。

這是整場戰事的關鍵點，明顯取得勝利的雅典人在轉瞬間嘗到慘敗的苦果。希波克拉提斯指

比歐西亞與阿提加，西元前四二四年

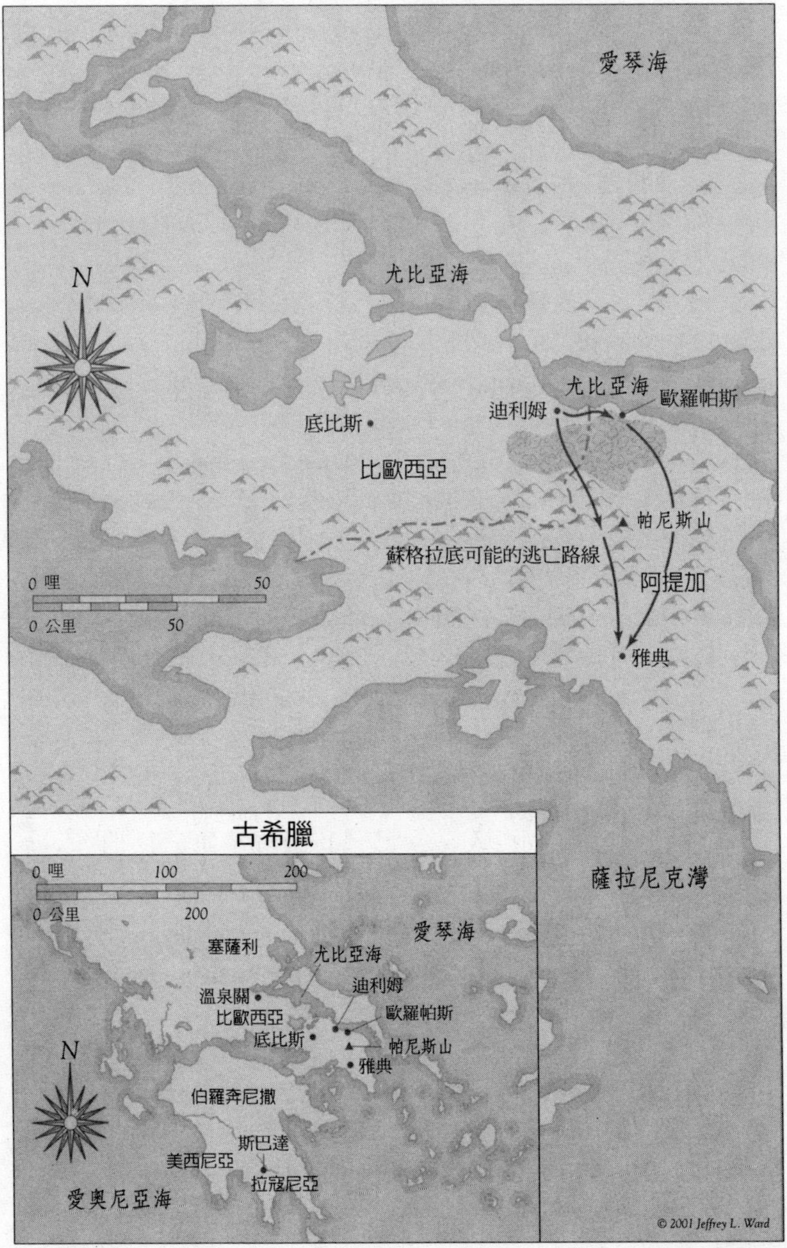
愛琴海
尤比亞海
N
尤比亞海
迪利姆
歐羅帕斯
底比斯
比歐西亞
帕尼斯山
蘇格拉底可能的逃亡路線
0 哩 50
0 公里 50
阿提加
雅典
古希臘
0 哩 100 200
0 公里 200
愛琴海
塞薩利
尤比亞海
迪利姆
溫泉關
歐羅帕斯
比歐西亞
底比斯
帕尼斯山
雅典
N
伯羅奔尼撒
斯巴達
美西尼亞
拉寇尼亞
愛奧尼亞海
薩拉尼克灣
© 2001 Jeffrey L. Ward

揮下勝利的雅典人誤將接近的敵軍當成新加入戰場的部隊。「看到有軍隊突然越過山嶺而來，」修昔的底斯寫道：「勝利的雅典右翼以為是新的部隊抵達，頓時陷入恐慌。」蘇格拉底也許就是從這裡——混雜在因驚恐而落荒而逃的雅典人和他們的將軍中——開始了他著名而艱辛的返回雅典之旅。

希波克拉提斯可能就在這個節骨眼上被殺，而很快地整個雅典軍隊開始跑向後方尋求安全之所——要不是逃到附近的帕尼斯山（Mount Parnes），或迪利姆當地的避難堡壘以及雅典的三層戰船，就是逃到位於雅典與比歐西亞之間平坦的歐羅帕斯（Oropus）邊境森林內躲避。修昔的底斯繼續寫道，有一些抱著機會主義的敵人——如洛克里安（Locrian）騎兵——就前來掠奪，並且當下就加入了比歐西亞這一方，無限快意地燒殺擄掠。記住，戰場上已經有一萬名比歐西亞輕裝部隊，連同一千名騎兵和另外五百名輕裝步兵或散兵；再添上洛克里安的援軍及勝利的重裝步兵，敵人的追兵已經到了一萬五千人左右的可觀數量，他們當中有許多人要不是騎兵，就是輕裝敏捷的輔助部隊。潰敗的雅典人既沒有夠多的騎兵援助，也沒有支援的散兵，便奮力脫掉身上笨重的盔甲；然而，他們的數量居於劣勢，速度又慢，並且陷入茫然之中，許多人都在接近黃昏時喪失了生命。

蘇格拉底明智避開了通往迪利姆和帕尼斯高地的道路，因而得以安全地走上第三條路，穿越歐羅帕斯森林。這位「民兵」的災難很快就添上了神話色彩，並且在雅典境內廣為流傳：希波克拉提斯——伯里克里斯的外甥，阿爾希比亞德的繼父——被殺；阿爾希比亞德在撤退時所表現的勇猛，開啟了他曇花一現的政治事業；拉克斯從迪利姆逃亡時所表現的怯懦，預示了他日後將在曼提尼亞（Mantinea）戰役（西元前四一八年）中死亡，他在此役中又從戰場上逃跑；而柏拉圖自己的繼父及叔公皮里蘭匹斯也被俘，當時柏拉圖還只是剛剛學步的小孩。

後來，柏拉圖在三篇對話錄中——《拉克斯篇》、《饗宴篇》及《自辯篇》——直接提到了蘇格拉底脫逃時所表現的英勇，以及他是如何井然有序地在拉克斯與阿爾希比亞德的陪伴下撤往歐羅帕斯邊境。在《拉克斯篇》中，蘇格拉底被要求發表演說，談談處於孤立戰鬥時要如何適當地攻擊與防禦，當中清楚提到他自己在迪利姆之役後夢魘般的經驗。在這篇以拉克斯命名的對話錄中，拉克斯誇讚蘇格拉底：「如果其他人能夠像他一樣，我們的城市現在將會是廉潔而正直的，而且不會慘敗至此。」在生命最後一次的演說中，蘇格拉底在柏拉圖《自辯篇》中提醒指控他的人——他對犯罪指控提出辯護，這項指控捏造他犯了不信神明的罪名，最後判他死刑——他在三次可怕的戰役中始終保持隊伍的嚴整並堅守崗位。而在柏拉圖的《饗宴篇》中，阿爾希比亞德則描述蘇格拉底在迪利姆大敗時陷入了九死一生的狀況：

> 我碰巧是騎兵，而他則是重裝步兵。當軍隊四散時，我無意間發現他和拉克斯正往後撤退；我告訴他們要鼓起勇氣，並且承諾不會拋棄他們。然後，我發現蘇格拉底的精神看起來居然比在波提戴亞時還好。對我來說，我比較不那麼害怕，畢竟我騎著馬；而我也注意到蘇格拉底的神智比拉克斯清楚得多——用你的話來講，亞里斯多芬尼斯（Aristophanes）——他

走路的樣子就像在雅典時一樣，「大搖大擺地走著並且留意兩旁的動靜」。他冷靜地觀看四周，注意他的朋友，也注意敵人的蹤影。他讓所有人都清楚感受到，即便身在遠處也一樣，如果有人敢找他麻煩，就會馬上遭遇頑強的抵抗。最後，他跟他的夥伴安全脫身。其實攻擊者絕不會找上這種才能卓越之士，他們追逐的反而是那些落荒而逃的傢伙。

幾百年後，普魯塔克（Plutarch）在阿爾希比亞德的傳記中也提到這則廣泛流傳的故事：阿爾希比亞德騎著馬，趕過了蘇格拉底和已經身陷險境的孤立分遣隊。但是在普魯塔克的版本中，阿爾希比亞德騎著馬出現，拯救了蘇格拉底的性命，因為當時敵軍「正在接近，並且已經殺死不少人」。普魯塔克在《論道德》（*Moralia*）中又添加了些微不同的扭曲：蘇格拉底選擇的逃亡路線救了他自己和朋友，其他絕大多數要翻過山頭的雅典人不是死於馬蹄之下就是被殺，至於那些抵達迪利姆的則最終被團團圍住。

儘管古代的證據彼此歧異，但都指出了有關蘇格拉底撤退的兩項明顯事實：迪利姆是場可怕的雅典災難，有數百人在那裡及阿提加邊境遭到殺害；而蘇格拉底的勇氣與良好判斷，讓他自己在周遭絕大多數人都喪生之際保全了性命。很明顯地，這位哲學家也險些在潰退中死於馬蹄與刀劍之下。

另外一件可怕的事實，是敵軍收集了超過一千具雅典人的屍體。無疑地，這些人絕大多數都是在黑夜中被殺害，屍體還散布了數哩之遠，他們身上未著盔甲而且傷口全都在背部。迪利姆逃亡鐵定在雅典人和比歐西亞人的集體記憶中留下深刻的印記，他們將記住人類碎片散落在交通頻繁的地方道路上這起荒誕的事件。除此之外，我們不知道最後有幾千人因傷致死或被俘。

西元前四二四年秋，四十五歲的蘇格拉底與死神擦身而過。假使這位中年哲學家被某個洛克里安騎兵一槍刺死，或者他的小隊被尾隨的底比斯步兵追上，或是他選擇逃往迪利姆或帕尼斯山，也就是大部分飽受驚嚇的同袍被殺之處，那麼，西方哲學與政治思想的整個流程將會有劇烈的改變。

沒有柏拉圖的蘇格拉底

如果沒有柏拉圖，蘇格拉底的理念還能流傳下去嗎？柏拉圖大概比蘇格拉底小四十二歲，迪利姆之役時，他大約才五歲。如果蘇格拉底被殺，則大幅改觀的將不只是柏拉圖對話錄的內容，連西方思想本身也將因此改變。就算成年的柏拉圖寫了哲學論文，他的對話錄——如果會有這種東西存在的話，畢竟這種原創的文類是直接取材自蘇格拉底的口頭辯證法——在形式與內容上也將與蘇格拉底的做法大不相同。柏拉圖在自傳性質的《書簡集第七》（*Seventh Letter*）中說，他在天性上原本傾向於政治生活，直到他與蘇格拉底交遊，以及蘇格拉底被處死所帶給他的幻滅，才促使他轉向哲學並且拒絕在政府中扮演積極的角色。

柏拉圖非凡的文學天分有許多是受到年長的蘇格拉底人格魅力的啟發。蘇格拉底在雅典街頭閒逛，以難纏的往復問答挑戰那些善於議論、自信滿滿和言語有據的人，這段過程讓少年柏拉圖留下深刻的印象。柏拉圖可能是在二十幾歲時開始接受蘇格拉底的教導，約莫是在伯羅奔尼撒戰爭最後十年的時候（如西元前四一〇至四〇四年）。普遍流傳的說法是，在他們兩人見面之前，柏拉圖對於政治學與詩學的興趣要比哲學濃厚得多。年長的蘇格拉底對這名年輕學生有著非常深遠的影響，這種狀況一直維持到蘇格拉底被處決為止，當時柏拉圖二十八歲。

蘇格拉底是柏拉圖大部分對話錄中的主要對話者，並且也是名著《自辯篇》中的英雄；《自辯篇》記載了他在雅典陪審團面前，針對自己被指控的不敬神明以及道德腐化兩項罪名所做的最後一次辯護。蘇格拉底認為哲學應該處理倫理學，而不只是處理自然探索或早期形式玄想的宇宙論，這種關切幾乎成了柏拉圖早期作品的特徵。柏拉圖認為美德來自於知識，以及道德教誨可以透過理性選擇與壓抑慾望來達成，這些似乎都是來自於過去蘇格拉底的思想與實際作為。而蘇格拉底觀念的二元性——人有靈魂，不能屈服於慾望以免危及靈魂的完整；我們所感覺與生活的世界只是另一個神聖完美的世界的粗淺模仿——形成了柏拉圖對道德、語言以及隨後的政治學與美術的探索基礎。

很明顯地，如果蘇格拉底在西元前四二四年秋的晚上被殺，柏拉圖將永遠不可能有跟蘇格拉底正面接觸的機會，柏拉圖的哲學興趣——甚至於如果他最終是透過同時期其他哲學家來發展這方面的興趣——將與蘇格拉底沒有任何瓜葛。蘇格拉底並沒有留下隻字片語，沒有建立學派或制度架構讓自己的作品流傳下去，也沒有從教學上得到金錢報酬。於是，問題產生了：在蘇格拉底從未遇見過柏拉圖的世界裡，我們還能知道蘇格拉底這位哲學家及其思想嗎？

如果沒有柏拉圖，當時還會留下與蘇格拉底相關的任何記錄嗎？其他與蘇格拉底思想有關的主要一手資料全都保存在歷史家及散文家色諾芬（Xenophon）的作品中，他的對話錄《回憶篇》、《自辯篇》、《饗宴篇》和《家政篇》將蘇格拉底描述成重要的質問者，質問的主題各色各樣，包括愛、農業、政治學，以及他自己身為詭辯學派對抗者的事業。然而，色諾芬跟柏拉圖一樣，都是在後迪利姆時期蘇格拉底的影響下成長。他出生的時間大概是在西元前四三〇年左右，最多只比柏拉圖大個一兩歲，當蘇格拉底差點死於迪利姆時，他才六、七歲。如果蘇格拉底死於戰場上，則柏拉圖才五歲而色諾芬才六、七歲，他們都還沒到達接近三十歲的年紀。因此，不管是柏拉圖還是色諾芬的作品都不可能以蘇格拉底為主角，而身為對話者、難纏質問者的蘇格拉底也不可能成為他們觀念的泉源。

著名的演說家及教育家伊索克拉提斯（Isocrates）宣稱自己是蘇格拉底的擁護者，而他在柏拉圖《費德魯斯篇》（*Phaedrus*）中也被讚許為蘇格拉底的優秀門徒。不過，伊索克拉提斯生於西元前四三六年，比迪利姆戰役早了十二年，這使得他幾乎比柏拉圖與色諾芬早了一個世代。要是蘇格拉底在西元前四二四年被殺，當時的伊索克拉提斯也還只是個小男孩，蘇格拉底也許就不會對這位年輕的演說家產生直接的影響。事實上，伊索克拉提斯的思想似乎源自於蘇格拉底，特別是後者對於激進民主的輕蔑態度。若蘇格拉底真的死了，伊索克拉提斯將沒有機會親炙蘇格拉底二十五年，蘇格拉底的觀念也許就不會在伊索克拉提斯的大量著作中留下任何痕跡，而蘇格拉底對於詭辯學派與激進民主的批評也就不會對伊索克拉提斯產生任何影響。

如果沒有柏拉圖與色諾芬的證言，我們又將如何得知蘇格拉底的思想呢？亞里斯多德經常提到蘇格拉底，但是他批評的蘇格拉底絕大部分是來自柏拉圖與色諾芬的引介，畢竟亞里斯多德出生的時間（西元前三八四年）比蘇格拉底被處死時（西元前三九九年）晚十五年。我們可以假設，如果蘇格拉底死在迪利姆，他在亞里斯多德的思想中將不占有任何地位，理由是：不管是色諾芬還是柏拉圖，都不會提到蘇格拉底；蘇格拉底將死於亞里斯多德出生前三十七年，而非十二年。除此之外，死去的蘇格拉底被剝奪了生命的最後二十五年，而這二十五年正是他的觀念發展臻至成熟之時，這段時間也讓他的觀念有機會透過西元前五世紀最後二十五年的雅典晚宴、宴席交談及私人回憶四處滲透。更可能發生的是，死於迪利姆的蘇格拉底甚至不會出現在亞里斯多德的作品中——亞里斯多德許多作品之所以重要，就是因為他在作品中對蘇格拉底與柏拉圖的政治學與神學抱持著審慎的態度。

除了色諾芬、柏拉圖、伊索克拉提斯與亞里斯多德之外，是否還有其他作家與哲學家為後世捕捉到還沒出發前往迪利姆以前的蘇格拉底的獨特觀念？修昔的底斯是與蘇格拉底同時的史家，迪利姆戰役的歷史主要由他撰寫，然而他在作品中完全沒有提到蘇格拉底，這項遺漏有時讓學者感到疑惑。雅典的公共或私人碑銘上也沒有提到蘇格拉底的名字，相反地，留下來的是其他一些與蘇格拉底有關的哲學家名字，如色諾芬與柏拉圖，他們自稱是蘇格拉底獨特思想的追隨者，強調哲學即是倫理學，並且致力於確保他的偉人名聲。蘇格拉底對抗而非參與當時的詭辯學派，後者不同於蘇格拉底，他們以教學換取酬金，提倡道德相對主義以及因地制宜的倫理學，這與蘇格拉底超越時機境遇的善惡絕對規約大異其趣。然而，如果蘇格拉底在西元前四二四年就死亡，則這些作者發展出大量蘇格拉底作品集的機會若不是不存在，就是微乎其微。

舉例而言，沒沒無聞的安提斯提尼斯（Antisthenes）可能與蘇格拉底同年紀，甚至可能在迪利姆之前就與他熟識。安提斯提尼斯殘存的作品顯示他對蘇格拉底的生活風格特別感興趣，或至少讓他這個沉思的男人覺得自己需要遠離社會與肉體的誘惑。然而，我們應該懷疑的是，安提斯提尼斯保有的是否是蘇格拉底中年時期的觀念，而非七十歲的。首先，他所寫的大部分都是與柏拉圖的爭論，因此，柏拉圖若是從未見過蘇格拉底，就不可能寫出任何東西。柏拉圖指名安提斯提尼斯於蘇格拉底臨終時在場，我們對於他的作品所知甚少，他的作品大部分似乎是受到蘇格拉底殉死、以及這位哲學忠實擁護者因反對暴民而遭逢的命運之激勵而產生；要是蘇格拉底死在迪利姆，安提斯提尼斯就找不到這樣一個堅守原則、抵抗無知群眾的醒目典範了。最後，我們只有安提斯提尼斯作品的殘篇：雖然亞里斯多德和其他一些人似乎也知道有這麼一號人物，然而一旦情況改變，他的作品要從古典上古時期流傳下來的機會恐怕相當渺茫。要是蘇格拉底在四十五歲死亡而非七十歲，我們沒有理由認為，透過安提斯提尼斯可以得到比現存的安提斯提尼斯作品殘篇更多關於蘇格拉底的資料。

斯費多斯的艾斯克尼斯（Aeschines of Sphettos）寫了七篇蘇格拉底對話錄，其中大部分的主題很明顯是為蘇格拉底與不道德的阿爾希比亞德交往辯護。這些對話錄並沒有留下來，只剩下一些片斷與引文。艾斯克尼斯大約與柏拉圖及色諾芬同年，所以就像後兩者一樣，在迪利姆之後才見到蘇格拉底，因此也有可能不會終身信服一位未留下隻字片語且從未見過的哲學家。簡言之，在未能直接與蘇格拉底往來的狀況下，要是蘇格拉底死於西元前四二四年，我們幾乎就沒有理由相信艾斯克尼斯的作品能流傳下來。

艾利斯的費頓（Phaedon of Elis）只剩下名字，他的兩篇蘇格拉底對話錄現在只剩下一些引文。他約略與柏拉圖及色諾芬同時，迪利姆戰役發生時也是個小男孩。亞里斯提帕斯（Aristippus）與西比斯（Cebes）都聲稱曾寫過頌辭讚美蘇格拉底，但是他們的作品都沒有留下來。因此我們得出結論，大部分受到啟發而記下導師行誼的蘇格拉底門徒，都是在迪利姆戰役「之後」與蘇格拉底碰面，然後才開始寫作——他們已經到了一定年紀，可以從遊於這位到處巡迴的質問者。在柏拉圖開始他早期環繞著蘇格拉底之死的對話錄之後，許多擁護者似乎受到激勵而寫作，他們要不是支持就是反對柏拉圖的證言。其他讚美蘇格拉底的人都已經佚失著作，蘇格拉底在西元前三九九年勇敢堅持立場與指控者抗爭到底，如祖父般的哲學家與他們自己的年輕熱忱與敏感的明顯對比，都對他們產生了特別的影響。不過，無論如何，這些較不著名的蘇格拉底門徒的著作若不是鮮為人知，就是不受重視，因此沒有理由相信蘇格拉底若早死個二十五年，他們的著作還會流傳下來。

我們免不了要下這樣一個結論：幾乎每個寫到蘇格拉底及其思想的人都是在迪利姆戰役「之後」才成年。蘇格拉底具影響力的學生似乎都是他在四十快五十歲、五十幾歲與六十幾歲時認識的，要是蘇格拉底在西元前四二四年死在戰場上，往後的西方哲學傳統或許幾乎不會知道他的生平或思想。

不過，我們至少有一個與蘇格拉底生平同時期的資料來源，這個人早在迪利姆戰役之前就認識蘇格拉底，他是個批評家，在戰爭才過去一年就留給我們一幅引人入勝的肖像——劇作家亞里斯多芬尼斯。在他的喜劇《雲》（西元前四二三年）中，蘇格拉底的形象非但不好看，而且還成了對中年小販進行惡意諷刺的形象。事實上，由於亞里斯多芬尼斯的地位頗具影響力，也因為他在舞台上、在數千名雅典人面前將蘇格拉底描繪成詭辯學派的一員，所以柏拉圖與色諾芬終其一生嘗試著對抗這種被一般人普遍接受的形象。

有些學者認為，在柏拉圖與色諾芬著作中描述的蘇格拉底生平，有一部分是為了要回應亞里斯多芬尼斯早期猛烈的誹謗。其他喜劇詩人——特別是阿梅普西亞斯（Ameipsias）與尤波利斯（Eupolis），他們的作品已佚失，但他們在西元前四二〇年代廣受歡迎——也在舞台上諷刺蘇格拉底，並且加強了亞里斯多芬尼斯的破壞性描繪，後者的持續中傷讓柏拉圖與色諾芬相當困擾。

亞里斯多芬尼斯的喜劇《雲》經常被認為是他的傑作，並且於西元前四二三年正式登台演出。在劇中，蘇格拉底是詭辯學派中最邪惡的，他是惡名昭彰的狡猾詐騙集團首腦，仰賴在閒散富有的菁英腦袋中裝滿文字遊戲與相對主義道德來過活，而他也該為雅典的文化墮落以及和斯巴達長期征戰所造成的死氣沉沉與衰弱負責。在劇中，蘇格拉底嘗試「讓軟弱的論證變得更堅強」。他是個滿口空話的人，用來耍嘴皮的小聰明只能吸引那些未經訓練的心智，讓他們付錢換取愚蠢的假學識。

亞里斯多芬尼斯的詆毀具有很大的影響力，因此在柏拉圖的《自辯篇》中，蘇格拉底利用在世的最後一場演說為自己辯護，企圖洗刷在喜劇詩人攻擊下造成的普遍誤解。傳說蘇格拉底曾經去看這場戲，並且故意在《雲》演出時站起來讓觀眾知道他不會被這齣諷刺劇困擾——如果早一年與數百名同袍在迪利姆陣亡，他就不會有這個機會。

如果柏拉圖與色諾芬不早一點認識蘇格拉底，他們就不會有任何熱忱來反駁較為盛行的亞里斯多芬尼斯觀點。和他們不同的是，亞里斯多芬尼斯至少已經認識蘇格拉底好幾年。因此，我們今日所知的蘇格拉底很可能會維持當初亞里斯多芬尼斯創造的樣貌，並因此在歷史上與那些著作雖已散失、名聲卻被當時的人玷辱的高爾加斯（Gorgias）、西比亞斯（Hippias）、普羅塔哥拉斯（Protagoras）及其他詭辯學者沒什麼兩樣。原本柏拉圖與色諾芬這兩位熱血青年看到七十歲的年邁哲學家被無知暴民不義地殺死，因而認定蘇格拉底是他們的典範，如今他將不會是他們眼中的英雄；相反地，他將仍舊是譏諷世故的亞里斯多芬尼斯眼中的騙子，再加上克里昂（Cleon）與阿爾希比亞德這兩個無賴，這些人將永遠成為雅典喜劇舞台上的卓越騙徒。如果蘇格拉底在西元前四二四年那天下午死去，不管四十五歲前的他是什麼樣的人，他在迪利姆戰場上昂首闊步的景象將不會有人知道，也不會有人感興趣，大家記得的將是亞里斯多芬尼斯惡毒的創作。

最後，要精確估量蘇格拉底在四十五歲時的思想發展是不可能的，因為他並沒有留下任何著作，而柏拉圖的作品幾乎沒有給我們任何有關蘇格拉底思想發展次序的線索。儘管如此，有證據顯示，他真正發展成第一流的思想家是在人生的最後二十五年，當時他吸引了雅典最優秀的心智到他的身邊，例如阿爾希比亞德、阿加頓（Agathon）、柏拉圖、色諾芬和伊索克拉提斯。奇怪的是，出現在柏拉圖對話錄中、與蘇格拉底大概同一時期並且成為他好友的，通常不是雅典人：艾利斯的費頓、弗利厄斯的艾奇克拉提斯（Echecrates of Phlius）、底比斯的辛米亞斯（Simmias）與西比斯、塞里尼（Cyrene）的亞里斯提帕斯、歐幾里德以及梅格拉的特普西翁（Terpsion of Megara）。而這些人對於倫理問題並不是那麼有興趣，他們有興趣的是自然哲學和宇宙論，特別是奧菲斯（Orpheus）思想、畢達哥拉斯的教導、帕門尼德斯的本體論、恩培多克里斯（Empedocles）的自然研究，以及安納薩哥拉斯（Anaxagoras）的激進觀點。蘇格拉底是在何時與何處碰到這些門徒的呢？這些人似乎與他後期以及較有名的雅典追隨者有些不同。

也許在伯羅奔尼撒戰爭爆發（西元前四三一年）前，蘇格拉底在雅典境外的名聲反而比較響亮，人們將他當成是早期先蘇格拉底傳統中思考物質、宇宙及靈魂本質的巡迴哲學家之一。之後，隨著戰爭爆發，昔日那些夥伴也很難自由地到處旅行以及在雅典生活（艾利斯、底比斯和梅格拉都與雅典開戰），年紀漸長並且對雅典負有義務的蘇格拉底逐漸將注意力從早期關切的宇宙論轉移到個人倫理、修辭學及政治學上。戰爭期間，他看到自己的城邦在公開的人民大會中被撕裂，這些也就成了具有重大利害關係的議題。在富裕、年輕熱情的雅典人當中形成了新的追隨者，這顯示出蘇格拉底在四十八、九歲一直到五十幾歲正處於較為成熟的階段；他旅行的次數減少了，而他的哲學也更專注於日常生活。因此，如果蘇格拉底死於迪利姆的黑暗中，我們不只無法得知蘇格拉底這個人，也無法得到關於蘇格拉底原本是個自然哲學家的模糊面貌，更不會瞭解他是後來才將注意力轉移到雅典內部的倫理問題，並因此引起了亞里斯多芬尼斯和其他喜劇詩人的注意。西方哲學的初始斷層線——先蘇時期的宇宙論與自然研究；蘇格拉底的倫理與道德思想——將永遠不會存在。

沒有蘇格拉底的柏拉圖

我們能不能想像，如果沒有蘇格拉底的影響，柏拉圖將會開創出什麼樣的事業？如果我們現在對於沒有柏拉圖的蘇格拉底所知甚少，那我們又能對沒有蘇格拉底的柏拉圖知道多少，一個從未見過蘇格拉底的哲學家？他最有名的篇章——《歐昔弗羅篇》（*Euthyphro*）、《自辯篇》、《克里托篇》（*Crito*）和《斐多篇》（*Phaedo*），這四篇環繞著蘇格拉底的審判與死亡——將會消失。而更重要的是，柏拉圖最早的作品中至少有三分之一——所謂的蘇格拉底對話錄——可能不會被寫出來，或者至少是以不同的形式寫出來。過去這一世紀以來，學者嘗試著要將柏拉圖三十一篇對話錄依照寫作年代排序；這是一件艱難的任務，因為柏拉圖寫作的時間可能長達五十年以上，而他幾乎很少提到自己的生平。不過，從風格、哲學內容以及所指涉的當時歷史事件來看，現在已經有了粗略的共識，認為柏拉圖的「早期」作品（《自辯篇》、《克里托篇》、《拉克斯篇》、《萊西斯篇》〔*Lysis*〕、《查米德斯篇》〔*Charmides*〕、《歐昔弗羅篇》、《大西比亞斯篇》與《小西比亞斯篇》、《普羅塔哥拉斯篇》、《高爾加斯篇》和《依昂篇》（*Ion*））完成於柏拉圖三十幾與四十幾歲時（即西元前三九〇年代），之後則是十二篇「中期」對話錄（寫於西元前三八〇與三七〇年代），最後則是八篇「晚期」作品（完成於西元前三六〇與三五〇年代）。

早期的對話錄通常被認為主要是處理道德議題，以及建立倫理問題適當定義的需要，與此相對地，柏拉圖中期與晚期的興趣已經轉向形上學、本體論與知識論。除此之外，蘇格拉底是柏拉圖前十一篇對話錄的主要人物，但他似乎在往後的篇章中逐漸淡出；事實上，在《法律篇》——被認定是柏拉圖最後的幾個篇章之一——中，蘇格拉底完全沒有出現。有些學者甚至認為，柏拉圖早期的對話錄是在二十幾歲時開始寫的，這個時候蘇格拉底依然健在（例如，西元前四〇八年至三九九年）。無論如何，在柏拉圖最重要的作品中，至少有十一篇的寫作年代看起來應該距離蘇格拉底之死不超過十五年，蘇格拉底在這些篇章中是主要的質問者，而這些篇章處理的也是蘇格拉底在最後歲月中特別關注的。要是柏拉圖從未見過蘇格拉底，這十一篇對話錄要不是不存在，就是不會以目前的形式存在。

相對來說，柏拉圖的中晚期對話錄——此時對於蘇格拉底的記憶已屬數十年前的過去——顯示出他對帕門尼德斯、普羅塔哥拉斯和恩培多克里斯等人作品的興趣漸增，並且直接運用他們在因果關係、變化、感官知覺、宇宙論及靈魂轉世方面的觀念。柏拉圖和年輕時候的蘇格拉底一樣，似乎也認為這些早期思想家——他們留下了大量著作，這一點不同於蘇格拉底——是希臘傳統中最具影響力的哲學家。隨著柏拉圖趨於成熟，與蘇格拉底共同生活與對話的記憶也日漸模糊，其他人留下來的哲學著作之價值也漸受重視，柏拉圖似乎已經在哲學的重要領域上與蘇格拉底分道揚鑣，轉而投靠這些早期的巨人。因此，諷刺的是：年長的柏拉圖的哲學興趣有點類似於年輕時的蘇格拉底，這表示蘇格拉底生命中的最後二十年是希臘哲學思想史上的例外時期，他將大半的精力投入實踐與倫理，並且習以為常地揭露瀰漫在雅典街頭的錯誤知識。如果蘇格拉底於西元前四二四年以四十五歲的年紀死於迪利姆，很可能柏拉圖最有趣的著作中至少有三分之一若不是消失，就是不以目前的形式存在；甚至整部作品會比較類似他中期與後期的對話錄，並因此更往希臘宇宙論與本體論的思想主流靠攏。

最後，柏拉圖似乎也感受到迪利姆是蘇格拉底生命中的重大事件，許多夥伴一遍又一遍地向柏拉圖講述此事，這場戰役不只在他的作品中被提到三次，一些隱含而間接的說法也在其他地方意外出現。在《法律篇》與《共和國篇》，迪利姆的惡夢並不遙遠；戰後，雅典戰敗的恥辱和底比斯的褻瀆給軍事改革者提供了無言的教訓。例如，在《法律篇》中，柏拉圖敦促在和平時期也要定期進行軍事操演，無論陰晴，並且要持續一整天（迪利姆戰役相當罕見地發生在十一月接近黃昏之時），所有的居民——男人、女人與小孩——都要參與，但是必須進退有節、嚴守紀律（當然不同於迪利姆的人馬雜沓）。在《拉克斯篇》中，士兵要學習規定的動作，避免單打獨鬥；一旦戰局有所改變，「隊形被衝散，就有必要一對一戰鬥，不論是追逐負隅頑抗的人，還是在撤退時擊退攻擊者」。這樣的練習都將特別珍貴，如蘇格拉底在迪利姆學習到的。

在《共和國篇》的烏托邦中，迪利姆不名譽的撤退及屠殺也吸引了他的注意。父親（他心裡想的是他的繼父皮里蘭匹斯嗎？）帶著他們的兒子上戰場，讓他們看看戰鬥的場面，向他們保證，「在必要的時刻」，「老兵」會帶著他們逃出生天。被俘的士兵（同樣地，就像他的繼父？）沒有被贖回，而是任由敵人處置；相反地，有勇氣的人——即蘇格拉底一行人——則應該因他們的英雄行徑而獲得軍方表揚。柏拉圖又認為，死者不該被剝光衣物或遭受褻瀆，並且堅持戰敗者的屍體必須送回給他們的同胞，好好地安葬（相對於底比斯人惡名昭彰的行為）。希臘人（如底比斯人在迪利姆之後所做的）不應該將戰敗者的武器當成奉獻的供物陳列在神殿裡，而應該將這種褻瀆的舉動當成是一種「玷汙」。雖然柏拉圖自己也曾在科林斯戰爭（西元前三九五至三九四年）中服過短暫兩年兵役，但是他對戰爭的討論有很大一部分是仰賴蘇格拉底的經驗，及其在迪利姆九死一生的過程。

蘇格拉死於迪利姆以及日後西方哲學與政治學的傳統

柏拉圖《自辯篇》是西方文學中最令人感動的文章之一，它陳述了蘇格拉底在雅典陪審團面前向同胞所做的最後反駁。柏拉圖的演說版本對於往後兩千五百年有著深遠的影響，在西方哲學的實踐上，有兩個基本傳統來自於這篇宏偉的辯詞。首先，人們都接受這樣的看法，那就是社會會殺害那些質疑社會權威與社會價值的人，因此蘇格拉底這位真正的哲學家原本就應該是悲劇性的角色；身為異議者，如果堅守自己的理念，不可避免會遭到群眾的報復。其次，民主——而非寡頭或獨裁——殺了蘇格拉底。一般而言，由於蘇格拉底的審判與處死，使得雅典民主遭到往後的政治與哲學思想家的惡評，從西塞羅到馬基維利，到之後幾乎每位主要的哲學家，一直到十八世紀末法國與美國的革命人士為止。

除此之外，上古時代晚期的早期基督教護教者——新柏拉圖主義再興時，重新對蘇格拉底產生了興趣；他們強調柏拉圖作品中的神秘本質，護教者中有許多人對此做出回應——發現殉道的耶穌與蘇格拉底有著明顯的相似之處：兩個人都是老師，雖然未曾著述，卻被緊密的核心門徒大量傳述；兩個人都被拉到暴民之前，遭受公眾的羞辱，並且被少數人處死，而這少數人代表的是驚恐而偏執的既有體制。就早期基督教護教者的觀點來說，蘇格拉底勇敢面對死亡——以及寧可被傷害而不願傷害別人——是他能預知未來的明證：他必定看到了耶穌要來的神聖前兆。因此，他跟耶穌一樣，宣揚我們不會與肉身一同死去，而是在肉身消滅之後擁有永恆的靈魂而繼續生活下去。透過柏拉圖，蘇格拉底的思想對早期基督教會的釋義學產生重大的影響。

因此，蘇格拉底若是死於迪利姆，就不會成為前基督教時期的異教殉道者，也不會是個有良知的悲劇人物，而會是個死於大屠殺的平凡雅典愛國者及詭辯學派思想家。從這一點來看，蘇格拉底將會被雅典民主擁抱，而非與雅典民主爭吵。要是雅典民主將蘇格拉底表彰為西元前四二四年的戰歿勇士，而不是將他當成西元前四〇四年一度推翻政府的右翼革命份子的顛覆煽動者與導師，並將他處死，我們也不會對雅典民主有如此負面的評價。雅典民主對蘇格拉底的怨恨，並非如人們所宣稱的大部分只來自於他的激進哲學思想，真正的因素應該是有人指控，當他之前的學生與夥伴推翻民主政府時，他卻做壁上觀。

總之，蘇格拉底參與了三場戰役，但是他在迪利姆與死神擦身而過的事蹟卻俘虜了當時希臘人的普遍想像，這場戰役是一樁就發生在雅典邊境、如夢魘般的大屠殺。而這場天色昏暗下進行的戰鬥也在希臘歷史上掀起陣陣漣漪：雅典人的遺體遭受羞辱，促成日後尤里披底斯（Euripides）的悲劇《哀求者》（*Suppliants*）。在這場戲中，底比斯人因為沒有埋葬波勒奈西斯（Polynices）的屍體而遭到嚴懲；底比斯人將戰後掠奪的大量雅典戰利品賣掉，使他們的藝術與建築得以復興；而阿爾希比亞德若不是在迪利姆這個自身的第一場戰役中贏得青年領袖的名聲，就不可能以這樣的英雄資本在九年後成功說服同胞航向西西里。

然而，也許這場戰役的主要意義就是蘇格拉底從底比斯人的追逐中倖免於難。在西元前四二四年秋天的某個傍晚，我們所知的西方哲學差一點就胎死腹中。要是蘇格拉底被敵軍一槍刺死或死於馬蹄之下，我們今日大概就不會知道有關他的任何事情，哲學傳統將會認為他只是在畢達哥拉斯、帕門尼德斯和恩培多克里斯傳統下一個名氣不大的早期宇宙論者與自然哲學家——或者是個初出茅廬的詭辯學家。不過，與同時期者不同的是，蘇格拉底甚至沒有留下任何文字作品。

柏拉圖的蘇格拉底與色諾芬的蘇格拉底將不存在。柏拉圖自己的作品——即便柏拉圖在沒有蘇格拉底指導與啟發下繼續寫作的哲學——將會大不相同，並且可能傾向於抽象的烏托邦與技術理論，而較少關注日常倫理或一般政治學。色諾芬的作品將會消失大半，亞里斯多芬尼斯的《雲》、而非柏拉圖的《自辯篇》將成為蘇格拉底相關資訊的唯一來源，而蘇格拉底也將與雅典喜劇舞台上的騙徒沒什麼不同。蘇格拉底在迪利姆死去，意謂著今日任何圖書館或書店將不會有任何書籍談論蘇格拉底，而柏拉圖自己則可能跟芝諾（Zeno）或伊比鳩魯（Epicurus）一樣，鮮少為一般讀者所知。

更重要的是，蘇格拉底在七十歲時死去——他為什麼被殺以及如何被殺——對西方自由主義傳統有著根本性的影響。若是他於中年時在迪利姆的黃昏中死於槍尖下，而不是在老年時被嘲弄且無知的暴民帶走，這位哲學家的形象將會與今日大不相同，民主的遺產也會更為燦爛。在雅典民主誕生的兩千五百年後，對於人民政府的抽象批評，不管是古代還是現代，有很多都是導因於柏拉圖的邏輯與情感——其政治本能的形成來自於蘇格拉底的生與死。除此之外，做為殉道者及西方思想建立者的蘇格拉底，與死於十字架上而建立了西方宗教的耶穌，兩者之間的簡單結合也不會如此明顯。蘇格拉底若沒有活過西元前四二四年，早期教會透過柏拉圖理解新柏拉圖主義時就沒有倫理的基礎。簡單地說，要是洛克里安騎兵在十一月底的那個下午殺死了蘇格拉底，我們現在對基督教和民主的觀念將會有很大的不同。

2 不是鼻子惹的禍

假如安東尼與克麗歐佩特拉擊敗屋大維，西元前三十一年

約西亞·奧伯

愛情在反事實歷史上能扮演什麼樣的角色？有些人輕蔑地認為這種問題只有法國人才想得出來。事實上，奧伯在本文中提到，十七世紀法國哲學家巴斯卡就曾說過，如果埃及女王克麗歐佩特拉的鼻子沒那麼好看，「地球的整個面貌或許將因此而有所改變」。令人不悅的容貌能讓出身軍旅的政治人物安東尼——當時最有權力的男人之一——永不變心，並因而走上在阿克提姆失敗的道路，結果讓對手奧古斯都榮升為第一任羅馬皇帝？難道愛情是禍首？

對巴斯卡（以及更早的莎士比亞）來說，答案再清楚也不過了。巴斯卡在《沉思錄》（*Pensées*）中寫道：「若是想充分瞭解人類的虛榮心，就必須思考愛情的因果。」迷戀的原因也許微不足道，但結果卻令人畏懼，直可「撼動大地、君王、軍隊與整個世界」。巴斯卡對待愛情以及安東尼與克麗歐佩特拉無疑是嚴肅了點，但是這樣的關切卻也讓這則人類愚蠢的故事流傳後世。然而事實上，克麗歐佩特拉並不是美女；既然如此，她的鼻子真能驅使成千船艦為她賣命作

戰嗎？其實鼻子並不是重點，重要的是她還有其他更吸引人的特質。根據希臘傳記作家普魯塔克——他寫作的年代距離阿克提姆不超過一百年——的說法：「她的美（據說是如此）並非絕世脫俗，也不足以讓人一見鍾情；然而，她的陪伴與談話是如此甜美，男人不可能不被她吸引。」除此之外，她也有懾人心魂的一面。性在古代世界具有實際的用處，就如同高爾夫球在我們這個時代所發揮的功能，交易與結盟——政治的與王朝的——總是在權貴人物的華麗帳篷、遊船與臥房中完成。惡有惡報，克麗歐佩特拉大半生贏得的就是如此。

沒有阿克提姆？沒有鑲上金邊的自殺？奧伯思考其他可能性。安東尼與克麗歐佩特拉若能安穩地坐上王位，並且確保他們子孫的未來，他們的首都亞歷山卓也許會成為世上另一座永恆之城，整個宗教的發展性質將會完全不同：別忘了，阿克提姆戰役發生在西元前三十一年，就在基督教時代剛要開始之時。

約西亞・奧伯（Josiah Ober），普林斯頓大學古典文學系系主任，著有《剖析錯誤：古代軍事慘敗及其對今日戰略家的教訓》（*The Anatomy of Error: Ancient Military Disasters and Their Lessons for Modern Strategists*，與巴瑞・史特勞斯〔*Barry S. Strauss*〕合著）、《雅典革命》（*The Athenian Revolution*）與《民主雅典的政治異議人士》（*Political Dissent in Democratic Athens*）。

在希臘西岸的貧瘠山丘，位於古代城市尼可波利斯（Nicopolis，「勝利城」）遺址之上，也就是在希臘熱門景點寇爾福島（Corfu）東南方渡海約七十五公里的位置，矗立著一座人煙罕至的獨特古代紀念碑。這座紀念碑採取了低矮的胸牆形式，以巨大石塊堆砌出完善的牆體。觀光客若是不經意地走到這個地方，看到這面牆，一定會被牆上深刻而獨特的刻痕吸引。在考古學家的細心處理下，顯示出這些刻痕是經過特別設計，以容納已經切斷的大型槳戰船船尾；紀念碑仍然維持原狀，而牆體則充滿著優美拱形與雕琢的木製船尾。這是一座紀念海戰大勝的紀念碑。

這面牆是羅馬人修築的，可以追溯到皇帝奧古斯都時期，被弄得殘缺不全而被拿來建造紀念碑的船隻原本是安東尼的船艦。這座紀念碑由曾是安東尼的夥伴、同時也是他的小舅子、更是他角逐羅馬帝國頭號人物的對手屋大維修建，屋大維後來被稱為奧古斯都，即第一任羅馬皇帝。奧古斯都豎立這座紀念碑，並且建立了尼可波利斯城，用來永久紀念他最重要的勝利海戰——阿克提姆戰役（西元前三十一年）。在這場戰役中，安東尼以及他的盟友與愛人埃及女王克麗歐佩特拉七世遭到決定性的挫敗，阿克提姆名符其實是西方歷史上一場轉捩點之戰。

阿克提姆並不是羅馬軍隊在希臘土地上的第一場重要戰爭。做為羅馬馬其頓省的一部分，希臘在毫不情願的狀況下成了兇殘的羅馬野心家及將領發動的血腥內戰戰場。希臘時運不濟，剛好夾在西羅馬帝國——以義大利為中心，延伸到西班牙——與東羅馬帝國——延伸到安那托利亞（Anatolia，現代的土耳其），極東處則到敘利亞——的疆界當中。蘇拉（Cornelius Sulla）於西元前八〇年代中期在希臘取得勝利，因而鞏固了自身的地位，之後便返回義大利擊敗馬流斯

（Marius）的支持者。接著則是凱撒在希臘東北部的法塞勒斯（Pharsalus）擊敗了對手偉大者龐培（Pompey the Great）。然後，在馬其頓的菲力比（Philippi），當時還是盟友的屋大維與安東尼，將刺殺凱撒的「解放者」布魯特斯（Brutus）及卡西爾斯（Cassius）所造成的威脅清除乾淨。最後，才是阿克提姆。

屋大維在阿克提姆擊敗最後的勁敵之後，才得以實行他的大計：從此以後，古老共和國的支配者不再是由貴族組成的元老院；相反地，元老院現在成了新帝制政府的橡皮圖章，羅馬實際上已經是個王國，唯一欠缺的只是王國的名號，至於國家的實權則全部交給（仍不敢明目張膽地進行）唯一統治者。阿克提姆也意謂著馬其頓在埃及的三百年統治終告一段落。戰後，屋大維一路尾隨安東尼與克麗歐佩特拉到了埃及，克麗歐佩特拉寧願讓毒蛇咬上一口而自殺，也不願接受被迫在屋大維凱旋隊伍中行進的命運，而這也表示希臘化時代最後一個偉大的希臘王國落入羅馬的控制；或者，說得更清楚一點，成了羅馬皇帝個人的私產。

屋大維在阿克提姆的勝利使得羅馬完全征服了東地中海，並且開啟羅馬皇帝的長期統治——其中有好（克勞迪爾斯〔Claudius〕、奧理略）有壞（卡里古拉〔Caligula〕、尼祿）。從此之後，史家思索者：事情一定要如此演變嗎？畢竟，屋大維雖有極高的政治敏感度，但他從未以軍事見長；相反地，安東尼則是當時數一數二的名將。安東尼率領了數量龐大的海陸軍到達阿克提姆，我們要如何說明屋大維在這場劃時代的對峙中取得勝利？是什麼因素讓戰爭的天平偏向另外一邊？要是安東尼獲勝，世界又會是什麼樣子？

西方文獻中最有名的反事實思考之一，就是巴斯卡在其《沉思錄》提出的，如果克麗歐佩特拉的鼻子長得稍微大一點，安東尼便能在阿克提姆打敗屋大維，整部羅馬帝國史（以及西方文明）也將為之改變。巴斯卡那句經典的「如果」主要立基於這樣的假設上：安東尼瘋狂愛上克麗歐佩特拉，而他狂野的熱情卻不幸掩蓋了他身為將領與政治人物應有的判斷能力。因此，在希臘西岸進行決戰之前的數年，愛情成了安東尼失算的關鍵因素：由於安東尼迷戀上可愛的鼻子，所以羅馬才必須負擔這麼一長串的皇帝。

巴斯卡奇妙的思想實驗令人回味再三，它就跟「缺根釘子……」❶一樣精練；不過，除此之外，當中還添加了其他要素，例如浪漫故事和悲劇性的歷史人物。然而諷刺的是，古代對於克麗歐佩特拉的描述並不是絕世美女。撰寫凱撒與安東尼傳記的普魯塔克就曾提到，克麗歐佩特拉如樂音般動聽的聲音以及性格上的強大力量，使得她成為人見人愛的伴侶，但是這位傳記作家也指出，她並不是特別美麗。事實上，目前僅存的當時肖像就鑄印在克麗歐佩特拉在亞歷山卓發行的錢幣上，這位著名的女王被描繪成有個尖銳下巴和非常明顯的鷹鈎鼻。

不過，就算我們不去理會巴斯卡設想的情況中最有問題的要素（他的假定是，男性的熱情主要是由女性的身體美引發，因此大鼻子的克麗歐佩特拉不可能讓安東尼產生熱情而造成誤判），

---

❶ 譯註：歐洲民謠，內容是說缺根馬蹄釘，所以馬蹄鐵掉了；馬蹄鐵掉了，所以馬丟了；馬丟了，所以騎士溜了；騎士溜了，仗就打輸了；仗一打輸，國家也就亡了。

他的反事實在最基本的（也許是最吸引人的）根據上也需要修正：亦即，他認為人類的歷史過程會被浪漫的愛情改變。

不可否認，安東尼與克麗歐佩特拉有過肌膚之親（他承認她為他所生的三個子女為婚生子女），而他們也締結了持續卻註定失敗的同盟。在詳盡地考證古代資料之後，很快可以下一個結論：我們沒有理由認為安東尼在阿克提姆的失敗是愚蠢迷戀的結果。真實的故事——一個世代的羅馬史家耐心地予以復原——較不高雅，也許還較不浪漫，但是複雜度足以讓人滿意，而且最終還能引起人們的歷史興趣。從引發阿克提姆大戰的真正故事中，可以看出巴斯卡的想法是對的，他認為屋大維的勝利並非不可避免——然而，他卻錯誤地認為這場有點不太可能得來的勝利，原因是出在鼻子嬌小這個生物學的偶然。

在阿克提姆戰役之前數十年，出現了一些引領風騷的精采歷史人物，然而這個時代卻也被蒼白的鬼魂搞得人心惶惶：凱撒的英靈。凱撒於西元前四十九年率領部隊跨越盧比孔河（Rubicon），讓羅馬陷入第二次內戰。他隨後在一連串輝煌的戰役中擊敗了對手，卻在西元前四十四年三月十五日被一群最要好的朋友刺殺而結束了生命。凱撒從未稱帝，但是刺殺他的人卻擔心他會這麼做。他的確準備在羅馬建立新的政府形式，一種既能符合羅馬急速成長的權力、又能控制那些得到羅馬剽悍軍團支持而具有龐大政治影響力的人物的政府形式。凱撒以其無可爭辯的軍事天分逐步壯大，並取得大權。他為自己建立了不屈不撓的戰士名聲，並且在各個戰場上取得勝利：從海上入侵不列顛海岸，到高盧的長期圍城戰，到日耳曼、希臘與安那托利亞等地的大戰役，以及在埃及亞歷山卓的街頭巷戰。

西元前四十八年，就在凱撒於亞歷山卓進行掃蕩之際，這位強悍的五十二歲內戰勇士遇見了二十一歲的克麗歐佩特拉七世，她當時正與她的弟弟——曾經是她的丈夫——托勒密十三世陷入內戰。克麗歐佩特拉和弟弟同為托勒密一世的後裔，他是馬其頓貴族，曾經在亞歷山大大帝麾下作戰。西元前三二三年，亞歷山大死後，托勒密便以武力奪取埃及王位。從此以後，王位一直由他的直系後裔世襲，而他們從一開始就採取兄弟姊妹互婚的制度，以確保托勒密家族能獨占埃及的統治地位。這個家族並不和樂融融，這一點並不令人驚訝，年輕的克麗歐佩特拉馬上抓住機會和古代世界有史以來最強大國家的實際統治者結盟，以從中取得利益。因此，她安排自己與凱撒見面（據說她為了偷偷進入凱撒的寓所，竟將自己裹在毛毯中）。凱撒快速評估了局勢之後，宣布支持克麗歐佩特拉。托勒密十三世很快就敗亡，而克麗歐佩特拉由於有凱撒的軍團撐腰，因此在毫無爭議下登上埃及女王的寶座。她陪著凱撒沿尼羅河而下公開巡迴，之後應該不是出於巧合，她生了一個兒子暱稱就叫凱撒里昂（Caesarion）——小凱撒。

毫無疑問地，凱撒也認為這位年輕的托勒密王朝女繼承人相當有吸引力，但是埃及這個地方實在太重要，因此在決定長期領導的問題時不容有浪漫情懷。身為羅馬貴族的領導者，凱撒選擇性伴侶的機會相當多，而他是個極為謹慎的政治人物，不可能安排一個他認為能力不足的人來充當他的後援。克麗歐佩特拉的確很年輕，而且還是個女人，但是她擁有其他條件來擔任羅馬邊陲附庸國的統治者。她有正統的托勒密血統，因此容易被埃及和說希臘語的臣民接受。而她在內戰中證明了她有冷酷的決心，只要是能讓她獲得並掌握權力的事，她都願意做：她絕不會受家族情感左右而饒過潛在對手。

但是，除了出身正統與冷酷無情之外，她也特別清楚地意識到自己要統治的是多民族的埃及——當地的埃及人、希臘—馬其頓人，以及猶太人，而這些只是三個最主要的民族。每個居住在埃及的民族都與托勒密王朝有著歷史因緣，也擁有自己的宗教儀式。有幾個民族在繁榮的首都亞歷山卓擁有自己的居住區，他們的根據地則位於尼羅河每年定期氾濫所形成的廣大農業腹地。克麗歐佩特拉和只會說希臘語的王室祖先不同，至少會講一點王國內部通行的語言：在馬其頓對埃及的統治中，她是第一位會說埃及語的統治者。克麗歐佩特拉強烈意識到，要成功統治埃及，統治者必須同時扮演政治、社會、經濟以及特別是宗教上的多重角色，而她也以高超的手腕扮演這些角色：穿上埃及服飾假扮成女神愛西絲（Isis）出現在埃及當地人面前，為希臘人推動酒神節慶，並且讓猶太人進行他們的特有儀式。

克麗歐佩特拉從一開始就清楚掌握兩個重要政治現實：首先，在凱撒（及其後繼者）時期，埃及（連同埃及的統治者）繁榮的唯一關鍵就是獲得並維持羅馬的親善，這意謂著要獲得並維持羅馬上位者的善意。凱撒時期的羅馬在政治上具有很強的私人性質：同盟的締造通常要以親戚關係為基礎。因此，不論實際上對凱撒有什麼看法（不可否認地，她認為他是個好伴侶：凱撒是個極有教養的人，而且是個傑出的演說者，更是個偉大的將領），克麗歐佩特拉最好的做法就是與羅馬最有權力的男人結盟；如果可能的話，也要是能產生後代的親密同盟。凱撒可能從來沒有在羅馬公開承認他和埃及女王有個兒子，但是羅馬人非常重視血緣紐帶，而凱撒也許會樂於見到有個繼承家系，如此他的私生子就能登上埃及王位。

其次，克麗歐佩特拉知道，對羅馬人來說，埃及既是個寶物，也是個潛在問題。埃及非常富庶且相對安全，不論是從陸路或海路都難以入侵。財富及易守難攻的位置，使得埃及的托勒密統治者得以安度亞歷山大死後綿延數個世代長期而猛烈的繼承戰爭。至於羅馬人，則顯示出他們擁有近乎無窮無盡的能力來抽取古代世界積聚的財富，支付軍團、贊助節慶競技以及餵養不斷增加的羅馬人口，都需要巨額的金錢。對財富永無止盡的胃口造成了一個複雜的過程，羅馬在這個過程中併吞了大部分地中海世界和其他希臘化時代的大王國，使其成為帝國的一省，嚴格來說仍是個獨立國家的埃及則成了誘人的獎賞，卻也是個危險的獎賞：每個羅馬省區都需要一名省區總督，但是支配元老院、彼此競爭的羅馬貴族長久以來一直擔心，是否該容許他們夥伴中的任何一人控制一塊很快就會成為私人封地的省區。因此，埃及一直維持獨立，但是獨立需要一點玩弄羅馬政治遊戲的技巧，讓人清楚瞭解埃及的財富總能為羅馬（或者是適當的羅馬人）所用，沒有必要發起併吞戰爭。

對凱撒來說，至少克麗歐佩特拉是擔任埃及女王的好人選，從各個角度來看都是如此：對羅馬好，對凱撒也好。她是個討人喜歡的伴侶，也為他生了一個兒子，不過這些都只是蛋糕上的糖霜，而且無疑是非常可口的糖霜，但絕不能與蛋糕本身混為一談。

西元前四十四年，凱撒被刺身亡，讓許多人的生涯規畫陷入極度混亂中，並且開啟了全新的表演場地。刺客很快就發現，他們將羅馬從「暴君凱撒」手中「解放」的行為並沒有如預期般受到其他羅馬人歡迎，於是他們很快就撤往帝國東部，在那裡籌錢並招兵買馬。最驚人的生涯轉變發生在屋大維身上，他是凱撒的養子，年十九歲，接到凱撒被殺的消息時正在希臘求學。屋大維隨即反應，由海路抵達位於義大利腳跟的布朗迪西姆（Brundisium），之後便走陸路直驅羅馬，沿途糾集了養父的大批退伍士卒。屋大維抵達羅馬，看起來像是個要來爭鬥的年輕人：亦即，一名率領私人軍隊的年輕人。在此同時，安東尼——凱撒麾下最有前途的將領之一——站在親凱撒派的最前列，在廣場上對著公眾發表振奮人心的演說，這場演說因莎士比亞而出名（「朋友，羅馬人，同胞們……」）。然而，安東尼在元老院裡樹敵不少，他很快就發現自己成了公敵，並且在北義大利捲入與元老院力量為敵的戰爭。屋大維接受元老院（他們自以為可以利用這名年輕人達到目的）的差遣，協助將領們對安東尼作戰。然而，屋大維與安東尼發現彼此有共同的利益（至少暫時是如此），於是他們聯合第三人，即凱撒的黨羽，軍力雄厚的雷比達（Marcus Lepidus）。他們將軍力集結起來，組成第二次三人執政（第一次三人執政即凱撒、偉大者龐培與克拉蘇（Marcus Crassus）締結的同盟，於西元前五〇年代支配了羅馬政治）。

三人執政的首要任務便是進行報復，而行兇者當時已經在東方募集了大量兵力，資金來源主要來自於那些倒楣省區的「稅捐」，以及對東方附庸國的榨取。克麗歐佩特拉起初的發展與凱撒這顆上升的星星緊緊結合，此刻卻發現自己處於一種非常困難的處境中。她是否應該公開支持三人執政，並且堅決不讓分毫埃及財富送給所謂的解放者建立軍隊？或者是，她應該手腕更巧妙一點，做壁上觀，看看到底最後是誰崛起成為下一位羅馬強人？最後，她編了一套說詞拒絕了解放者最急需的資金援助，但她不是因為懷念凱撒而拒絕，而是基於貧困：埃及似乎遭受到飢荒和疫病蹂躪，因此提供不出他們所需的船隻與軍隊。在此同時，克麗歐佩特拉偷偷地建立了自己的艦隊，並且讓戰艦出海，表面上看起來是要支援三人執政，但是惡劣的天候讓他們無法前進，於是艦隊在完全沒有和敵友接觸下返回亞歷山卓。克麗歐佩特拉跨坐在牆上，等待遊戲下一步出現決定性的一擊，屆時她與埃及的命運就會塵埃落定。她知道不能期望自己能影響遊戲結果，而現實也給她上了重要一課：她不願再次受人利用，因而只是被動地等待命運降臨。

由名將安東尼（屋大維以生病為由不參與這次軍事行動）率領的三人執政軍隊在菲力比戰勝。戰後安東尼與屋大維實際瓜分了帝國控制權，安東尼以東部為主要據點，屋大維則在西部。

西元前四十一年夏天，正是算清舊帳的時候，曾經支援解放者的羅馬附庸國必須遭受懲罰，抵抗解放者的則受到獎賞。然而，該如何處置騎牆派呢？他們會受到什麼處置全看他們單方面跟羅馬東部新主人的協商而定。因此，當安東尼駐紮在塔塞斯（Tarsus，位於安那托利亞地中海海岸東南部）時，便傳喚埃及女王前來答辯人們對她的指控：她是否曾經秘密支援解放者。

歷史上最著名的會議就此登場：克麗歐佩特拉乘豪華遊艇抵達塔塞斯，邀請安東尼共進晚餐，並且很快就讓安東尼相信（不管她在三人執政與解放者鏖戰時做了什麼或沒做什麼），與其罷黜她附庸國君主的地位，不如把她當成積極的盟友，反而較為有利。安東尼與克麗歐佩特拉很可能是在當時墜入情網，可以確定的是，安東尼那年冬天在亞歷山卓度過，成了女王的座上客。

不過，與凱撒及克麗歐佩特拉的例子如出一轍，性吸引力只是全盤政治遊戲的一個面向，這場遊戲不只決定了個人的成敗，也決定了整個西方世界的歷史。

安東尼需要富有的埃及女王在兩條防線上積極協助他抵禦並追求他自己和羅馬的利益。在東方，安東尼關注帕提亞人（Parthians）❷的擴張。帕提亞人是半希臘化的好戰民族，王國組織鬆散，領域從美索不達米亞和波斯山區高地一直往東延伸到中亞。帕提亞人利用羅馬內戰分裂的機會，將勢力推進到羅馬領地敘利亞，他們的入侵已隱然威脅到整個帝國東部的安全，因而成為必須對付的軍事力量：西元前五十二年，在美索不達米亞的卡里（Carrhae），他們俘虜了凱撒的三人執政盟友克拉蘇，這是羅馬軍事史上最重大也最羞辱的慘敗。帕提亞的弓騎兵在美索不達米亞的開闊平地上將克拉蘇的步兵砍個粉碎，在卡里丟失的軍團軍旗神聖之「鷹」一直未能尋回。因此，對帕提亞人發動主要戰役勢必成為安東尼在東部短暫停留的中心目標，同時也一定是艱困而昂貴的戰鬥。然而，義大利發生的事件隨即讓眼前該處理的事務（籌錢〔特別是從埃及〕、招募並訓練軍隊、扶持搖搖欲墜的附庸國、規畫一條能避開開闊地的進攻路線，並且迫使帕提亞人屈服）趨於複雜。正當安東尼忙於東方事務之際，他的一些親戚自作主張地開始招募軍隊，並且攻擊效忠屋大維的軍隊。更糟的是，他們還搞砸了：「安東尼的」軍隊遭到圍困並於西元前四〇年仲冬被迫投降。

❷譯註：中國古代稱為安息人。

此時安東尼遭到兩方力量的拉扯：他希望能趕快向帕提亞人展開軍事行動，但如果他不想與屋大維公開決裂（一旦如此，內戰將會擴大，帕提亞人就會更進一步入侵羅馬領土），就必須前往義大利並取得有利位置。當他抵達義大利時，發現情勢相當複雜；除此之外，偉大者龐培的兒子塞克斯特斯（Sextus Pompey），也籌組海軍並且自成獨立的軍事勢力，隱約威脅到義大利的供給生命線。塞克斯特斯知道三人執政之間存有嫌隙，便邀請安東尼加入同盟一起對抗屋大維。然而，塞克斯特斯的性格反覆無常，向來不信守約定，因此安東尼支持屋大維，娶了屋大維的妹妹歐塔薇雅（Octavia），做為重新締造盟約的象徵。帝國既有的分界也重新劃定，屋大維繼續負責義大利事務，而安東尼則全權處理帕提亞人的威脅。安東尼還在羅馬時，也表現出對屋大維的忠實，屋大維因調高稅率而遭受憤怒暴民的威脅，在安東尼介入下才得以脫身。在此同時，安東尼忠誠的副將溫提迪亞斯（Ventidius）將帕提亞人趕出了敘利亞，安東尼因此得以風光地返回東部。在新婚妻子陪伴下，他選擇雅典做為居所，並且開始準備大舉征討帕提亞人；有一段時間，局勢看起來似乎第二次三人執政可以維持久遠。

表象是虛假的，屋大維的野心不僅止於帝國西部；然而，如果他要在羅馬人——尤其是軍人——面前證明自己可以跟安東尼平起平坐，就必須取得重大的軍事勝利。屋大維沒有卓越的軍事才能，只能在政治圈和形成公眾意見上充分展現他的技巧，而他也頗能吸引才學之士及忠誠耿直之輩加入他的陣營。在他的「人才資產」中，最重要的莫過於阿格里帕（Marcus Agrippa）。阿格里帕出身於卑微的羅馬家庭，但是他在組織及指揮大規模海戰上卻極為傑出。

屋大維把目標放在塞克斯特斯。擊潰地中海上最後一支獨立海軍勢力，便能證明他有能力將穀物源源不斷地送進羅馬城中，同時這也是一場攸關公共關係的作戰。但是這需要費點工夫，而且安東尼也反對與塞克斯特斯開戰，畢竟他已經與三人執政訂約了；然而，屋大維無視於夥伴要他停止軍事行動的要求，還是野心勃勃地對塞克斯特斯發動攻擊。他立刻遇到了困難，艦隊在癱瘓地中海航運的暴風雨中損失慘重。儘管憤怒，安東尼卻不願落井下石；相反地，他來到義大利並提供大量物資給他的小舅子。然而，屋大維的自尊拒絕了安東尼的好意，他知道，如果繼續接受安東尼的庇蔭，就永遠無法獲得勝利將軍的名聲。所以，屋大維與塞克斯特斯的戰爭繼續進行，稅賦也不斷加重，羅馬人的不滿也逐漸升高。安東尼開始察覺到一股山雨欲來之勢：等到屋大維的企圖是整個帝國時，三人執政也就沒有存在的必要。

西元前三十七年，安東尼終於能全心準備對抗帕提亞人的戰爭，先前由於屋大維與塞克斯特斯的戰況極為不利，而他前去協助又不得其門而入，因此這場軍事行動就一直延宕著。儘管他們已經約定義大利是中立的募兵地區，屋大維還是明顯想阻止昔日夥伴在義大利募兵與籌款。如果要與帕提亞人決戰，安東尼需要籌募大量資金以招募並訓練大軍，而這意謂著返回埃及找克麗歐佩特拉。

女王早就準備好跟他磋商，並且達成協議：她負擔軍費。安東尼則讓克麗歐佩特拉支配某些羅馬控制下的附庸國，並且承認克麗歐佩特拉所生的雙胞胎是他的婚生子女：赫力歐斯（Alexander Helios，「太陽」）與瑟莉妮（Cleopatra Selene，「月亮」）。克麗歐佩特拉此時的地位比剛生下凱撒里昂（現在已是個十歲男孩，仍然很有可能繼承王位）時還要穩固，她是東方最重要的羅馬人的配偶，也是其子女的母親。克麗歐佩特拉巧妙地使用她的王牌：埃及的財富以及她的生育能力。如果安東尼能實現其東征承諾，則獨立埃及的未來——及其羅馬—馬其頓統治者的新／舊世系的未來——看起來其實充滿希望。

西元前三十六年是決定性的一年：屋大維再度掀起了對抗塞克斯特斯的戰役，而安東尼則大舉入侵帕提亞人的美索不達米亞，這兩場軍事行動同時大規模展開，一場是海戰，一場則是陸戰。然而，和預料不同的是，屋大維的戰事極為順利（多虧阿格里帕謹慎的進軍策略），安東尼與帕提亞人的戰事則是不折不扣的災難。進攻路線——穿過亞美尼亞，並且沿著底格里斯河上游而下，直搗帕提亞人領土的心臟地帶——計畫得非常詳密，小心避開克拉蘇當初在卡里被殲滅的開闊沙漠地形，然而從亞美尼亞基地出發的遠征軍不知何故耽誤了，安東尼不得不讓他的步兵走在攻城輜重的前面，往南行軍，但是攻城輜重在防備不足下被機動的帕提亞騎兵俘獲。由於攻城器被奪，安東尼無法攻下弗拉斯巴（Phraaspa）要塞，他原本可能是想讓他的軍隊在此過冬。附庸國亞美尼亞王此時卻突然將攸關戰局的騎兵部隊撤走，帕提亞王拒絕接受恫嚇交出羅馬軍旗，羅馬人難堪地往北撤退時，「這支由當時所有的指揮官集結起來的精銳部隊」（普魯塔克所言）竟被帕提亞人擊潰。安東尼損失了大約五分之二的軍力，總數也許達到三萬兩千人，大部分死於飢餓、天氣與疾病。

屋大維輝煌的勝利海戰與安東尼慘痛的失敗陸戰，為五年後阿克提姆的決定性遭遇埋下了一大伏筆。

遠征帕提亞之後，安東尼的選擇所剩不多。人力與物力的損失，尤其是他在羅馬同胞眼中的聲望下降，都是非常嚴重的挫折。在帕提亞慘敗之前，安東尼可以同時身兼好幾種角色，現在他必須有所選擇：他不可能在擔任屋大維的合作夥伴一起治理羅馬帝國的同時，又要與屋大維競逐羅馬帝國的統治權，並且還要當希臘化東方的獨立君主。這些角色至少必須放棄一個，剩下的兩個還要選一個放在優先位置。安東尼隨後的行動說明了他的決定：他不再維持表面上的合作夥伴關係，並且將希臘化世界的君王角色擺在首位。與屋大維的對立將繼續下去，只不過現在是以東西方的武力對抗來表現。前者以安東尼為首，由克麗歐佩特拉資助；後者以屋大維為首，資金來源則是羅馬納稅人。安東尼的決定表現在拒絕妻子歐塔薇雅提供的新軍與補給品上：與他能從埃及得到的相比，歐塔薇雅的軍隊太少，補給品也太儉省。

安東尼以一位希臘化世界的君主自居，並且與亞洲各個小邦結盟，特別是米底亞王，因為他能有效牽制帕提亞人的擴張。安東尼也果斷地攻打背叛他的亞美尼亞王，在戰場上擒獲他，並且鎖在銀鐐銬裡帶回埃及。此役勝利之後，安東尼在亞歷山卓舉辦了盛大的慶典，它等同於官方舉辦的羅馬將領凱旋式——一種只能在羅馬舉辦的神聖凱旋遊行。除此之外，他再度重申他身為希臘化世界君主的地位，正式賜與亞洲領土的統治權給克麗歐佩特拉為他所生的子女，凱撒里昂則與母親一起治理埃及。

在義大利，屋大維這位編織謊言的大師發現安東尼所做的事對他極為有利。亞洲領土的賜與

——即惡名昭彰的「亞歷山卓捐獻」——可以做為一項讓羅馬民眾相信的明證，安東尼已經「投效東方」，而且還否認其主要效忠對象是「元老院與羅馬人民」。安東尼在羅馬仍有許多黨羽，他們仍牢記著安東尼是凱撒的忠實夥伴這件事，但是屋大維的言詞攻擊很明智地將民眾的注意力由安東尼轉移到克麗歐佩特拉身上。雖然安東尼沒有被描繪成怪物，卻被惡魔般聰明且野心無窮的東方妖女控制，成了耽溺於醇酒美人的昏愚受騙者。屋大維編了一個故事，大意是說克麗歐佩特拉想要統治整個羅馬帝國，並且在羅馬城建立她的權威。因此，忠於安東尼的人就被抹黑成羅馬的叛徒，有些親安東尼的元老院議員意識到危險與日俱增，便逃往東方去了。這些人走了之後，屋大維便可以在毫無異議之下控制羅馬。他一開始的行動就是從供奉灶神的貞女那裡奪取安東尼的遺囑，這些神聖的女祭司負責保管安東尼留下來的遺囑。遺囑內容在屋大維支持者組成的殘餘元老院議員面前宣讀：條款中駭人聽聞的就是安東尼要求死後葬在埃及，在他的女王身邊。罪證確鑿，宣傳機器大喊著，克麗歐佩特拉誘惑安東尼背棄自己的羅馬遺產。

到了西元前三十二年，大概沒有人會懷疑羅馬內戰已經進入第二個「白熱」階段，兩邊都在招兵買馬。在克麗歐佩特拉的資助下，安東尼得以籌建驚人的兵力：約十九個軍團——大約七萬五千人，其中包括曾參加菲力比與帕提亞戰役的老兵；兩萬五千名輔助步兵（從帝國東部徵集而來的非羅馬士兵）；一萬兩千名騎兵；五百艘重型槳戰船；以及三百艘運補商船。安東尼不能用這麼龐大的軍力進攻義大利，如此將坐實屋大維的說法：「克麗歐佩特拉想當世界女王。」然而，令人不安的是，安東尼在阿克提姆採取守勢並等待屋大維的攻擊：從迫使敵人越過亞德里亞海而拖長敵人的補給線來看，「在希臘防守」的策略的確相當合理；但是就在不久之前，偉大者龐培及解放者的希望才在這裡破滅。

隨著事態的演變，安東尼一樣逃不過滅亡的命運。屋大維的謠言戰漸漸達到了高潮：這場戰爭是一場充滿愛國主義的十字軍東征，不是為了對抗老友安東尼，而是為了對抗可怕的誘惑者克麗歐佩特拉。「全義大利，」屋大維日後自誇地說：「都自願效忠我。」雖然誇張，卻也顯示出屋大維的主要方針是打好公共關係，而這種做法最後腐蝕了許多安東尼的戰士及元老院關鍵支持者對他的忠誠。安東尼在面對屋大維充滿敵意的宣傳時，努力地想解決士氣低落的問題，但是克麗歐佩特拉親自來到他的帳幕，使得問題變得更加棘手。身為安東尼的金主及最重要的盟友，她執意親自監看戰局的發展。我們可以設想，她之所以決定置身於軍事行動的核心，是受到凱撒死後那段時期的陰影影響；當時的她沒有任何選擇餘地，只能首鼠兩端，緊張地等待自身無法控制的軍事結果。但是安東尼陣營裡的羅馬人並不瞭解這一點，他們逐漸覺得屋大維的指控或許存有幾分真實：也許這個女人真的用什麼怪方法控制了他們的指揮官。果真如此，他們到底是為誰而戰？對安東尼來說，他發現自己扮演的希臘化世界君王的角色很難與傳統羅馬人相容——他們已經習慣於向東方的君主下命令，而不是接受命令。

同時，在屋大維這邊，阿格里帕則展現了身為海軍將領的慣常效率。艦隊從布朗迪西姆出發，經過科塞拉島（Corcyra），在未來的尼可波利斯遺址處建立了主要基地；安東尼的大本營就位於正南方的阿克提姆半島，只要跨過狹窄的海峽便可到達。阿格里帕很快就在阿克提姆的南方

阿克提姆戰役，西元前三十一年

羅馬帝國，西元前三十一年

港口建立第二個海軍基地，將安東尼艦隊中的精銳部分困在安布雷西亞灣（Ambracian Gulf）中。在此同時，安東尼也試圖以騎兵切斷屋大維的水路運輸，迫使對方進行陸戰，但是卻失敗了。戰爭陷入僵局：安東尼不敢發動海戰，屋大維則不敢發動陸戰。然而，變節與疾病卻大大耗損了安東尼的軍力，時間明顯站在屋大維這一邊。

到了西元前三十一年九月二日，安東尼感到絕望，他唯一能從這日漸危險的局面中脫身的方法，就是以剩餘的兩百三十艘船冒險發動海戰。隨之而來的戰況相當激烈，但是屋大維擁有較多船艦，數量對安東尼不利。下午，開始起風，大約有八十艘分遣艦在克麗歐佩特拉旗艦帶領下突破敵船的牽制，揚帆快速往南方的埃及駛去。安東尼尾隨其後，一起順利逃出戰場。屋大維的黨羽後來說，克麗歐佩特拉從戰場脫逃完全是無謀；然而，這場突圍比較像是經過精心策畫。克麗歐佩特拉的船跟安東尼的船一樣，儘管出戰也還是慎重地帶著帆布；一般來說，古代槳船在戰鬥時都會卸下沉重的帆布。

雖然安東尼逃跑了，但屋大維還是贏了戰爭，而且是決定性的。安東尼的陸軍破壞營地，並且秩序井然地經由馬其頓撤退。屋大維這個政客深知窮寇莫追的道理，他不對安東尼毫髮未傷的陸軍進行挑戰；相反地，他開放協商管道，如此將可收買安東尼的敗軍，而屋大維也付得起這筆錢。眼看整個富庶的帝國東部都將落到他手裡，他實在沒有理由擔心錢的問題，而事實上也很快就到手了。面對即將到來的入侵，安東尼並沒有防守埃及的打算，他選擇伏劍自殺。克麗歐佩特拉成了屋大維的俘虜之後，也跟隨愛人的腳步，準備了著名的毒蛇。擁有豐富物產與文化的埃及就此成為屋大維的私產，羅馬帝國的東西部現在再度統一在個人權威下。最後，心懷感激的臣民給屋大維上了「奧古斯都．凱撒」的尊號，皇帝時代於焉開始。

然而，如果事情在西元前三十六年有些微的變化，也許一切都將不會發生。安東尼在阿克提姆的失敗與克麗歐佩特拉鼻子的大小一點關係也沒有，而是與他在西元前三十六年於帕提亞遭遇的軍事災難有著密切關聯。人員、武器及聲望的損失逼得他做出致命的抉擇，擁抱希臘化世界君主的角色，並將克麗歐佩特拉當成對等的盟友——而不是視其為附庸國，埃及過去總是要看羅馬臉色才能勉強維持獨立局面。要下這樣的決定並不容易：安東尼清楚羅馬的歷史，東方統治者（即便是生於羅馬）要挑戰台伯河畔之城的統治非常困難。

但是，如果安東尼在帕提亞的戰事比原先來得順利呢？我們有很多理由相信他能如此：他是個傑出將領，他的大軍處於絕佳狀況，而他的基本戰略（確保亞美尼亞，經由底格里斯河上游進攻）日後也被羅馬帝國的將領採用並且獲得成功。如果施以壓力，帕提亞人將會屈服，他們後來透過協商方式將軍旗交還給屋大維的部將——這項外交上的勝利讓屋大維總是不厭其煩地吹噓。

安東尼在西元前三十六年所犯的關鍵錯誤，在於遠征軍出發的時間不對。我們無法完全穿透屋大維宣傳下的重重迷霧，來解釋遠征軍實際上在作戰季節離開亞美尼亞的時間為何會這麼晚。但是讓我們假定，安東尼在西元前三十八年已經有了預感，他知道要勸阻屋大維停止攻打塞克斯特斯完全是浪費時間。讓我們假定，屋大維對塞克斯特斯發動第一次海戰而遭受慘敗之後，安東尼認為幫助屋大維是更浪費時間。然後，讓我們再假定，在西元前三十八與三十七年間，安東尼明顯將注意力完全集中在即將到來的帕提亞戰役上，他花費大量心力想讓軍隊盡早在西元前三十六年的作戰季節出發。如果準時出發，他就不會在往南行進時被迫讓攻城輜重處於不設防狀態，弗拉斯巴要塞將會在冬天之前落入優良的羅馬攻城部隊之手。之後，務實的帕提亞人就有充分的理由和安東尼進行協商，如同他們最後與屋大維談判一樣。

若在西元前三十六年打敗帕提亞人，會讓安東尼往後的選擇大為增加。克拉蘇遺失的軍旗若能返還，將一掃羅馬軍團遭受最大挫敗的恥辱，屋大維就不可能拒絕他的夥伴在羅馬舉行盛大的凱旋式。在羅馬人眼中，擊敗蠻族帕提亞人將會比阿格里帕在內戰中擊敗塞克斯特斯更具威望，安東尼將可以隨心所欲、不受阻攔地在各處募兵，而現實上也不可能阻止他進入羅馬——如果他想花時間在城裡擴張他的影響力。不過，同樣的道理，我們也沒有絕對的理由假定他會選擇義大利度過餘生。

「馬庫斯‧安東尼烏斯‧帕提庫斯（Marcus Antonius Parthicus）——馬克‧安東尼，帕提亞人的戰勝者」也許希望將大部分時間留給東方。安東尼的確喜歡亞歷山卓的生活，包括克麗歐佩特拉的陪伴，這一點無庸置疑。她的才智在各方面都與安東尼不分軒輊，而她的成敗完全操之在己，因此她的人生是動人的。她有著樂觀開朗的幽默感，只要是跟安東尼的出身與品味相似的男人都會認為她是絕佳的伴侶；簡單地說，她比安東尼認識的大多數羅馬女子都有趣多了。而亞歷山卓也的確是吸引人且高文化的城市，安東尼擊敗帕提亞人之後，便能依照自己所願，享受亞歷山卓的生活和克麗歐佩特拉的陪伴。不管他們私底下採取的平等層次是如何，但是在公開場合上，他仍與埃及女王維持著「恰如其分的」羅馬政治上下關係，如此就不需要政治上令人困窘的「亞歷山卓捐獻」——至少在與屋大維決裂之前不需要。

屋大維的確是需要對付的：凱撒的養子太有野心，也太有權力慾，不可能允許安東尼繼續與他平起平坐。他們終將決裂，而且或許時間只會提前不會延後：阿克提姆戰役（或者當中的某種形象）勢必要打。由於安東尼敗給了帕提亞人，因此在西元前三十六年之後的五年之間，所發生的事件可以說完全有利於屋大維，而且也助長了他日益刺耳的宣傳與謠言戰爭。然而，要是安東尼在帕提亞獲勝，言語和形象的戰爭就起不了什麼作用，屋大維將會認同安東尼確實是當時最優秀的將領，而不會把他當成被克麗歐佩特拉要得團團轉的可悲人物。即使有海戰專家阿格里帕的協助，屋大維也很難想出必勝的策略來對付這樣的人物，及其指揮的士氣高昂軍隊。就算屋大維真的獲勝，也不會是一場輕鬆的戰役，要起而對抗未曾受到「克麗歐佩特拉因素」損傷的軍隊與將領所冒的風險更大。

要是安東尼在阿克提姆擊敗屋大維的部隊——極有可能以陸戰取勝——便需要返回義大利一段時間。如同西元前八十六年的蘇拉，安東尼必須將親屋大維的人士翦除殆盡，而他也必須依自己所願安排羅馬的政治事務。

他的安排將會造成什麼影響？我們沒有足夠的理由相信安東尼跟屋大維一樣，也存有在羅馬帝國建立帝制的想法——安東尼很可能將屋大維的黨羽驅逐出元老院，並且安插自己的人馬進去。之後，他也許會讓貴族統治羅馬（但他們的權限是由當時的軍事強人規定的），就跟共和時期一樣。安東尼的時間會分成兩半，一半在羅馬，一半在亞歷山卓。在羅馬，他致力於確保「安東尼」貴族體制穩定存續；在亞歷山卓，他致力於讓埃及和埃及女王成為東方各準獨立附庸國的穩定團體中心。按照這種模式，埃及將不會成為羅馬行省，猶太王國也是（舉例來說），克麗歐佩特拉（及其繼承人）將在文化上與經濟上支配整個地中海東南岸，並且謹慎地不做出任何看起來會威脅到羅馬權威的事。安東尼瞭解（並且會將這一點傳授給自己的政治繼承人），統治埃及必須要有一些巧妙的手法——它拼湊了各種宗教信仰與文化傳統——因此最好還是讓馬其頓的托勒密後裔來處理；他們歷經好幾個世代，已經發展出一些技術，在將文化衝突減到最低的同時，又能徵收到最多年貢。

在帝國東部做如此安排將會產生深遠的歷史影響，尤其幕後的建築師是政治上精明、會多種語言並且文化高雅的克麗歐佩特拉。地中海的文化與商業將在兩極之間發展——亞歷山卓與羅馬——這兩座城市之間進行的交換將會持續而密集：希臘文化將會透過文化多元的埃及首都影響到羅馬。

會說埃及語的克麗歐佩特拉將會看出，托勒密社會政策的弱點就在於埃及與希臘文化之間的區隔。克麗歐佩特拉自己就是文化融合主義的具體成果，而在羅馬軍隊禁止她的希臘臣民針對埃及人平等政策將損及希臘人特權發出怨懟之語後，克麗歐佩特拉就可以破壞長久以來禁止埃及各種族主動參與城市生活的傳統。

埃及有許多社會發展令人印象深刻，尤其從傳統羅馬人的角度來說更是如此。埃及的女性享有相對較多的自由。根據托勒密法律，埃及當地婦女——絕大部分住在亞歷山卓以外的地區——擁有她們的傳統權利：可以上法院、繼承房地產，並以自己的名義做生意。這種相對平等的性別觀念也傳入首都。在亞歷山卓的菁英中，克麗歐佩特拉自身的例子為婦女在教育上、文化上、也許還有政治上的機會擴展提供了模式。在一個開放的多元文化社會中，婦女可以扮演一些傳統羅馬人總認為專屬於男人的角色，這對某些希臘人與羅馬人無疑具有高度吸引力——安東尼對文化與社會的品味並不是那麼獨特。渴望在相對開放文化中——與在地中海盆地周圍發展的各種社會形成強烈的對比——找到空間的各種天分的移民持續湧入埃及，使得埃及從中獲益。在二十一世紀的讀者眼裡，阿克提姆之後幾個世代所出現的文化的確可說相當「現代」。

同時，地中海東南的「埃及地帶」會繼續成為宗教創新的中心——以及宗教與國家之間想像介面的溫床。托勒密早期諸王在宗教領域充分展現出開闊與創意，他們融合了希臘與埃及要素，創造塞瑞皮斯（Serapis）做為混合式國教的基礎。克麗歐佩特拉積極鼓吹讓自己與受民眾歡迎的埃及女神愛西絲合而為一，但她也喜歡將各種神祇的祭拜儀式混合成她跟安東尼經常參與的宗教慶典。

如果安東尼在阿克提姆獲勝，戰後不久出生的拿撒勒人耶穌將會在完全不同的社會中長大成人——一個被高度專業的托勒密官僚管理的社會，而不是像彼拉多這種緊張兮兮的羅馬業餘人士。托勒密官僚會對耶路撒冷的政治運作有較深刻的認識：他們會對當地關注的這位自稱「彌賽亞」的人做出一些處置，但絕對不會將他釘上十字架。舉例來說，他們也許會將耶穌安置在亞歷山卓，當地見多識廣的希臘化猶太人將不會對他的大膽言論感到訝異，所以耶穌也許可以活到老年，他的社會宗教訊息會為他吸引許多門徒，而不是讓他成為壯烈的殉道人。果真如此，基督教的發展將會完全不同，亞歷山卓將成為基督教的中心，而非羅馬。

如果這個新宗教在埃及很快就得到廣泛的認同，克麗歐佩特拉的開明繼承人將會為這個宗教在城市慶典中安插一個位置，也許最終會將塞瑞皮斯擺到後面的位置，並且（如四世紀的羅馬皇帝君士坦丁）將基督教提升為國教。此時我們可以猜想，凱撒里昂，即凱撒之子，會繼承他母親的王位，並迎娶克麗歐佩特拉八世瑟莉妮，即安東尼與克麗歐佩特拉的女兒。然後他們可能會生下一個女兒，並且一定也會（遵循極為保守的托勒密命名儀式）命名為克麗歐佩特拉。這位假想出來的克麗歐佩特拉九世登基的時候，基督教應該已經被官方認可為埃及的國教，埃及女王必然會在其中擔任中心人物的宗教。所以，我們也可以想像一個有著顯赫家世的女子，凱撒、安東尼及克麗歐佩特拉七世的孫女，將成為創始的女大祭司——未被釘上十字架的耶穌的亞歷山卓公教的「女教宗」。

如果尼可波利斯上的石牆紀念碑展示的是屋大維的戰船殘骸，而非安東尼在阿克提姆之役留下的，那麼，我們生活的世界將會大不相同，也許也不會更糟。

3 耶穌沒被釘上十字架

假如彼拉多饒過耶穌

卡羅斯・埃爾

去除了耶穌釘上十字架的事蹟，就等於抹掉了基督教的中心時點。如果羅馬駐耶路撒冷的總督彼拉多沒有下令將拿撒勒人耶穌釘在十字架上，反而是饒過他，這樣的猜想算不算是褻瀆神明?耶穌的人生將會怎麼度過?更重要的是，他所建立的信仰要如何發展，又將發揮什麼樣的影響力呢?羅馬人要怎麼樣才能讓基督教轉而對他們有利?

耶魯大學宗教研究系系主任埃爾推測，這個新宗教將會是一神論的，但幾乎不會是我們現在認識的基督教。本質上，它具有猶太教的形式，會對那些不同意它對耶穌所做詮釋的人進行迫害:亦即那些拒絕接受耶穌是先知的人，或者相反地，那些相信耶穌是彌賽亞的人——換句話說，就是我們現在所知的猶太人與基督徒。對羅馬來說，耶穌未被釘上十字架的基督教可以說是一種神恩;如埃爾所解釋的，如此一來，這樣的官方國教將會協助帝國存續到我們這個時代。除此之外，如果沒有了復活節與耶誕節，我們的世界會像什麼樣子呢?

卡羅斯・埃爾（Carlos M. N. Eire）是耶魯大學歷史系暨宗教研究系的里格斯（T. Lawrason Riggs）講座教授，同時也是宗教研究系系主任。他著有《對抗偶像的戰爭：從伊拉斯謨斯到喀爾文的禮拜儀式改革》（*War Against the Idols: The Reformation of Worship from Erasmus to Calvin*）以及《從馬德里到煉獄：十六世紀西班牙的死亡藝術與技藝》（*From Madrid to Purgatory: The Art and Craft of Dying in Sixteenth-Century Spain*）。他將經歷古巴革命的童年寫成回憶錄——《親吻蜥蜴，古巴男孩》（*Kiss the Lizard, Cuban Boy*）——即將問世。

囚犯站在總督前面，瘀青又流著血，他的手被綁著，而他的頭則套著荊棘。一頂粗糙的王冠，是羅馬士兵編的。

這位拉比的頭上什麼都沒有，只套上了荊棘。

群眾不斷喊著釘十字架，但是總督感到遲疑並且進退兩難。他不能答應行刑，不能釘十字架。還不到時候，也許還有其他方式能讓這名囚犯免於一死。他已經宣稱自己是無辜的，而希律（Herod）這位統治加利利（Galilee）的「傀儡」國王也這麼認為，加利利是這名囚犯的家鄉。

他不斷想著他的妻子緊急叫僕人送來的信息。這位總督跟許多羅馬人一樣，很相信夢境，特別是那些直接把事情呈現出來的夢，夢是諸神傳來的信息。而在這裡，在無神的猶太地，人們敬拜的只有一位下等神祇，祂非常易怒又善妒，而諸神竟在此地對他的妻子說話。

他心中揮不去信息所帶來的陰霾，不只是因為裡面透著麻煩，還因為他的妻子是傳遞諸神信息的好信使。她不會曲解信息或傳遞錯誤，能正確地得知信息，較絕大多數人都更擅此道。

「這義人的事，你一點不可管。」信息說：「因為我今天在夢中為他受了許多的苦。」

他讓群眾在囚犯與惡名昭彰的暴徒巴拉巴（Barabbas）之間做選擇，想藉此釋放這名囚犯。讓他懊惱的是，群眾竟然寧願讓殺人犯自由，而不選擇拉比。

而且群眾要求將拉比釘上十字架，一次又一次。

被詛咒的地方，巴勒斯坦，而他竟然被派到這裡來。他嚮往著家鄉塔拉科（Tarraco）溫和的夏日傍晚，就位於伊比利亞（Iberia），在我們的海的岸邊——我們的海，即地中海，世上再也沒有比那裡更好的地方。

他已經下令狠狠鞭打過這名囚犯，認為這樣就能滿足群眾懲罰的欲望。之後他讓拉比遊街示眾，拉比被披上華麗的紫袍——這是希律對他的諷刺戲弄——頭上還戴著愚蠢的王冠。也許這些蠢蛋能滿意這樣的戲弄，並且放過這個可憐的人。

彼拉多對著群眾大聲叫道：「看哪，這是你們的王！」

但群眾仍然要求釘十字架。蠢貨，這些人。

他自身的判斷力和良心都強烈反對他向群眾讓步。除此之外，還有夢的信息，他無法輕鬆置之不理。不，完全不行。

彼拉多說：「你們解這人到我這裡，說他是誘惑百姓的。看哪，我也曾將你們告他的事，在你們面前審問他，並沒有查出他什麼罪來。」

群眾喊得更大聲：「釘他十字架！釘他十字架！」

彼拉多再次宣判他無罪，群眾的怨恨卻越發強烈。「釘他十字架，釘他十字架！」彼拉多第三次對他們說：「為什麼呢？這人做了什麼惡事呢？我並沒有查出他什麼該死的罪來，所以我要責打他，把他釋放了。」

群眾喊得更大聲。喧鬧讓彼拉多感到沮喪，但是他的良心讓他更沮喪。如果釋放這個人，會不會因此造成暴亂？此時該做什麼好呢？放過無辜者的性命，他對帝國並沒有威脅；還是犧牲他的性命，讓耶路撒冷得到安寧？

他痛恨暴亂。到處滿目瘡痍，到處屍體，到處傷亡。尤其痛恨的是，手下又少了幾個。

他不想面對妻子，不想親口告訴她，自己沒有把她的夢當一回事。他的腦子裡浮現她的聲音，清楚而大聲地說，將來一定會有不幸的事降臨到他們身上：「看哪！看哪！這全是你的錯。我已經告訴過你不要將在耶路撒冷的那人釘十字架！」真是夠了。不管，事情就這麼定了。

彼拉多對著士兵大聲咆哮，蓋過了群眾的叫聲：「放了囚犯，現在就放！不要再額外加刑了。他受的已經夠了，放了他並且護送他回加利利，現在就去！」

拉比走過他的身邊時，他將手放在拉比肩上，兩個人都沒有說話。耶穌眼睛直視著彼拉多，表情看起來十分迷惑。彼拉多轉開目光，看著自己的手——他碰觸到耶穌的那隻手。他看了有一分鐘之久，並且看著手上的血。他叫人拿水來。「我得洗手。」他對衛士說。

群眾開始噪動起來，但什麼事也沒發生。有少數人想找亂子，但是士兵很快就將他們擺平。羅馬士兵知道如何處理這種狀況，跟他們見過的相比，這些群眾很容易控制。有些人頭骨被打裂了，有些人骨頭斷了，有些人則被刺傷。流了一點血，事情就結束了，群眾在一小時內就散去。

彼拉多早早回家，告訴妻子今天的事有多麼棘手，並且感謝她能捎信給他。

這個春日的下午頓時變得美麗而晴朗。傍晚時分，彼拉多和妻子喝了三瓶葡萄酒。酒來自義大利，他們留著等待特別的時候飲用。他們舉杯向無神土地上的落日餘暉致意，感謝諸神送來的信息，然後很快就在餐桌長椅上入睡。他們鼾聲大作，惹得奴隸心裡竊笑，不得不將他們喚醒。

至於拿撒勒人耶穌，則在護送下安抵加利利。他外出到窮鄉僻壤之地，不斷教訓與傳道，治療病患，讓群集到他身邊如同羊群般的群眾大為驚駭。有時他會出現在耶路撒冷，特別是在踰越節的時候——直到對羅馬的叛亂發生，耶路撒冷的神廟被毀為止。之後，他就不再來耶路撒冷。

耶穌周圍許多人都認為他是彌賽亞，即上帝應許給猶太人的救世主，而他則是盡其所能地讓人不斷猜測。這樣的信息將一直宣揚著，直到他死的那一天、他老化的身體和一千零一種疾病奪走他性命的那一刻為止。

至於他死後呢？再說下去啊？

*　　*　　*

如果耶穌沒有在彼拉多的命令下被釘上十字架？如果他活得很久、享盡天年而死呢？或者甚至只是多活十年？或一年？如果他的事蹟與信息受到不同的詮釋，而且一定會是如此呢？

對於虔誠的基督徒來說，這些都是極為無禮的問題——十六世紀的喀爾文可能會說，只有不信神的狗才敢問這種問題。相信世界是透過耶穌釘上十字架而得以救贖，乃是基督教信仰的核心，對於任何一名虔誠的基督徒來說，這種反事實的做法簡直是褻瀆神明到了極點。任何一位傳統基督教神學家對於我們的「如果」問題都回答得相當簡單：如果耶穌沒有被釘上十字架，就不會有對罪惡與死亡的救贖；如此一來，所有的人類都將直接進入地獄。

以不同的耶穌來改寫歷史是一件需要勇氣的事。如果你改變了基督宗教的中心人物，最後會寫出什麼呢？

宗教在歷史上是個無法預測的因素，也許還是最無法預測的。它不完全是理性的，其真正本質是尋找超越經驗之物，以及相反事物的偶然相合。矛盾總是關鍵。有時候，特別是在基督宗教，對真理提出的最深刻也最廣大的主張通常也都是最矛盾的。

這意謂著，如果你發的是歷史敘事中的宗教這張萬用牌，並且嘗試要改寫歷史，就等於是拿著平衡木走在高空繩索上，而且下面還沒有安全網。找到「事實」來更動宗教歷史並不容易，即便是單一事件，就算被認定為樞紐事實，如耶穌被釘上十字架，也不一定適用於反事實取向。這是因為宗教必然牽涉到信仰，而信仰則存在於「事實」的最隱微處。

即便是「最小程度的改寫」，亦即更動微小而高度合理的事實，也很難在宗教史領域自信滿滿地進行。反事實歷史中最常見的以及最合理與最小程度的改寫，就是讓主角人物較實際上死亡的時間提早被殺死。這種想法看起來簡單，但是談到宗教時就不是如此。想想這個例子：對耶穌被殺做最小程度的改寫是不可能的，因為正是他壯年被殺的這個事實才開啟了基督宗教，而這個事實也一直是整個信仰結構的基礎，數千個制度的基石。

只要是與耶穌有關的事實，全都嵌在一捆厚實的矛盾中。事實被翻轉過來，折入反事實中，成了信仰。歷史學家必須研究耶穌的故事，以及他所建立的宗教中的原始「事實」，然而這些事實並不是赤裸裸的歷史事實，而是信仰。這裡的困難在於：信仰並未幫你清楚界定客觀與主觀之間的區別。

宗教完全與詮釋有關。

像拿撒勒人耶穌這樣的人物，就像一根避雷針，能吸引各種詮釋。如果耶穌及其門徒的故事有了變化，會發生什麼事？思考這樣的問題就像航行於無涯的可能之海。

所以，如果耶穌能活到老年呢？或者甚至是多活一年呢？

這是可能發生的，而且相當簡單。彼拉多沒有必要將耶穌釘上十字架，所有福音書的敘述都告訴我們這一點。而最主要的理由應該是總督非常重視妻子給他的警告，當中的原因很複雜——或者，也許是很簡單而世俗的理由，丈夫可不願意給妻子另一個可以在後半生對他嘮叨的機會。

因此，如果彼拉多聽妻子的話，將會發生什麼事？

很快就過了一年。

耶穌所到之處，仍舊吸引了大批民眾。人們被吸引不只是因為他說的話，而是因為他做的事，特別是治病。只要聽說耶穌就在附近，染病的和健康的人莫不聚集到他身邊。他從這個鎮移動到下一個鎮，總是不在一個地方停留太久。他的親戚有許多人還是認為他瘋了，但已經放棄將他從妄想中救出的念頭。馬利亞，他的母親，大部分時間都陪在他身旁，仍舊支持並鼓勵著他。

耶穌仍然仰賴十二位門徒來幫他傳教，猶大已經被另外一位由耶穌親自挑選的人取代。跟往常一樣，他們十二個人仍然覺得混亂與困惑。耶穌想做什麼？接下來會發生什麼事？

耶穌相當清楚自己是誰以及自己該做什麼，但是他也等待著他總提到的天父給他指引。天父並不常透露祂的意圖，所以耶穌走過一鎮又一鎮不斷地治療病人，傳布神的國度將臨的消息，為被鬼附身的人驅魔，而且據說偶爾還讓死人復活。

耶穌問自己：「去年是怎麼一回事？」當時他還認定，在逾越節前往耶路撒冷將會是個轉捩點，神的國度將因此開啟。他已準備好受難與就死，雖然不願如此，但是已準備好了。他甚至告訴他的門徒，他將會被殺。也許天父留意到他被捕當晚所做的祈禱：「父啊，在你凡事都能，求你將這杯撤去；然而不要從我的意思，只要從你的意思。」

天父的行事總是神秘，祂的國度將何時以及如何降臨？他不斷地告訴門徒，即便是他，耶穌，也不知道，只有天父才知道。

但是，他知道他必須再次在逾越節到耶路撒冷一趟。他必須如此，也許這一次會被殺。他不知道會發生什麼事，但是他必須前往天父指引他去的地方。

不過，現在的狀況已經有所不同。在他的追隨者中，談論彌賽亞的人已經少了許多。去年的逮捕事件動搖了他們，他們全都逃走了；即便是彼得，他們當中的領袖，也溜走不認他，而耶穌早知他將如此。逮捕、拷問和審判讓許多人重新省思他們的彌賽亞希望，以及他們對耶穌的觀點。真正的彌賽亞會讓自己被如此殘酷對待、乃至於瀕於死亡嗎？許多人現在認為耶穌只是個偉大的先知：另一個以利亞，另一個施洗約翰。

耶穌聆聽人們說話。他總是如此，許多人相信他能看穿人心。

他再次前往耶路撒冷，他不知道將會發生什麼事，但是又知道——以其特有的方式——某些事將會發生。這一次，多虧了彼拉多，他沒有受到傷害。他宣揚神的國度、驅魔並且醫治病人。

宗教菁英中瞧不起他的，全都只能在一旁緊握著拳頭。

羅馬士兵成了非常好的護衛，當中有些人曾經鞭打並毒打過他，但是他已經寬恕他們，如今他們對他有著相當特別的情感。

他知道自己必須墮落到每個地獄，每一個人的地獄，並且奉獻自己以取代每個被罪捆綁的人。但什麼時候會發生呢？看起來不是今年，在他與門徒一同回到加利利的路上，他這麼想著。

這個場景重複了許多次。年復一年，他宣揚神的國度，在耶路撒冷慶祝逾越節，並且等待神的國度降臨。他犧牲他的人生，每分每秒，每日每夜，服侍他的子民，毫不懈怠，等待將來的犧牲，獻出他的鮮血。年復一年，他接受羅馬當局的保護。他們喜歡他必須說的話，儘管他所說的盡是些天國將臨的事。羅馬人知道這些天國的說法就像米斯拉（Mithros），或瑣羅亞斯德（Zoroaster），或甚至埃及母神愛西斯的信徒一樣，都只是精神上的說法，如此而已。他教導民眾把另一邊臉頰轉過來，並且原諒他們的敵人，這是傳布給附庸國人民的美好信息！任何人，只要他傳揚的是溫順服從的道理，就應該受保護；要是他也鼓勵人民繳稅，就更不在話下了。

「凱撒的物當歸給凱撒……」

皇帝提庇留（Tiberius）、克勞狄爾斯、卡里古拉及尼祿將會耳聞耶穌這個人，並且很願意保護他，而他們的繼任者也是一樣。要是其他附庸國也有這樣的先知與導師就好了！那麼，要是耶穌和他的信徒拒絕崇拜帝國神祇呢？萬神殿中還有相當多空間可以容納猶太人的神，一個人只要神智清楚，就不會認為猶太人的神可以完全取代這些正接受供奉的既存神明。那麼，要是這個宗派對於敬拜皇帝感到猶疑，又當如何是好？讓這些人教導及實踐順從的教誨，要比強逼他們敬拜皇帝好得多。說到底，也只有發了瘋的卡里古拉才會真的相信自己是神，其他皇帝都心知肚明。任何一個明智的羅馬人都知道，耶穌是諸神送來的禮物——一份奇怪的禮物，因為他否認諸神的存在，但他還是一件禮物。諸神有著奇怪的幽默感。

到了六十歲時，耶穌擁有的信眾人數已經遠超過他所能照顧或控制的範圍。有各種各樣的說法詮釋他的信息與工作，有許多方式詮釋他所說的話與做的事，有許多方法詮釋他在逾越節晚餐儀式上所做的改變；在儀式中，他分配除酵餅與酒，並且說：「你們拿著吃，這是我的身體。你們拿著喝，這是我的血。為的是紀念我。」也有許多詮釋天國與新約的方式。

他可以管理他的門徒，大體上來說是如此，而這些門徒則管理那些歸他們照顧的民眾。這條領導鏈雖然夠清楚，但延伸得太遠。在綳緊、狹窄的鏈子外，有許多磨損斷裂的部分。太多了。

一方面，他擁有一批仍然宣稱他是彌賽亞的信眾，這些人當中也存在著信仰的光譜。有些人把他當成精神的救世主；有些人對於他能完成什麼事毫無頭緒，但仍然敬拜並尊崇他；有些人則認為他是正在興起的君王——一位將在地上建立新秩序的君王。另一方面，他擁有一批熱切痛恨羅馬並且等待他來發動暴亂的追隨者，對這些追隨者來說，他是個政治領袖。

在這兩端之間，幾乎可以說追隨者有多少，詮釋的種類就有多少。有些人相信，他是來自精神國度的信差，來到人世是為了透露宇宙結構的神秘知識，並且揭穿與擊敗居住在物質界的邪魔。有些知識份子認為他是一位賢人，以及新哲學學派的創立者，因而與他交遊。有些人相信他是偉大的先知，想將選民的身分擴展到外邦人身上。而對於他是誰，以及他要做什麼，有些人的看法也不斷在改變。他們關心的是他施予肉體、靈魂與心智的治癒能力，或者是他用來支配魔鬼的力量。

這世界充滿了魔鬼，他們無所不在，奮不顧身地要將塵世變成地獄。而耶穌擁有支配他們的力量，魔鬼怕他並遵從他。他們從狂叫、扭曲、口吐白沫並咒罵耶穌及其天父的附魔者身上跳出來；重要的是，耶穌讓這些鬼戰慄、遵從並停止。

最令人驚訝的是：只要奉耶穌之名就能驅魔。你無需是耶穌，或甚至無需是他親自挑選的門徒。你無需被他碰觸或被他指定來驅魔，無需知道他所說的每一件事或瞭解每一件事，乃至於完全同意每一件事。你必須做的就只是相信他，奉他的名，而那些惡臭、被詛咒的魔鬼就會急忙逃回他們原先所待的地獄。

這麼多追隨者，這麼多想法，要控制這些人和他們所思所言是非常困難的事，也做不到。

之後，門徒向外到世界各個角落傳道。門徒走遍了整個羅馬帝國，甚至遠到伊比利亞與不列顛。門徒越過了帝國的疆界，門徒在衣索匹亞，門徒在亞美尼亞，門徒在波斯，門徒遠到了西息亞（Scythia）、科基斯（Colchis）和印度河谷。門徒的傳聞一路傳到了中國。還有，在權力中心羅馬的門徒。

這些門徒大量滲透到散居世界各地的猶太人當中：被逐出巴比倫後散居世界各地的猶太人。

有許多的意見和許多的導師，還有許多新門徒。日復一日，他們的數量擴展到全世界，而且不局限於猶太人。

現在，他的門徒中有許多生來就不是猶太人。許多外邦人相信，就算他們沒有完全遵守摩西約中規定的儀式與飲食律法，但只要能敬拜耶和華，以色列的真神，也能算是選民。他們相信，耶穌是要來立新約的——讓所有民族都成為亞伯拉罕的子嗣。在耶穌及其新約出現之前，這樣的信仰就已經存在，猶太人已經在進行這一類傳教活動。但現在隨著耶穌的出現，他所賦與的智慧、他所應許的天國，以及奉他之名進行的醫治與驅魔，讓傳教活動的目的性更加強烈。而大數（Tarsus）人掃羅：多麼精力充沛，多麼美好的使徒，向異邦人傳道。

耶穌喜愛閱讀掃羅的書信，他受到聖靈真實的感召。耶穌六十六歲左右，地獄的惡鬼從困守的一隅掙脫，橫行大地。巴勒斯坦的猶太教狂熱份子公開起兵反抗羅馬的統治，可怕的戰火橫掃國境。最後，猶太人的暴亂被平定，耶路撒冷被羅馬軍隊圍困並攻破，神殿被摧毀，只留下瓦礫。華麗的神殿毀了，正如他多年前預見的。耶和華在地上臨在的座席被推翻，再也沒有地方可以獻祭給耶和華，如祂的律法所要求的那樣。許多猶太人被殺，據說，耶路撒冷是用屠殺的血水洗刷的。他知道這件事將會發生，但是這樣並不會讓這個消息變得容易承受。

耶穌又被羅馬人放過，他們知道可以靠他不斷地教導順從與非暴力的道理。

耶穌在加利利的海邊無可遏抑地哭泣，他設法找到一個無人的地方，好讓自己能獨自一人。嗯，幾乎可以說是一個人。他身邊總是跟著幾位他最喜愛的門徒，尤其是約翰，他是所有門徒中最溫柔的，任何人最想結交的摯友莫過於此了。約翰也在身旁，而耶穌也能聽到他的哭聲。還有那些婦女，她們現在都不在這裡，但沒有她們要怎麼生活呢？她們在生活最無法忍受時讓一切變得可以忍受，而她們也讓他變得更睿智。她們遙遙領先於男人，男人太遲鈍總是無法明瞭。她們豐富了他的人生，而他很愛她們。雖然如此，此時此景卻沒有婦女在旁。不讓婦女看到你失去控制地哭泣較好，流一點淚水倒還不礙事：她們可以看，也看過上百次，但控制不住地哽咽則是另一回事。不行，這樣太過分了，而且會造成更多誤解。每一滴眼淚都很重要，也被詮釋成各種意義。這道奔流，這片溶合了世上所有水的無盡淚海，若是讓婦女看到它們全化為滴滴鹽粒，會有什麼感受。

如果當中他最鍾愛的女子——這麼多年來，她一直充塞在他的靈魂各處——看到他如此哭泣呢？不行。不可以讓她看見，她也許會無法承受。但是約翰能夠理解，他總是如此。

他能信賴與依靠的人實在很少，既然他們逃跑過一次，就會逃跑第二次。他只能相信約翰與婦女。有時候，他腦子也會閃過可怕的念頭：他能相信天父嗎？他能依靠祂嗎？可以，真的嗎？可憎的想法總是在他的腦中閃現。跟所有人一樣，他受到考驗，痛苦的考驗，有時擔子沉重得教人無法忍受，不管是心靈上還是肉體上。缺少這個，閃躲那個，這麼多欲求，這麼多不可行之事，理由還相當充分。這麼多未知之事，這麼多需要以信仰克服之事，這麼多歷史上神秘之事。

這樣的災難，這樣的屠殺，極度的犧牲能開啟天國？神廟又被毀了，這是最後一次？停止動物獻祭，永遠？約櫃無處可尋了？猶太人會再次被屠殺，散布到世界各地去？

耶穌高聲呼叫，如同他教導民眾那樣：「天啊，親愛的父，我們在天上的父，願你的國降臨，願你的旨意行在地上如同行在天上。」

許許多多的追隨者現在會說什麼與做什麼？他現在該做什麼？

時光飛逝，又過了三十年。

耶穌已經九十七歲，身子非常虛弱。他現在幾乎已經看不見了：這就是曾經讓瞎子重見光明的他。白內障。他幾乎已經不能走路了：這就是曾經讓瘸子跳舞的他。雖然如此，他的聽力仍然很好。道成肉身，約翰如此稱他，如今也只剩聽力還行。他患有關節炎，而他的心智大部分時間都在某處神遊。有那麼幾天，他甚至無法認出他最心愛的門徒約翰，約翰幾乎跟他一樣老，但仍然親自照顧他。耶穌的門徒認為他的心智大部分時間都在天堂。他飽受無法治癒的疝氣之苦，並且經常消化不良，另外還有尿失禁的問題。他的手腳有時會麻木，甚至感覺不到手腳，蒼老的外表就跟身體的感受一樣：消瘦、白髮、皺紋、近乎透明的皮膚。身上滿是斑點，藍色的血管到處蜿蜒，口中已無牙齒咀嚼食物。

據說，醫治過許多人的他，選擇不醫治自己。

耶穌在塵世的最後一天因一件好消息而醒來。他聽到他曾醫治過的一個小女孩，現在已經超過六十五歲，跟她的幾個曾孫一起來看望他。許多人仍然相信，他不僅僅醫治她，還讓她死而復生。他對於她的探望很是歡喜，想到要再度見到她，讓他急著從床上起身更衣。

他思索著前前後後與他來往的門徒究竟有多少：這裡有許多，那裡也有許多。他的門徒遍布世界，當中絕大多數都認為自己是選民的一份子。他的追隨者並不全然同意這一點，事實上，各宗派經常扼住了彼此的要害。耶穌想著，一旦他死了，事情將會如何演變。

他知道會發生什麼事。從那個可怕的逾越節夜晚開始，他就不斷地祈禱這件事不要發生；就在他被彼拉多審判與折磨的前一晚，他乞求天父不要取走他的生命。

「聖父啊，求你因你所賜給我的名保守他們，教他們合而為一像我們一樣。」

超過六十年來，他一直祈禱此事不要發生。他知道，一旦他走了，既存的紛爭只會惡化，但他還是沒有停止祈禱。

許多人現在都敬拜唯一的真神，並且遵守摩西律法的精神而非它的條文。許多外邦人成為選民，成為亞伯拉罕精神上的子嗣。他們來自於許多不同的地方，光是羅馬一地，數量就相當驚人。在亞歷山卓，這座最有學問的城市，許多有知識的追隨者試圖以希臘哲學家的思想為根據來說明他的信息。許多聰明的學者試著要融合摩西、耶穌、柏拉圖與亞里斯多德。

未來看起來既晦暗又光明，他深信肉體的死亡並非一切的結束，反而是開始。他回想他在塵世的歲月，沉思著他漫長的生命以及所有的痛苦與快樂。

在生命的最後幾年，他花了很多時間重溫自己在拿撒勒的童年時光。他真的時常談到木匠店嗎？約翰非常貼心，為他帶來一籃氣味芬芳的鋸屑。「什麼都比不上鋸屑。」耶穌說。

耶穌睡覺時將鋸屑放在枕邊。

這不是他所期待的，一點也不。他知道自己必須做到無我，完全奉獻自己。但是，現在這個樣子？一度被猶大背叛。是的，那很糟，但比較容易理解。現在被自己的身體背叛，也許，還被天父背叛，這就沒有那麼容易理解。

完成了那麼多事！也幾乎沒完成什麼！

那天早上，他想到他的訪客。他已經等不及要見見那個小女孩，現在已成了曾祖母；而跟以往一樣，他也想抱抱這些孩子。

就在此時，嚴重的中風打擊了他，隻身在房間裡，與聖父一起，連同他總是在談的聖靈，他一直努力想看見的聖靈接管了一切。

「我的神，我的神，為什麼離棄我？」

耶穌在兩分鐘內死去，最後，他的血在他頭裡溢出。沒有人看到他死去，或者握住他的手，是約翰與已經當了曾祖母的女孩發現了屍體。「喔，看啊，他睡著了。」老婦人說。

耶穌的葬禮卑微而簡樸，如同他好幾次叮囑的那樣。

然而，在葬禮之後，卻沒有人找到他的屍體，它神秘地從墓穴中消失。約翰和他的門徒被指控偷走並藏匿屍體，但他們說他們已經恰當地埋葬了，凡是看到葬禮的人都可以為他們辯護。

雖然如此，三天後，有些人將會宣稱看到他還活著，謠言將會如野火般延燒。宣稱看到他的人絕大多數在巴勒斯坦，但謠言隨後將在各個已知世界中浮現。在羅馬，在萊茵河邊的科隆尼亞．阿格里匹娜（Colonia Agrippina），在伊比利亞的托雷頓（Toletum），在雅典，在迦太基，在埃德薩（Edessa），在古巴比倫附近的塞流西亞（Seleucia），在努比亞（Nubia），很遠、遠到了恆河邊的瓦拉納西（Varanasi），甚至更遠到了中國的萬里長城。這些謠言說他們看見復活的耶穌，他的樣子彷彿又回到三十三歲的時候。

最奇怪的是，沒有人敢宣稱他們擁有他的骨骸。

時光流逝，又過了大約兩百三十年。君士坦丁坐上皇帝寶座，參加了新猶太教會堂及使徒約翰神龕的啟用典禮，此時約翰的遺骨已經移到了羅馬。君士坦丁即將正式皈依，他幾乎已經準備好要接受洗禮，這是個加入新約的儀式。再過幾個月，逾越節又將來臨，他將成為選民之一。

這座由君士坦丁建造的宏偉猶太教會堂是羅馬最大的建築物。想像一下，使徒約翰的遺骨就在羅馬。想像一下，群集於神龕之前的朝聖者以及即將在此地發生的所有神蹟。想像一下，所有的榮譽都將溢美於皇帝身上，只因他建造了神龕，將遺骨帶到羅馬並供奉它。

君士坦丁暗自慶幸沒有決定在東方——一個小漁村，拜占庭——建立新首都，這一開始就是個愚蠢的想法，幸虧他沒有聽從那些希臘謀士的建議。

君士坦丁以帝國的力量施壓，想將耶穌所有的追隨者統一起來，所有彼此角力的宗派。對國家宗教來說，太多宗派實在太雜亂；對選民來說，太多爭論實在不夠體面。要求所有的大拉比齊聚米蘭是他想過的最好辦法，他們提出了一張信仰表，並且將真理一勞永逸地界定下來。耶穌被尊奉為先知，古往今來最偉大的先知，他的新約承諾要讓受洗過的人都成為選民。彌賽亞尚未到來，但是會在未來某個時刻出現。耶穌為他鋪好道路，他將終極地救贖並改變這整個世界。他們也瞧不起那些尊奉耶穌為彌賽亞並且相信他已經復活的追隨者。選民的中心儀式是洗禮，以及舉辦新逾越節餐，每個禮拜一次，在安息日舉行。公會議也通過對耶穌及任何過著神聖生活的人的聖物崇拜，每個猶太教會堂至少都會有一件聖物奉入神龕當中，而神龕則位於用來誦念聖經的講道壇下。

現在，既然所有的事情都已經界定清楚，君士坦丁的軍隊便開始忙著將那些不信奉在米蘭定義的真理的猶太教會堂封閉起來。現在所有的臣民都將分享相同的信仰，而且是單一的信仰，就如同先知與導師耶穌以及天父一樣。現在他的軍隊可以攻擊那些極少數被誤導的靈魂，那些迷途者仍然相信耶穌是彌賽亞以及他從死裡復活，受到迷惑的傻子還將耶穌當成神的兒子。現在他的軍隊也可以追捕那些拒絕敬拜耶穌的猶太人。現在，所有的信仰錯誤者都可以從地表上抹去，為的是上帝的榮耀以及選民與帝國的福祉。

少許的起訴應該會照顧到所有明辨對錯的人。

隨著皇帝居住在羅馬，帝國西半部在各方面持續茁壯並且活力十足，西歐的羅馬城市並未因日耳曼民族的攻擊而停止成長與繁榮。日耳曼蠻族遭到抵擋，退回萊茵河以東與多瑙河以北，並且逐漸被羅馬帝國派過邊界的傳教士開化。同樣的事也發生在蘇格蘭人與匹克特人（Picts）、還有愛爾蘭的塞爾特人身上。帝國東半部也跟過去一樣強大，所以帝國原有的局面又多維持了幾個世紀，直到先知穆罕默德的軍隊征服近東大部分地區與北非全部為止。

君士坦丁之後幾個世紀，羅馬文明支配了整個歐洲大陸，包括君士坦丁時代帝國疆界外的蠻族所建立的附庸國，往北一直到烏拉山脈。這些民族全都信奉古猶太人的一神信仰，任何人只要不同意拉比所定義的以及羅馬政府所准許的正統宗教，就會遭到起訴，即便是帝國北部與東部的附庸國也一樣。羅馬帝國發展成鬆散的民族國家聯盟費時數世紀，但是在耶穌出生後的一千七百年已大體完成。從拉丁文發展出的形式成了整個大陸的共通語言，這全多虧了國家宗教儀式使用這種語言。至於九世紀由斯堪地那維亞人建立的附庸國跨越大西洋所發現的土地，也將屬於羅馬。在一點一滴的蠶食下，到了一四〇〇年，兩個大陸——直到極遠處的火地島——都將皈依羅馬宗教。傳教士也前往亞洲，與東方的接觸也更趨熱絡。一二五〇年左右，澳洲與紐西蘭被中國人發現並殖民，他們從斯堪地那維亞人的地理發現中學到一些經驗。

不過，這一切都在遙遠的未來。此際，整個世界都已經甦醒並且發現自己是被選定的，或似乎是被選定的。根據米蘭公會議的看法，選民就是新約的一員，而新約則是上帝啟示給耶穌的。即便是位於帝國北部邊陲的蠻族也開始接受來自巴勒斯坦與羅馬的新宗教，而他們也變得較為開化與溫順。舊神祇消逝得很快，羅馬的舊菁英家族繼續固守著舊宗教，一般平民則混合了新舊，但不可否認世界已經轉變了。

供奉舊神祇的廟宇也快速消失，許多改成敬拜猶太教的一神，耶和華。耶穌的語錄以及有關他生平的敘述現在也被學者施予同等的關注，被認為是最偉大的哲學家作品。男人與女人成群進入沙漠，過著祈禱與自我棄絕的生活，就像舊日的艾賽尼派（Essenes），這個猶太教宗派孕生出施洗約翰，也影響了耶穌本人。格鬥士是過去的事，大部分是一種古時候殘忍的競技場比賽。釘十字架？算了吧，它已成了野外狂歡的一種形式。

有些人對於新宗教的性倫理非常、非常不悅，人們還能尋歡作樂嗎？

君士坦丁看著冗長複雜的供奉儀式時，想到重建耶路撒冷神廟的事。他應該趕緊做這件事嗎？他應該做這件事嗎？這座位於羅馬的新使徒約翰猶太會堂如此美好，而且也花了不少錢。以現在來看，這座難道還不夠嗎？他也將耶穌臨終時的床，連同最後一天早晨所穿的衣服，以及殘存下來的破舊衣櫥和裝滿他剪下來的頭髮與指甲的箱子，都搬來羅馬，難道這樣還不夠？那麼，聖物中最珍貴的金瓶又怎麼說呢？這只金瓶裝的可是耶穌流下來的全部眼淚，是一直跟隨他的婦女細心收集的。有了這些東西還不夠嗎？難道他要接受從已知世界各地提出的近乎無盡的請求並且重建神廟嗎？

君士坦丁想像，如果他能重建神廟，榮耀都將因此加在他身上。他將留名青史，成為另一位所羅門，也許名聲還會超越所羅門。

君士坦丁神廟？聽起來不錯。也許他也應該將帝國首都從羅馬遷到耶路撒冷？或者還有更好的主意，為什麼不把神廟直接重建在羅馬而非耶路撒冷？羅馬：新耶路撒冷？他應該問問謀士的意見。他也應該問問大拉比。他也應該先問問妻子的意見，也許她做了夢？

4 改變英格蘭歷史的一場戰役

假如威廉未能征服英格蘭，一〇六六年十月十四日

希西莉亞・侯蘭

黑斯廷斯流傳至今，總是以一種奇聞妙事的方式呈現，就像《一〇六六年與之後的英格蘭歷史》（*1066 and All That*）。然而，這個日期卻不可忽略：這場戰役就跟那些決定未來走向的戰爭一樣——人們會想到薩拉米斯（Salamis）、薩拉托加（Saratoga）、蓋茲堡與諾曼第登陸——足以稱之為決定性。雖然（或者說，也許是因為）在勝利者的歷史神話覆蓋下，使得黑斯廷斯帶有虛構的成分，但是這當中仍舊充斥著兩個支配者的對抗。這兩個充滿決心的對手，哈洛德，他登上英格蘭王位已經有幾個月；至於渡過英吉利海峽前來奪取王冠的則是私生子威廉，即諾曼第公爵，後世稱為征服者。黑斯廷斯並不是中古時代常見的簡單比武競技，而是一場不同作戰風格衝撞的罕見戰役：守方的英格蘭步兵面對的是歐陸擅長的騎兵衝擊戰術——不過，威廉也仰賴弓兵與步兵（有位諾曼騎士在日後說，那是一場「奇怪的戰役」）。整個戰局除了精心思考的策略之外，也充滿了懸疑，究竟結果如何，一直要等到最後才見分曉。

除此之外，現在看起來相當清楚的事情，在一千年前卻未必如此。侯蘭指出，一〇六六年十月的戰場，是兩個敵對世界衝撞的地方，勝出者除了將在未來數世紀支配英格蘭，也將支配整個歐陸。當時的英格蘭在斯堪地那維亞勢力的中心範圍之下，維京人從位於俄羅斯的堡壘向外擴張，並且定居在艱苦的北美海岸溫蘭（Vinland，大約從紐芬蘭開始，往南最遠到緬因州）。反對他們的則是威廉所代表的法蘭西─羅馬世界，他也是維京人的後裔，但是他的祖先定居在塞納河河口已經有數世紀之久。這些戰士擅於把握在政治上牟利的機會，諾曼人（源自Normanni這個字，即北方人）創建的公國甚至遠達義大利與聖地。英格蘭擁有與日俱增的人口、穀物，以及良好的港口，因此成了北方或南方想支配歐洲的潛在基石。

如果諾曼人的箭沒有射死哈洛德和他的兄弟呢？如果英格蘭步兵堅守在盾牌後面，那麼，秋日午後逐漸黯淡的日光照耀的是否將會是他們，而非威廉這位沙場老將？如果戰役的後續發展地點不是在十二月的西敏寺，也就是威廉被加冕為英王的地方，而是時間再往後一點，在美洲的林地呢？

希西莉亞・侯蘭（Cecelia Holland）是最著名與最受尊崇的歷史小說家之一，著作超過二十本。

夜裡，威廉公爵接到消息，英格蘭軍隊正從倫敦方向接近。時值十月中旬，天光珍貴，而威廉毫不浪費。他立刻起身，叫醒全軍開始準備。匆忙之間，他在黑暗中將鎖子甲穿反了，身旁的人不禁將此解釋成惡兆。

威廉不把這件事放在心上——如同他將跌倒之事看得無關緊要一樣。幾天前，他首次踏上英格蘭的土地，卻不小心摔了個狗吃屎。「我的雙手抓住英格蘭了。」他趕緊大喊，將厄運轉化成好運。

為了這一天，威廉已經準備了好多年，不斷地計畫、謀議與安排。然而，即便是他也沒有料到，他將進行的這場戰爭將成為歷史上最有名的戰爭之一，而他的勝利將決定日後歐洲數個世紀的歷史。

威廉及其麾下的將領絕大多數是朋友與親戚，一起望彌撒及領聖餐。他在脖子上掛了聖物，教宗為他祝聖的藍色旗幟在拂曉的微風中飄揚。在英格蘭冷冽灰暗的黎明中，威廉率領他的大軍約七千人，前去與哈洛德的軍隊交鋒，要解決他們倆之間存在的爭議。

爭議點是英格蘭王位。威廉主張自己能繼承王位的理由其實似是而非，但是他可以利用這個機會從中牟利。歷經數世紀和丹麥人及挪威人的爭戰之後，英格蘭的領導階層可說是死傷慘重；然而就在此時，丹麥人與挪威人短暫失去了對英格蘭的控制，使得王國內部隨時有譁變的可能。英格蘭國王懺悔者愛德華於一〇六五年年底去世，他沒有兒子繼承王位；而愛德華的母親是諾曼人，即威廉的姑婆恩瑪（Emma）。威廉甚至可以向愛德華的大臣哈洛德——英格蘭最有權力的伯爵，幾年前在法國時剛好落在威廉手裡——勒索，因為哈洛德曾對威廉宣誓，承諾會幫助他。

然而，問題在於，英格蘭王位是採選舉制。年高德劭的愛德華去世之後，英格蘭的賢人會轉而支持哈洛德為王，雖然他不是阿弗雷德大王（Alfred the Great）的後裔，但他們知道他至少是半個薩克遜人。威廉公開宣稱哈洛德是篡位者與偽誓者——因此威廉得到聖物與聖旗的加持——而現在諾曼第公爵則是來取走他要的東西。

黑斯廷斯戰役當天，威廉三十九歲，高大、暴躁、精明且精力充沛，有著可怕的童年回憶，求婚時弄傷了妻子，並以武力平定了全公國。為了達到目的，他集結了一支就當時而言相當龐大的軍隊。除了直屬於他的諾曼軍之外——已經追隨他征戰多年——還有來自於不列塔尼、比利時及法國的騎士與步兵，甚至還有從義大利來的部隊，其中包括了弓兵。部隊深入內地時，由弓兵前導，重裝步兵則追踵其後，然後則是頭戴盔帽身穿鎖子甲的騎士，他們的鎧甲長及膝蓋，手持長槍與劍。軍隊後頭則是在藍旗之下騎馬行進的威廉，身旁還有騎士與他隨行，這個位置可以讓他看清楚眼前的狀況。

戰爭開打時，威廉並不像現代將領般留在後頭遙控戰局；相反地，他就像一般士兵一樣往前衝鋒進行肉搏戰。最後，無論勝敗都是靠他自己的拳頭得來，他的人生就是如此。

威廉的大軍沿著長長的坡道向上行進，第一排士兵抵達山頂時，一眼就看到了英軍。

他們前面有一條穿越狹窄沼澤谷地的下坡路，對面則是一座高坡，道路一直通到無樹山脊上，兩旁則是沼澤與森林。威廉的軍隊翻過第一座山丘時，可以看到大批英軍正穿過樹林前往漫

黑斯廷斯戰役，一〇六六年十月

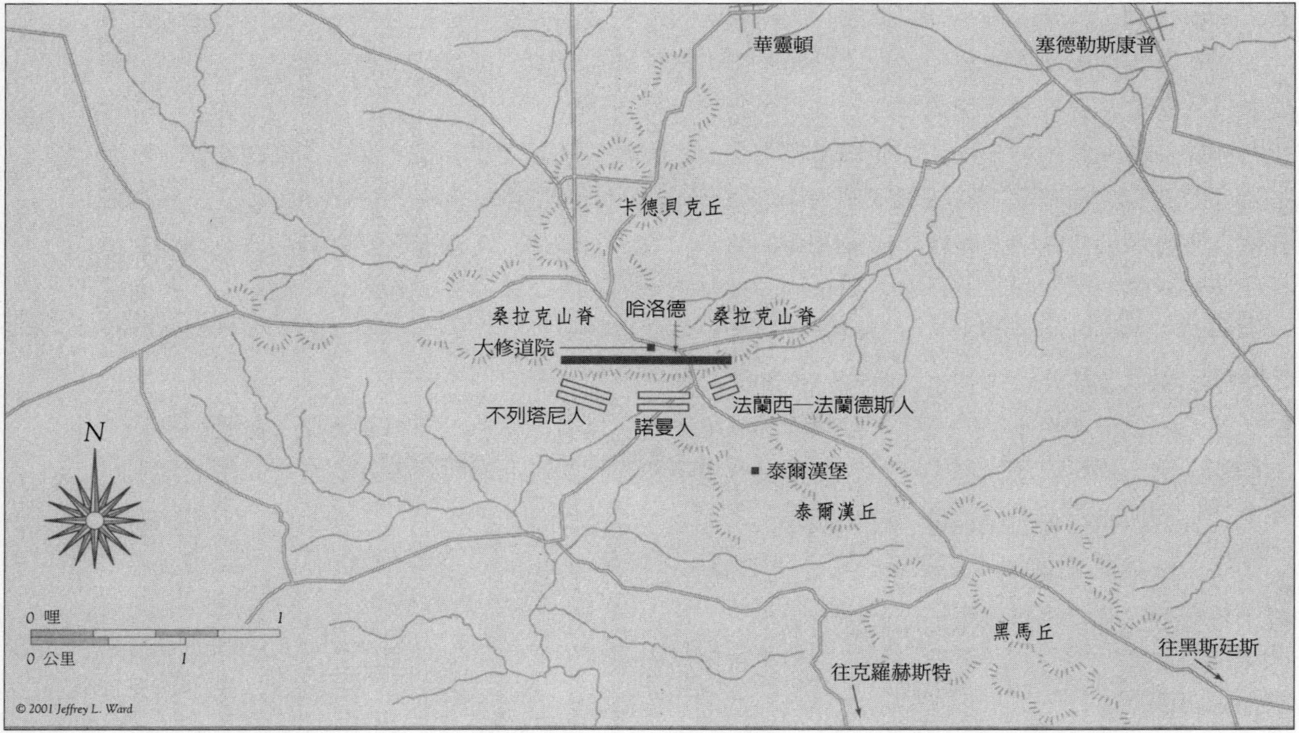

長的無樹山脊。

道路穿過山谷，翻過山脊之後便直達英格蘭的心臟倫敦。如果威廉能拿下倫敦，就能宣布自己控制了英格蘭王國。不過，現在英格蘭人在跨越山脊的地方，也就是山脊與道路交錯之處，建築了一道盾牌與肉體城牆阻擋威廉。

英軍有數千人，當中包括了哈洛德的核心戰鬥團，也就是他的親兵，他們只效忠哈洛德，並且在他鑲著黃金與珠寶的戰士圖案旗幟下戰鬥。哈洛德的兩個弟弟也是戰士，同樣加入了戰鬥團，連同其他經驗豐富、訓練有素又裝備齊全的士兵，一起構成盾牆的中軍位置。

其他英軍大多是農民、農場主與牧人，以及民兵。長期以來，英格蘭的傳統要求這些人必須進行武裝，哈洛德每年會召集他們進行一個月的軍事訓練。他們的作戰技巧很好，但畢竟沒有受過真正的訓練與戰爭的洗禮，許多人只拿著棍棒就出來打仗。

哈洛德的軍隊果敢勇猛，但是兵種過於單一，沒有騎兵或弓兵。親兵有長盾、斧頭與長槍，但是沒有弓；雖然騎馬上戰場，卻下馬作戰，這局限了他們的作戰能力。哈洛德在山頂上找到了絕佳的位置，以便充分發揮戰力。

英格蘭軍隊相當堅強，不到四週，威廉已經是他們面對的第二支入侵隊伍。在此之前的九月，挪威國王哈德拉達（Harald Hardraada）率領龐大兵力從北方登陸，地點在約克附近，他想重拾過去挪威人的做法，不斷地掠奪英格蘭。哈洛德集結親兵前去與哈德拉達作戰，沿途還徵集了幾支民兵隊伍。

哈德拉達——行事果斷，或者可說是冷酷無情——是基督教世界最著名的戰士之一，從君士坦丁堡到挪威，可說是無役不與。跟在他身旁的是他私人的戰鬥團和一些傭兵，另外還有一些倒戈的英格蘭人；而當地方軍隊前來挑戰他時，他的軍隊很快就消滅他們。哈德拉達太過自信，因此讓大部分士兵回到船上，自己則在斯坦福橋（Stamford Bridge）附近等待約克市——以往，約克市通常在考慮之後就投靠他這一方——向他行臣服禮並且送上人質。

哈洛德和他的薩克遜軍隊在臣服禮之前就抵達斯坦福橋，他們在奇襲中抓到挪威國王，並且殺掉他。其餘的部隊趕來搭救，但為時已晚，哈洛德照樣擊潰他們。從倫敦通往泰爾漢丘（Telham Hill）的道路上，布滿了哈洛德的軍隊，他們正迎接威廉的到來。

這一天，太陽高掛在南英格蘭山丘之上。號角聲中，威廉的軍隊穿過狹窄的山谷往山脊前進，左方的沼澤與右方的森林使得他們無法從兩翼包抄哈洛德的陣地。威廉派弓兵先到山坡上對著英軍放箭，向山上射箭再加上有龐大的盾牆阻擋，使得弓兵無法達到任何效果。於是他們退下來，換重步兵上去；在重步兵後頭，威廉的騎士開始縱馬疾馳。

從盾牆中傳出英格蘭人的咆哮與叫囂聲，他們利用高地的優勢向接近的諾曼人投擲長槍、斧頭及木頭石塊。步兵們冒著矢石蹣跚前行，威廉就位於中軍，他要騎士上山加入這場惡鬥——他的人以劍劈砍，投擲長槍，並且用長槍突刺，策馬向前衝入盾牆。連鎖盾牌形成的巨大防線阻擋著他們，英軍可說是固若金湯。威廉的軍隊擠在一起，短兵相接而且又是仰攻，到處充滿著震耳欲聾的叫喊聲，他們不禁開始動搖了。此時在左翼，諾曼人開始轉身往山下逃跑。

絕望的哀叫聲越來越大，混亂潰散開始在諾曼人的部隊中蔓延，就連身處戰線中央、藍旗之下的威廉也開始後退；突然間，他從馬上摔了下來。

混亂中，人們口耳相傳說公爵已死。於是在極度恐慌下，諾曼軍從山上逃往谷地中，部隊散了開來，而在山頂的英軍中有些人則穿過行列追了過來。

但是威廉並沒有死。他的馬被殺，他騎上另一匹馬，緊縛在馬鞍上，掀開頭盔，並且在凌亂的行伍中狂奔。他大叫：「看著我！我還活著，我將會是勝利者，上帝會幫助我！」

看到威廉，驚慌的士兵這才慢了下來，穩住陣腳。威廉很快將軍隊集結起來，帶領他們向下山來的追兵發動逆襲。整個戰場上，蹣跚的諾曼人看到他們的公爵發動新一波攻勢，便都轉過身來加入。從陡坡上衝殺下來的英格蘭人整個散開，無法維持緊密隊型。諾曼人從兩邊騎馬夾攻，將他們切成小塊，然後分別予以殲滅；另一方面，哈洛德和他的軍隊仍然逗留在山頂上。

哈洛德失去贏得這場戰爭的最好機會。如果英軍能趁威廉的人馬逃跑時發動攻擊，很有可能擊退諾曼人，阻止他們重新集結，並且將他們趕到海裡去。然而事實上，只有未受過訓練的民兵下山追逐那些逃亡的諾曼士兵；在戰線中央，親兵仍維持不動。

他們之所以不攻擊，可能是因為沒有人下令這麼做。在中軍的戰士旗幟下，一開始的戰鬥是最猛烈的，威廉與哈洛德作戰的地方就是在這裡，哈洛德的兩個弟弟都倒地不起，他們都死於第一波的可怕攻擊。也許就是因為失去這兩個人的領導，才導致親兵猶豫不前。不管原因為何，哈洛德仍在原處，而威廉重整旗鼓之後再次撲上盾牆。

「隨後則是一場非比尋常的戰鬥，」普瓦提耶的威廉（William of Poitiers）說：「一邊是前仆後繼地猛烈進攻，一邊則是堅守陣地、抵抗攻擊。」

諾曼第公爵一整天不斷地戳刺哈洛德的盾牆。由於第一次攻擊時的混亂逃亡反而造成正面效果，所以他打算詐敗一次，也許兩次，引誘英軍下山，然後再襲擊並殲滅他們。這一天殘忍地過去了，地上散布著士兵與馬匹的屍體，死屍也逐漸擋住了戰鬥者。戰鬥看起來將以和局收場，英軍不斷在失血，諾曼軍也是，而哈洛德的親兵仍固守在連鎖盾牌後頭的中軍位置，扼守著通往倫敦的山丘與道路。中古歷史上最長的戰役仍不斷消磨著雙方，沒個了結。夜幕低垂，不過，這場仗很快就要結束。

黑斯廷斯不只是兩個堅決男人的鬥爭而已，在一〇六六年十月的戰場上，兩個敵對的世界碰撞在一起；而就形勢來看，其實有利的一方不在威廉，而是哈洛德。

一〇六六年的英格蘭屬於大北方共同體的一部分，這個共同體包括挪威與瑞典、俄羅斯的諾夫哥羅德（Novgorod）與基輔、丹麥、冰島、法羅群島（the Faeroes）、蘇格蘭與奧克尼群島（the Orkneys）、格陵蘭、溫蘭，乃至於北極圈中的司匹茲卑爾根（Spitsbergen）。北方諸王與探險家幾個世紀以來一直撕裂著英格蘭，而英格蘭的抵抗將阿弗雷德大王的王國塑造成一個面向北方的國度。這種對北方的依附可說是根深柢固：挪威國王過去有數代的時間統治著約克；而在黑斯廷斯戰役之前約五十年，丹麥國王卡努特大王（Canute the Great）征服英格蘭全境並加冕為英王，他成功統治了二十年，將英格蘭當成自己環北海帝國的一件裝飾品。

英格蘭浸潤於丹麥文化中，大部分英格蘭人仍生活在丹麥法之下，許多人使用丹麥語的機會跟英語一樣多。哈洛德即是結合了北方人與英格蘭人的象徵人物，他的父親高德溫（Godwine）於英格蘭王室死亡與流亡之際，在卡努特統治下逐漸登上高位；他娶了丹麥女子，所以哈洛德是半個丹麥人。從各方面來說，哈洛德的短暫在位可說是同時延續了卡努特與薩克遜王權的統治。固守山脊對抗威廉的親兵就是卡努特的發明，這是以丹麥模式組成的戰鬥團。

英格蘭與北方勢力的紐帶關係遠超過政治層面。盎格魯—薩克遜人的工作日稱為Tir's day、Woden's day與Thor's day，但是他們的法國鄰居因為深受羅馬人影響，則稱為Mercury's day與Mars' day。《貝沃夫》（*Beowulf*）是古英文的偉大經典，寫於諾森布利亞（Northumbria），書中描繪的世界直接出自於挪威傳統詩歌「艾達斯」（Eddas），其中說的是戰士、黑暗與悲傷。英格蘭教會雖然是基督教，卻幾乎不理會教宗，為哈洛德加冕的大主教竟然是被羅馬開除教籍的人。英格蘭經濟與北海商路緊密地結合在一起，他們的貨物透過挪威船與丹麥船越過北海送到丹麥與瑞典的貿易城市。英格蘭人說著日耳曼語，夾雜著大量丹麥語彙，而非法語、義大利語與西班牙語等等以拉丁文為基礎的語言。從一〇六六年的視野來看，英格蘭較具有斯堪地那維亞的色彩，而與南方不平靜的英吉利海峽對岸的法蘭西—羅馬世界關係較淺。

以斯堪地那維亞為中心的北方經濟帝國，其活力與力量在這段時期達到頂點。十一世紀中葉，即使挪威人與丹麥人無法在溫蘭建立永久殖民地，但是長船仍舊造訪當地；至於往東的商路則通過瑞典，一路直抵君士坦丁堡。

西元八六二年，維京人魯里克（Rurik）建立了諾夫哥羅德的波羅的海要塞，他的繼任者歐雷格（Oleg）征服了基輔。而在十世紀時，龐大的龍船艦隊在黑海上航行，往君士坦丁堡前進。世界之城的巨大天險讓他們感到震撼，但是他們來到這裡，將他們的武力出售並租給拜占庭軍隊。哈德拉達就曾在傳奇的拜占庭將領瑪尼雅克斯（George Maniakes）麾下，與西西里的薩拉森人（Saracen）戰鬥。維京人位於諾夫哥羅德和基輔的貿易站，讓大斯堪地那維亞得以接觸東方，連通絲路，並藉此連繫整個亞洲。

沒有人統治過這麼廣大複雜的領土，雖然許多人企圖嘗試過。北方第一次大繁榮——以其個人主義、重法心態及講究實用的才能——在許多方面展現出機會均等的樣貌，就像一塊急速擴張的拼布，裡面有自由農場與獨立侯國、小王國和一些城市。在黑斯廷斯戰役之前一世紀，出現了幾位野心勃勃的君主，他們在一〇六六年時仍然努力要將這個地區統一在一頂王冠之下。幾十年來，卡努特坐鎮在英格蘭，統治了這個帝國的核心地帶，丹麥與挪威。哈德拉達憑藉著經由瑞典與俄羅斯城市的連結，也在心裡存有一份清楚的相同計畫。

然而，往後幾個世紀，北方帝國卻撤退了。外在環境有了變化：西元一千年左右，暖期過去，北海的氣候變得越來越惡劣。浮冰往南飄，阻礙了連通北方各地貿易站的海上航道。原本維京移民還能在格陵蘭放牧牛群，現在島上居然終年覆蓋著冰雪。三百年來從峽灣與海灣中宣洩而出的巨大能量又退回原地，北方人放棄殖民溫蘭，最後還失去了格陵蘭，差點連冰島也保不住。

諾夫哥羅德與基輔逐漸成為斯拉夫人而非斯堪地那維亞人的根據地；即便是拜占庭皇帝跟前的瓦蘭吉衛隊（Varangian guard），一開始都是由俄羅斯的維京人充任，後來也逐漸換成英格蘭人。

如果北方人能夠繼續掌握英格蘭，那麼，憑藉著當地逐漸增加的人口、穀物，以及南方的開放港口，他們能繼續維持他們的霸業嗎？若真是如此，變遷的氣候也許反而會讓他們擴張，而非收縮。為了尋找更好的土地、更好的生活，他們也許會在溫蘭建立根據地，沿著海岸南下建立殖民地，並且藉由往南遠離浮冰危險的海上航道，將所有的殖民地、溫蘭、格陵蘭連結起來。沿著溫蘭海岸往南，他們將會發現良港、更好的農地、更好的大西洋漁場，甚至因而與原住民為敵，或是與他們妥協——因為他們不像日後的西班牙人和英格蘭人那樣具有科技優勢。

因此，有了英格蘭做為北方帝國擴張的基石，歐洲移民到大西洋西側大陸的時間可能會提早許多。北方人在那裡建立的社會會是什麼樣子？可以確定的是，不會是王國。環北大西洋的殖民地，絕大多數都是由逃避國王貪婪與血腥壓迫的丹麥人和挪威人建立的，位於溫蘭和其他地區的北方殖民地極可能採用共和國形式——至少一開始是如此，就像冰島一樣，透過阿爾辛（Althing）——也就是人民大會——進行統治。如果哈洛德在黑斯廷斯戰役中獲勝，則可能在一七七六年之前五百年，西部大陸就會出現由歐洲人建立的共和國，而且無需經由革命。

而且，也不用摧毀原住民。相較於所遇見的原住民，挪威人和丹麥人稍微擁有一些科技優勢，但並不是決定性的優勢。他們必須和他們在新世界發現的部落訂定某種暫時性協議，或者是跟某個民族，也許如摩霍克人（the Mohawk）。他們將會發現一種和他們頗為相似的民族——富進取心、具侵略性、具有民主政治的傾向。也許一種混合式文化會崛起於新世界的黑森林與湖泊中：維京—摩霍克共和國，位於北方人建立的帝國極西之處。

也許在某個時候，會出現一個王朝將廣大的北方共同體統一在一頂王冠下。更有可能的是，這塊不斷延展出去的龐大拼布當中散布著移民、農場、貴族，以及小君主與共和國，他們將會組成一個國協，北方人在法律與政府方面的實用天分將會在當中展現無遺。整個共同體將會因貿易生命力而結合在一起，挪威人與丹麥人會在各個地方遇到其他的民族、挑戰與觀念，這些都提供他們繼續成長的養料。斯特勒森（Snorri Sturlusson）會寫出與摩霍克人戰爭有關的英雄傳說，野牛皮衣與菸草可能很快就會賣到君士坦丁堡，而中國茶也許會出現在密西西比河。龍船也許會航行在五大湖上，尋找往西的通道，船上的船員一半是原住民，一半是挪威人，他們繪製的海圖最後將會與中國地圖合在一起。

這種力量將北大西洋與波羅的海、以及經由俄羅斯通往東地中海的各條路線連結起來，將對歐洲其他地區構成極大的挑戰。大斯堪地那維亞，即北方帝國，在龐大貿易共同體——延伸了半個世界，並且在君士坦丁堡與整個亞洲貿易的中心連結在一起——的推動下發展；相較之下，一〇六六年的拉丁歐洲則乏善可陳。

事實上，拉丁歐洲此時正處於最低點。幾世紀以來，戰火和入侵的破壞將這塊小型大陸打成零散的碎塊。教宗極力主張某種政治上的權威，以控制西方的皇帝和接二連三的小王侯；然而，這個地區卻毫無法紀可言，經濟也如牛車般遲緩。英格蘭實際上是歐洲最富有的王國，法國只是個小國，因此在十一世紀中葉，拉丁歐洲還看不出將會發展成什麼樣子。偉大的十字軍東征——對伊斯蘭世界的反擊——要等到三十年後；至於更遠一點的未來，則要等到十二世紀才會揮灑出驚人的創意，即中古盛期綻放出的哥德式風格。

這個燦爛的未來很可能不會出現。原本用來興建夏特爾大教堂（Chartres）和巴黎大學的才智，很可能轉而拿去妝點奧斯陸、倫敦與基輔的法院，法國與義大利的創意精華將因此被吸取一空。日耳曼諸國已經深受斯堪地那維亞文化和語言的影響，他們與拉丁世界的關係總是充滿著不安，並且因帝國滅亡而趨於複雜。他們的興趣將很容易就轉向北方，投向龐大的貿易生命線，投向他們熟悉的生活方式，遠離羅馬，古地中海世界的碎片將淪為北方帝國的衛星國。如果哈洛德於一〇六六年十月獲勝，英格蘭也許會完全改觀，成為另一個文明的拱心石。

哈洛德起而對抗的其實是維京人，只是血統略有不同。

威廉是羅洛（Rollo）的後裔。羅洛是挪威探險家，十世紀時占領了塞納河河口廣大的起伏地區。法國國王基於現實的考量，封他為公爵並且將公主嫁給他；相對地，羅洛也必須將其他掠奪者趕出塞納河流域，並且遠離巴黎。公國逐漸被稱為諾曼第，即北方人的國家。羅洛的手下娶當地女子為妻，並且生出混血的下一代，也就是諾曼人。

這些諾曼人是強悍、吃苦耐勞的好戰士，同時也是狡猾的政客。他們在歐洲各地、在安那托利亞、在聖地作戰，每到一處就建立國家。諾曼海盜於十一世紀向南漂流到義大利，征服了西西里，並且將西西里轉變成歐洲最有效率的王國。諾曼十字軍在安提阿（Antioch）與埃德薩建立了侯國，曼齊克特（Manzikert）戰役之後，諾曼傭兵還企圖要在東土耳其建立自己的國家。諾曼第公國不斷地成長茁壯，法院、法律和積極任事的公爵維持著境內的正義與和平。

一〇二六年，或大約這個時間，當時公爵的弟弟羅伯特才十幾歲，看到一名涉溪而過的女子，當時就愛上她了。身為貴族，他可以要求將這個民女賜給他，而他也這麼做了。他們的兒子於一〇二七或一〇二八年在羅伯特的城堡出生，但這個孩子卻是在外公位於法萊斯（Falaise）的住處長大，他在那裡沾染了純樸務實的氣質，成為其人格上最大的特點。威廉出生後，很快地，才剛滿二十歲的羅伯特就繼承兄長的位子，成為諾曼第公爵。

他被稱為「莊嚴者羅伯特」與「惡魔羅伯特」，終身未婚；而在成為諾曼第公爵的七、八年後，他突然決定參加十字軍彌補罪愆，於是在廷臣面前宣示威廉是他的繼承人。

「他還小，但是他終將長大成人。」據說羅伯特曾這麼說過，而他也要貴族向威廉宣誓效忠並接受威廉。男孩才七歲，之後羅伯特便踏上征途，一去不返。

公國陷入無政府狀態，小公爵無法維持正義與和平，每座城堡都是武裝堡壘，其中絕大多數都對小公爵懷有敵意。他在接連幾位監護人的看管下成長，每個人都像他的仇敵般強悍與暴力。接連四位監護人都被謀殺，一位就死在小威廉面前。當他的敵人手持刀劍在城堡中到處獵捕他時，有位廷臣帶走他，將他送到農村裡的破爛茅屋中藏匿。

男孩最後還是平安長大，強壯、直率、有智謀又穩重，除此之外還有中古時代最重要的兩樣德性：虔信與武功。十九歲時，有一半臣子起來反抗他，另立新主繼承公國。威廉將這場反叛當成事業的起點，以武力平定了暴亂，貴族中的首惡不是被殺就是被放逐。他征服殘餘的勢力，並且在二十二歲時確實控制了整個領地；幾乎在此同時，他將眼光望向英格蘭，他的遠房親戚懺悔者愛德華當時正是英格蘭國王。

愛德華偏愛諾曼人，而且他沒有子嗣。阿弗雷德的偉大世系中，僅存的一名繼承人在匈牙利。威廉開始為此鋪路，準備日後主張自己有權繼承英格蘭王位。

他拜訪英格蘭，讓愛德華給了一個曖昧不明的王位承諾。當哈洛德於不列塔尼外海發生船難時，威廉親自趕去救他，使他免於被當地人掠奪；但另一方面，卻又要脅哈洛德向他宣誓效忠。哈洛德站在看起來平凡無奇的祭壇前面，進行一場他自認為只是私人性質的宣誓，但是儀式結束後，威廉迅速脫下衣服，將身上戴的大批聖物全都呈現出來，讓哈洛德的誓約——至少在威廉眼中是如此——變得不可違背。

終於，老國王死了，讓他有了機會。哈洛德被推舉為王時，威廉讓教宗為他行動的宗旨祝聖，並且為他的旗幟祝福，然後發出總號召，邀集所有的戰士前來，並且承諾給予他們英格蘭的土地——如果他們獲勝。他的名聲以及貪婪的人心，使得數千人紛紛雲集於英吉利海峽岸邊。

他們就在那裡待著，無事可做。愛德華死後，威廉花了幾個月的時間拚命建造並徵用船隻，總共聚集超過六百艘船，足以運送他的軍隊。但是整個夏天一直吹著逆風，讓他們無法出港，更別說是渡過天候惡劣的英吉利海峽。威廉憤怒並且祈禱，他的軍隊則發著牢騷，夏天就這樣蹉跎過去了，直到秋天到來。此時，後人所稱的哈雷彗星發出謎一樣的光亮，劃過了天際，每個人都知道這表示未來將發生大事，會有君主興起和敗亡；不過，風預言的卻是別的東西。

威廉決定讓艦隊與軍隊沿著海岸移動，一直走到有西風的地方，如此方能前往英格蘭。這趟沿著海岸的小旅程相當危險，有幾艘船沉沒，淹死了一些人；然而，風依舊從南方吹來。威廉下令祈禱並齋戒，將所有能找到的聖物全陳列在岸邊。終於，風勢開始減緩、轉向，並且張滿了船帆。諾曼第公爵和他的小艦隊就這樣隨波逐流地駛過英吉利海峽，他只在登岸處待了幾天，因為他聽到探子回報，哈洛德已經接近。

從戰場上的局勢看來，威廉已經近乎失敗。天色將暗，他剩下的時間不多。長坡上散落著人馬的屍體，哈洛德及其盾牆仍屹立於山頂上，巨幅的華麗旗幟在他的頭頂上飄揚。歷經這麼多圖謀、策畫、政治運作和流血之後，成敗只能決定在此最後一擊。

威廉休息了一陣子，也讓他的弓箭手稍做修整，他們在第一波攻擊時完全沒有發揮作用。他再度命令他們上山，命令他們齊射，但是這一次要將弓舉高，讓箭能夠直挺挺地從上方落到盾牆上。在箭雨的掩護下，威廉最後一次率領軍隊攻上山頭。

弓箭如傾盆大雨般落到英格蘭人頭上，突然間，哈洛德踉蹌後退，他的眼睛中箭，而他的手則抓著箭桿。盾牆頓時崩解，諾曼騎兵穿過去，所向披靡。哈洛德倒地，英軍一哄而散。主帥已死，這場仗已經輸了，於是他們開始往樹林中逃竄。威廉追逐他們直到夜裡，但是除了少部分地區仍有人抵抗之外，與英軍的戰役可說是結束了，通往倫敦之路已經打開。一〇六六年耶誕節，諾曼第的威廉在西敏寺加冕為英王。

歷史上幾乎很少有戰爭像黑斯廷斯一樣具有決定性。一〇六六年十月十四日的血戰結果，將英格蘭從原本的斯堪地那維亞與北海軸線扭轉向南方的拉丁世界。從此之後，北方世界衰退，拉丁世界則綻放出中古盛期與文藝復興。黑斯廷斯名符其實是英格蘭史上最重要的戰役，也是世界史上重要的轉捩點。

5 中國發現新世界，十五世紀

鄭和的遠征隊可能到達何處

小西奥多．庫克

我們向來不認為中國是個以探索遠洋的海上探險家著稱的民族，大致說來，這樣的看法也是正確的。然而，歷史上曾經有這麼一段短暫的時間，大概是在十五世紀初，也就是明朝初年時，中國是世上最強大的海上霸權。當時的明朝皇帝朱棣——年號永樂——派出了數百艘船、搭載三萬七千人的龐大艦隊：他的大「寶船」有四百呎長，寬度超過一百五十呎，在此之前從來沒有建造過這麼巨大的木船（相較之下，哥倫布的旗艦聖瑪莉亞號的長度只有它的五分之一，八十五呎）。率隊的明朝海軍指揮官是個名叫鄭和的神秘人物，他身形高大，充滿精力又有魅力，但是他最令人印象深刻的就是他的宦官身分。身為皇帝心腹，鄭和一開始只是內戰中的一名士兵，而這場內戰最後讓朱棣登上了皇帝寶座。從一四〇五年到一四三三年，鄭和先後七次率領遠征隊到達印度洋盆地、馬達加斯加及非洲東岸，並且冒險進入波斯灣與紅海，其中還有一些船隻到達澳大利亞。如庫克所言，鄭和「絕對算是探險時代中的紀念性人物」。

統治中國將近三百年（一三六八至一六四四年）的明朝，前幾任皇帝都是相當活躍又粗魯的戰士，他們希望在海外宣揚中國國威（並且主張他們的正統地位）。然而，往後的明朝統治者卻逐漸退回紫禁城中——朱棣在北京建築的皇宮——有些皇帝甚至終其一生未曾越過高牆之外。實權也逐漸旁落到宮內近侍身上，他們絕大多數都是宦官，而且竭盡所能地限制對外的接觸。首先是取消海上遠征隊，之後則是禁止造船，鄭和的政敵甚至還將他的航海記錄燒個精光。

要是明朝皇帝未轉而向內——如果他們決定繼續發展鄭和開創的基業——歷史會有多大的轉變？中國擁有船隻、航海技術與經驗，能將影響力與文明帶到世界各地——不久之後將被西方人支配的地區。這樣的支配並非必然，也許比哥倫布早個幾十年，鄭和的後繼者將會發現美洲——果真如此，美洲也不叫美洲了——這並非不可想像；屆時，歷史學家談論的主題或許將是東方的興起？

小西奧多・庫克（Theodore F. Cook, Jr.）是紐澤西州威廉・派特森大學的歷史教授，也是亞洲史權威。他與晴子・庫克（Haruko Taya Cook）合著有《戰時的日本：口述歷史》（*Japan at War: An Oral History*）。

「發現的時代」、「探索的年代」、「歐洲擴張與殖民主義時期」引領幾個世代的學者接觸航海家的海上勳業，這些人在一四五〇至一六〇〇年間，首次往西洋（Western Sea）——浩瀚的大西洋——進軍，隨後並穿梭於世上各個海洋之間。然而，在此之前約半個世紀，大約在航海者亨利派出葡萄牙帆船沿非洲大西洋岸往南跨過赤道之前的五十年，以及達伽馬（Vasco da Gama）於一四九八年抵達印度古里（Calicut）之前的四分之三個世紀，中國艦隊就已經在這些人探索過的海洋邊緣——也就是在非洲的另一邊——整裝待發。他們準備將中華文明——經濟、文化、政治與道德價值結合在一起——傳布到歐洲人視為墾殖範圍的地方，而且由明朝皇帝派出的中國海軍也有能力介入西歐史上未有的大動亂。

在福建省長樂縣——位於中國東南海岸——的舊港口中，有一塊鄭和於一四三一年所立的石碑，這位中國的「西洋海軍上將」喚起了一個與中國少有關聯的廣大世界觀：

涉滄溟十萬餘里，觀夫鯨波接天，浩浩無涯，或烟霧之溟漾，或風浪之崔嵬，海洋之狀，變態無時，而我之雲帆高張，晝夜星馳，非仗神功，曷克康濟。

* * *

為了紀念從一四〇五年開始、鄭和所組織與率領遠及印度洋盆地邊緣七次大遠航而豎立的這塊碑文，既是為了紀念探險的精神、航海的意氣風發以及一個世代中國水手的經驗——他們與鄭和一起遠離故鄉，造訪異地，因而感受到種種驚異——也是鄭和個人的公開宣示。這塊碑文既可當成鄭和個人的墓誌銘，也標記著中國偉大航海時代的結束。甚至在鄭和去世之前，朝廷就準備召回艦隊，並且拆散他花了近三十年才編織起來的外交、貿易與文化關係之網；而當歐洲人成群結隊抵達印度洋時，朝廷則將他的華麗海圖與造船技術燒成灰燼。

然而，事情一定會如此發展嗎？如果是中國發現了歐洲呢？

鄭和（一三七一至一四三三年）絕對算是探險時代中的紀念性人物，他的出身與生平就跟狄亞士（Bartholomeu Dias）、達伽馬、哥倫布或麥哲倫一樣錯綜複雜且不尋常。除此之外，他的事業也和明朝第三任皇帝朱棣（永樂皇帝，於一四〇二至一四二四年間統治中國）的掌政緊密交織在一起。皇帝將重要的任務委託給鄭和，而這項任務逐漸演變成一四〇五至一四三三年間七次龐大的海上遠航。這七次航行帶著他和中國名號進入今日的南中國海，穿過麻六甲海峽，並且經過依附天險——他們稱為「世界之臍」——的王國。他繼續航行到孟加拉灣、錫蘭，沿著印度馬里巴（Malibar）海岸北上到達傳說城市柯枝（Cochin）與古里，經過名字取得恰到好處的阿拉伯海——自古以來，它的海路就連通了印度、美索不達米亞與阿拉伯——到達紅海，並且走陸路到達麥加。一小部分的艦隊則往南沿著東非海岸航行，經過占吉巴（Zanzibar），最遠可能還到達莫三比克與馬達加斯加。有證據顯示，中國艦隊中有一小部分造訪了香料群島極東端之後，甚至抵達澳洲北岸。

鄭和出身之困厄，一般人難出其右，而他的青年時期則是一段不尋常的發跡歷程。鄭和生於中國西南部的內陸省分雲南，父母是穆斯林，這個地區在一二五三至五四年被忽必烈汗征服，元朝在此地設省，由蒙古親王治理，直到元朝滅亡為止。明朝開國皇帝派大將傅友德前來肅清此地時，鄭和剛好十歲。傅友德來此還有另外一項任務，他要募集一批男孩送進宮裡當太監——中國宮廷最看重的公僕。傅友德看重鄭和的機敏與膽識，便選他進宮，並且評為「才能出眾」。在忍受了以刀子閹割的痛苦折磨之後（傳統上是割除陰莖與睪丸），鄭和被分派給皇帝之子燕王（朱棣在他父親統治期間受封的爵位）當侍從，地點在首都南京。鄭和之所以被送去接受軍事訓練，主要是因為他的身高、體格及威風凜凜的外表。然後他便被調去戍衛北疆，並且參與主子朱棣發動的內戰：朱棣罷黜了姪子，於一四〇二年自立為帝。

身為新天子最信任的夥伴，鄭和被選定為創建並指揮明朝艦隊的負責人。這支原本就相當龐大的艦隊原本在南方海面作戰，現在則繼續擴充。派遣穆斯林而非異教徒擔任全權大使，前往阿拉伯商人支配的海路以及許多由穆斯林統治的國家，外交手腕堪稱明智。航行的經驗明顯不如忠誠度來得重要，然而鄭和很快就證明了自己的組織技巧與領導才能，所謂的「豐軀偉貌」，只是用來合理化皇帝選擇的藉口。由宦官指揮艦隊或軍隊，在明代並非罕見；事實上，重要的指揮權通常都是交給這種人。然而，鄭和的成功及其與皇帝的關係最後招致了極大的嫉妒與憎恨。

為什麼要組成遠征隊，裡頭的原因並不像選擇鄭和那麼明顯，而其中的意義必須從整個明史的脈絡來理解。朱棣於四十二歲即位為帝，成為明朝——他的父親朱元璋（洪武帝，一三六八至一三九八年）所建立——最高領袖。明太祖——創立者的慣用稱號——成功發動軍事叛亂，於一三六八年以武力推翻元朝（蒙古人的朝代）。洪武帝以貧農身分帶領漢人重回皇宮，並且將蒙古人、來自中亞在蒙古人底下為官的色目人，以及在蒙古官僚底層任官逢迎拍馬的漢人驅逐出去。洪武帝的官方肖像目前收藏於台北故宮，畫像捕捉了他粗俗的特徵：突出的下巴、旺盛的精力及潛在的暴力傾向。驅逐蒙古人的戰爭漫長而艱苦，戰禍遍及中國全境及周邊地區，朱棣才剛成年便立即投入戰役中。

朱棣奪取了姪子的帝位，他具有莎士比亞劇中人物的野心；然而在此同時，他又對自己行為的道德性深感懷疑，這些特質使得學者對所謂的「明朝二次建立」深感興趣。朱棣以「違背太祖聖訓」為由宣布「清君側」，他這麼做似乎是想和他顯赫的父親一較長短，甚至於想凌駕父親的成就。雖然姪子可能已經在一四〇二年七月十三日一場燒毀宮殿的大火中死亡——朱棣的軍隊在此時擁入南京——但是他的死從未得到證實。由於擔心姪子的支持者可能在國外找到盟友，例如渴望南下復仇的蒙古人，或者是海外勢力，永樂帝決定向全亞洲宣布他已經登基，以彰顯他才是中國的正統統治者。除此之外，他決定邀請各國君主前來朝貢；他派鄭和率艦出航，主要就是為了這項任務。

* * *

明代中國所派遣的「艦隊」看起來如何？中國真的可能對即將來臨的歐洲航海時代支配造成

威脅嗎？事實上，從當時中國給人的印象來判斷，甚至連今日研究明代的業餘史家也會驚訝地發現，中國在十五世紀初應該是世上最強的海上霸權，明朝皇帝擁有的艦隊數量之大與裝備之精史上未見。

英語世界對鄭和所率的遠征隊描述最為廣泛詳細的，莫過於李露曄（Louise Levathes）所著的《當中國稱霸海上》（*When China Ruled the Seas: The Treasure Fleet of the Dragon Throne*）。她的書不僅讓學界和一般民眾注意到這段中國史上的燦爛時期，對鄭和的描寫也令人難以望其項背，有助於釐清中國偉大航海傳統的重重迷霧。

對於當時的歐洲人來說，中國艦隊是個龐大無比的艦隊，裡頭的無數船隻，其大小與精細度都是歐洲人做夢也想不到的。十五世紀末進行史詩航行的葡萄牙或西班牙堅固快帆，與明朝艦隊中最大的「寶船」相比，簡直成了侏儒，而其大小與性能也比不上艦隊的其他船隻。鄭和率領的艦隊專為遠航而設，人數有時達三萬七千人之譜。他有馬船，能夠運載馬匹，馬匹可能是從中國運來，供軍隊使用；也可能是朝貢貿易，準備運回中國。他有補給船，以及特別設計在乾燥地區未知海域執行任務的運水船。他手下還有龐大的戰鬥艦隊，包括「浮動堡壘」，上面裝備了大砲和其他能轟擊頑強敵人的武器；還有運兵船運送龐大的陸軍，以及小巧快速的船隻可以擊退並追捕海盜。他們靠著複雜的旗、鼓、鑼與燈籠系統在海上協調合作，為的是讓船隻能彼此連繫，輕易可靠地將航行或其他危險的重要資訊逐船傳送出去。

一四〇二年，永樂帝命鄭和組織艦隊，準備遠征印度洋。到了一四二〇年，它已經擴展成一支擁有三千八百艘船的龐大帝國艦隊，其中有一千三百五十艘是能夠作戰的主要船隻。在戰鬥艦中，約有四百艘是大型海上浮動堡壘，至於大型「寶船」則可能有兩百五十艘。精確的大小形式，以及船隻索具與帆的排列——桅杆看起來似乎多至九根——長久以來一直是海軍建築學者爭論的主題。明朝艦隊的船隻不只是在尺寸上超越前代，也非常適合海上航行。船隻配備了最新科技，包括磁羅盤、尾柱舵、詳細的地圖與海圖、甲板下的防水艙隔及交錯桅柱；之所以如此放置，是為了更有效捕捉風力，運用的則是最強韌的帆布。在尺寸上，船隻則讓歐洲船相形見絀，有些船的排水量達一千五百噸，是達伽馬航向印度的船的五倍。

所有省分都動員造船，並且投入了全國最優秀的科技心智與技術。有超過四百家木匠、帆布匠和造船工從濱海地區遷到龍江，因此大約有兩萬到三萬名專家被集結到這張造船知識的巨網中。南京有兩座造船廠——一座負責一般船隻，另一座負責巨大的「寶船」。龍江造船廠有七個乾船塢，可以容納的船隻寬度在九十到一百二十呎之間，最大的兩個船塢則可容納寬度達兩百一十呎的船隻，亦即可以容納艦隊中最重要的寶船。

西方史家經常宣稱，西方在十五世紀時就擁有較為先進的風力與海流知識，而這多虧了葡萄牙人與荷蘭人「在他們所知的海域」中記下了危險之處。對中國人而言，印度洋與東南亞水域的季風、中國同鄉的豐富經驗和中國港口的無數商人，都讓鄭和使用的海圖充滿了令人驚異的簡潔與實用性。當然，這些海圖鮮少留存至今，但據說憑藉這些海圖，鄭和可以規畫出能考慮到風力、潮汐、海流及天氣的航線，從任何主要港口到任何目的地的誤差總在幾小時內。

這幾次航行從一四〇五年持續到一四三三年。鄭和首先在麻六甲建立基地，從這裡動身前往印度洋。他從這裡前往錫蘭、暹羅、孟加拉，一直到荷姆茲（Hormuz），並且沿非洲東岸南下。他締結同盟，有必要時就動用武力。帶回中國的珍寶包括了麒麟，而這些想像的聖獸其實就是我們所謂的長頸鹿、斑馬和其他珍奇的非洲野獸，這些正是上天降下的符瑞——「瑞獸」——中國王朝週期性預言的傳統，可以說明上天認可了統治者的德行。

一四〇五到一四〇七年的首航，鄭和艦隊由三百一十七艘船構成，搭載了將近兩萬八千名武裝部隊。這些船當中有許多是龐然大物，九桅寶船有四層甲板，能容納五百名以上人員及大批貨品，長度達一百二十四公尺，寬度達五十一公尺，這些寶船在當時可說是有史以來最大的海上船舶。在前三次航行中（一四〇五至一四〇七、一四〇七至一四〇九，以及一四〇九至一四一一年），鄭和艦隊前往的地區是東南亞、印度與錫蘭。第四次遠航（一四一三至一四一五年）前往波斯灣與阿拉伯，而之後的遠航則沿著東非海岸南下，所造訪的港口遠達今日肯亞的麻林地（Malindi）。在旅程中，鄭和慷慨地發放禮品，例如中國的絲綢、瓷器和其他貨物，而鄭和也從各國東道主那裡收到許多罕見的回贈，其中包括各種後來在明御苑中終老的動物。鄭和一行人尊重各地的神祇與風俗習慣，在錫蘭，他們立碑榮耀佛陀、阿拉與毗濕奴（Vishnu），這是一塊包含各宗教的羅塞達石板（Rosetta Stone）。鄭和總是透過外交手段達成目的，但是當時的人也提到，鄭和走路像隻老虎，當他認為有必要以武力迫使外國人就範時，也不會規避用兵。他無情地鎮壓長期為害中國與東南亞水域的海盜，介入錫蘭內亂以建立他的權威；而當阿拉伯與東非當地的官員威脅他的艦隊時，他便展示兵力。這七次遠航為中國在印度洋盆地建立聲望。第四次航行返航時，鄭和帶回三十國使者，讓他們來中國朝貢；然而，往後的航行開始失去中央的支持，因此接下來兩次的氣勢與規模都大不如前。

就在鄭和艦隊似乎已經達成最初的目標時，當中華文化開始吸引印度洋盆地統治者與貿易商的注意與尊敬時，遠航行動卻乍然中止。如瑪紅（Emily Mahon）所指出，許多史家認為從寶船上明顯的造船與航海技術來看，中國人其實能航往葡萄牙母港與航海者亨利見面，但是中國人卻放棄了探險，轉而重拾伍德（Michael Wood）所謂的「傳統上對內部的關注」。大部分西方學者運用的分析方法都是負面的歷史比較法，即「為什麼不」。他們問，為什麼中國「不」像西方那樣發展？這種研究隱含著某種假定，認為當中一定有什麼地方「出了差錯」，中國領導人的決定不像是有著開放心胸的人會做的理性抉擇，而是植根於文化獨特性的人才會有的做法，這反映他們缺乏日後「西方」在帝國主義第一階段成功所顯示的某種重要情感或經濟因素。在此，我們不再爭論這些論點；然而，在往下探討中國是否有其他發展可能之前，還是有必要觸及和這些論點有關的幾個重要理由。

隨著朱棣帝位的穩固，昂貴的海外宣揚國威之旅似乎也失去了必要，航行的龐大費用也逐漸榨乾了維護本土安全所需的資源。當蒙古對北疆的威脅日趨嚴峻時，朱棣也決定在第五次航行（一四一六至一四一九年）之後減少海事費用。一四二一年的第六次遠航規模明顯縮小，但是鄭和卻提早返航，為的是進獻貢物慶祝北京新紫禁城落成——永樂帝重建的北方都城。鄭和展示了祥獸麒麟，但是獻貢之後不久卻發生了災難，雷擊造成大火，嚴重損害了新宮殿。皇帝將此解釋成惡兆：難道他的做法是倒行逆施？他減輕賦稅以減少民眾的負擔，並且暫時停止寶船的海外航行。既老又病的朱棣於一四二四年北征時死於戰場上，享年六十四。

朱棣的繼承人是好學的長子朱高熾，非軍伍出身的新皇帝開始計畫更改父親的政策，其中包括因戰爭與公共工程而課徵的重稅。然而，朱高熾只當了九個月的皇帝就駕崩了（可能是死於心臟病，也可能是中毒），朱瞻基（年二十六歲）於一四二六年繼位為帝。第五任明朝皇帝結合了祖父的好戰與揮金如土，以及父親的好學與財政儉約，他的統治是一段和平、繁榮與完善政府的時期。他於一四三〇年命令鄭和進行第七次也是最後一次的寶船遠航，意在宣揚國威及恢復朝貢貿易。這次或許是規模最大的一次遠航，有兩萬七千五百名人員與三百艘船。

然而，一四三〇年代中期，明朝皇帝決定完全終止遠航。儒家官員不信任鄭和與支持航行的宦官，他們認為將昂貴遠航的大量資源投入農業才是更好的運用。除此之外，一四二〇與三〇年代，蒙古人在西北發動了新一波軍事威脅，陸上兵力急需財政的支援。學者責怪是晚明的內省文化造成了科學與技術的衰退。中國令人敬畏的海軍力量在一紙命令下出海，如今也在中央的示意下全面停止。一四三六年，皇帝下詔禁止建造新海船，大造船廠於是沒落，海軍人員也重新分派職務。維護海船的能力也崩解了，有些熱心官員為了讓遠航永遠不能恢復，竟然毀損偉大旅程的記錄。鄭和本人則死於一四三三年，顯然是在最後一次航行中過世的。

一四七四年，艦隊規模已經降至明初的三分之一；到了一五〇三年，只剩下顛峰時期的十分之一。一五〇〇年，中國人未經特別允許搭乘兩桅以上船隻出海者處死刑。之後，官員被授權摧毀大型船隻，民商與造船工人逃離濱海省分，並且躲避從事國際貿易所面臨的嚴刑峻法；有些人在大運河沿線找到工作，大多數人則是前往東南亞的華人社群安身立命，華人首次在這個地區大量出現就是在明朝初年。除此之外，官府也懷疑在沿岸從事貿易的人會與中央無法管制的外人勾結走私，因此禁止濱海民眾進行原本合法的貿易，這反而造成中國沿海海盜的猖獗，他們以台灣為活動的主要中心。這種狀況——通常歸咎於「倭寇」，但其實絕大多數是中國人——讓官府將整個濱海地區的人民內遷，使其遠離海岸，企圖藉此「餓死海盜」並禁絕走私，同時也能將從事這些活動所需的航海技術摧毀。

曾經在皇帝意志下縱橫四海的偉大艦隊，如今已消失無蹤，並且成了毫不起眼的地方事務。一五一五年，葡萄牙使者狡猾地說：「只要十艘船，〔葡萄牙的〕印度總督……便能拿下整個中國海岸。」真是難堪啊！

事情一定得如此嗎？

如果一四三三年鄭和最後一次任務結束後，中國統治者並沒有減少龐大海外遠航的開支，反而繼續將中國輝煌的文明傳布到東南亞以外的地區，並且將與明朝合作的利益以及中國的世界秩序擴展到尚未造訪的地方呢？如果中國皇帝沒有聽從儒臣與儉約者的建議，放棄他們認為的無前例可循的魯莽海洋活動，反而允許繼續進行或甚至擴大規模呢？如果中國統治者沒有屈服於返歸中國史「常態」的呼聲，並因而產生懼外的內向心態，反而甘冒風險向全世界開放，不管是利益或危險都一律接受呢？如果明朝艦隊沒有受到限制，世界將會是什麼樣子？

想像有一支中國艦隊，其規模遠小於鄭和最後一次的東非遠航，卻仍足以讓葡萄牙人相形見絀。這支艦隊在莫三比克以南的南非海岸航行，繞過好望角進入大西洋——中國人一定會稱其為第二個「大西洋」（Great Western Sea）。這個地區的海岸非常貧瘠，引不起他們的興趣，但他們還是捉了鴕鳥和其他動物放入皇帝的海上獸欄中，當成額外的收獲。然而，是否有充足的誘因讓中國分遣艦隊願意沿著非洲西岸北上抵達幾內亞，或者是在葡萄牙人率軍前來之前抵達葡萄牙所屬的大西洋島嶼？也許當時剛好有足夠的理由讓他們相遇。面對擁有盟友及附庸國（來自安哥拉、剛果與西非海岸）的中國艦隊——即便規模小了一點——葡萄牙人還願意繼續探索往東的航路嗎？

很難想像羅馬天主教會是否會將中國艦隊當成魔鬼派來的另一個折磨基督教世界的工具。面對東地中海聲勢日隆的土耳其人，以及北非地區力量仍強的阿拉伯人（不過他們已經退出伊比利半島），這時若再加上來自南方的另一股實力雄厚且持續不斷的異國力量，很難不使天主教徒想像這是不是上帝給他們的又一次試探。面對這種局勢，十五世紀中葉的葡萄牙人能做什麼呢？從歷史來看，葡萄牙人於一四八二年在西非黃金海岸建造埃爾米納堡（Fort Elmina）。可以確定的是，如果中國人出現在好望角或大西洋海域，就表示中國人已經在印度洋盆地建立了極為穩固的地位，其結果將是牢牢限制了葡萄牙人的擴張。可怕至極的大西洋奴隸貿易，有沒有可能在這麼早的時期就因葡萄牙人無法沿著非洲海岸擴張而胎死腹中呢？

伊比利半島的君主此時王位仍不穩固，很可能走上與歷史不同的路，反而較不傾向支持「瘋狂的探險」。葡萄牙人原本在非洲西岸安哥拉建立第一個據點，然後是東岸的莫三比克，接下來便是在東非無情地大肆剝削；如今在中國的影響下，非洲王國可能受到激勵起而抵抗葡萄牙人，並且請求「主君」的幫助。原本歐洲人以臥亞（Goa）、馬來亞、新加坡和東印度群島為基地，在東方許多地區進行剝削，如果中國控制了麻六甲海峽，並且間接透過朝貢體系使各國對天子負有義務，這將使明朝皇帝獲得一項重大資產，同時也對十五世紀末、十六世紀初闖入的歐洲探險家構成巨大障礙。中國勢力出現在錫蘭與印度海岸，除了能豐富當地的文化，使其更具多樣性，也能讓當地統治者較不容易受到脅迫，葡萄牙人就無法輕易地設立堡壘化的哨站及軍械庫，並進而控制商路。同時，如果中國持續出現在紅海接近埃及的地區以及波斯灣，很有可能改變中東的歷史。

西向探索可能產生逆轉的效果。如果中國及附庸國的商人能在非洲與西方進行貿易，伊比利航海家將只需要繞行半個地球，而中國本身也將有所轉變。如果對國有企業的束縛與控制能夠放鬆，股息將會非常龐大；在一個尋求中國工業與發明產品的世界中進行貿易，當中的潛在收入將足以為中國帶來商業革命。

既然已經想出這麼一幅場景，人們勢必會繼續想像，如果是中國人發現了美洲，並且在哥倫布之前與原住民接觸，世界會是什麼樣子？除非中國人在非洲西岸立定腳跟，否則這件事不可能發生。由於對西方陸塊缺乏具體的認識，因此他們可能缺乏誘因去挑戰可怕的南大西洋海流。除此之外，中國海上遠征隊需要很龐大的後勤部隊，可能不適合冒險跳進未知的領域；然而，要是西非整塊凸出部分都併入中國的體系中，往南美大陸方向探索的可能性將大為增加。人們可以想像，歐洲世界與在非洲海岸停駐的中國艦隊有著密切接觸，將迫使歐洲在這些海域形成龐大的戰略守勢，正如他們在東地中海對抗土耳其人，歐洲將把探索的任務留給中國入侵者。

中國的海上擴張除了從西非航向巴西之外，另外還組織了引人注意的龐大海上遠征隊，準備橫跨太平洋到美洲大陸。這支遠征隊最有可能利用北方的航路，先航經琉球群島，然後造訪好客的日本，接下來便穿過北太平洋到阿留申群島與阿拉斯加。從那裡出發，遠征隊將沿著歐洲人後來命名的加拿大海岸往南航行到加州——以及更南之地。中國人也有可能選擇從低緯度地區橫跨太平洋，麥哲倫是在一五二一年首次走這條航線。不過，西班牙人走這條航線時，是從墨西哥橫跨太平洋到菲律賓群島，這樣的走法較為可靠；如果走的是相反方向，問題會較多，除了海流不穩定之外，開闊的海洋上也缺乏中繼島嶼。

這兩條航路都能通往後來被稱為美洲的大陸，而這兩條航路也將世界各民族置於中國的勢力範圍內，各地的酋長向明朝天子進貢，將他視為遙遠的主君，以此換取珍奇的中國貨物及中國的承認。外交、文化和軍事交流上的劇烈變化，完全改變了美洲原住民被征服與剝削的命運，而這也不禁令人好奇「拉丁」美洲將會有什麼發展。如果這次造訪的是中國人，「前哥倫布」（前鄭和）時代的王國同樣會被舊世界的病菌無情地消滅掉嗎？如果中國人引進馬匹、槍砲和冶金術，那麼

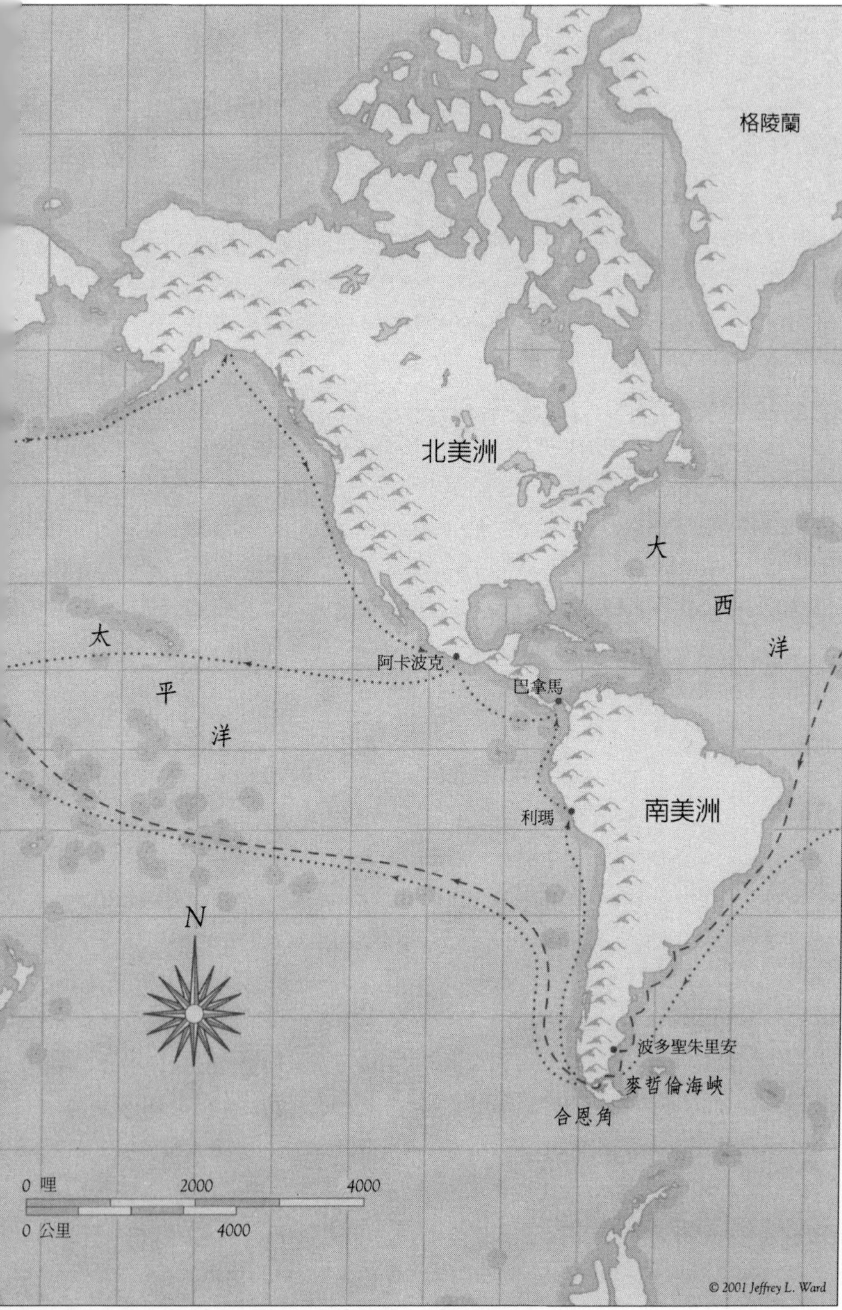
格陵蘭
北美洲
大
西
洋
太
平
洋
阿卡波克
巴拿馬
利瑪
南美洲
N
波多聖朱里安
麥哲倫海峽
合恩角
0 哩 2000 4000
0 公里 4000
© 2001 Jeffrey L. Ward

明代的探索航行，十五世紀

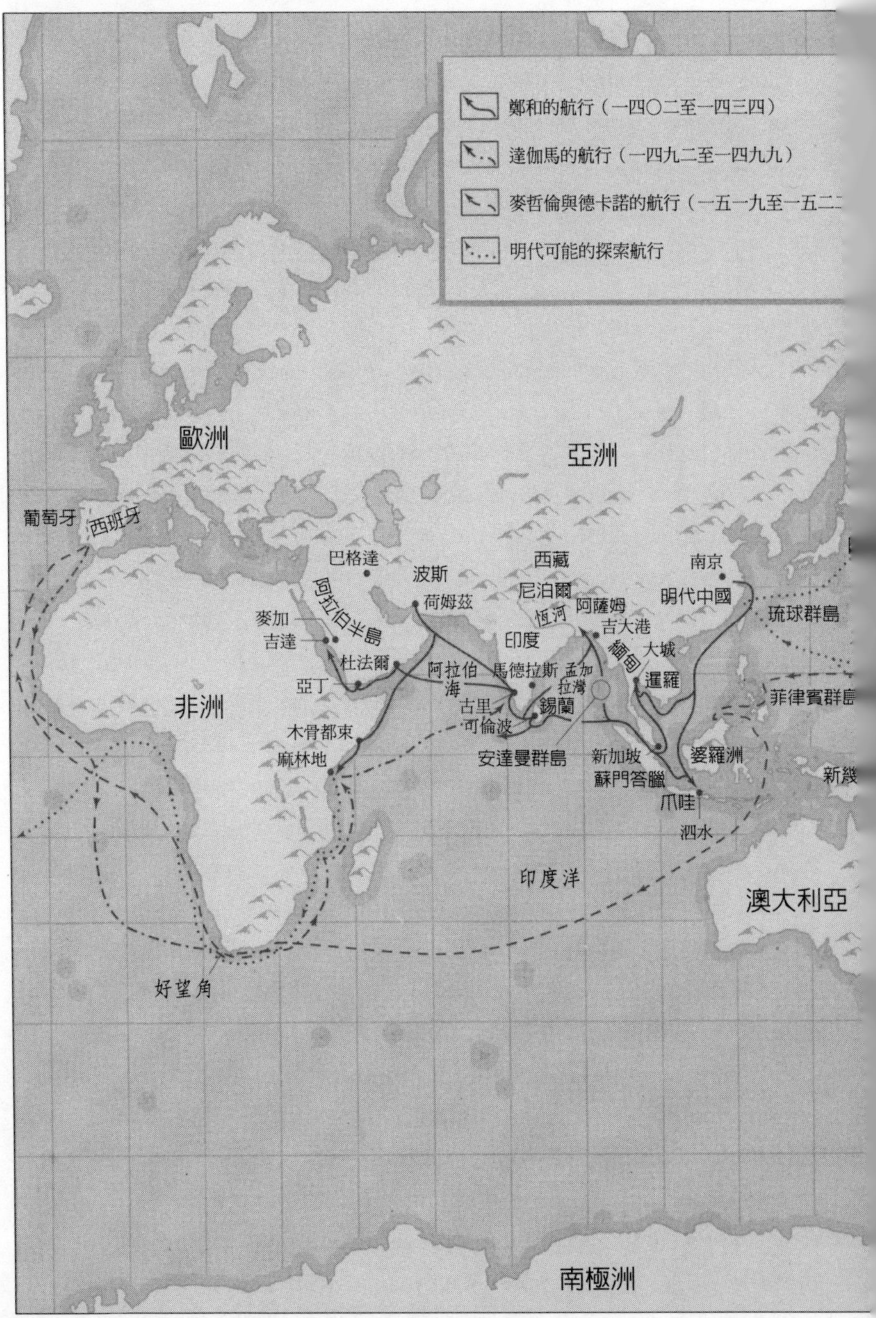

在十六世紀的前三分之一，這些物品能幫助阿茲特克人與印加人讓西班牙人陷入困境嗎？或者，西班牙人及其好戰的天主教信條最終還是會獲勝，但這必須等到十六世紀末才有可能？天花仍舊會讓歷史天平傾斜嗎？

較能確定的是，不管中國在非洲之後的發展如何，光是中國在印度洋盆地持續的航海與外交努力，已足以對世界的發展產生極大衝擊，其結果將會完全不同於歐洲的大發現時代——我們將這段十六世紀的世界史視為理所當然。中國對外在世界的態度的確不夠開放，從上古時代開始，中國皇帝就不將自己的國家視為廣大世界中的一小部分——許多國家中的一個國家——而是世界文明的核心，而他們居住的地方就是「中央之國」，代表著上天的自然秩序。中國人的規則一旦運用在鄰國身上，如韓國或越南乃至於西藏，絕對不會是仁慈寬大的。

儘管如此，儒家文明的承辦商一旦踏上世界舞台，較不會像他們的伊比利夥伴一樣奴役其他民族，中國人也不會跟伊比利人一樣將古代文明——雖然是新發現的——的核心特徵破壞殆盡，並且將別的神祇強加在他們身上，如同強迫他們將外國征服者當成自己的主人。如果是由中國人將舊世界帶給新世界，世界將會多麼不同。

黃金門一瞥

當特使穿過能俯瞰東方京城這座沿海大城市中心的外宮城大門時，壯麗的廣場突然延伸到跟前；只有望向遠處山巒疊障般的金箔階梯時，視野才有停頓之處，階梯往上升起，階梯之上則是光采深紅的蒼穹屋頂，彷彿漂浮在地上。他已經被知會，現在所踏的地毯步道可以引領他到達蒼穹之下。會客廳是他晉謁天朝代表的地方，而這一天，天朝代表被指派要接待他。在他右方，隱約可見灣中突出的岩石小島，盤踞在上面的是東天寺；如果皇帝想造訪這麼一塊他所領有的廣袤世界中的一小塊天地，寺院也隨時預備好讓皇帝來此祈禱。不遠處可見棕色山丘，山頂籠罩著雲海，看起來好像隨時要傾倒而下封住灣口。特使可以看到下方的大港口，港內水域覆蓋著如森林般的多桅船，下錨停泊，帆布捲起，美麗的旗幟在風中飄揚。

負責護送特使的官員自豪地說，東方京城的東方和平廣場，連同它的高牆，足以媲美北京天子居住的巨大紫禁城；而當特使發現城中數千名穿著七彩絲織綢緞的侍從也無法填滿城池的巨大時，也不禁瞠目結舌。排列整齊的士兵全副武裝，盔甲閃閃發亮。他們裝備著各式武器，腰帶上佩掛著奇異的短刀，在日光下閃爍不定。各國使臣抵達時，穿著特殊制服的軍官用火點燃發亮的桶子，火花與震耳欲聾的聲響齊發，向使臣們致意——不論使臣們的陣容是否像眼前通過的隊伍那般華麗而悅耳，這位據說來自於遙遠南方的特使也只能跟他帶來的少數幾名隨從，謙恭地籠罩在天威之下。巨獸馱著高高在上如天神般的騎士，這些野獸似乎對眼前的隆隆巨響毫無反應，或許是因為他們被有力的雙手和安撫的語言制伏。士兵們列隊形成一條通往覆蓋著皇室黃色遙遠建築物的道路，士兵後面站著穿著學者服色的學者官員，他們排成整齊的隊形，象徵著秩序及莊嚴儀式。

這是剛抵達的東方總督，皇帝的第四子，第一次接見來自這塊大陸上各地和各民族的使臣。在以父親的名義象徵性地冊封各地酋長、諸侯和國王之前，他將先接受各地使臣的祈禱儀式及臣服禮。簧樂器發出的嗡嗡聲令人麻木，被一群音樂家用琴弓在小木箱上拉出的尖銳聲和金屬圓盤碰撞發出的鏗鏘聲打斷，這似乎讓中國人頗為高興，也讓特使的牙齒緊扣。終於，當特使沿著指定的路徑前進時，他發現自己距一小群陌生人很近，他們臉孔的顏色在這塊土地上相當罕見：他們一定是來自於世界極遠處的大使——甚至比他的故鄉還遠——來這裡見證這場進行中的典禮。

對這位特使來說，這是改變他一生的時刻。除了接受象徵性官職之外，他知道他將會被贈與鑲著珠寶的榮譽徽章，以及寶物箱的鑰匙，這兩樣東西都是慷慨的中國皇帝要給予他的人民的。他很高興可以完成身為使者的任務，但對於回程時橫亙在前的長途旅行仍感到憂心。從大灣——東海的避難之所，只有未曾見識過東海險惡的人才會稱東海是「太平洋」——的黃金門出發，他在回程時必須穿過廣闊的沙漠、巨大的山脈和充滿野牛的平原，才能回到位於伊洛克邦聯（Iroquois Condederacy）的森林故鄉。他的人民終於同意與廣大的明朝世界結合，成為明朝的朋友、盟友及臣民。從遙遠秘魯的印加，到墨西哥的阿茲特克王國，以及阿茲特克王國之前的敵手，所有的國家與共同體都在偉大天子的仁愛之下達成和解。

6 喔，上帝，路德死了嗎？

假如馬丁．路德被羅馬教廷處以火刑，一五二一年

喬佛瑞．帕克

一五一七年十月三十一日，也就是萬聖節前夕，路德在威騰堡（Wittenberg）的城堡教堂門上釘上他的九十五條論文，這起事件預示了日後新教的誕生。論文本身其實還談不上是革命文件，這位三十四歲的神學教授，同時也是奧古斯丁派的教士，認為不應將贖罪券——以教宗名義發行的書面憑證，可以讓罪人免於在煉獄中受永恆之苦——給予那些只是單純虔誠捐獻的人。「釘上」兩字也許有點太戲劇化，不過長久以來這個詞一直具有傳統的猛擊與敲打之義，我們這裡所談的其實是個強有力的象徵。「貼上」也許較符合路德行動的精神，如帕克所言，這是一種「要求公開辯論的尋常做法」，此時的路德根本沒有想過要與教會決裂。然而，一旦論文被大量印刷並且流通市面，這場原本只是地方性質的爭議就會蔓延開來，而作者也就成了惡名昭彰的人物。印刷機讓路德成了名人，他是第一個由媒體塑造出來的人物。事實上，如果沒有這種發明，還會有路德嗎？同樣地，要是沒有大量生產的聖經，使得一般人能人手一冊，新教還能存在嗎？

正如路德所言，每個人皆為自己的教士。

路德總是好運不斷。他最後壽終正寢，而非被綁在木樁、站在一堆燃燒的柴薪上活活燒死。路德於一五二一年被拉去參加沃爾姆斯會議（Diet of Worms），會議要求他撤回已經讓他被逐出教會的觀點，如果當時他就被處以火刑呢？如果缺少路德的吸引，新教會採取什麼樣的形式呢？撇開一些零星的異議人士不算，新教還能存在嗎？他的死，以及他的死所造成的領導真空，會給羅馬天主教所需的喘息空間嗎？如果沒有宗教上的大分裂，十六世紀西歐史的發展方向會有什麼不同？新世界的發展很可能同樣受到影響。為了瞭解這位粗魯、驕傲卻充滿魅力的人物之重要性，我們反而應該先從沒有他的狀況下開始想起。

喬佛瑞・帕克（Geoffrey Parker）是俄亥俄州立大學歷史教授，著作包括《荷蘭革命》（*The Dutch Revolt*）、《菲利浦二世》（*Philip II*）、《軍事革命》（*The Military Revolution*）、《西班牙無敵艦隊》（*The Spanish Armada*，與柯林・馬丁〔Colin Martin〕合著），最新著作是《菲利浦二世的大戰略》（*The Grand Strategy of Philip II*）。他是《軍事史讀者指南》（*The Reader's Companion to Military History*）的編輯（與羅伯・考利合編）。

一五二一年四月十七日下午四點左右，執事領著看起來眉頭深鎖、臉色蒼白的路德到皇帝查理五世與日耳曼議會面前——會議在萊茵河畔的沃爾姆斯召開。主教大廳——就位於羅馬式大教堂的旁邊——中央的桌上，放了一堆路德的書籍與小冊子。發言者問他兩個問題：他承不承認這些書是他寫的？還有，他是否撤回當中全部或一部分觀點？路德知道他可能沒有機會陳述他的觀點，便要求給他二十四小時好好想想。第二天傍晚六點鐘左右，他再次進入人聲鼎沸的主教大廳，大廳現在被數百根蠟燭照得光亮。面對皇帝、諸侯和高級教士，路德提高音量，用清楚的聲音講了十分鐘；先是用德文，然後再用拉丁文複述一次。他說完後，發言者提出反駁，認為他還是沒有就是否撤回一事提出簡單的回答。路德停頓了一下，然後桀驁不馴地回答：

> 既然陛下與爵爺們想要一個簡單的答案，那我就這麼做，不拐彎抹角。除非藉由聖經的證言或清楚的理由說服我（我不相信教宗或大公會議，因為眾所皆知他們經常犯錯並自相矛盾），否則我只相信我所引用的聖經和我的良心。我沒有別的選擇，這就是我的立場。願上帝幫助我，阿門。

大廳頓時陷入混亂，皇帝憤慨地起身，說他已經聽夠了這場談話。會議在混亂中草草收場。路德的性命一度危如累卵：一些天主教狂熱份子企圖抓住他，並且高喊「燒死他」——異端的一貫命運。然而，查理五世遵守自己讓路德前來參加會議的安全狀，甚至給他幾天的時間與神學家進一步討論。四月二十六日，路德自由地離開沃爾姆斯，但是他一出城就被一群蒙面人突襲，並且就此消失無蹤。一聽到這個消息，日耳曼藝術家杜勒（Albrecht Dürer）在日記中寫著：「喔，上帝，路德死了嗎？現在誰可以像他過去所做的那樣，清楚地解釋福音書給我們聽？」

我們現在知道（杜勒並不知道），這些「綁架者」是路德的保護者薩克森選侯腓特烈的士兵，他們秘密將他送到腓特烈的城堡。路德留了鬍子，有一年的時間喬裝成騎士「喬治爵士」；在此同時，他也開始進行他最偉大的文字作品：將新約聖經翻譯成德文。到了一五四六年路德去世時，他那有力優美的譯文已經再版了兩百五十三次，並且成了其他方言翻譯的基礎，丁道爾（William Tyndale）的英文聖經（後來的權威譯本有許多採用他的譯文）就是直接脫胎於路德的譯文。路德於一五二二年返回威騰堡，一直待在那裡，直到二十四年後去世為止。他在當地傳道、教學與寫作，使得路德教會得以成形，至今這個教會在全世界的成員約有五百萬人。

然而，一五二一年四月，查理五世若是聽從旁人的煽動，不理會路德的安全狀，理由是「無需向異端謹守諾言」，結果將會如何？一個世紀前，另一個批評教宗制度的人，波希米亞的胡斯（Jan Hus），就曾收到皇帝的安全狀，請他從布拉格前往日耳曼為自己的觀點辯護，最後卻遭到侮辱。發出安全狀的皇帝眼睜睜地看著胡斯被處以火刑，隨後並出兵剿滅波希米亞的徒眾。

路德生於薩克森的一個礦工家庭，曾離家上過小學與文法中學。他於一五〇一年在埃爾福特大學（University of Erfurt）取得學士學位，隔年，也就是他十九歲時，取得碩士學位。一五〇五年，一場雷擊差點奪去他的性命，在喜獲重生之下，他成了奧古斯丁派的修士。但是他持續在修道院中研讀神學，並於一五一二年獲得博士學位。之後便遷居到威騰堡，開始在薩克森選侯腓特烈創辦的新大學中教授聖經，並且跟牧師一樣在鎮上教堂向民眾講道。

路德總是將教學與傳道視為重要之事，終其一生未曾停止這兩項事業。他也寫作供人朗誦及閱讀，總是寫給他的「讀者及聽眾」。「聲音應該是語言的靈魂，」他寫道：「文字是死的語言，說話則是活的語言。」他投注很多心力想找出正確的字，並且大聲地對著自己朗誦，直到抑揚頓挫和母音子音的接續聽起來相當完美。在路德的葬禮上，哀悼者讚美他的語言天分時說：「路德教我們如何說話。」

這些表達技巧讓路德成為各種主題的權威，但是他逐漸將重點放在基督徒特別關注的議題上：原罪與救贖。罪人如何獲得救贖？細讀過聖經之後，他發現光有善功與無誠的告解是不夠的：只有對耶穌的完全信仰才能確保救贖。一五一七年，路德注意到有些教士弟兄——道明會的成員——的做法將基督徒引入歧途，並且給予他們錯誤的保證。他們在基督教世界到處販賣贖罪券，以教宗的名義承諾讓生者與死者免除教會的懲罰與煉獄之苦；反過來，這些人必須捐錢重建羅馬的聖彼得大教堂。雖然地方當局禁止道明會在威騰堡提供贖罪券，但他們還是在鄰近地區販賣，而路德的會眾便離開城鎮去購買贖罪券。

路德的布道無法停止民眾出走，於是在一五一七年十月三十一日，路德對於這種做法提出了九十五條異議。他的批判分成三點：主要攻擊的是道明會，他認為道明會在發行贖罪券時，沒有要求民眾告解或做內心的奉獻；另外他又主張福音書已經提供了基督徒跟救贖有關的所有東西；少部分內容則認為，有些人窒礙了上帝的話語，藉此創造出贖罪券——即便這是教宗允許的——這些人乃是基督的敵人。路德將九十五條論文張貼於當地教堂門上，這是當時要求公開辯論的尋常做法。他也將論文附上封面題辭寄給教會上司，由上司再轉寄給羅馬；而他自己也將複本寄給一些朋友，他們便將文件大量印刷，流通到日耳曼全境。

這讓路德初嘗暴得大名的滋味，而他也頗為自得——不過，自始至終他都聲稱自己與此事無關。「我自己也感到困惑，」他說（帶點沾沾自喜）：「我的論文——相較於我其他的作品，乃至於其他教授的著作——怎麼會流通到這麼多地方。」論文也引起了眾人的嫉妒與恨意，散發贖罪券的道明會發現收入減少，便向教宗抱怨路德的批判。因此，一五一八年夏，路德被要求前往羅馬提出解釋。

政治考量救了路德，這是第一次，但絕非最後一次。當教宗的傳喚抵達日耳曼時，皇帝哈布斯堡的馬克西米連（Maximilian）正急著讓他的孫子查理成為帝國繼承人，因此他在奧格斯堡（Augsburg）和有資格做決定的人開會：帝國七選侯，其中包括薩克森選侯腓特烈，路德的保護人。腓特烈過去幫皇帝墊付了大筆款項，因此他要求馬克西米連，允許路德在奧格斯堡而非羅馬回應教宗的關切。出於感激與憂慮腓特烈的選票，馬克西米連同意了。

腓特烈為何關心此事？他只見過路德一次——在沃爾姆斯會議上——而這兩人從未交談過。然而，這位選侯是非常虔誠的人，年輕時曾經前往耶路撒冷朝聖，之後便開始收集聖物；有些用買的，其他則用克拉那赫（Lucas Cranach，他的宮廷畫家）的畫作交換，還有一些則讓他的密探去偷。到了一五二〇年，他的收集已經超過一萬九千件，從童貞女馬利亞分泌的乳汁、伯利恆馬廄裡的稻草、一堆燃燒的荊棘、一些從炎熱火爐中冒出的煤灰，到一些僅僅屬於當地熱門的東西，如中古時代日耳曼聖女馬堡的聖伊麗莎白（St. Elizabeth of Marburg）使用的大酒杯。一旦將所有的收藏展示出來，可以減少他在煉獄所待的時間；若要以虔誠祈禱達成同樣的效果，就必須祈禱兩百萬年。腓特烈將自己的收藏（世上最多的）放在威騰堡的城堡教堂中——也就是路德張貼九十五條論文的地方——還付錢讓八十三名堂內教士以他的名義每年舉行將近一萬次彌撒。這種「偽」宗教儀式正是路德厭惡的，也是他布道時反對的。然而在一五一八年，這樣的歧異還不明顯，腓特烈之所以要保護路德，顯然是出於「公平公正」的想法；另一方面，也許是因為他不願看到自己的「明星教授」受辱。

不幸的是，教宗派駐奧格斯堡的資深代表是樞機主教卡耶坦（Cardinal Cajetan），他是道明會的會長——在贖罪券的議題上，他是不可能讓步的。一五一八年十月，這兩人一共辯論了四天。樞機主教指出有好幾位教宗已經宣布贖罪券是有效的，路德因而不得不回答：「教宗並非高高在上，他必須按照神的話語行事。」因此，他們是錯的。接下來一個月，在卡耶坦的指示下，教宗發布了一道命令，要求每個人都應該遵從他對於贖罪券的訓示，此舉促使路德更進一步與羅馬公開對抗。他閱讀了文件，並於一五一九年一月宣布，由於這份文件的主張並沒有援引聖經為證，「雖然我不反對，但我也不會在它面前卑躬屈膝」。就在這個月，馬克西米連駕崩，日耳曼失去了足以約束「修士爭端」（許多人這麼想）的世俗權威。

路德原本打算以九十五條論文引發學界的討論，而著名的日耳曼神學家艾克（John Eck）就在此時向他提出挑戰。一五一九年七月，兩人在萊比錫的露天廣場碰面。路德引用了希臘正教的教義，指出他們也曾對贖罪券提出譴責；艾克則指出胡斯當初也是抱持這種看法，這一點嚇壞了路德，他其實一直認定胡斯被處死是因其是個異端。如今他開始閱讀這位波希米亞改革者的作品，並且對於自己發現的東西感到驚訝。他向某個朋友說：「到目前為止，我抱持及信奉的理念竟然全都是胡斯的訓示，而我卻全然不知。」「我們在不知不覺中成了胡斯教派的信徒。」但是，胡斯批評的不只是贖罪券，他也反對教宗的權力，並且提高聖經的權威。一五二〇年初，路德瞭解到自己必須提出與胡斯相同的看法，他寫道：

> 我陷入極度混亂中，因為我幾乎找不到理由懷疑，教宗其實就是我們一直預期會出現的那位真實的反基督。每一件事都配合得天衣無縫——他的生活、他的行為、他說的話，以及他的需索無度。

對於某些路德的支持者來說，這樣的說法實在難以接受，於是他們便拋棄了路德。對於許多日耳曼人來說，「胡斯教派」等同於「叛徒」或「憎恨教士的人」。英格蘭是波希米亞之外極少數擁有胡斯支持者的國家，然而英王亨利八世卻寫了一本宗教小冊子抨擊路德及其胡斯派傾向（這使得教宗冊封亨利為「信仰的保衛者」，這個頭銜至今仍受英王重視）。更糟的是，艾克將路德在萊比錫辯論時提出的異端觀點一一列出送到羅馬。

於是，路德也開始發行宗教小冊子，裡面詳細說明他的信仰內容；到了一五二〇年底，已經發行超過三十冊，一共有四百版，總銷售量達到三十萬冊。其中《告日耳曼基督教貴族書，論基督教世界的改善》呼籲諸侯與行政官員應改革教會（因為教宗明顯不想這麼做），而這本書在五天內就賣了兩千本。路德的風格極易辨認——他以匿名的方式寫作，但他深信「只要曾經接觸過我的文字與思想，讀過這些作品的人就一定會說『這是路德』」——而他的著作充斥在整個市面上。當時另一位傑出作家鹿特丹的伊拉斯謨斯（Erasmus of Rotterdam）曾不悅地抱怨，人們很難在日耳曼找到一本既不是路德寫的、又跟路德無關的書。

辯論的風潮也越演越烈。在《告日耳曼基督徒貴族書》中，路德主張，不管胡斯是不是異端，都應該經過論辯予以駁斥，而非處以火刑，胡斯被處死根本不符合正義。他也認為基督徒的「主要關切」

> 應該是真誠地活在信仰中，與聖經合一。因此，基督徒的信仰與生活可以輕易地擺脫教宗無情的律法。事實上，除非這些羅馬式法律能一天比一天減少，或者除非這些法律能夠全部廢除，否則信仰將無法恰當地存在。

路德的宗教小冊子強調，無需教會組織，任何人都能閱讀並瞭解聖經——或者是他那句名言，「每個人皆為自己的教士」。至於艾克這方面，則於一五二〇年六月得到教皇敕令的背書，判定路德有四十一條教義上的「錯誤」，並下令路德撤回觀點；若是不從，就將被逐出教會。六個月後，路德以一種做戲的姿態回應：他儀式性地燒掉敕令複本，另外又往火堆裡丟了一份教會法的複本。「如同他們將如此對我，我也如此對他們。」他寫道。次月，教宗將路德逐出教會，並且要求現在已經成為皇帝的查理五世宣布路德將不受法律保護。

查理礙難從命。一五一九年七月，正當路德與艾克開始辯論之際，七選侯開會準備選出馬克西米連的繼任人。他們考慮了三個人選：馬克西米連的孫子查理、法王法蘭西斯一世，以及薩克森選侯腓特烈。腓特烈放棄自己的權利，轉而支持查理，於是查理在無異議之下成為新任皇帝。然而，條件是新皇帝承諾在宣布不受法律保護的命令之前，必須先召開法律聽證。在腓特烈的堅持下，查理五世只好允許路德參加沃爾姆斯會議，開會的時間排在一五二一年初，但他們還是期望在此之前逐出教會的決定能被取消。

然而，就算現在處死路德，也無法平息人們對天主教會日益增加的公開批評。路德以其多產和戲劇性個人風格，在日耳曼境內護衛自己的觀點，此舉讓他贏得許多追隨者。到了一五二一年，杜勒已經不是唯一一位認為路德是新基督教中最有天分的詮釋者，而路德此時也不是孤軍奮戰；即便沒有路德，威騰堡也開始了一場宗教革命。在另一位大學教授暨教士卡爾史達特（Andreas Bodenstein von Karlstadt）的領導下，激進的布道家以麵包和酒（羅馬教會只允許用麵包）行聖餐禮，群眾砸毀教堂偶像，修士離開修道院，而教士也開始娶妻。激進的預言家警告，世界末日即將來臨，並且要求社會正義。在南方，瑞士蘇黎世的大布道家茲文利（Huldrych Zwingli）也在日記中讚許路德反抗羅馬，並於一五一九年說服蘇黎世行政長官禁止贖罪券。次年，路德被批准可以如其所願地傳「福音」，而其他蘇黎世教士都接受他的領導；就算路德藏在腓特烈的城堡中，其他人也在推動他的想法。

如果查理五世想燒死所有的羅馬教會批評者呢？回頭來看，到了一五二一年，要進行有效的處刑恐怕已經太晚。一方面，路德的理念實在太受歡迎，難以壓制：即便是胡斯的教義——原本只是以口耳及手稿相傳，一四五〇年代活字印刷術發明後，情況便有了改變——也在殉道後死而復生，不斷嘗試入侵胡斯的故鄉波希米亞並且根除他的信徒，換來的只是羞辱：胡斯教徒反擊並且獲勝。路德將印刷術視為「上帝最大也是最後的恩寵，藉此，祂可以讓祂的福音到處傳揚」，而印刷術也讓日耳曼各邦難以禁絕路德的作品。除此之外，這些作品還流通到日耳曼境外。到了一五三〇年，約有三十本路德的小冊子被翻譯成荷蘭文，譯成英文的則有三本。另一方面，經驗顯示，就算殺掉新教徒也無法根絕他們。一五二三年，查理五世下令燒死兩名尼德蘭修士，因為他們支持路德的教義並且拒絕放棄——第一批路德派殉道者——而在他統治期間，至少有兩千名以上的尼德蘭人因為他們的信仰被殺。

儘管如此，路德派（以及其他被迫害的新教信條）仍持續在低地國茁壯。在瑞士，蘇黎世信奉天主教的鄰州於一五三一年對蘇黎世進行武裝攻擊，茲文利戰死，但是他的信仰卻持續發展並且傳播到鄰近各州。最後，在日耳曼，對再洗禮派——這群信仰者與一五二二至二三年的路德及茲文利陣營並不相同——的無情迫害並不能消滅他們，他們的信仰仍繼續維持，時至今日他們的信仰者（門諾教派及其他）人數也超過一百萬人，分布在全世界六十個國家。因此，我們沒有理由相信，使用最嚴厲的長期迫害可以消滅路德教派。

無論如何，政治考量使得查理五世無法頒布不受法律保護的敕令。首先，法王因為痛失皇帝尊號而懷恨在心，因而與查理的敵人締結同盟準備宣戰。人在沃爾姆斯的皇帝聽說敵人已組成同盟，便請求帝國議會撥款組織穩固的防衛力量。在徵稅案批准之前宣布路德不受法律保護，等於得罪了薩克森選侯腓特烈，他可是帝國境內最富有的諸侯。因此，查理便等到腓特烈離開沃爾姆斯之後——也就是路德抗命的一個月後——才頒布剝奪法律保護的詔令。其次，在帝國東側，鄂圖曼新任的蘇丹蘇里曼（Suleiman）逼近多瑙河，並且在圍困了三週之後攻下貝爾格勒。這使得匈牙利平原及更遠處哈布斯堡祖地的門戶洞開，隨時可能遭受土耳其人的掠奪。一五二九年，蘇里曼率領大軍圍困維也納，土耳其人一再逼近多瑙河（或者只是出於威嚇），使得查理五世同意寬容帝國境內的路德教派，以換取他們的稅收與軍隊來防守奧地利。一五二九年，在查理五世延長了寬容期限之後，路德寫出他最著名的讚美詩〈最堅固的堡壘就是我們的上帝〉，送給前去保衛維也納的薩克森軍隊。第三，也是最後一點，皇帝其實很少待在日耳曼境內。沃爾姆斯會議之後，他決定前往西班牙親自鎮壓大規模的人民暴動，而法國的敵意將他困在那裡七年，他沒有能力在日耳曼行使剝奪法律保護（或其他措施）的詔令。

路德若是死於一五二一年，整個局勢會有所改變嗎？無疑地，定是如此。首先，我們將會少了一本強有力的聖經譯作，另外還有三千一百冊出版品，總計他的作品中標準版的印刷頁超過六萬頁。如果沒有他的作品，宗教改革的力量將會在兩方面減弱不少。第一，路德作品廣受歡迎，化解了日耳曼境內各種方言的矛盾與衝突。路德的德文新約首次發行巴塞爾版本時，還在書中附上罕用的薩克森字彙表，以方便南日耳曼讀者閱讀。如果往後的作品沒有大量推廣路德的風格，這樣的需求很可能會持續存在，反而不利於反天主教理念的傳布。第二，而且是相當明顯的一點，如果沒有路德的領導權威，反天主教的情緒將會在各地孤立發展。如此一來，北日耳曼與斯堪地那維亞將不會出現口徑較為一致的路德集團，而將形成一塊由各國拼湊而成的拼布，每一個國家都有自己的信條。一旦查理五世終於與法國人及土耳其人停戰，分裂（或者應該說，是更為分裂的）的宗教改革或許將無法抵擋天主教的反撲。

一五二四至一五二五年的農民戰爭——從一三五〇年代暴亂到法國大革命之間歐洲最大的一場人民暴動——所造成的衝擊也將有所不同。南日耳曼的農民因路德與茲文利的教義吃盡苦頭，他們的領袖有不少人還曾經是（有少數人仍然是）路德的信徒。路德運用他巨大的權威，一方面將宗教改革的宗旨與農民暴動區隔開來，另一方面則將血腥鎮壓農民的行動正當化。他在這個問題上曾寫過一本極有影響力的小冊子，書名相當嗜血，叫做《反對殺人越貨的農民暴徒》。他要求「每個人只要有能力，就去打擊、殺害並刺殺那些農民，不管是秘密也好、公開也好。總之要記住，沒有任何事比叛亂更惡毒、有害與邪惡」。沒有路德堅定與高聲的呼籲，農民運動將變得更激進——也許更受歡迎——也將對改革的宗旨產生不可修補的傷害。

路德若是在沃爾姆斯被處死，將對一五二〇年代之後的歷史產生什麼影響？預測這件事實在是一件冒險的事。舉例來說，我們可以思考，宗教改革陣營若是弱小一點，將對天主教會產生什麼影響。也許燒死路德並恐嚇（就算不是消滅）他的支持者會讓教皇國重拾信心，進一步消滅所剩無幾而孤立的新教據點，就像它過去消滅胡斯教派的波希米亞一樣。也許之後的改革者（如喀爾文）仍將以新的改革口號讓歐洲陷入分裂，但是相對地，較弱小而不具侵略性的宗教改革運動或許能讓天主教會較能適應。許多真誠的基督徒，包括查理五世，都希望終止分裂，並迫使天主教與新教領袖開會解決歧異，但是這些努力終歸失敗，原因有一部分在於路德的強硬。如果沒有他，也許教宗方面的協商者至少能與某些新教領袖達成協議，修補裂痕並重新將西方所有的基督徒統一在教宗的權威之下。

如果新教與天主教沒有分裂，十六世紀歐洲史自當會有極大的不同：沒有宗教戰爭，沒有荷蘭革命，沒有三十年戰爭。統一的基督教世界派出的軍隊，很可能會在貝爾格勒或布達佩斯擊敗土耳其人；查理五世臣民組成的聯合軍，將使得哈布斯堡在歐洲建立霸權，並且禁止其他歐洲人移民美洲。因此很可能是：沒有路德，就沒有我們現在所知的美國。

路德可能很喜歡那段極端的連結。由於險遭雷擊，因此他相信他的使命及其個人的未來完全掌握在上帝手中。一五二一年四月，他在沃爾姆斯會議上愉快地引用《使徒行傳》的話：

「他們所謀的，所行的，若是出於人，必要敗壞；若是出於神，你們就不能敗壞他們。」皇帝陛下與帝國的高官們，你們儘可向羅馬的教宗稟報！我知道如果我所做的不是出於神，那麼三年內，或甚至兩年內，此事自會失敗。

一年後，當他騎馬返回威騰堡重拾教鞭與布道工作時，他感覺到自己已經通過考驗，並且充滿著力量。在沃爾姆斯，腓特烈選侯覺得路德「實在過於莽撞無禮」，而他也不認為路德有何可取之處。一五二二年，路德的持續批評說服了腓特烈停止收藏聖物；同年稍晚，選侯及其侍從出現在帝國議會，衣服上還寫著路德的口號（「上帝的話語永遠不朽」）。一五二四年，皇帝的妹妹前往威騰堡聽路德講道，並且公開領麵包與酒的聖餐禮。腓特烈在一五二五年去世之前，也領了這兩樣聖餐禮，清楚表明他已經與羅馬決裂。

同年，路德放棄了修士袍並與修女結婚。不久，他開始用特殊的敬酒方式慶祝十月三十一日，也就是他貼出九十五條論文的日子。晚年時，他敬酒所用的是腓特烈選侯收藏的少數幾件殘存聖物——馬堡的聖伊麗莎白的大酒杯——這象徵著他不只是戰勝了教宗，也戰勝了在沃爾姆斯會議上審判他的皇帝、諸侯與高級教士。一五四六年，他在小鎮床上安詳地去世，六十二年前，他就在這個小鎮出生。他的事蹟為歷史的「偉人」理論提供了最好的例證：個人可以對人類歷史進程產生決定性的影響。沒有路德，宗教改革也許仍會發生，所採取的形式卻會大不相同。

7 光榮革命不曾發生

假如查理一世死於鼠疫，一六四一年八月

西奧多・拉布

「主要歷史人物的性格與行動可以改變事件的進行，而這個自明之理完全體現在查理一世身上。」拉布說。沒有查理一世（他於一六二五年登基，一直統治到一六四九年被斬首為止），英格蘭內戰也許就不會發生，而克倫威爾也會繼續待在家裡唱讚美詩與養馬。這是一場既沒改變什麼卻又改變了一切的戰爭。克倫威爾短命的共和國實驗隨著他的死煙消雲散，之後君主制又重新恢復，國王的權力明顯未受損，但此時的君主制已不如查理時代那樣專制，而且未來也不會再有。他的兒子查理二世是個喜歡與臣民交遊（並且從中挑選一些長相不錯的帶上床）的君主，其繼任者詹姆士二世試圖要回到舊制度（以及天主教會），結果被驅逐出境。

除了君主制有所變化，透過選舉產生的國會現在也成了最高權力機構，而基本的政黨也開始成形，政府官員實際上也透過選舉出任。「我們現在所知的選舉式民主基本要素，」拉布寫道：「便在英格蘭聚集了一股沛然莫之能禦的力量。」到了下個世紀末，更真實的民主制——實現全

民普選的理想，而不只是土地階級的統治——將出現在大西洋彼岸英格蘭的叛亂殖民地上。

要不是查理一世那不合常理的固執，這一切也就不會發生。由於與國會妥協等於違背他的信仰，因此對抗勢不可免。然而，就拉布的觀察，要改變局勢並非絕不可能，這要仰賴十七世紀歐洲的週期性災難——鼠疫。一六四一年八月，查理一世北上平定蘇格蘭民變。六天後，一棟距離白廳宮只有一百碼距離的房子中的居民，因這種通常會致命的疾病倒地不起。如果查理一世的行程延後七天——並因而染病喪命呢？未來，也就是我們的過去，也許會有完全不同的樣貌，而且不一定是民主制度。

西奧多・拉布（Theodore K. Rabb）是普林斯頓大學歷史教授，他的重要作品包括《新歷史》（*The New History*）、《安定早期現代歐洲的鬥爭》（*The Struggle for Stability in Early Modern Europe*）、《氣候與歷史》（*Climate and History*）、《文藝復興的生活》（*Renaissance Lives*）以及《雅各賓紳士》（*Jacobean Gentlemen*）。他是美國公共電視影集《文藝復興》（*Renaissance*）的主要歷史顧問，本片曾贏得艾美獎。

在改變地表的戰爭、軍事戰役與零星戰鬥中，內戰所造成的痛苦通常是最大的。雖然內戰改變的地貌大多只局限在國內，但是帶來的衝突與轉變的強度往往造成長期的影響，甚至可能延伸到國境之外。舉二十世紀四個最慘烈的例子來說，俄羅斯、西班牙、中國或越南的內戰，其影響就不只局限在國境之內。同樣的例子，只是時間更早一點，一七七〇年代的美洲或一七九〇年代的法國。

只有在想到這些鬥爭其實很可能產生其他結果時，才會發覺它們的重要性。要是列寧、佛朗哥、毛澤東、胡志明、華盛頓或「第三階級」未能推翻既有的秩序，我們現在的世界會是什麼樣子？他們的運動經常在緊要關頭面臨失敗的危機，歷史很可能在這一刻走上不同的方向。雖然如此，還是有那種看起來沒有改變太多地貌的內戰，像一六四〇與五〇年代動搖英格蘭的變亂就是一個例子。

雖然英格蘭在一六四〇到一六六〇年間不斷地有軍隊在移動與平定亂事，但事後似乎沒有留下任何痕跡。先前的英格蘭內戰——薔薇戰爭，大約發生在一百五十年前——未能改變穩定而持續的政治結構，一六四〇與五〇年代的內戰乍看之下應該也不例外。內戰期間，君主制短暫消失，到了一六六〇年復辟時，君主的權力居然毫髮無傷。被廢除的上議院與英國國教會也重新恢復；各郡的傳統權力再度被擁有地產的地方士紳把持；國會還是跟以前一樣，不管是召開還是解散，完全是憑國王的一紙命令。改革了一些法定權利與實務做法，但是相較於從前，普通法與判決先例並沒有明顯更具強制性。整體來說，宗教異議人士並沒有比一六三〇年代之前過得更舒服。許多前所未有的觀念在既有秩序瓦解後浮上枱面——從所有人的政治權利均等，到完全的出版自由——但是一六六〇年之後卻全都消失無蹤，日後會有什麼發展沒有人能預料。在外在現象的背後，政治文化有了基本的轉變，潮流開始背向查理一世所代表的專制王權。

內戰期間，沒有人能看出會有這樣的結果，因為期望新未來的聲音——著名的代表人物是詩人米爾頓（John Milton）——通常被絕望的呼喊淹沒，人們認為英國傳統制度的解體終將導致無政府狀態，唯有透過果斷的最高統治者才能挽救這場危局。在後者當中，最敏銳的觀察者應該是霍布斯，他的《利維坦》（*Leviathan*）是對內戰最強有力的回應。國內的混亂迫使他走上流亡之路，讓他內心沉痛無比。一六五一年，他出版了他的大作，此時距離英王查理一世被處決才兩年多。在廣大而史無前例的社會不安下寫作，霍布斯試圖界定出一個能確保所有人民安定——這是主要目的——的政治體系。他的結論是，唯一合邏輯的可能性，就是由一位全能的最高統治者致力於維持秩序，並且毫無限制地行使他的意志。

當時，絕對主義的學說與實踐正在歐洲大為風行，因此霍布斯的結論——當然是在路易十四統治下的法國寫的，霍布斯當時正在此地流亡——正捕捉到時代精神。霍布斯一意孤行，全然不考慮其他選擇，使得他的觀點在當時沒有獲得廣泛的回響（雖說頗具影響力）；不過，如果在中央集權的籠罩下與反對中央集權的混亂之間選擇，無疑地當時絕大多數人都會支持他的看法。雖然霍布斯的想法是在危機中形成的，但是他對政府目的所做的省思仍然深深影響著日後政治理論的發展。

一六六〇年復辟的國王並不是利維坦式的國王。斯圖亞特王朝瞭解到專制統治的後果有多可怕，因此查理一世的兒子查理二世決心維繫與臣民之間的感情；相對於父親的不可親近與崇高，他則是熱情地與倫敦市民打成一片。他騎馬到海德公園，經常上劇院。當時最有名的日記作家皮普斯（Samuel Pepys）曾說，國王到國會開啟新會期時，群眾蜂擁而上，他被擠得老遠，最後竟發現自己就在查理的手肘邊，當時查理正發表國王演說。這樣的融洽場面以及當中顯示的政治關係，不單是專制的查理一世時代無法想像，連海峽對岸路易十四統治的法國也難望其項背。

然而，氣氛改變所反映出的，還不只是聰明地營造公眾關係或溫暖人格而已。表面上看起來，各方面都與過去沒什麼不同，然而整個國家的政治文化早已因內戰經驗的影響而有了根本的變化。因此，實際上異議人士仍被英國國教會剝奪資格，他們不准進入大學或擔任公職，也不准接近首都倫敦；而且跟一六三〇年代一樣，他們讓非國教徒日子過得極不安穩，使得像培恩（William Penn）這樣的人前往新世界尋找更好的願景。雖然如此，這些人已經不再遭到獵捕或直接處死，也可以舉行他們自己的宗教儀式；而現實上，寬容的範圍也在延伸，他們甚至願意擁抱人口逐漸成長的猶太社群。幾個世紀以來，猶太人一直不准定居英格蘭，現在雖然還沒廢除禁令，卻已經有一些猶太人返回英格蘭。

這些未明文的新狀況也改變了政治體系。十七世紀中葉的流血與動亂讓英格蘭人產生極大的反感，因此他們決心避免這樣的敵對再度發生。同樣的麻煩也折磨著歐陸，三十年戰爭蹂躪了日耳曼，而暴亂與衝突也在葡萄牙到俄羅斯等地展開。另一位敏銳的觀察家洛克的反應也相當典型

——即便當中有所誇大——他希望找到方法根除「造成戰爭與爭端不斷發生的根本原因，並且撲滅在歐洲造成破壞與廢墟的大火——除非用盡數百萬人的鮮血，否則這場火是澆不熄的」。

因此，當查理二世的弟弟與繼任者詹姆士二世——一個虔誠的天主教徒——在一六八〇年代企圖再度引進這個充滿仇恨與恐懼的宗教時，就被英格蘭社會菁英以不流血政變將他從王位上趕了下來，這場政變從此就稱為「光榮革命」。當時並沒有戰爭或內戰的必要，不過詹姆士也有可能決定抵抗與戰鬥，而非逃往法國；果真如此，他的正當性仍然足以讓他保住王位，只是可能要做一番妥協。然而，這又是另一個「如果」了，而且當中的主要死傷將會隱沒在浪漫的歷史故事中：勇敢而絕望的詹姆士運動，數十年來一直試圖讓詹姆士及其後代重登王位。詹姆士終究還是逃了，他的投降顯示出一六三〇年代以來英格蘭政治改變得有多完全：國會現在成了貨真價實的最高統治機關，沒有任何國王可以藐視它的願望，或它所代表的土地階級的想法。

這種新展望找到了最有影響力的支持者，洛克。在《政府論次講》中——寫於光榮革命之前，但一直等到新王威廉三世平安即位之後才出版——洛克界定了這種政治展望；而在其追隨者的發展下，他的想法逐漸被稱為自由主義。洛克受霍布斯理論影響極大，但是他軟化了其中的意涵，藉此將政權的建立合理化：政權的建立並非基於全盤控制，是注意（如當時英格蘭政府所做的）而非忽視社會菁英的意見。霍布斯將政府出現之前的自然狀態——相當傑出而有創意的思想構成物——描述得有如地獄一般，由人類的貪婪與殘忍形成，並因而造成所有人對抗所有人的戰爭，讓生活變得「污穢、貧窮、野蠻與不足」。相反地，洛克卻認為，在自然狀態中，人類理性已經在運作了。因此，政府是在心甘情願下被建立的，為的是滿足人民的需要，而非建立在恐懼之上；為的是保護臣民免於彼此的侵害。霍布斯堅決要將反抗權威的力量減到最低，所以只保留了一種權利給個人：生命權。洛克則是為自信滿滿的土地士紳發言，因此擴張權利，使其不只包括生命，還包括自由與財產。

從那時起，我們現在所知的選舉式民主基本要素，便在英格蘭聚集了一股沛然莫之能禦的力量。到了一七〇〇年，擁有特定議題的全國性政黨開始組織，競爭的選舉迫使政府下台，而且有相當比例的人口覺得自己有資格決定首都事務的發展方向。選舉人仍然不多，但是對政治本質的假定卻在半世紀內有了劇烈的變化。隨著國會之母在往後三百年間不斷孕育出無數模仿者，這股動力也持續下去。

這是近代史的核心故事，也是西方能對世上其他地區擁有如此強大影響力的重要原因。然而，故事可以輕易變成另一種樣子。民主理念——其根源來自於古希臘——最終有可能以任何方式綻放，其他民主形式的理論家、實踐家與傳統都有可能出現。然而，這是一條最早開通、卻可能在半途走進死胡同的特殊道路——人們只需一點想像就能有所瞭解——內戰瞬息萬變，即使環境只有些微改變，都會影響結果甚鉅。

主要歷史人物的性格與行動可以改變事件的進行，而這個自明之理完全體現在查理一世身上。或許是因為年輕時曾在西班牙宮廷待過幾個月，查理見識到絕對君主如何全面領導人民與政策，所以當上國王之後，便以一種自大輕慢的態度看待臣民的權利。他即位之初就與國會陷入四年的鬥爭，最後下議院還試圖挑戰他的古老權力，即解散國會。事情走到這一步，一六二九年，查理自認已經受夠了，所以在往後十一年，他在沒有國會的狀況下遂行統治。查理既冷漠又倨傲，成了極不受歡迎的人物；而當他的專制政策引發蘇格蘭臣民群起反叛時，環繞在他周圍細心建構出的泰然自若莊嚴外表也開始崩解。

沒有國會的徵稅案，就無法出兵平定蘇格蘭人，查理一世於是被迫在一六四〇年重開國會，但是由堅定的土地士紳皮姆（John Pym）組織的下議院卻提出了查理不可能答應的要求。查理隨即解散國會，而這個國會也就被稱為短期國會。隨著危機不斷加深，查理不得不再次讓步，並且召開所謂的長期國會。長期國會獲得一項權力：只要未經國會批准，就不准解散國會，於是國會便持續開會，直到一六五三年為止，正是這個國會引發了革命。

長期國會頒布的法令在法律、政治結構與教會引起了劇烈變化，這些措施並沒有延續到革命之後，但它們對英格蘭政府體系的震撼卻沒有被遺忘，特別是革命的重頭戲，攻擊君主制。英王雖然在戰場上屢次失利，卻不認為自己需要受承諾與協議束縛。他不斷地欺騙國會，最後國會議員終於失去耐性。軍隊指揮官克倫威爾稱查理是個「嗜殺的人」，因為查理心術不正，不斷毀約並開啟戰端。最後，一六四九年一月，國王經過審判後——他拒絕承認這場審判的合法性——被判處死刑，英格蘭成了共和國。

許多流傳至今的革命理念都在這段時期浮上枱面，其中最著名的就是成年男子普選——超過兩個世紀以上的時間，這項提議都沒有付諸實行，現在卻被視為現代民主實踐的支柱。而處決也對反對霍布斯《利維坦》理論的人產生激勵作用。至於政府結構本身，則出現了對傳統的大舉攻擊（摧毀英國國教、貴族及君主制的權威），但是許多實驗十年後卻沒有在英格蘭政治制度上留下任何痕跡。一六四〇年代不斷升溫的衝突可能避免嗎？事態可能往其他方向發展嗎？如果可能，結果會是什麼？

*　*　*

只要做一點小小的調整，就可以創造出新的場景，這項調整就是十七世紀的大災難，鼠疫。沒有人能免於鼠疫的致命攻擊，唯一的辦法就是逃離疫情爆發的地方，並且在傳染病蔓延到家裡之前趕緊離開。這件事確實發生了，就在一六四一年的八月，正當查理與其臣民的關係處於危險邊緣的時候。

由於蘇格蘭的武力威脅與日俱增，國王便於八月十日離開倫敦到北方面對暴民。就在六天後，鼠疫出現在西敏區的一幢屋子裡，距離國會大廈不遠。查理的顧問——後來成為國務大臣的尼古拉（Edward Nicholas）——在十月時報告說，下議院中較急躁的議員「反而希望他們應該待在西敏區開會，並且一起死在這裡，但是我相信皮姆先生應該找不到幾個持這種看法的議員（除了他的同黨）」。小心謹慎自是當然，不過，疫情如此接近國王更是令人不敢大意。

查理一世美麗的白廳宮距離西敏區國會大廈只有數碼，時至今日，還是有許多遊客到白廳宮僅存的建築物參觀：由瓊斯（Inigo Jones）興建的豪華宴會廳。查理請魯本斯（Peter Paul Rubens）幫他繪製天花板以榮耀他的父親，然而最大的諷刺是，一六四九年一月，國王的斷頭台就架在這棟房子外面。對今日大多數遊客來說，這個地點是個方便的駐足之地，因為白廳後面往南約一百碼就是國會廣場。要是查理晚一個禮拜去蘇格蘭，光憑這麼點距離恐怕擋不住鼠疫。

一六四一年發生的鼠疫只是小規模，一六三六年的鼠疫則相當嚴重，至於十七世紀死亡最多的則當屬一六六五年那次。不過，一六四一年的鼠疫原本很有可能非常嚴重，幸運的是，也許是天氣抑制了疫情。而我們也知道它的後果可能會到什麼程度，人們只要讀一下皮普斯於一六六五年所寫的日記，就能瞭解它的可怕。許多與皮普斯往來甚密的人都死了，當他走在倫敦街頭時，不斷地看見身上滿是爛瘡的病人與屍體。他「每天記錄下不幸的消息」，而他自己既感到恐懼，卻又莫可奈何。他算出一週內大約有一萬人死於鼠疫，這段期間他決定擬好遺囑，「市內疾病叢生，人們很難活過兩天」。他自認自己能捱過去——一度他發現自己能逃過一劫只是因為嚼菸草——純粹只是運氣。從每個對疾病的報告或對症狀的暗示中，例如頭痛，都很容易發現他的恐懼；但是他在面對十七世紀最大的一場致命災難時，所表現出的堅忍也是罕見的。

很明顯地，假如國王於一六四一年夏天染病死去，則他的子女也有可能死亡，因為鼠疫一旦進入家裡，年幼者特別容易被感染。斯圖亞特世系的斷絕將會有難以估計的後果，因為接下來的繼承人將會是查理的妹妹伊麗莎白，年約四十多歲，於一六一三年嫁給帕拉提那選侯（elector of Palatinate）腓特烈。帕拉提那是位於萊茵河畔的富有侯國，這對不幸的夫妻成了當時歐洲最悲慘的景象之一。就在伊麗莎白成婚六年後，濃厚新教色彩的波希米亞王國起兵反叛統治者——堅定信奉天主教的哈布斯堡王朝——叛軍並轉而擁護她的丈夫，也就是日耳曼主要的喀爾文教派君主，想讓他取代皇帝的位置。儘管朋友們都警告腓特烈，與叛軍同一陣線是不智的冒險行為，但是衝動的腓特烈對於可能到手的皇帝寶座興奮不已，便答應了叛軍的請求。

結果完全是場災難。腓特烈享受新頭銜甚至不到一年，就在布拉格附近的白山被哈布斯堡及信奉天主教的盟友巴伐利亞打敗。對捷克人來說，過去不乏打敗仗的記錄，這次只是再添一筆，但是這次影響卻特別深遠，因為他們非正統的宗教信仰從此被壓制下來，往後三百多年將受制於哈布斯堡的統治。此外，對腓特烈及其家族來說，這更是場災難。事件之後，他們被諷刺為「冬天」的國王與王后，於是他們在羞辱下逃離布拉格。除此之外，哈布斯堡神聖羅馬帝國皇帝——腓特烈的主君——剝奪了他帕拉提那選侯的頭銜，做為叛亂的懲罰，並且將帝國七選侯（選舉新皇帝）的頭銜轉移給巴伐利亞，允許西班牙天主教軍隊占領他的封地，並命令他流亡。

往後幾年頗為悲慘。從避難於尼德蘭開始，腓特烈就成了凝聚新教徒反抗哈布斯堡王朝的核心，然而並沒有實際的效果。事實上，最終只有在達成妥協、讓他的家族返回帕拉提那並恢復選侯頭銜之後（在此同時，也讓巴伐利亞保留新創設的第八個選侯頭銜），三十年戰爭才真正在一六四〇年代結束。然而，此時的冬王早已成了遙遠的過去：他在一六三二年秘密返回帕拉提那時死去，也沒有人知道他的墓穴地點，留下他的遺孀伊麗莎白獨自在流亡時撫養不到二十年婚姻所生育的二十名子女。

伊麗莎白順利度過生育二十名子女的難關，並且又活了三十年，這讓她在當時的歐洲成了不尋常的人物。在容易傳染與醫藥不發達的時代，懷孕是相當危險的事，連生二十個小孩而能安然無恙可說是聞所未聞。除此之外，她能一肩挑起單親家庭的重擔，也使她成為那個世紀令人矚目的女性。她有幾年的時間得到哥哥查理一世的資助，而身為東道主的荷蘭也同情她的遭遇，盡可能讓她感到舒適。最重要的是，她成了歐洲天主教領袖迫害下所有新教徒的象徵，特別是她的英格蘭同胞。事實上，不滿的臣民對她父親與哥哥的指控正是他們不只背叛了新教的信念，還背叛了家族的責任，未曾盡力讓伊麗莎白返回領地並恢復頭銜。

如果一六四一年八月鼠疫提早了一週爆發，並且蔓延到一百碼外的白廳，奪走了查理一世及其家人的性命，此時繼承英格蘭王位的就是這個女人。她將統治超過二十一年，而她的長子路德維希（Karl Ludwig）——他於一六四八年重新取得帕拉提那選侯的頭銜——將提早五十年將日耳曼世系引入英格蘭王室（喬治一世與漢諾威血統，他們的頭銜傳承自伊麗莎白的幼女蘇菲亞）。伊麗莎白最有名的孩子，三子魯伯特（Rupert）——參與三十年戰爭，之後則加入查理一世的軍隊——無疑將成為英國社會的重要人物。但是她最不尋常的女兒，同樣也叫伊麗莎白——既是笛卡兒的朋友，又是日耳曼虔誠路德派婦女社群的女修道院院長——生活也許不會有什麼不同。

然而，對伊麗莎白與英格蘭來說，事情將會有什麼不同呢？幾乎可以確定的是，不會爆發內戰。國會的權力在一六四一年的夏天被確保下來，而對查理一世深感懷疑的叛軍會把新女王當成英雌。從伊麗莎白的生命歷程中，很難相信她會引發陰謀與對峙，也不會跟她哥哥一樣與臣民進行一場致命的戰爭。原本需要血流漂杵才能達成的和解，現在用和平即可達到。特別是她有喀爾文派的背景，而且有好幾年待在寬容的尼德蘭——馬維爾（Andrew Marvell）的詩句：「宗派繁衍與分裂根源……在此並不少見／意見必能尋得相信與溝通」——幾乎可以確定伊麗莎白會支持比一六六〇年代更為開放與擴大的宗教和解措施。

即便是一六四一年最後幾個月達成的溫和和解方案，英格蘭社會中較保守的人士還是有可能反對。他們憎恨皮姆，這從尼古拉在那年秋天給查理的信中可以明顯看出。但是皮姆活得並不長，而在沒有戰爭的情況下，克倫威爾不太可能接替他成為政治領袖。他很有可能跟一六四〇年之前一樣，繼續待在鄉村當退休仕紳，快樂地在田產中生活，並且實踐他的新教信仰。

國會其他激進份子也許還是會繼續惹麻煩，但是沒有了內戰，他們的影響力會大幅降低。無產者的聲音仍然相當微弱，而成男普選與出版自由（米爾頓很快就會支持）這些觀念遺產的支持者，也許還要等待一個世紀以上才會出現。霍布斯與洛克可能會覺得沒有必要撰寫政治學論文，而這種變化也許是最具戲劇性的。我們今日對他們的瞭解主要來自於國家的概念、權威的定義，以及對自由的要求，這些觀念都將發展得更為緩慢，並且可能發展成完全不同的形式。一百五十年後，在缺乏人民嘗試並處決國王的先例之下，不僅是法國大革命，連帶現代歐洲的整個革命傳統也將受到影響。英格蘭若是沒有經歷這場創痛，可能會一改節制的政策，積極介入日後的革命動亂，而不只是旁觀者。

有時候，小細節反而能特別呈現出偶然性如何形塑我們的結局。要是伊麗莎白登上王位，默默接受各種歧異的信仰，培恩可能就不需移民美洲。就算最後還是出現了美國，可以確定的是，絕對不會有一個州名叫賓夕法尼亞州❶。只要鼠疫提早一週，並且北移不超過一百碼，就可以改變決定歷史路徑的小山丘與大山脈的輪廓。

❶譯註：Pennsylvania，以培恩之名命名。

8 拿破崙成功入侵北美

假如沒有埃及斑蚊這些美國英雌，一八〇二年

湯馬士・佛萊明

從拉布的查理一世一文中，我們看到疾病的確可以說是歷史的平等主義者，而瘟疫這個意外力量的擴大者，則往往要為歷史的轉折負上更大的責任——從「如果」的角度來看也是如此。你可以想到，一場神秘瘟疫於西元前七二一年將圍攻耶路撒冷的亞述大軍殺傷大半，這是世界宗教史上的關鍵時刻；類似流行性感冒的疾病蹂躪了伯里克里斯統治下的雅典（並且奪走伯里克里斯的性命），加速摧毀了雅典霸權；或者是讓美洲原住民大量死亡並且打垮兩個帝國——阿茲特克與印加——的天花。這張表還在持續擴大中。如果這些疫疾從未發生，或是爆發的時間稍微不同，或是疫情較不嚴重呢？

疾病影響歷史的最佳例子莫過於一八〇二年在海地席捲法軍的黃熱病，這起事件讓年輕美國——革命戰爭才過了二十年——獲得了無與倫比的西向機會。這裡所指當然就是「路易斯安那收購案」，傑佛遜（Thomas Jefferson）的代表在法國討價還價後，以一千五百萬美元購得密西西比

河以西八十六萬八千平方哩的土地；換算起來，平均一畝只有將近四美分。美國從此脫離密西西比河與英屬加拿大的圍困，紐奧良——阿帕拉契山脈以西各州與各地方的主要貿易城市——成為美國的一部分，西進運動（伴隨著西進，也開啟了未來半個世紀充滿怨恨的奴隸制度論爭）於焉展開。

佛萊明要我們思考別的可能，以及若沒有埃及斑蚊——散播黃熱病的蚊子——便不可能發生的狀況。法國領導的「加勒比—美洲帝國」——第二新法蘭西——會成形嗎？禁止販奴的路易斯安那將會對美國產生什麼影響？拿破崙有沒有可能到紐奧良避難——結果在此地的沼澤彎流中慘遭滑鐵盧？

湯馬士・佛萊明（Thomas Fleming）的歷史著作包括：傑佛遜與富蘭克林的傳記；描述美國革命的《自由》（*Liberty*）；《決鬥：漢彌頓、布爾與美國的未來》（*Duel: Alexander Hamilton, Aaron Burr, and the Future of America*）；最新作品是《新政者的戰爭：羅斯福與第二次世界大戰中的戰爭》（*The New Dealer's War: Franklin D. Roosevelt and the War Within World War II*）。

每個人都同意，一八〇三年的路易斯安那收購案是傑佛遜政府的一個重大勝利。只是簽個字，這個來自蒙提西洛（Monticell）的男人便讓美國領土增加了一倍。幾乎沒有人瞭解，這筆所謂「史上最大宗不動產交易」也幫傑佛遜解決了最讓他氣餒的一個難題：在紐奧良可能出現一支由兩個民族組成的法國革命軍——它的出現幾乎確定能改變美國歷史。

甚至更少人知道，化解這場惡夢——以及傑佛遜成功的根源——大部分並非基於精明的外交手段或輝煌的軍事功績，而是微不足道的雌性動物所造成的結果；它被科學家稱為埃及斑蚊，是一種能傳播黃熱病的蚊子。埃及斑蚊繁殖於城鎮與軍營的死水池中，在加勒比海、南美洲與熱帶非洲引發毀滅性的瘟疫，死亡率高達百分之八十五。十八、十九世紀之交，沒有人知道這種看似無害的昆蟲竟是這場災難的根源。

傑佛遜於一八〇〇年成為總統時，仍在為他與法國大革命的長期戀情奮戰——這段羅曼史如此強烈，以至於他一度宣布，寧可整個世界的人口減少，也不允許「革命宗旨」失敗。這種意識型態的狂熱，使得傑佛遜對於這場因歷史動亂而造成、沾滿鮮血的暴力狂歡場面視若無睹，而這場大亂最後演變成實質上由拿破崙領導的獨裁政權。新總統對於美法之間不宣而戰的下流衝突也是漫不經心，這場戰爭從亞當斯（John Adams）政府時代開始已持續兩年，法國戰艦與武裝民船在這段期間擊沉的美國船舶，價值達一千兩百萬美元，約合今日的六億美元。

傑佛遜政府也準備在外交上修正美國與建立在聖多明各島（Saint Domingue）上的共和國的關係。島上分成西部三分之一的法語區（未來的海地共和國）與東部三分之二的西語區（未來的多明尼加共和國），山脈成了兩區之間的天然屏障。西班牙於一七九五年將所屬的東半部割讓給法國。對美國商人來說，聖多明各島上富有的上層階級是其主要顧客。一七九〇年，法國大革命爆發之前，美國出口到島上的大多是食物與木材，價值達三百萬美元，僅次於對英國出口的六百九十萬美元。因此，當列強在加勒比海地區發生無數次戰爭主要為的就是這座島時，也就不令人驚訝了。

法國大革命自由、平等與博愛的呼聲於一七九〇年代初抵達聖多明各。由皇家官吏、富有的歐人後裔種植園主、中產階級商人、工匠及混血自由人組成的不穩定社會混合體，就坐落在由四十萬黑奴構成的潛在火山上，這些黑奴在糖種植園中辛勤工作，使得這座島成了法國海外最有利可圖的財產。一七九三年，英國與革命法國爆發戰爭，這場衝突攪動了美國政治達十年之久，兩個萌芽中的政黨——傑佛遜的共和主義者，今日民主黨的前身；漢彌頓（Alexander Hamilton）的聯邦主義者，共和黨的前身——因而彼此對立。

在陸地上，英國及盟國與法國革命軍的戰事幾無進展；然而在海外，英國艦隊顯然占盡優勢，法國加勒比海地區的島嶼在英軍兩棲攻擊——他們在七年戰爭（一七五四至六一年）期間學到的戰技——下一座座淪陷。在此同時，巴黎的雅各賓黨人（Jacobins）控制了國民會議。一七九四年，他們發布了一項宣言，讓法國海外領地的奴隸獲得自由。普世的自由信念只是提案背後動機的其中一項，法國人其實是希望藉此在牙買加和其他英國殖民地與美國引起大規模奴隸叛亂，當時的總統華盛頓宣布美國在這場全球戰事中保持中立——帶著明顯漢彌頓式親英色彩。

雅各賓頒布法令的消息傳到聖多明各時，難以置信的狂暴內戰於焉爆發，白人與黑人互相屠殺，英軍也趁機入侵。騷亂中出現了一位深具魅力的黑人領袖路維杜（Toussaint L'Ouverture），他的名字讓美國南方的奴隸主聞之色變。主導美國政府的聯邦派卻有不同的看法，總統亞當斯及國務卿皮克林（Timothy Pickering）將路維杜視為在加勒比海打擊英法帝國主義的大好良機，並且藉此維持美國與聖多明各利潤豐厚的貿易。他們運送補給品與軍火給路維杜的軍隊，並且在漢彌頓的建議下，派遣路維杜少年時期的朋友史帝芬斯（Edward Stevens）前往聖多明各的主要港口弗蘭索瓦海岬（Cap François），他成了路維杜信賴的朋友與參謀。亞當斯政府甚至下令加勒比海的美國艦隊在弗蘭索瓦海岬展示旗幟，雖然沒有明說，但他們力促路維杜宣布獨立。

國務卿皮克林在這種微妙的外交情勢中表現得相當強勢，他說服心神不寧的南卡羅萊納州聯邦派奴隸主，要他們在國會支持他。他告訴這些奴隸主，法國政府在聖多明各的代表厄都維爾（Thedore Hedouville）是個煽動家，厄都維爾勸路維杜入侵英屬牙買加和美國南部，並且在當地掀起奴隸暴亂，但是這位黑人領袖卻拒絕實行這項帶有種族主義色彩的外交政策。

在美國外交與武力的支持下，路維杜擊潰了英軍，並成為聖多明各實際的統治者，他的軍隊也很快征服了島上的西班牙部分。透過史帝芬斯與皮克林，漢彌頓受邀與這位黑人領袖商議憲法的制定。為了配合路維杜的專制個性，漢彌頓要路維杜任命自己為終身總督，並且將每個身體健全的男子登錄到民兵組織中。他要路維杜設立人民大會，使其成為政府結構的一部分，但是沒有立法權。

新新法蘭西

太平洋
加州
蛇河
科羅拉多河
密西西比河
普拉特河
密蘇里河
聖路易
辛辛那提
美國
聖大菲
艾伯克奇
新新法蘭西
（路易斯安那收購案）
新西班牙
格蘭特河
聖安東尼奧
西屬佛羅里達
紐奧良
墨西哥灣
波士頓
紐約
華盛頓
里奇蒙
諾佛克
威爾明頓
查爾斯頓
沙瓦納
聖奧古斯丁
大西洋
古巴
聖多明各
聖多明哥
太子港
N
0 哩 1000
0 公里 1000
© 2001 Jeffrey L. Ward

精力充沛的路維杜邀請白人與混血兒一同加入他的行列，讓聖多明各重新恢復往日的繁榮。他宣布廢除奴隸制度，但另一方面卻又說服原先的奴隸回到甘蔗園工作，當成是為國家服役。遺憾的是，他並不信任擁有奴隸的英國與美國，因此不宣布獨立；他仍忠於革命法國，因為當初是法國讓他的種族獲得自由。

一八〇〇年，傑佛遜贏得選戰後幾個月，拿破崙也在法國奪權成功，路維杜註定走上毀滅的命運。在華盛頓特區，新任美國總統敦促法國大使皮雄（Louis Pichon）轉告法國政府，美國非常願意幫助法國恢復在聖多明各的統治。他建議法國與英國和談，然後派一支軍隊前來平定黑人叛軍。「為你的軍隊和艦隊提供一切給養並且讓路維杜無糧可食，並不是一件難事。」傑佛遜說。

美國的政策之所以無情逆轉，是否與傑佛遜急欲與法國新統治者建立邦交有關，還是因為傑佛遜擔心奴隸共和國會在美國南方散布危險的自由與平等觀念給蠢蠢欲動的黑人，這一點史家仍有爭論；不過，中間也許同時混合了這兩種動機。此時拿破崙尚未讓自己成為法國的終身統治者，因此傑佛遜仍視他為革命之子。一八〇〇年九月，維吉尼亞州被一件胎死腹中的叛亂事件震撼，起事者是普羅瑟（Gabriel Prosser），一名里奇蒙（Richmond）鐵匠，以及他的弟弟馬丁，一名巡迴牧師。

普羅瑟兄弟倆都是自由黑人，他們藉由葬禮和秘密宗教來組織奴隸，並且援引美國獨立宣言與法國人權宣言為論據。他們計畫從鄰近的種植園往里奇蒙進軍，洗劫國家軍火庫來裝備黑人軍隊，並且殺光白人居民，僅放過衛理會（Methodists）與貴格會（Quakers）的教徒，因為他們反對奴隸制度。起事當晚，一場風暴橫掃了通往里奇蒙的道路，打散了企圖集結的叛軍。在他們重新組織之前，消息卻洩露出去，普羅瑟兄弟與其他領導人當下就被處死；不過，往後兩年間，小規模的零星奴隸暴動仍持續困擾著美國。

傑佛遜當選總統時，歐洲兩個超級強權歷經八年全球戰事後也耗盡了國力。和平協議一展開，拿破崙便回應傑佛遜的邀請。一八〇一年十一月，第一執政派出兩萬名士兵到聖多明各，由他的妹夫雷克勒（Charles Leclerc）將軍領軍，但是傑佛遜和其他人卻不知道這支遠征軍還有其他任務。一八〇一年三月，「命定之人」（the Man of Destiny，拿破崙喜歡人家這樣叫他）威嚇不情願的西班牙盟友歸還廣大的路易斯安那給法國；為了賠償西班牙在七年戰爭中的損失，這塊土地之前送給了西班牙。

拿破崙密令雷克勒恢復法國在聖多明各的主權之後，馬上將軍隊開往紐奧良，他估計這項任務只要六個星期。至於奴隸制度，拿破崙認為必須在法國的統治下重新施行，但是他卻暫時擱置此事，這一次遠征的主要目標是建立自給自足的海外帝國。路易斯安那可以供應聖多明各和其他法屬島嶼低價貨品，這樣就不需要向美國人購買。島嶼可以生產糖、咖啡及棉花，支應法國逐漸枯竭的國庫，其他國家的船隻則被排除在這項有利可圖的事業之外。

自信滿滿的雷克勒於一八〇二年二月抵達弗蘭索瓦海岬，馬上開始跟這些「有錢的非洲人」（拿破崙的輕蔑說法）進行交涉。法國艦隊與軍隊的數量讓路維杜及其盟友起了疑心，如果只是要護送宣示法國主權的代表前來，並不需要這麼多軍隊。當雷克勒拜訪路維杜麾下的克里斯多福

（Henri Christophe）將軍並要求他交出港城時，克里斯多福拒絕了。雷克勒隨即從陸海發動攻擊，克里斯多福則燒掉弗蘭索瓦海岬做為回應，並且撤往鄉間。

聖多明各全境陷入戰火。起初，局勢似乎有利於法方，島上西班牙部分在當地人的協助下很快就被占領了，有些黑人駐軍向前來的法軍投降。十天內，雷克勒就已經取得所有重要的沿海港口及堡壘，並準備向內陸發動攻勢。但是路維杜仍在他的掌握之外，而另一名黑人將領德薩林（Jean-Jacques Dessalines）則在鄉間橫衝直撞，見到白人就殺——連幫助白人的黑人也被殺。

一八〇二年二月十八日，協商破裂後，雷克勒便對路維杜的內陸根據地哥拿伊夫（Gonaïves）發動攻勢。法軍以四個縱隊前進，卻發現每一呎土地都充滿了「砲火與刺刀」，行進十分困難。雙方都損失慘重，不過，這場威脅性攻勢是值得的，因為有幾名黑人將領倒戈支持雷克勒。法軍指揮官集合了兵力，並且慷慨承諾在平定聖多明各之後將給他們金錢與權力。

二月二十三日，路維杜在距離哥拿伊夫數哩處伏擊一支有五千名士兵的法國部隊。有一段時間，法軍就要潰敗，但是他們的指揮官羅尚博（Donatien de Rochambeau，與華盛頓在約克鎮並肩作戰的將軍之子）將軍卻虛張聲勢地挽救了局面。他把他的帽子丟入步步逼進的黑人隊伍中，大叫：「同志們，你們怎可丟下將軍的帽子不管！」法國步兵轉向，很快就將路維杜的人馬打得落花流水。第二天，哥拿伊夫就陷入重重火海中。

雷克勒損失了不少人——光是一場戰役就損失了兩千人。另一方面，他也開始注意到有一種奇怪的病悄悄爬進他的軍隊中，士兵無預警地身體虛弱，有時甚至病得走不動。他們吐出黑色的東西，皮膚變黃，痙攣並死亡。然而，這位法國指揮官——跟他蠻橫的姻親一樣堅決冷酷——還是不放鬆攻勢，很快地，其他的黑人將領——包括著名的克里斯多福——也投降了。

五月一日，路維杜同意了和平條款。他將放棄權力並退休，前往內陸的種植園居住，但是仍然擁有相當數量的侍衛。他的將領與軍官將可在法軍中獲得同等級軍職，招降納叛之後，法軍當中的黑人竟占了軍隊的半數。

路維杜為什麼投降？也許他已經知道拿破崙與英國在亞眠（Amiens）簽訂了和約，這使得他與黑人軍隊落入了拿破崙優勢軍力的掌握中。黑人領袖投降，希望能從雷克勒那裡換取最好的待遇。路維杜獲得居次的指揮權，而德薩林也悶悶不樂地於五月六日接受類似的條件。

然而，戰爭並未結束，游擊隊的抵抗仍持續在島內燃燒；除了聖多明各之外，雷克勒還有其他問題要處理。

一八〇二年的前幾個月，傑佛遜與國務卿麥迪遜（James Madison）接獲法國已經取回路易斯安那的消息。之後，美國派駐倫敦的大使警告，拿破崙派軍前往聖多明各只是計畫的一部分，這支軍隊的最後目的地是紐奧良。在冷靜多疑的麥迪遜和其他顧問影響下，傑佛遜與法國大革命的戀情就此中止。考克斯（Tench Coxe）——一名介入棉業甚深的費城商人——提醒美國政府「應全力警戒路易斯安那的法軍帶來的後果」。

雷克勒將軍封鎖聖多明各由叛軍盤據的港口時，曾要皮雄請求美國協助；然而，這名法國人發現美國的態度有了一百八十度的轉變，因受挫而造成的不安讓他啞口無言。傑佛遜與麥迪遜告訴他——也許是當面告訴他——他們實在無法斷絕路維杜的軍糧，美國無法實施禁運，因為美國商人與黑人的貿易量高達數百萬美元。心煩意亂的皮雄回報說，他發現傑佛遜「語帶保留，而且態度相當冷淡」。

麥迪遜告訴皮雄，如果法軍與黑人叛軍之間爆發戰爭，美國將採取「中立」的態度。這意謂著如果法軍發現美船暗助路維杜，法軍就可以奪取美國的船隻；但這也意謂著，美國政府將不會給予雷克勒的軍隊任何貸款購買糧食與軍火。法國方面沒有足夠的船艦箝制與封鎖島上十三座港口，而法國本土距離此地太遠，無法供應食物。

急躁的雷克勒試圖強迫美國商人在聖多明各貿易時，接受他們以較低的價格或期票換取貨物。但是美國商人不收期票，因為他們知道法國在某種程度上其實已經破產了，所以寧可將貨物賣給叛軍。大多數商人都推測出或者知道拿破崙計畫要壟斷聖多明各的貿易，利潤——不管是現在還是未來的——都迫使美國人傾向叛軍這一邊。

接著則是紐奧良的騷動，而這件事大大影響了傑佛遜對雷克勒遠征軍的態度。西班牙人此時仍控制著這座港城，他們突然宣布廢除「存放權」（right of deposit），這項權利是華盛頓政府於一七九五年和他們協商的結果。在這項協定下，美國人有權經由紐奧良出口棉花、農產品及其他貿易品。當權利被廢止時，西部各州立即出現宣戰的聲浪，領導者是來自田納西州的好戰政客傑克森（Andrew Jackson）；而當廢除的消息傳來時，光是肯塔基州就有五十萬美元的貨物與穀物正在密西西比河上運送。

漢彌頓將軍在紐約《晚郵報》中溫和支持了要求宣戰的呼聲，他在私人信件中對傑佛遜進退維谷的窘態感到幸災樂禍。傑佛遜之所以能當選總統，是因為他譴責聯邦派為了與法國進行一場不宣而戰的戰爭，召募了大量海陸軍，並且為了新的軍事建制而抽稅，於是廢除稅捐並將軍隊減到只剩個空殼；然而，現在他要面對一種「極為困窘的狀況：要如何既不徵稅又能進行戰爭」。

當傑佛遜委任門羅（James Monroe）為全權大使前往法國試圖解決這種情勢時，漢彌頓以「伯里克里斯」這個假名在《晚郵報》發表文章，猛烈攻擊這項舉動。漢彌頓建議，應該在法國還有時間運送軍隊到紐奧良之前就立即宣戰。他請求傑佛遜將少得可憐的三千名正規軍擴充為原來的三倍，並且召集四萬名民兵做為後備兵力；海軍應該加強，並且應與英國開啟協商，「在非常時期進行合作」。

不只是政府中的少數人，現在全國都已知道傑佛遜總統面對的威脅，而漢彌頓也利用這個機會火上加油，將總統的窘態描繪出來。難堪的是，他所說的細節完全是真的，傑佛遜將陸軍與海軍的員額減到只剩個空殼。更糟的是——我們現在能知道此事，是因為有機會進入法國與西班牙的檔案館研究——拿破崙在他的秘密勤務名冊上登記了一些人名，這些人可以幫他輕易地征服密西西比河谷地。

陸軍准將威爾金森（James Wilkinson）——美國陸軍總司令——從馬德里（當時已和法國結盟）那裡秘密收取年金，早在一七八七年，威爾金森就已經宣誓效忠西班牙，還被西班牙訓練者稱為第十三號情報員。克拉克（George Rogers Clark），獨立革命時期西北地方的征服者，也是法國秘密勤務名冊中響噹噹的人物。這些盟友很可能讓拿破崙成功地將美國收編為法國的衛星國，如同荷蘭及其他歐洲國家一樣，他們的政府都接受巴黎的指令。

此時的傑佛遜總統相當侷促不安。他又做了令人難以想像的外交政策大反轉，談到「讓我們與不列顛的艦隊及國家聯姻」，免得讓路易斯安那落入拿破崙之手。然而，過去十年來，傑佛遜一直惡意誹謗英國，此時要英國與這樣的人合作並不是那麼容易。

這位舉措失度的總統相當幸運，前面曾經提到的埃及斑蚊此時正努力工作，殺死了許多法國士兵。機警的路維杜注意到雷克勒的實力正逐漸減弱，便圖謀東山再起。不過，雷克勒也防著他，將他引誘到附近的種植園，利用侍衛沒有跟來的良機，抓住這位黑人領袖，直接丟上船，然後運回法國當成一般犯人監禁起來。拿破崙將路維杜安置在侏羅山脈（Jura Mountains）的寒凍堡壘中，他在那裡待了一年就死了。

此時拿破崙犯了難以彌補的大錯。在聖多明各逃難種植園主以及勒阿弗賀（Le Havre）與其他法國港口富商——這些人都是靠奴隸貿易發跡的——的壓力下，拿破崙決定重新施行奴隸制度。當這項決定於一八〇二年六月傳到聖多明各時，憤怒的黑人群起反抗法國人，而黑人士兵也站在他們這一邊，於是便引發新一波屠殺與反屠殺。雷克勒將軍對於黑人抵抗之猛烈感到震驚，他說：「他們對死有著難以置信的狂熱——他們笑著赴死，女人也不例外。」驚愕的法軍指揮官斷定，必須殺光所有十二歲以上的人，而這項政策也血腥地執行。

糧食、飲水及藥品的短缺，使得法軍日漸衰弱；除此之外，法國人也發現自己正與埃及斑蚊打一場必敗的仗。士兵成群死亡，很快地，雷克勒的幕僚中也有百分之六十死亡，這是相當驚人的比例。最後，一八〇二年十一月二日，法軍指揮官自己也一命嗚呼。

美國商人繼續秘密地與黑人叛軍交易，運送軍火及糧食給他們。被激怒的法國人威脅要將抓到的黑人送去美國，讓他們在那裡實現厄都維爾的計畫，在西半球引發奴隸暴動。嚴厲而堅決的拿破崙派了大量補充兵員前來，並且命令由羅尚博將軍繼續指揮戰鬥。

有了一萬五千名增援部隊，羅尚博在恢復法軍對島嶼的控制上尚稱順利。他將黑人叛軍趕出了所有主要港口，切斷他們的軍火供應，並且開始向內陸發動毀滅性攻擊。然而，在歐洲發生的事件很快就讓這些勝利化為泡影。英國認為，根據他們對拿破崙所做的試探，發現拿破崙並不像他自己所說是個愛好和平的人，法國在地中海和其他地區都展現出侵略行為。很明顯地，對拿破崙來說，世界霸權的戰爭才正要開始。

對整個情勢瞭然於胸之後，拿破崙重新考慮自己的路易斯安那計畫。沒有艦隊，他無法防守這塊領土。皮雄報告說，取消紐奧良存放權使得美國輿論強烈反對法國與西班牙，如此便喚醒了與美國交戰的幽靈，而這場戰爭不可能贏；特別是在與英國重啟戰端的情況下，英國艦隊將阻斷法國對羅尚博的運補。

更重要的是，拿破崙的戰爭機器需要錢才能運轉。當美國大使李文斯頓（Robert R. Livingston）於一八〇三年初晉見拿破崙、尋求購買紐奧良與佛羅里達的可能性時，拿破崙突然問他，如果是整個路易斯安那，美國願意付多少錢。驚訝的大使身旁很快就出現另一位特使門羅，他可以代表傑佛遜下決定。到了一八〇三年七月，他們用一千五百萬美元買下了北美洲八十六萬八千平方哩的土地，傑佛遜因而可以宣稱自己對漢彌頓取得重大的政治勝利，後者先前還一本正經地預言拿破崙絕對不會賣路易斯安那。

拿破崙繼續對聖多明各進行鎮壓——這引起了恐慌，他可能會否決路易斯安那收購案。但是，這時與英國再度開戰的消息傳到了加勒比海，英國西印度群島艦隊將聖多明各列為首要目標。皇家海軍轟擊法軍控制的海港，並走私軍火給叛軍，叛軍因此大受鼓舞。絕望的羅尚博告訴皮雄，要挽救局勢必須一個月給他一百萬法郎購買糧食與武器。傑佛遜拒絕協助，而美國的銀行家也同樣冷淡。一八〇三年十一月，羅尚博的軍隊減少到只剩八千人，便撤退到最後一個據點弗蘭索瓦海岬。由於黃熱病不斷殺傷他的士兵，因此他向在近海巡弋的英國艦隊投降。

一八〇四年一月一日，新的黑人領袖德薩林將軍——他很早就再度投身叛軍之列——宣布聖多明各從法國獨立，並以原本的加勒比—印第安名字命名，也就是海地。德薩林取來法國的三色旗，將當中的白色條狀撕下，具體表現出新政權的種族政策。他持續屠殺島上法國部分的剩餘白人（島上的西班牙部分在英國艦隊協助下重獲獨立，但是狀況並不穩定）。在德薩林親自指揮下，白人——包括婦女和小孩——都被砍死或槍斃，這場大錯讓海地在未來數十年陷入孤立——並且讓美國南方對解放黑奴敬謝不敏。

如果拿破崙的確是真正致力於普世人權的法國革命之子，而不是個低道德標準的科西嘉軍事天才，就很有可能成功實現最初的想法，利用聖多明各建立加勒比—美洲帝國，他成功的可能關鍵在於與路維杜及其軍團建立真正的同盟。當費城商人考克斯描述路維杜的士兵是「服從習慣已蕩然無存」的「軍隊」時，話中其實存有深意。深感憂慮的考克斯想像：「共和派黑人可能會被大量送到路易斯安那，並且很快就會在那裡獲得解放。」結果，美國大陸上將會掀起種族戰爭，其兇殘將不下於海地的恐怖屠殺。騷亂中可能會出現一名美國戰士，他的將才足以和路維爾匹敵，而他的殘暴將不遜於德薩林——這個人就是傑克森。老胡桃樹❶一定會用他在一八一四年對付克里克印第安聯盟（Creek Indian nation）的方法來對付這些黑人：滅族。

如果拿破崙在路易斯安那建立了由自由黑人與白人組成的雙種族殖民地，並且避免與美國開戰，此舉將迫使美國南方採取逐步解放奴隸的政策。傑佛遜總統強烈支持這種想法，早在普羅瑟叛亂之前，他就已經幫維吉尼亞州草擬了州憲，規定一八〇〇年十二月三十一日之後出生的奴隸子女可獲得自由。即便在普羅瑟叛亂引發白人恐懼之後，傑佛遜還是堅持，逐步解放而非槍砲、鞭子與監視，才是化解黑人憤怒的最好方式。

如果這項政策成為主流，美國就能免去內戰這個造成六十萬人死亡的國家夢魘。雙民族國家可能會提早一百年出現，而不會像現在這個國家一樣，仍努力要縫補在非自願廢奴下造成的傷口，以及奴隸制造成的難以估計的羞辱。

❶譯註：老胡桃樹是對傑克森的敬稱。

聖多明各的可怕事件加上普羅瑟叛亂，使得這場雙種族之夢於一八○四年破滅。傑佛遜是個政治人物，也是個理想主義者，他很快就發現自己受到南方人施加的龐大壓力，他們要傑佛遜保證繼續將海地孤立於美國南方之外。傑佛遜的女婿艾普斯（John W. Eppes）在國會中起而宣布，美國商人不應與美國人需要「打擊與壓制」的種族有任何瓜葛。國會很快就同意並通過法律，禁止與海地貿易，而傑佛遜也簽字了。前國務卿皮克林——現在是麻州參議員——攻擊這項措施，認為海地人的罪名不過就是「皮膚顏色跟我們不一樣」；然而，由於拿破崙與德薩林的關係，使得這個問題變得非常複雜。

在這歷史的萬花筒中，甚至還能迴旋出許多可能性。如果拿破崙推行較符合道德的明智政策，並且創造出一個雙民族的加勒比—美洲帝國，當他在歐洲失敗並且被流放到厄爾巴島（Elba）時，也許可以從這座島向西脫逃，在路易斯安那這個仍效忠於他的殖民地避難。當地的黑人法軍會把他當成解放使徒來歡迎，而他的白人軍隊也同樣會聚集在他的軍旗下。

從西班牙廢止存放權以來，封閉紐奧良的政策已持續一段時間，這使得密西西比河河谷上下游莫不對法國存有熱切的期待。拿破崙的魅力將感召西部的戰鬥部隊，我們很難理解人們為何會對這位崇高人物如此著迷，對於他在食物、女人、衣服、馬匹上的講究，報紙報導得鉅細靡遺。催眠的效果再加上在維護人權、對抗背信英國人的號召下，激發出驚人的反對力量。

決心要獵得這頭大型肉食動物——他們是這樣看待拿破崙的——的英國人，將會派遣龐大的艦隊與軍隊前來追逐最後的勝利。這時會有什麼結果？人們可以輕易想見一場紐奧良之役，傑克森成了拿破崙手下的一名將領。而在軍隊的高層將官中，也許你還會看到另一個熱愛政治權力的人——布爾（Aaron Burr）❷。

由於法國人牢牢控制了紐奧良與密西西比河下游谷地，因此布爾沒有機會實行他在一八〇六年想出來的計畫，讓西部脫離聯邦並且征服墨西哥。計畫的第一步先要脅迫積弱不振的西班牙。不過，布爾對於傑佛遜與麥迪遜的恨意也不小，他與黨羽威爾金森——幾乎可以確定，他將與拿破崙共存亡——聯手，很可能說服拿破崙發動一場征服戰爭，併吞德州與墨西哥。拿破崙如果真有那麼一天必須逃到紐奧良，屆時西班牙也不再會是他的盟友。以墨西哥的金銀填補國庫，是個令人難以抗拒的誘惑。除此之外，威爾金森將軍還有東西可以提供：他收藏了一些稀有的西南地圖，至少能提供六條可能路線讓拿破崙入侵墨西哥。

然而，首先他們必須與英國進行最後一戰。這場決定性戰役發生在自由觀念首次開花結果的新世界，真是再適合也不過了——美國人（甚至拿破崙）可能會這麼想。英國人被自由的變體觀念驅逐，而美國人將高貴的觀念（英國式自由）變成了暴民起兵反抗合法主權者的特許，此時正是英國徹底毀滅這種顛覆行為的大好良機。

在紐奧良這場修正錯誤的戰爭中，為了徹底毀滅拿破崙與美國人，英國將不會把部隊交給老

❷ 譯註：布爾於一八〇四年七月十一日與漢彌頓決鬥，漢彌頓受了致命的傷害，因而死亡。布爾於一八〇一至一八〇五年間擔任副總統，但後來因密謀在美西與美南成立新國家而被判叛國罪。

將（從政府官員中挑選）指揮，他們將會挑選最優秀的人選：威靈頓公爵。至於拿破崙方面，由於在不熟悉的土地上戰鬥，也沒有經常在關鍵時刻出面粉碎敵軍的龐大騎兵部隊，他發現自己處於極為不利的狀態。除此之外，在俄國的大敗也動搖了他的自信。

我們可以確定，威靈頓公爵於一八一五年一月在紐奧良面對傑克森將軍時，將不會犯下他衝動的妹夫派肯漢（Edward Pakenham）少將所犯的大錯，他們將不會對聚集的法國與美國毛瑟槍兵做自殺式的正面攻擊。威靈頓的優勢在於英國艦隊的壓倒性多數——派肯漢弱小的分遣部隊缺乏這項優勢。在完全掌控密西西比河的狀況下，英國指揮官可以從河上向法軍與美軍的防禦工事縱射，迫使守軍在開闊地面上與飽經戰火洗禮的英國軍人作戰。

英國的勝利——沼澤彎流中的滑鐵盧——絕非毫無可能，拿破崙將在聖赫勒拿島上持續從飲食中吃下英軍置放的砷而死亡，這一點將與實際的歷史完全一樣。喬治三世的大臣們將感到無比喜悅，因為他們可以控制這座支配美國心臟地帶的城市，可以在對方無法反抗之下主張領有整個路易斯安那地區。在新英格蘭地區，參議員皮克林與新英格蘭居民對於傑佛遜政府十四年的執政已感到厭倦，此時正討論要脫離聯邦，他們對威靈頓勝利的消息將產生一種冷眼旁觀的滿足感。

皮克林十年來不斷地就新英格蘭與倫敦之間的結盟問題進行協商，而這個同盟將會包括加拿大與濱海省分的清教徒後裔，如此將會創造出一個新國家，足以支配整個大陸，並且讓傑佛遜及其奴隸主政體成為卑微少數。這場政治重組若是透過威靈頓的刺刀得以實現，北美——以及世界——的命運將會大不相同。

種種令人驚訝不已的可能性卻被微不足道的小蟲破壞，這種小蟲遵從演化上的本能，以吸取人血為生，並且讓人類感染世上最致命的疾病。這種嗡嗡作響的生物無視於各色人等的差異，哪怕是最骯髒的陰謀還是最高貴的野心，一律予以打擊。七月十四日，在舉杯對開國元勳表示敬意之後，美國人也許還會對埃及斑蚊這位未被歌頌的共和國英雄再乾一杯。

9 如果林肯沒有解放奴隸

沒有解放宣言的必然結果

湯姆・威克

林肯一八六二年九月二十二日的解放宣言，宣布奴隸「永遠自由」，這是美國史上道德臻至頂峰的時刻。威克在本文中寫道：「林肯的政治技巧也讓解放宣言……被視為一種理由正當的戰爭措施，以及偉大的人道作為。」當他在同年七月於內閣中提出解放宣言的提議時，他認為取得道德上的制高點，「對於拯救國家至關重要」。雖然北方已經成功贏得西部的支持，但是對林肯來說，日漸逼近的內戰到了夏天似乎轉而對邦聯有利。他們在首都里奇蒙郊外阻擋了聯邦軍，並且在第二次曼納薩斯（Manassas）之役中贏得令人興奮的勝利。接下來，李（Robert E. Lee）將軍的北卡羅萊納軍團則準備進攻馬里蘭州與賓夕法尼亞州，如此將造成鐮刀狀的迴旋攻勢；若是沒有予以牽制，南軍很可能會攻下巴爾的摩，讓華盛頓成為一座孤城。在發表宣言之前，林肯急需一場勝仗，任何勝仗都好。而他得到的是九月十七日的安提坦（Antietam）之役——美國史上最血腥的一天——這場仗在戰術上不分勝負，卻在戰略上勝利，這種狀況在往後的戰事中將不斷發生。李將軍退回維吉尼亞州，解除了入侵的威脅，也為林肯賺取了寶貴的時間。五天後，總統發表了宣言。

解放宣言不只是一份願景，很多人都忽略它其實是戰略上的精明做法。威克寫道，它「讓這場戰爭成為北方十字軍征討奴隸制度的戰爭」，而這也讓歐洲人認識到，邦聯如此竭力追求的就只是為奴隸制度「背書」。然而，若是勝利的時刻（或是勝利的錯覺）沒有及時出現呢？在威克令人不悅的場景中，有可能未能發表宣言，而戰爭是在英國與法國出面協調下結束。「奴隸制度的道德問題，以及分裂的政治問題，都沒有獲得解決。」奴隸制度很可能多延續個幾十年。然而，除了奴隸制度之外，未能善了的內戰所造成的後果，也許會持續到我們這個時代；對解放宣言進行反事實思考，卻不會造成更大的損害。

湯姆・威克（Tom Wicker）是前《紐約時報》華盛頓辦公室主任，也是《紐約時報》專欄作家。他寫了多篇有關南北戰爭的文章，其中還有一本小說《就在此時》（*Unto This Hour*）。

政治分析家、社會學家、新聞記者及歷史學家都同意，「種族問題」仍是美國政治上——不管是地方還是全國——一個充滿敵意的根本議題。要怎樣才能改變這種情況呢？當黑人公民仍保留著數世紀奴役的遺傳記憶，以及對抗種族隔離、佃戶勞役與無選舉權的次等階級地位一直到近半個世紀才獲得勝利時；當充滿犯罪、貧困、失業與絕望的「黑人貧民窟」成了都市生活的永久印記時；當即使連中產階級黑人也在居住、醫療、教育與職業許可上遭受歧視，以及黑人在刑事司法體系中坐牢的可能性是白人的七倍時。

如果在林肯宣布過去的奴隸「永遠自由」的一百三十七年之後，以及在李將軍於阿波馬托克斯（Appomattox）率領邦聯軍隊投降的一百三十五年之後，美國黑人與白人之間的關係還如此緊張而缺乏同理心，誰能知道若是沒有解放宣言、沒有「偉大的解放者」、沒有勝利的戰爭終結奴隸制度、沒有憲法修正案確立最低限度的法律效果以確保所有美國人一律平等，黑人與白人之間的關係是不是會更加充滿仇恨？

如果事情真是如此，很有可能五〇與六〇年代的「民權運動」——可能更早也可能更晚——會更猛烈，或遭受更猛烈的抗拒，之後在美國各大城市掀起的「漫長炎夏」黑人暴亂，也將對生命財產造成更慘重的損失，而我們遍布各地的監獄堡壘——除了給人一種「將社會底層的年輕黑人與西班牙裔男性予以隔離的體制印象」（犯罪學家莫理斯〔Norval Morris〕的說法）之外——長久以來已經在兩邊激起憤怒與抵抗，此時展現出的狂暴還要比一九七一年紐約州阿提加矯治所（Attica Correctional Facility）暴動更有過之而無不及。

至於美國長期以來種族問題的其他重要發展——一九四九年軍隊取消種族隔離，一九五四年最高法院判決取消學校種族隔離，或者是令人難忘的二次大戰之後、黑人從南方移出而湧入城市，他們的面貌與未來都因此完全改變——我們可以確定的是，要是沒有殘酷恐怖的戰爭迫使最偉大的總統發表美國史上最重要的宣言，這些事件就不會如此發展，就連其發生時間與環境都會有所不同。

然而，林肯並不是藉由宣言來宣布解放奴隸。他並不贊成奴役人類：「由於我不是奴隸，」他清楚地說：「因此我不是主人。這就是我的民主觀念。」林肯也不缺乏同情心與理解心。「他把我當成人類對待，」原本是奴隸的道格拉斯（Frederick Douglass）於一八六三年參觀白宮之後說：「他從來沒有讓我感受到，我們之間的膚色是有差異的。」

這一點和林肯深刻的博愛精神是一致的，但是他對道格拉斯——他是一位有教養的傑出黑人——的態度，並不是基於真正平等對待「隔離種族」（他經常這麼稱呼）的信仰。他對自由的黑人領袖說，黑人「遭受到其他人曾遭受過的最大痛苦」，仍然「未能與白人立於平等的地位」。除了被苛待之外，黑人還「存在著比種族差異更大的歧異」，這些歧異一直「阻礙」黑人從奴隸制度中解放出來，也讓黑人無法得到白人的善待。

林肯於一八六一年當選美國總統時，「的確」支持解放——但是要以漸進與補償的方式進行。林肯於一八六〇年二月二十七日庫伯學會（Cooper Union）的演講中——這場演講對他的總統選戰幫助很大——引用了傑佛遜曾經說過的話：

我們仍然有辦法以和平的方式進行解放與放逐，可以用非常和緩的方式在不知不覺中消滅邪惡；在此同時，他們留下來的空缺則由白人勞工填補。相反地，如果我們任由奴隸制度繼續施行下去，人性將對未來感到戰慄。

然而，奴隸制度卻仍繼續「施行」，即使林肯選上了總統也一樣。內戰爆發，林肯在前幾年主導的似乎是一場節節敗退的戰事。一直到了一八六二年十二月（九月已經發表了「初步」解放宣言）向國會進行年度報告時，總統才提出憲法修正案，當中規定各州凡是在一九〇〇年之前廢除奴隸制度，將可獲得美國債券做為補償；早先在總統宣言下獲得自由的奴隸應永遠獲得自由，而他們之前的主人則可獲得補償；國會應有權力支付金錢使黑人殖民外國。

這項提案——一八六三年一月一日是解放宣言的生效日，原本希望提案內容也一起生效——最後無疾而終，但是這也反映出林肯經常提到的一個信念：憲法並沒有賦予總統與國會剝奪人民財產的權力，包括奴隸主的奴隸。另外他也相信，白人與黑人不可能和諧共存，因此應將黑人送往非洲或其他地方，讓他們治理自己（林肯或其他人卻沒有提到白人應該要移出去，把美國留給黑人）。這種對白黑之間社會與經濟關係的態度，被絕大多數十九世紀的美國白人接受（一個半世紀之後，這種想法仍然影響了這個理應是民族熔爐國家的各項許可、住居和刑事司法實務）。

總統不是國王，林肯就任的前十七個月所發生的種種事件，迫使他走向解放一途（他後來在戰時寫信給肯塔基州的霍吉斯（Albert G. Hodges）說：「我並沒有掌控任何事情，坦白說，是事情掌控了我」）。主張廢除奴隸制度的人——大部分是極具影響力的共和黨國會議員——以挑釁的態度催促他採取行動；另一方面，歐洲國家支持南方邦聯的威脅也層出不窮。戰事不順利使總統逐漸相信，必須尋求更戲劇性的方式來進行戰爭；但另一方面，他又必須在戰爭中維持團結。

以麥克里蘭（George B. McClellan）將軍為首的軍隊派系，以及擁有相當實力的北方政治領袖，抗拒「革命」戰爭的觀念，也反對以懲罰措施來對抗南方「犯錯的姊妹」。林肯擔心，解放也許會粉碎聯邦在戰時薄弱的團結度（四個重要「邊界州」——密蘇里、肯塔基、馬里蘭及德拉瓦——仍然支持聯邦懲罰奴隸制度，哥倫比亞特區也持同樣立場。一八六〇年代的聯邦中，廢除主義者聲音雖然大，在意見上卻不一定是多數）。

到了一八六二年七月十三日，麥克里蘭的波多馬克軍團（Army of Potomac）剛從里奇蒙前線返回。林肯向他的閣員說，他「幾乎已經有了定論，軍事上的必要對於拯救國家至關重要。我們必須解放奴隸，否則就是我們自己被征服」。

一八六四年寫給霍吉斯的信中，他詳盡闡述了他在一八六二年的觀點：

〔一八六二年年初〕向邊界各州提出了嚴正的連續訴求、希望它們能支持補償的解放政策之後，我便認定軍事解放是不可避免的；除非不動武，否則最後一定要將黑人武裝起來。他們反對這項提議，因此，在盡力做出最佳判斷的狀況下，我不得不提出兩種選擇：一個是聯邦投降，連帶地憲法也必須廢棄；另一個則是牢牢抓住有色種族。我選擇了後者。

一八六二年七月二十二日，林肯根據這項選擇行事，並且向內閣宣讀了初步解放宣言的初稿。他說他已下定決心，但是國務卿西華德（William Seward）勸他暫緩發表，因為此時聯邦軍剛在維吉尼亞州吃了敗仗；一旦選在這個時候發表，反而成了「痛苦的吶喊」。宣言已經草擬好了，林肯正等著聯邦軍能打個勝仗，好讓他公開發布宣言。即便如此，林肯還是精心寫了一篇給國人的公開信，並將這封信寄給《紐約論壇報》的編輯格里利（Horace Greeley）：

在這場鬥爭中，我的最高目標是拯救聯邦，而非保存或毀滅奴隸制度。如果我不解放任何奴隸就能拯救聯邦，那我便一個也不放；如果我要解放所有奴隸才能拯救聯邦，那我便全部解放；如果我只能解放一部分奴隸而不管其他才能拯救聯邦，那我就如此選擇。我之所以要做對奴隸制度和有色人種所做的事，是因為我相信這麼做有助於拯救聯邦；而我若是容忍奴隸制度，是因為我不認為解放有助於拯救聯邦。只要所做的對我的目標有害，我便少做；只要所做的有助於我的目標，我便多做。

幾天後，聯邦軍又吃了一場敗仗，這次是在華盛頓近郊——第二次奔牛溪（Bull Run）之役——發布宣言再度延後。林肯聽到消息時難過地說：「局勢真是壞到不能再壞了！」但西華德還是勸他再等一下，直到聯邦軍的進展能讓解放宣言的效果更發揮、總統更能產生領導力量。

如果恰當的時機一直未能來到，至少可以想像的是，林肯有可能因此無法發布這份偉大的文告——一八六二年秋天，李將軍及北維吉尼亞軍首次進攻北方，並且進入馬里蘭州；另一支強大的邦聯軍團則進入肯塔基州，往俄亥俄河邁進。此時，北方與南方陣營中，許多人都有理由懷疑這樣的時機是否真會降臨。

如果邦聯軍連番勝利，使得時機未能降臨，這場戰爭很可能會在協商下以和平收場。實際上，這將是南方的勝利，奴隸制度將會繼續維持，而且比桑特堡（Fort Sumter）戰役之前更昌盛。林肯於一八六二年十二月提出的憲法修正案最終有可能被採納，前邦聯各州在戰時結下的仇恨都必須讓步於和平時期的利益計算，歷史與經濟最終將站在補償解放這一邊。往後的美國史當然會完全不同——不幸的結局。

不過，我們也只能猜想，因為事實上這個時機的確來臨了——至少林肯可以視之為期待已久的勝利契機。一八六二年九月十七日，就在林肯寫信給格里利的幾週後，麥克里蘭——短暫而不情願地恢復指揮權——在安提坦之役中勉強擋住李將軍的進攻隊伍。然而，林肯刻薄地說他「延誤軍機」，麥克里蘭對此極為不悅，因此很遺憾地，麥克里蘭的軍隊竟讓傷亡慘重、潰不成軍的邦聯軍逃回維吉尼亞。

林肯是個老練的政治人物，就算時機有瑕疵，也還是能掌握。安提坦之後五天，總統再度召集閣員，他先唸了一段〈跳躍的蛤蟆〉中的幽默句子，提醒閣員幾週前他就已經唸過宣言的草稿，並且告訴他們，他不希望他們對「主要內容提供什麼建言——因為我已經決定了」。然後，他再唸了一次宣言，這一次他希望出版宣言。

於是這件事就這麼決定了，經過好幾個月的猶疑之後，終於宣布解放——這個時機其實來得正好。十二月，在維吉尼亞州的腓特烈堡（Fredericksburg），聯邦軍在本塞德（Ambrose Burnside）的指揮下遭受內戰中堪稱最慘重的失敗；而就在此時，也許對南方來說是軍事上最有利的時刻，英國正準備承認邦聯。

然而，這項對聯邦來說也許是致命的外交行動，卻被林肯一八六二年九月二十二日的宣言打破，這道宣言將於一八六三年一月一日生效。解放宣言排除了歐洲介入的可能，因為它讓這場戰爭成為北方十字軍征討奴隸制度的戰爭（不管這場戰爭進行得有多遲緩與勉強）。如果某個外國勢力在解放宣言頒布後還承認並支持邦聯，這個國家就會被全世界視為替奴隸買賣背書。

雖然林肯一開始懷疑強行廢除奴隸制度的合憲性，但是之後他將宣言合理化為總統緊急權力中的一種戰爭措施——日後的確成為一種強有力的戰爭措施。藉由宣稱這是一場爭取人類自由的十字軍戰爭，解放宣言不只阻止了外國的干預，也在邦聯境內與軍事前線造成了奴隸暴動、勞力短缺及逃兵，許多叛軍士兵認為自己冒著失去生命與家庭幸福的危險，卻是為了一場「由窮人來打的富人戰爭」。

聯邦方面，解放為「父親亞伯拉罕」（Father Abraham）❶——他開始被視為象徵的道德領袖——的目標提供了精神支持，也提供了受歡迎的全新人力來源：到一八六五年戰爭結束為止，聯邦軍中總共有十八萬黑人部隊服役。文獻記載林肯是「偉大的解放者」，並且確保他的死能讓他擁有殉道者的尊榮。時至今日，全世界都崇敬他——包括昔日的邦聯各州。

事情如此發展相當合理。解放的概念不只在道德與戰略上極有力量，林肯的政治技巧也讓解放宣言實際上被視為一種理由正當的戰爭措施，以及偉大的人道作為。他所選擇的時機——在安提坦之後——在文獻上有著看似合理的理由。解放宣言宣示美國國內各地區的奴隸制度都將廢除，然而從法律來看，所解放的奴隸只有當時與聯邦對抗的州，以及這些州的一部分地區——卻不包括林肯擁有直接權力可以廢除奴隸的地區（例如哥倫比亞特區）。

因此，就算是思慮未周、時機不對的宣言，在北方造成的分裂效果仍將減到最低。即便如此，在一八六二年的國會選舉中，民主黨還是大有斬獲。

北方的人力、工業力量與軍隊都超越邦聯，再加上北方較強大的政治體制與南方的不和，就算沒有解放宣言、乃至於歐洲的介入，勝利最後還是很有可能屬於聯邦。

然而，這樣的論點低估了實際的可能性。邦聯持續的軍事勝利——即便採取守勢——可能會

❶ 譯註：林肯的全名為「亞伯拉罕・林肯」。

折損北方的士氣，摧毀林肯的政治支援，並且讓他在一八六四年失敗（當時麥克里蘭是他的民主黨對手）。從歷史的後見之明來看，北方民眾很有可能會厭倦這場明顯無法取勝的戰爭，他們將會在北方的根本優勢逐漸產生效果之前，就強行協商簽訂和約。

除了戰爭本身可能發生的事之外，要是林肯解放奴隸的方式與時間有所不同，戰後及當時的後果也幾乎難以想像。如果美國在這場大戰中無法為戰時與戰前南方被奴役的黑人與女人贏得自由，結果將會如何？妥協下的和平會讓「特殊制度」繼續留存、奴隸主繼續擁有先前的權力嗎？

另外還有一些幾乎是會發生的可能：在世界輿論以及無效率而浪費的勞力體系與日俱增的壓力下，奴隸制度終將會結束——也許是藉由漸進和補償的方式，如林肯及許多親善領袖曾預見到的，不過南方還是寧可一戰——然而，它還是會在舊日的邦聯地區和邊界州繼續存在一段時間。

要是十一個未被擊敗的南方州能回到聯邦、回到國會、回到美國政治中，憲法修正案第十三條的廢止奴隸制度、第十四條的法律上平等保護之權利，以及第十五條的投票給有色人種與曾為奴隸者的權利，就不會加入憲法中——至少有幾十年不會，也許永遠不會。

所謂南方各州的「重建」，在歷史上是發生在邦聯戰敗之後；然而，未被擊敗的（反歷史）南方將不認為有必要重建，也不願忍受重建。被解放的南方黑人，將無法享受戰後「重建」歲月中某些人獲得的暫時政治權力與其他形式權力。因此，充滿憎恨的南方白人將不覺得有必要組成最早的恐怖主義團體三K黨，而其充滿怨恨的回音也不會迴盪至今。

總括來說，如果這些事件沒有發生，南方白人與黑人之間數十年的仇恨（這種仇恨雖被壓抑，實際上卻存在於雙方之間）——其根源始於內戰後的歲月，白人隨即訴諸種族壓抑與種族隔離——也許就可以避免或至少可以軟化。如此一來，「團結的南方」將長期忠實地支持民主黨、支配國會，並且控制——藉由所謂的「三分之二規則」——政黨的總統提名。

相較於其他不可避免的發展，這些收穫可說是微不足道。要是漸進與補償的解放方式最終成為主流——也許要到十九世紀末，如林肯於一八六二年十二月所提出的——南方白人藉以維持勞役償債的「佃農」體系，以及施行於種族隔離上的「隔離但平等」的法律規則，無疑將以不同的方式發展——也許發展得晚一點，但是會與實際歷史大不相同。

對終止內戰所做的回應不如對終止奴隸制度所做的回應多，這些回應也是南方在戰爭失敗與軍事解放後，為維持白人霸權所做的有效努力；然而，絕大部分都遭到美國其他地區的忽視。我們沒有理由認為，南方白人同意——在經濟壓力下——接受漸進補償的解放之後，不會設想一套相同或同樣聰明（或更糟）的方式，繼續維持白人霸權。

黑人政治、經濟與社會自由的事實——不管如何獲得——將被白人憎恨與畏懼（很多地方跟今日是一樣的），也許會引起畏懼者更強烈的反應。即便在當時，在一八八二與一九〇〇年間，每年至少有一百名黑人遭受私刑；而到了一九六八年，每年有超過三千五百名非裔美人遭受私刑。因此，當然沒有理由認為其他美國人會發出比實際歷史更大的抗議——至少直到黑人發起抗爭前是如此，即實際發生的民權運動。

沒有解放宣言？妥協下的和平代價，是讓奴隸制度在內戰後能繼續存在？這個國家會在薄弱而不悅的狀況下重新統一起來，而非立基於勝利者與被征服者——這個國家只會出現一種明顯的僵局，雙方在當中都達成他們核心的戰爭目標：對邦聯來說，奴隸制度能繼續存在；對華盛頓政府來說，聯邦又重新恢復。

奴隸制度的道德問題和分裂的政治問題，都沒有獲得解決。漸進與補償的解放也許能稍稍舒緩前者的迫切性，但是緊張的分裂權利理論將造成許多麻煩，這些麻煩甚至會延續到今天——而且會比今日實際的狀況還嚴重，偶爾出現的分裂傾向聽起來不像是說說而已（現在之所以不會如此，是因為在解放宣言的大力支持下，聯邦於一八六五年獲得勝利）。

一八六〇年代各種不利事件造成的後果中——沒有強制的解放，聯邦沒有獲勝——最糟糕的在於，占美國人口百分之十二的黑人，只知道他們的祖先並沒有因為十字軍、因為一整個世代願意「歷經戰火洗禮」犧牲生命與未來、因為一位殉道領袖的偉大及其博愛宣言，而從奴役中解放出來。他們將帶著這樣的認知過活：奴役與壓迫的力量才是主流——就算不是永遠如此，但至少會持續到二十世紀。

如果美國黑人對於超過一個世紀之前發生的事——歷史事實——無法有一丁點滿意，他們會對他們的種族在此一出生就身陷囹圄的國家抱著什麼樣的信仰？一個無法通過最基本的測試、無法去除奴役的國家，能算是「民主」嗎？他們的祖先勇敢卻為時已晚地為自己贏取自由，但長久以來卻被不甘願又不樂意的多數人拒於門外，他們對此會有什麼感受？

然而，超過一個世紀之前，這個國家為奴隸贏得了自由，最後也為自己接受了自由——雖然不是毫無抗爭。從發表偉大的解放宣言中，林肯回應的不僅是他那個時代的壓力，還有——彷彿是為了回應理想——後世、現在與未來的需要。其「理由正當的戰爭措施」在一八六二年可說無人能夠反駁，對今日的美國人來說更是重要。它鞏固了聯邦的戰爭努力，使其成為眾人支持的行動——然而，更重要的是，它開啟了林肯在蓋茲堡（Gettysburg）表明的「未完成工作」：在「孕育自由」的國家中，「自由獲得新生」，但仍需小心呵護。

對白人——同樣地還有黑人——來說，仍然有著林肯所說的「留在我們面前的偉大任務」。

10 普法之間一場不必要的戰爭

假如法國人忍氣吞聲，一八七〇年七月

亞歷斯泰・霍恩

一八七一年一月——普法戰爭的末尾——德國的統一，是十九世紀的核心事件；但是對二十世紀來說，也是一起決定性的事件。它的有毒果實製造了三場世界衝突（如果把冷戰也算在內），以及各種伴隨而來的恐怖，從史達林整肅異己到屠殺猶太人。統一也許註定要發生——並且可以在沒有極可怕的後果下發生——卻是在意外羞辱了法國之後過早達成，如此便留下不斷擴散的苦澀污點，如同歷史油污外洩。法國大使在七月晉見普魯士國王威廉——威廉當時正在巴德埃姆斯（Bad Ems）接受礦泉治療——提出了令人生氣的要求，國王則拒絕讓步，這件毫不起眼的事竟然造成一場危機。普魯士首相俾斯麥稍微改動了會議內容——被稱為「埃姆斯電報」——然後送出，但是這看起來也不太像是構成武力對抗的藉口。雖然如此，對於法國皇帝拿破崙三世來說，這封電報還是看得出具有侮辱意味，他無法坐視不管：兩天後，七月十五日，法國向普魯士及其附庸國宣戰。

普法戰爭的理由並不充分，而法國對戰爭的準備則是一團混亂，他們的戰略也招來了災難。不過，情勢也不是完全對法國不利；法軍雖然在數量上居於劣勢，但是它以職業軍人堅實核心為基礎，所仰賴的武器——著名的後膛槍以及原始卻有效的手搖柄機關槍——也優於普魯士。初期幾場戰役不分勝負（其中有一場，法軍在不到二十分鐘的時間就造成八千人死傷），但是帶病的法國皇帝讓自己的軍隊困在色當（Sedan），並且被迫投降。在一場歐洲最精采的戰役中——一場連拿破崙一世也會感到驕傲的戰役——梅茲（Metz）與巴黎很快就繼色當之後被圍困。對普魯士來說，一八七〇年是設下陷阱的一年，不是一次而是三次，算得上是一項軍事壯舉。到了一八七一年一月巴黎陷落時，居民淪落到以動物園的動物和老鼠為食：是飢餓而非普魯士砲兵讓他們投降的。不過，對於法國和世上其他國家來說，未來最可能致命的陷阱——雖然這道陷阱在未來一個世代還不會啟動——就是統一的德國及其過度自信下成長的軍隊。

實際發生的悲慘歷史，讓我們不可避免地想到是否還有其他可能。如果法國贏了前幾場戰事——他們也幾乎要贏了——並且造成僵局呢？日耳曼各個侯國如果沒有勝利這快乾劑，還能結合在一起嗎？（別忘了，其中還有一些國家在幾年前還與普魯士開戰。）如果法國默許德國統一，換取德國的讓步，並締結一份雙方皆非勝利者的和約——和約規定亞爾薩斯與洛林仍為法國所有？如果沒有那麼依賴常勝軍神話，德國是否將有所不同？如果沒有德法之間一個世紀的敵對，世界是否將有所不同？

當然，還有一個更簡單的場景是所有場景中最簡單的。霍恩在本文中所提的：拿破崙三世可能什麼事也不做，他可能會對埃姆斯電報這顆誘餌視而不見。果真如此，一次世界大戰的主要原因——失去亞爾薩斯與洛林——將會被移除；而沒有一次世界大戰，就表示不會有希特勒，也不會有二次世界大戰。霍恩的反事實思考想出了一道奇妙的轉折，但當中的事實經過詳密的邏輯論證。提示：在這起事件中，靈媒才是真正的信息。

亞歷斯泰・霍恩（Alistair Horne），劍橋大學文學博士，有十七本著作。他的歷史作品使他獲頒大英帝國指揮官級勳章（British CBE），以及法國騎士榮譽勳章（Chevalier of the French Légion d'Honneur）。這些作品包括《光榮的代價：一九一六年的凡爾登會戰》（*The Price of Glory: Verdun 1916*）、《巴黎的淪陷：圍城與公社，一八七〇——一八七一》（*The Fall of Paris: The Siege and the Commune, 1870-1871*）、《距離奧斯特利茲多遠？拿破崙一八〇五——一八一五》（*How Far from Austerlitz? Napoléon 1805-1815*）。他最近完成的作品是《巴黎的七個時期》（*Seven Ages of Paris*）。

一八七〇年六月，新上任的英國外相格蘭維爾（Lord Granville）審視了世界局勢之後，滿意地說——他有足夠的理由這麼說——「整片天空看不見一絲陰霾」。在他的外交生涯中，他從未見過「如此平靜的外交局勢」。在巴黎，皇帝拿破崙三世的首相奧立維耶（Emile Ollivier）也回應格蘭維爾的說法：「從來沒有一個時代像現在一樣，能夠將和平維持得這麼好。」的確，和平的氣息似乎充斥在各個地方，就整個歐洲而言，這樣令人滿意的春日景象已經有好幾年沒出現了。然而，隨著夏日到來，天氣也越來越燠熱難耐；事實上，這是記憶中最熱的一年夏天。法國有幾個地方傳出旱災，農民開始祈雨，軍隊則因缺乏草料而賣馬；在那時，目光所及完全不見戰爭的威脅，因此馬匹對騎兵來說又有什麼要緊的呢？儘管如此，當耐性磨光時，這年夏天其實就與一九一四年及一九三九年的不幸夏日相差無幾。

然而，在一八七〇年七月之時，誰能預測到不到幾週的時間，法國皇帝拿破崙三世將被廢黜並且逃往英國避難；巴黎將被圍困，並且在幾個月的飢饉之後被迫投降。驕傲的法國屈服了，並且向俾斯麥的普魯士大軍求和，從一八一五年滑鐵盧戰役以來嚴謹規制著歐洲的權力平衡也完全改變。

一八七〇年七月初，一抹白雲短暫遮住了陽光，但是它看起來只是一小塊雲朵。自從令人不滿的西班牙女王伊莎貝拉被罷黜以來，西班牙王位虛懸已有兩年，其中一名可能的繼任人選是日耳曼的小王子，霍亨索倫—齊格馬林根家族的里奧波德（Leopold of Hohenzollern-Sigmaringen）。他是虔誠的天主教徒，是一個家庭的父親，而他的哥哥查理最近在無異議之下接任羅馬尼亞國王。由霍亨索倫家族繼任的想法是西班牙提出來的，里奧波德的親屬普魯士國王威廉一世也表示同意——卻相當不情願——但認為這純粹是家務事。然而，喜歡虛張聲勢的首相俾斯麥卻利用這個議題，因而引起法國的注意。法國將同時在庇里牛斯山與萊茵河兩個邊境與日耳曼諸侯為鄰，而歷史會提醒法國的政治家：不到兩個世紀之前，路易十四曾以波旁王室入主西班牙，在歐洲建立霸權，如今霍亨索倫家族的做法幾乎與路易十四一模一樣。

在巴黎新聞媒體如烈火般的鼓動下，法國境內吹起了反對此事的猛烈風暴，於是霍亨索倫家族立即放棄了王位。格蘭維爾爵士鬆了一口氣，並且斥責法國政府不該訴諸如此強烈的語言，而英國媒體則馬上轉而報導維多利亞女王在溫莎公園頒獎的新聞；不過，巴黎的騷動仍持續發展到一種危險的境地。拿破崙三世已經是個疲倦多病的老人，他的膀胱結石不斷擴大，而他當然也無法跟顯赫的伯父相比。他的外交政策在每個環節都遭到阻礙，因為他面對的是十九世紀最精明也最危險的政治家：普魯士的俾斯麥與義大利的加富爾。

在將近二十年的絕對統治下，拿破崙為法國帶來繁榮，因此讓法國人暫時忘卻失去自由的不快。對大多數法國人來說，這算是可接受的替代品——但也只是暫時的。在著名的行政官員歐斯曼男爵（Baron Haussmann）的協助下，拿破崙三世重新塑造了巴黎。鐵路網從三千六百八十五公里增加到一萬七千九百二十四公里，因此，里維耶拉（Riviera）——原本只有坎城的一些古怪英國人會在這裡出沒——突然間成為巴黎人的度假聖地。電報線路向外延展到全國，造船業也達到顛峰。強大的銀行事業紛紛成立，如里昂信貸銀行與土地信貸銀行，後者特別用來刺激大量新興營建計畫。「讓自己富有」成了這個時代的口號，而新富資產階級也開始興起；然而在此同時，都市裡的貧富差距也開始劇烈擴大，巴黎的不滿越來越有威脅性，有時還回應著一七八九年。更糟也更危險的是，儘管（或許是因為）拿破崙三世已經著手進行自由化，但是法國人對他已感到厭倦。

性急的人叫囂著要在國外進行成功的冒險，轉移國內的視聽，這種想法在法國史上不乏例子。如果皇帝需要這種成功，鼓吹最力的一定會是他那位在西班牙出生的皇后歐珍妮（Eugénie），她會抓住機會提醒丈夫，普魯士曾於一八六八年以迅雷不及掩耳的速度打贏奧地利，而一般認為這是對法國外交政策的羞辱。她指著他們的繼承人皇太子，戲劇性地宣布：「要讓這個小孩坐穩王位，就必須修補薩多瓦（Sadowa）的不幸。」

在此同時，法國無能的外相格拉蒙公爵（Duc de Gramont）則與俾斯麥有私人恩怨，他曾經描述對方是（並非毫無道理）「歐洲最蠢的男人」，而他現在也打算對普魯士採取哀怨而威嚇的態度。霍亨索倫的王位候選人退出了，這還不夠，普魯士必須為它的僭越表示卑下謙恭之意。因此，格拉蒙要求派駐柏林的法國大使貝內德蒂（Vincent Benedetti）前去巴德埃姆斯打擾普王，普王正在當地接受礦泉治療。貝內德蒂受到普王威廉最殷勤的款待，他並不想要戰爭（跟日耳曼各邦君主一樣），並且認為德國統一將是「我孫子的事」，而不是他的（他的孫子就是皇帝威廉二世，他讓統一的德國走向第一次世界大戰）。

然而，俾斯麥可不是這麼想，他不想將此事延宕兩代，而且他算計著藉由對法開戰，可以讓現有的鬆散日耳曼聯邦固結成一個統一的國家；當然，支配者一定是他的母國普魯士。不過，開戰理由要謹慎選擇，要讓法國無法得到歐洲各國的支持——當然還有普魯士的日耳曼各盟邦。他曾經這麼說：「政治家不一定要創造歷史，然而，如果他從周遭事件中聽到上帝斗篷的掠過聲，就應該跳起來，一把抓住斗篷的縫邊。」

法國現在急欲在外交上求勝，而俾斯麥便看準機會，將插在傷口中的匕首再扭了幾下。在貝內德蒂百般打擾下，慈祥的老王也動怒了，他拒絕保證霍亨索倫候選人永遠不會出現，也拒絕接見大使。會面內容的電報適時傳到柏林的俾斯麥手中，俾斯麥看到了「上帝的斗篷」：他並沒有像他經常被指控的那樣捏造竄改內文，但是他將語氣改得更尖銳，然後發給柏林的新聞媒體——以及全世界。

經過俾斯麥編輯之後，內文一開始國王就「決定不再接見法國大使，並且透過侍從武官告訴大使，陛下對他已無話可說」。

即使經過俾斯麥的編輯，著名的埃姆斯電報看起來仍無法構成開戰的理由；當然，這是相較於二十世紀下半葉冷戰時期流行的外交語言得出的看法。俾斯麥很清楚巴黎的主流意見，狂暴的群眾湧上街頭高喊「到柏林去」。此時出現了軍事史上最魯莽的宣言，法軍總司令勒伯夫（Leboeuf）元帥為了鼓動鷹派，竟愚蠢地說，軍隊已經「有充分的準備」（ready down to the last gaiter-button，眼尖的人會說這句話說得很對，因為倉庫裡的確已經沒有綁腿〔gaiter〕了）。於是，在俾斯麥的電報、皇后和格拉蒙的催促，以及聲浪日漸高漲的巴黎新聞媒體助長下，拿破崙三世決定採取行動。

七月十五日，法國宣戰——處於一種興奮狀態下，令人想起拿破崙一世越過萊茵河獲得的連番勝利，並且期待歷史能夠重演。然而，在俾斯麥的詭計下，法國馬上被認定是個愚蠢的侵略國。《倫敦新聞畫報》說：「奉行自由主義的帝國竟然只為了禮節問題就開戰。」而這種看法也同樣見於美國與歐洲。英國的霍華德（Michael Howard）爵士是普法戰爭史的專家，他曾嚴厲批評：「這場悲劇結合了噩運、愚蠢與無知，法國犯下大錯，竟向歐洲有史以來最強大的軍事強權宣戰，而且理由拙劣。它的軍隊準備既不充分，又無盟友。」

相較之下，普魯士的戰爭機器則是準備充分、裝備精良，而且早已通過戰場的試煉。十八天之內，俾斯麥及其日耳曼盟邦已經動員了前所未有的武裝部隊，總計達一百一十八萬三千人。至於法國這方面，軍事無能帶來的則是軍事災難。九月一日，既病且敗的拿破崙三世率領大軍在色當向普王威廉投降。四日，消息傳回巴黎，首先引起的是恐慌與驚嚇，然而卻又混雜著一股喜悅。皇后逃往英國之後，暴民進攻杜伊勒里宮（Tuileries Palace），他們發現皇室在匆忙中逃走的悲涼景象：扔在床上的玩具寶劍還半出鞘，空的珠寶盒遍撒各地，桌上還有些許剩下的麵包和吃了一半的蛋。帝國結束，新共和國在市政廳成立。霎時間，巴黎籠罩在一股難以控制的節慶氣息中；那是風和日麗的一天，沒有流血，每個人都穿上最好的衣服，外出慶祝這場有史以來最令人愉快的革命。街頭民眾都理所當然地認為，既然皇帝及其好戰政權已經覆滅，勝利的普魯士人就會離開法國。

然而，事情並非如此。巴黎公社接管之後，帶來更殘酷的內戰，之後則是連續四個月的痛苦圍城。到了一八七一年夏天，和平終於降臨，但是法國的財政破產，驕傲的巴黎幾成廢墟。在俾斯麥的苛刻條款下，法國失去了最美好富庶的省分亞爾薩斯與洛林，法國將不會忘了這件事。埃姆斯電報之後的四十四年，法國為了重獲兩省而宣戰，並且將全世界一起拖進新的災難中。整個世界的均衡遭到根本的改變，而第二次更恐怖的世界大戰將會在某種類似一八七〇年之前的歐洲局勢下開打。從一八七〇年炎熱七月的埃姆斯開始，就種下了我們二十世紀的邪惡根源，全世界將被兩次可怕——可怕尚不足以形容——而毫無必要的世界大戰折磨。之所以說沒有必要，就是指如果那年夏天普魯士與法國的戰爭可以避免，如果埃姆斯電報沒有發出去——或者更好的是，巴黎根本不把它放在心上。

事情的發展是否會有所變化？我想答案是肯定的，而且這是一種可能產生和平結果的方式。一八七〇年六月，拿破崙三世奇蹟似地治癒了膀胱中令他衰弱的巨大結石，一位傑出的年輕英國醫生讓結石順利地排出泌尿系統。他才六十二歲，治癒後整個人感覺年輕起來。除了對醫藥的信任之外，在不同時期，他也針對他的事業求助於受人推崇的巴黎神秘學者，或者說是靈媒，卡戴克（Allan Kardec，今日，你可以在著名的拉榭茲神父〔Père Lachaise〕墓園中看到卡戴克如石柱般聳立的墳墓，墳前依舊堆滿了慕名者的鮮花，明顯是祈求能得到他的精神力量。據說，他的黑色青銅肖像也能為性戀物癖者帶來特殊的吸引力，指南手冊會告訴你，他身上某個部分會閃閃發亮，完全是因為不孕婦女不斷撫摸造成的。卡戴克死於一八六九年，剛好在埃姆斯電報前一年——但是，為了我們的和平目的，我們將讓他多活幾年。假如沒有卡戴克，也可以有另一位跟他一樣的靈媒）。

因此，治好了使自己行動不便的疾病之後，拿破崙三世便秘密前往卡戴克在巴黎的住所，請他幫忙化解法國與普魯士正在醞釀中的危機：能不能召喚他顯赫的伯父拿破崙大帝，問他在這種狀況下該怎麼做？於是，在暗室中，靈媒的桌子升了起來，飄浮在空中。突然間，空氣中充滿了一股凜然的臨在；然後，猛然一記腳踢從後面將皇帝踹過了房間，皇帝面朝下俯臥在地板上（這似乎證實了許多巴黎機智人士和反波拿巴主義〔Bonapartism〕者知道的一則廣受歡迎的笑話）。空氣中傳來一陣聲響，以濃厚的科西嘉口音大吼著：

「你這個蠢蛋！每件事都搞砸了！比我還糟糕。你為什麼不把那個可恨的老傢伙塔列蘭（Talleyrand）叫來？他是個可憎的老混帳，『絲襪裡的一塊屎』，我曾經這麼叫他——但要是我當初聽他的話，在一八〇七年提爾西特和約（Treaty of Tilsit）後保持和平不開戰，就不用在滑鐵盧面對威靈頓了。」

全身瘀青的姪子回去之後，思索了一晚，第二天又來找卡戴克。「把塔列蘭找來，現在！」空氣中傳來一陣油腔滑調的溫順聲音：

「是的，陛下，你伯父說得完全正確。唉，要是他聽我的話，你也不會落到如此田地——但是他在提爾西特之後強迫我辭職。」

「那麼，我該怎麼對付那個討厭的無賴俾斯麥呢？」

「首先，辭退格拉蒙。相較之下，俾斯麥還算仁慈了，格拉蒙還說俾斯麥是『歐洲最蠢的男人』。我可以跟你獨力主持法國的外交事務，然後換掉柏林的貝內德蒂。」

「換誰上任呢？」

「嗯，那個老是惹人生氣的老頭，反對派的領袖提耶（Adolphe Thiers），怎麼樣？我知道他給你帶來很多麻煩，但我總是說，把麻煩製造者帶進來，別讓他們在外面製造煩惱。他相當同情普魯士人，至少普魯士人是這麼看他的。他是個精明的政客，有本事綁住俾斯麥，讓俾斯麥措手不及，陷入困窘。不管怎麼樣，俾斯麥不過就是個癡肥的德國佬罷了！而且他在國內也有許多問題列在議程上；不過，首先你必須擺脫那些走強硬路線的人。」

「皇后怎麼辦呢？」

「嗯，陛下，說實在的，那是你自己要解決的問題。」

皇帝這時受到激勵——他一直對女性懷有渴望，而且仍在追求美麗的義大利卡斯蒂格里歐妮（Castiglione）伯爵夫人（他曾經送她價值四十二萬兩千法郎的珍珠項鍊，外加一個月五萬法郎的零用金）。歐珍妮有性冷感的問題，但是也有傳言說，她的貞操早在一八六九年蘇伊士運河開通時——就在前一年——就給了有著性吸引力的鄂圖曼帝國駐埃及總督。

塔列蘭接著說：

「最重要的是俾斯麥的電報。不要理它，它無關緊要，或者至少也別讓它變得重要。記住我在你伯父那個時代常說的話，不要被熱情衝昏了頭。」

「我知道。」皇帝後悔地說：「我最喜歡的座右銘一直是『不要莽撞』，但是皇后絕不會聽我的……那麼，接下來呢？」

「重新召開維也納會議，我曾經在一八一四年召開過一次，並且拯救了法國與歐洲，當時你伯父被送到厄爾巴島。我不想自誇，但是這場會議確實讓歐洲維持了五十五年的和平——而在開會期間，可說是夜夜笙歌，各國使節都在維也納度過一段美好的時光。如我所言，俾斯麥的議程上列了滿滿一堆事情，國內還有許多問題等著他去煩心；如果可能，讓他為這些事情煩幾個月，他的氣勢就會弱下來，接下來就不用再擔心他了。」

「記住威靈頓過去所說的話，這句話跟陛下您還有你伯父都有關係：征服者就像砲彈一樣，必須不斷地往前衝；一旦停下來，就是結束的時候。那位慈祥安逸的老普王威廉痛恨又畏懼俾斯麥和他的政策，很希望擺脫俾斯麥，他會讓俾斯麥感到既驚訝又困窘。」

「這真是個完美的建議，塔列蘭先生。身為一個追求和平的人，你真應該是一位主教。」

「但我是，陛下，我是……」

塔列蘭消失了，留下鼻煙、薰香和昂貴香水的香氣。拿破崙三世回到杜伊勒里宮，決定採納塔列蘭的忠告。這一天是七月十四日，他的手因為剛剛接到從倫敦格蘭維爾那裡發來的緊急電報而變得更加有力，電報中敦促法國不要做出任何可能激化事態發展的舉動。當這封電報在國務會議的帝國大臣會議中宣讀時，產生了巨大的效果，政府中仰人鼻息的「鴿派」似乎獲得了優勢。在拿破崙三世的壓力下，要求動員的輕率想法被擱置下來。當晚，他先召喚反對派領袖提耶（以及提耶主要的政治反對者）及其重要的左翼追隨者到杜伊勒里宮，敦促他們能採取兩黨合作的路線，並且支持他推動和平的新做法。想到塔列蘭的說法，他不斷地勸導他們！提耶與他的團隊同意了，但前提是首相奧立維耶也要支持這條路線。接下來，皇帝召見奧立維耶。奧立維耶，一位有著共和派背景的四十五歲律師，當年一月才受邀組閣，此舉預示著未來將有一個「自由主義的帝國」。奧立維耶的性格傾向於和平與穩健，初期的法案就是削減國防支出的重擔。過去幾週，他一直處於觀望狀態，並且感到不自在。他看到了霍亨索倫危機，心裡傾向於和解，卻受阻於軍隊的鷹派首腦勒伯夫元帥和拿破崙三世耀武揚威的皇后。現在，在皇帝的想法令人驚訝地完全改變之下，再加上提耶——他之前的共和派盟友——承諾提供協助，奧立維耶很高興能表明他的立場，並且加入「和平黨」。

當晚在杜伊勒里宮，拿破崙三世與好鬥的皇后大吵了一架。皇后回想起去年秋天在開羅的吉西拉宮（Gezira Palace）巖穴裡的熱情幽會，她想，在埃及至少有一位君王會聽從她的突發念頭，而且比拿破崙三世還富有。她有著自己的計畫，而拿破崙三世也有著自己的盤算。

第二天，七月十五日，在立法會議中，提耶——遵守諾言——起而公然抨擊戰爭。他以強有力的雄辯之詞向鷹派提出挑戰：「難道你們要讓全歐洲都認為，儘管爭端的實質部分已經解決，但你們還是決定要為不起眼的形式問題血流遍野？」

提耶之後則是奧立維耶，他——宣布他無法「一派輕鬆地」接受戰爭的責任——提議發動國際訴求，召開列強會議，這個想法說服了大會。

一八七〇年的危機結束了，皇后歐珍妮搭乘下一班馬賽客輪走了。拿破崙三世則鬆了一口氣，並且——以其最近重獲的活力——寄了一封短箋給他的舊愛。

巴黎又維持了幾天緊張的氣氛，市區出現反普魯士的示威遊行，但是在幾個大喊「到柏林去」的麻煩製造者被槍殺或被送到惡魔島之後，又恢復了平靜。首相奧立維耶及其自由派支持者獲得勝利；格拉蒙退休返回自己位於地方省分的地產，算是自願流亡；前駐柏林大使貝內德蒂則改在外交部處理拉丁美洲事務，專門記錄玻利維亞與秘魯之間的衝突（沒有人會去讀）。拿破崙三世說服各強權召開新一輪維也納會議，由功動卓著的他擔任主席。在倫敦，外相格蘭維爾前往蘇格蘭獵松雞，心中充滿喜悅，因為天空又再度晴朗無雲。

從此之後，英國與維多利亞女王願意為拿破崙三世嶄新而審慎的法國做任何事（無論如何，她都還記得一八五〇年代訪問巴黎時，發現這位皇帝是已故王夫艾伯特之外最吸引她的男性）。全世界都對法國冷靜的政治家風範感到印象深刻，領袖們突然回想到的是腓特烈大帝的侵略性，而非路易十四與拿破崙一世為日耳曼帶來的連續破壞。俾斯麥在各地都不再是引領風騷的人物。

不會有戰爭了。

如聰明的老塔列蘭所預言，新維也納會議緩慢而無趣地進行到了一八七二年，俾斯麥就算沒有完全失敗，也等於被羞辱了——他陷入完全的困窘中，並且在各國面前表現得像個咆哮的流氓，對各國的和諧造成威脅。在柏林，鴿派占了上風；從來未曾想要當統一後德國皇帝的普王威廉，此時回到波茨坦過自己的寧靜生活，在溫室中栽種葡萄，這間溫室是他的祖先腓特烈大帝利用罕有的和平時光建造的。毛奇（Moltke）將軍的龐大陸軍逐步縮編，讓更多經費花在教育與交通建設上。日耳曼人中有百分之五十是羅馬天主教徒，他們很高興能看到未來將不會走向被新教普魯士統治的道路——原本看起來是無法避免。一旦俾斯麥在霍亨索倫候選人這方面的氣勢被掃除一空，如同威靈頓的砲彈一樣，他與他的政策都將歸於無意義。另一方面，正如塔列蘭所預言的，俾斯麥在國內的議程上有許多事情與問題足夠忙一陣子；他就跟所有的流氓一樣，一遇到阻力，就馬上崩潰。

善良的普王威廉盡快卻又不失體面地「開除了領航員」。這位「鐵血宰相」充滿著受冷落的憎恨，退休回到位於瓦爾欽（Varzin）的地產，重新過著暴飲暴食的生活，早餐吃十一顆全熟蛋，加上好幾盤滿滿的蘭費爾德（Reinfeld）火腿、配上橄欖的鵝肉，以及瓦爾欽的野豬。一個被遺忘的人，俾斯麥於一八九八年死於貪食（因嚴重的便秘而加速惡化）與失望。

在此同時，信奉天主教的巴伐利亞及其鄰邦——同樣也是信奉天主教的奧地利——組成關稅同盟，如此便能在德語世界中提供一個與普魯士相抗衡的強力組織。在西方，亞爾薩斯—洛林發現了廣大的鐵礦礦床（當然，這裡仍然屬於法國），而煤礦則出現在鄰近萊茵河地區的魯爾，於是便構成了跨國界的煤鐵聯營，也成了歐洲共同市場的起源。這個組織被美國的商業利益強力支持，而且對於整個歐洲的繁榮有著巨大的貢獻，並因此根除了戰爭的主要來源。

在這當中，美國又有什麼發展呢？格蘭特（Ulysses S. Grant）將軍於一八六八年當選總統，後來又連任一次，他的選戰口號是「讓我們擁有和平」。對於最近在內戰中死亡的人，他比其他將領都還愧疚，而他也對歐洲出現類似屠殺的可能性感到驚嚇，於是他不顧國父華盛頓立下的限制，要讓美國在歐洲事務上扮演遠大的角色。一八七〇年，傑出的美國駐法大使華士本（Elihu B. Washburne）被任命為國務卿，在他的指導之下，美國在新維也納會議上取得了主要地位。依照華士本的計畫，美國與歐洲將有廣泛的經濟合作；而一旦有外力威脅——例如來自對外擴張的帝俄——華盛頓方面也會出兵。

一八九八年，幾乎有一度需要美軍與美國斡旋，當時英國與嶄新強大的法國在非洲爆發嚴重衝突，史稱「法紹達事件」（Fashoda Incident）——這是一八七〇年以來歐洲最危險的時刻。為了征服競爭者的屬地，法軍在馬雄（Marchand）將軍的指揮下，一路越過非洲直逼尼羅河畔法紹達的英軍；然而，幸虧有美國的調停，再度避免了戰爭。

同時間，英國也找到普王腓特烈三世——此時的普魯士與新法國相比，頓覺失色不少——做為新盟友。娶了維多利亞女王的女兒「親愛的維琪」之後，腓特烈就一直採取親英政策。一八八八年，他從父親威廉一世那裡繼承了王位（他並沒有在幾個月後死於喉癌，這場病可能是因普法戰爭的壓力所引起），並且享盡天年直到八十三歲才過世。俾斯麥認為，要繪製他心目中的非洲地圖，關鍵在於歐洲，但是腓特烈捨棄了這個愚蠢（又危險）的觀念。腓特烈生於一八三一年，有個綽號叫「善良的弗里茲」；在他的統治下，普魯士在大英帝國撒哈拉以南的屬地中取得了一小塊殖民地，做為普魯士支持英國的回報。如當時的史家所指出，在非洲推行開明仁慈的殖民主義，將使殖民地維持到二十一世紀——大大有助於當地居民的利益。

為了讓出生時遭遇難產而手臂萎縮的嗣子獲得行政經驗，順便也消磨一點他那頗具侵略性的衝力，腓特烈將未來的威廉二世送去德屬西南非；然而，他不幸在那裡感染了瘧疾而死。腓特烈那喜好逸樂的孫子——英國人給他取了個綽號叫「小威利」——將在柏林繼承威廉二世的稱號，他將不會在一九一六年帶兵前往凡爾登（Verdun）。他效法他的舅舅愛德華七世，讓柏林成了東歐的愉悅巴黎。

在法國，拿破崙三世的繼承人，心愛的「皇太子」，不需前往英國避難，也不用加入英國陸軍而死於祖魯人矛下，他將在綜合工科學校勤勉地學習。他雖然遲鈍，卻愛好和平，於一八七五年繼承父親的王位，但是他承襲的權力已經被共和派政客大大縮減了。

在此同時，一八八九年，一個名叫阿道夫（Adolf）的小男孩誕生在奧地利小鎮布勞瑙（Braunau）中下階級的希特勒家庭中。他作畫，但沒有人買他的作品；他被徵召進入奧地利—巴伐利亞的軍隊中，當大公在塞拉耶佛被暗殺時，他努力避免無決定性的邊境衝突。在柏林，普魯士人看到南方對手不順遂，不免有些幸災樂禍。在聖彼得堡，沙皇的劍嘎嘎作響，但是美國總統老羅斯福（一九一二年連任，他擊敗了無用的普林斯頓教授威爾遜）和新成立的北大西洋公約組織發出的幾封急電——沒有一封用語像埃姆斯電報那麼粗魯——就足以控制事態的發展。年輕的阿道夫回到布勞瑙，參與地方政治，但是沒有當選，因為他太過偏右且反猶，繁榮的奧地利—巴伐利亞沒有時間理會這種荒謬想法。一九四五年春，在前往柏林的途中，他因中風而死——死在情婦伊娃的臂膀中，無人聞問也無人哀悼。他那可怕的畫作最後被倫敦泰德現代美術館購得——還有其他一堆垃圾——這就是我們會記得希特勒名字的原因。

*　　*　　*

因此，不會有大戰、二次世界大戰——也不會有猶太人大屠殺。這些想像事件出現在牽強的預言小說中，小說則出自沒沒無聞的英國科幻小說家威爾斯（H. G. Wells）的想像。但是批評家痛加批評他的過度幻想，認為愛好和平的美國人怎麼可能用原子製成的炸彈將微笑日本人的兩座城市完全毀滅。在此之前，威爾斯以其狂熱的想像力寫下一本同樣古怪的書：世界被火星人入侵。因此，他的小說《一九四五年與之後的歷史》被平靜的二十世紀認為是幻想過了頭，不值得一讀。而二十世紀則認為，自己的發展是延伸自「可以越來越完美」的十八世紀。

也許這是個可愛的世外桃源之夢，也許當中對於人性固有的侵略性與貪婪考慮得太少，而這些特質有一天將會毀滅我們的星球。但是這場夢不可能嗎？當然不是。法國難道不會拒絕對埃姆斯電報有過激的反應，因而讓歷史有不同的發展？為什麼不？大事件的開端通常都細微到令人難以察覺，想想尤里西斯在《特洛伊羅斯與克瑞西達》（*Troilus and Cressida*）中的著名演說：

只要把琴弦拆去，
聽吧！多少刺耳的噪音就會發出來；一切都是
相互抵觸……

11 第一次世界大戰提早結束

假如老羅斯福再次獲得共和黨總統候選人提名，一九一二年

約翰・盧卡斯

老羅斯福（Theodore Roosevelt）於一九一二年再次獲得共和黨總統候選人提名——並且在十一月選舉中篤定獲勝——並非只是個幻想，即便是奪走同黨塔虎脫（William Howard Taft）的總統職位也有可能，而老羅斯福差點就成功了。老羅斯福在首次卸下公職的四年中從事寫作，並且到非洲狩獵，但他也逐漸對自己揀選的繼承人感到幻滅：他把塔虎脫描述成「一個妄言者，充滿劣等與粗俗的特質」（最後的決裂發生在塔虎脫政府起訴美國鋼鐵，而美國鋼鐵這個托拉斯的組成卻是先前老羅斯福同意的。反托拉斯訴訟似乎暗指老羅斯福贊成非法壟斷）。他發表了著名的聲明，宣布「參與選戰」，將在初選中與塔虎脫對抗（全國性總統初選是共和黨政綱的核心主張，他稱之為「新民族主義」）。老羅斯福在十二場中贏了十場——甚至獲得了塔虎脫故鄉俄亥俄州的支持——並且贏了塔虎脫超過一百萬票。老羅斯福與兩百七十八名黨代表參加了八月在芝加哥舉辦的共和黨代表大會，雖然他明顯已是黨代表的唯一選擇，但是強大的共和黨黨機器卻支持

塔虎脫。事實上，結果早在開會之前就已經決定了，黨代表大會只是一場阻止親老羅斯福黨代表入場的戰爭，他們要阻止這些代表為他們的領導人爭得出征的機會。我們知道，黨工們贏了這場戰爭，但卻是慘勝。

在盧卡斯的場景中，老羅斯福出現在黨代表大會中，並以他的魅力迷住了全場。但是在現實中，他卻被攔下來不能入場，於是他反過來組織了進步黨——雖然他在大選中得到的票數比共和黨候選人還多，但還是比勝選的民主黨候選人威爾遜少了兩百萬票。

盧卡斯問，要是老羅斯福第三度當選總統，將會發生什麼事？就內政來說，他與威爾遜不會有太大的差異，但是他會更早表明美國對第一次世界大戰的立場，最早可能在一九一六年就加入協約國陣營（到那時，向來支持全民徵兵制的老羅斯福將擁有一批現成的軍隊參戰——「在軍隊的帳篷中，每個人〔來自於不同的背景〕並肩而睡，如此將成為推動民主化的偉大動力，其效果僅次於公立學校」）。事實上，在此之前，老羅斯福就已經協調終止日俄戰爭，並且讓雙方於一九〇五年在波茲茅斯（Portsmouth）訂定和約。次年又協助召開阿爾吉西拉斯會議（Algeciras Conference），讓歐洲列強的政治家在會中解決摩洛哥危機。因此，他不可能以消極的態度面對一九一四年之後的世界危機。

本章與下一章將呈現出兩種可能場景，使第一次世界大戰產生不同結局——兩種都言之成理（盧卡斯給我們的場景，學者稱為「第二序反事實」（second-order counterfactual）；意思是說，在劇烈變化之後，熟悉的歷史模式會再度出現）。兩個場景分別指向兩個人：第一位是老羅斯福，第二位則是戰爭初期的德國首相貝特曼（Theobald von Bethmann-Hollweg）。他們分別代表了積極與消極使用權力的反事實研究。

不過，讓我們先從盧卡斯的陳述開始：老羅斯福獲得共和黨提名。

約翰・盧卡斯（John Lukacs），費城栗山大學（Chestnut Hill College）歷史系名譽教授。他的著作甚多，包括了《決鬥》（*The Duel*）、《歷史中的希特勒》（*The Hitler of History*）、《那段歲月》（*The Thread of Years*），以及《倫敦五日，一九四〇年五月》（*Five Days in London, May 1940*）。目前住在賓夕法尼亞州。

對於老羅斯福在一九一二年第三度競選總統成功，史家並沒有投以充分的注意。他在十一月的壓倒性勝利，使得四個月前在芝加哥共和黨全國黨代表大會中發生的複雜提名故事黯然失色。史家至少也應該提出這個問題：若不是老羅斯福、而是威爾遜在歐戰期間當選了美國總統呢？

老羅斯福於一九一二年八月在芝加哥獲得提名，這個結果並非不可避免。大部分共和黨政治領袖和——也許這一點更重要——黨代表大會中的黨工，都希望塔虎脫總統繼續連任。當中的理由很多，主要的是他們不信任老羅斯福，也不喜歡他的進步觀念（上面這個理由其實比下面這項指控更重要：有人指控老羅斯福背離了華盛頓不尋求第三次擔任總統的原則；不過，老羅斯福並沒有選擇在一九〇八年尋求第三個任期，不久之前就有個例子，克里夫蘭（Grover Cleveland）曾經在中斷四年後再次尋求連任並獲得成功）。早在芝加哥黨代表大會之前，共和黨全國委員會的資格審查委員會就已經成功在各州「打敗」了親老羅斯福的黨代表。老羅斯福的好友也對他有一種印象，覺得他已經不是以前的老羅斯福了。亞當斯（Henry Adams）於一九一一年十二月在華盛頓街上碰到老羅斯福，他寫道，老羅斯福「看起來更胖，走路更不穩」；他的外貌更「不修邊幅」，顯現出一點「精神衰弱」的樣子。然而，全國民眾對他的印象可不是如此，特別是當老羅斯福在媒體面前聲明，這道聲明甚至早於他在俄亥俄州哥倫布市的正式宣布：「我將參與選戰！戰鬥已經開始，而我將毫無保留、全力以赴！」

而當老羅斯福出現在芝加哥會場、打破總統候選人必須等到被提名後才能進入黨代表大會的不成文慣例時，支持者的吶喊聲淹沒了反對者的聲浪，也破壞了黨工的精心安排：如現場的一千名芝加哥警察，以及在講台旗幟下隱藏了鐵絲網，用來阻止老羅斯福的狂熱支持者衝上台遊行宣布他獲得提名。此外，他也打破了另一個不成文的慣例：黨代表大會的第三天，在熱情、擁擠卻不鼓譟的群眾中——至少有這麼一次維持這樣的狀況——老羅斯福突然從群眾中起身發言。場上一陣罕有的沉默，他提高聲調，讓群眾感到緩和而振奮，他並不想煽動群眾。「現在的我只是以群眾的身分說話，」他說：「但請允許我好好地思考此事。我要說的將不僅代表共和黨員，同時也代表全國絕大多數民眾內心的信仰和愛國的熱忱。」他說話的內容和方式打動了數百名黨代表，甚至一些反對者。這不是一場從惡霸嘴裡吐出的演說，而是一曲兼具現實與理想的演奏，是黨代表大會心理轉折的時刻。魯特（Elihu Root）曾經是他的朋友與盟友，也是他的前國務卿，現在已經和他分道揚鑣。此時的魯特是威風凜凜的大會主席，站在黨的正統這一邊；不過，魯特現在也必須轉變態度，並且調整敲下議事鎚的時間，他認為至少必須讓兩位提名老羅斯福的議長上台——於是老羅斯福在多數支持下獲得提名。

我們知道接下來的發展。他贏了威爾遜超過兩百萬票，在北方與西部各州幾乎獲得全勝，甚至在南方也獲得兩州。他選擇賓夕法尼亞州的保育人士品修（Gifford Pinchot）當他的副總統（品修被塔虎脫冷落，卻是他的最愛），選擇貝佛里吉（Albert Beveridge）當他的國務卿。魯特希望能擔任國務卿，而且也是理所當然的人選，但老羅斯福——雖然不是特別會記仇的人——還是對於魯特和共和黨中支持塔虎脫的金融家過從甚密無法釋懷。

一九一三年三月，在就職典禮中，老羅斯福與塔虎脫共乘一部美國人從未看過的最大汽車入場。老羅斯福看起來比以前更胖了，體態更不堪入目，這可從一些照片和電影院中閃爍不定的新聞影片中看到；不過，這似乎並不重要，他獲得的民意支持就跟一九〇四年時一樣多。另外的不同是，他與對手威爾遜的主張有許多相似之處；從某方面來說，他們兩人都是進步黨人。老羅斯福——以及美國，還有全世界——認為他的議程，或者說他唯一的當務之急，就是國內事務。他將議程交給國會及各州議會立法，幾乎沒有遇到阻礙。他的議程包括四個法案：全國所得稅的徵收；參議員直選；允許廣大的西南「亞利桑那」建州，這個州包括了亞利桑納與新墨西哥地方（此舉違背了大多數新墨西哥居民的意願）；準備訂定新移民法，建立比過去更緊縮的措施，以及可允許的每年移民配額上限（但沒有依國籍制定配額）。除了第二項之外，這些法案——包括所得稅法——都在無需憲法修正案的狀況下通過了；只有新移民法（老羅斯福堅持這道法律本質上是行政命令，不需處處得到國會的批准）仍未解決，而此時第一次世界大戰也在一九一四年於歐洲爆發。

一九一四年六月十五日，就在斐迪南大公於塞拉耶佛遇刺前兩週（老羅斯福立即抨擊這起事件是「恐怖份子犯下的可恨罪行」），老羅斯福站在船閘前一片熱蒸汽中開啟了巴拿馬運河——他是這條運河的教父，也是父親。那是個神聖的時刻，對他以及他所代表的美國都是值得紀念的日子，而美國是整個西半球的老大哥（要到超過一個世代之後，「老大哥」這個具有貶意的詞彙才會在歐威爾的《一九八四》中出現）。老羅斯福已經充分證明自己在主持外交事務上的能力——有時必須以堅強有自信的態度，面對他那位難相處又有著帝國主義心態的國務卿貝佛里吉——加上他對美國國家利益又有著強烈而適度的支持，因此在一九一三年墨西哥內戰期間，他從白宮發出的嚴正警告，便足以快速（雖然是暫時的）停止墨西哥市與維拉克魯茲（Vera Cruz）的無政府狀態，並且讓美國與英國在當地的利益獲得保障。另一起要命的無政府事件發生在一九一四年初的海地，老羅斯福干涉並且派遣海軍陸戰隊到太子港維持法律與秩序，經過協商之後，他在海地的小果亞夫（Petit Goave）建立永久的美國海軍基地，類似古巴的關塔那摩（Guantánamo）；不過，他的做法和貝佛里吉的意願相左，後者認為美國應直接管轄海地，如同夏威夷和菲律賓那樣。然而，貝佛里吉不只是難相處，他還是個酒鬼，同時也老態龍鍾。一九一四年六月，老羅斯福撤換貝佛里吉，換上柯爾比（Bainbridge Colby）。柯爾比是正派的少數派政治家，但是不任性倔強；許多強有力的領導者通常都會有任性倔強的毛病，所以老羅斯福在行動上常常必須自己扮演國務卿的角色。貝佛里吉的辭職信於六月二十八日送到老羅斯福的早餐桌上——在此同時，遠在四千哩外的塞拉耶佛響起了致命的槍聲——這證明了卻斯特頓（Chesterton）所說的：「巧合是精神的雙關語。」

一開始，老羅斯福對歐戰有兩種截然不同的反應（「世界大戰」這個詞彙開始流行是在一年後，大部分是美國報紙和德國人在使用）。他一方面震驚於德國入侵中立國比利時，還將這種想法告訴身邊的人；另一方面，他又向他的朋友——同時也是德國駐美大使——保證，美國會保持中立。他有幾次向公眾發表聲明，讚揚新世界與舊世界的不同，但私底下卻對許多美國人在歐洲的行為感到作嘔；這些人驚慌地趕回國，要求每個可能的美國官方單位保護他們。不過，很快地老羅斯福這兩種截然不同的反應開始融合為一，他對朋友說：「他們全都估計錯誤。」「他們」意指歐洲各國政府與參謀本部。這將會是一場長期戰爭，因此美國必須為各種緊急狀況做好準備。除了龐大的海軍之外，老羅斯福下令加緊建立陸軍，以響亮的口號號召愛國志願軍；首先是到紐約州的普雷茲堡（Plattsburgh），然後再到全國各地一百二十五個訓練營操練戰技。老羅斯福新近的對手威爾遜說，他「很驕傲自己能公開反對這種教育我們的青年去送死的做法」，而老羅斯福私底下（也不完全是私底下）說威爾遜是個「可憐的懦夫」。然後，在一場著名的演說中，他反對這種「怯於偉大」的態度（三十年後，即一九四五年諾曼第登陸後第二天，邱吉爾用這句話警告英國人民，將會有新危機到來。附帶一提，老羅斯福很欣賞年輕的邱吉爾，一九一四年他們就已經秘密通信了；當邱吉爾以想像力構思的「深入達達尼爾海峽行動」失敗、並因此必須辭去海軍大臣一職時，老羅斯福還表達了遺憾之意）。一九一五年四月，德國潛艇擊沉露西坦尼亞號，老羅斯福毫不掩飾地高呼：「這是公海上的謀殺！」之後，同年夏天，亨利・福特（Henry Ford）僱了一艘和平之船，上面載滿了和平主義者和各式各樣的怪人，就這樣駛到北海去。老羅斯福認為福特只是個「無知的技師」。第一次世界大戰爆發未滿一年，老羅斯福似乎就已經有了結論，他認為美國的聲望已經大到讓人無法忽略，而美國國力也已強到足以讓歐洲列強考量美國參戰所產生的立即效果。一九一五年十一月，老羅斯福在波士頓一場重要的演說中表示：「美國不能對這場蹂躪歐洲的大火無動於衷，特別是不能對大西洋及西歐海岸發生的一切視若無睹。」

這是第一個明確的指標，顯示老羅斯福將不會接受最後由德國支配的西歐，也不允許最終讓德國在北海握有優勢。他知道美國若是採取這樣的政策——包括可能在歐戰中越來越站到英國（及法國）這一邊——將會得罪不少人；除了惹火福特的和平主義者之外，還包括德裔美人、斯堪地那維亞裔美人、愛爾蘭裔美人、猶太裔美人（後者大部分來自於帝俄，數量非常龐大，而且不斷增加）。在密爾瓦基，有人試圖要槍殺他，子彈幸運地只擦過他的脖子。「不要碰他！」老羅斯福叫道。潛伏的刺客是德裔美人，老羅斯福認為最好稱他是無政府主義者，這段插曲提高了他的聲望。除此之外，由於察覺到在日漸接近的總統大選中，開始出現反老羅斯福的浪潮，於是老羅斯福也斟酌其他可能性。美國介入應該在十一月之前還是之後？到了一九一六年春，他選擇了前者。「人們不會想在渡河到一半時換馬匹（他指的是這匹馬與這名騎士）。」他是對的，輕易地又被提名參選第四個任期（「我的最後一次！」他大叫）。他贏得了總統大選，再次打敗威爾遜——不過，這次取得的多數不如四年前。伊利諾州、威斯康辛州、密西根州及加州都投向威爾遜陣營；在加州，老羅斯福早期的盟友強森（Hiram Johnson）也殘酷地轉而反對他。

但是，這些事全都發生在凡爾登和索姆河（Somme）之後，以及——這一點更重要——老羅斯福於一九一六年三月發出的總統第一號命令之後。他下令海軍進入東大西洋和北海，保護航向這些水域的商船（包括的船隻不僅來自於美國，也來自於整個西半球，以及運送軍火到英法的商船），並且下令在鹿特丹建立美國海軍基地（在德國政府威脅荷蘭政府不准將跨大西洋的貨物運到英國之後）。五月底，德國海軍最高司令部認為，最好不要和在荷蘭海岸及北海巡邏的美國驅逐艦隊正面衝突，這有助於英國在五月底於日德蘭半島外海擊敗德國公海艦隊的戰略。老羅斯福於一九一六年十一月連任總統之後，馬上寄出三點通牒給歐洲每個交戰國（當中的內容為人知悉後，他的敵人——當然還有一些德國報紙——說這份備忘錄不是羅斯福推論〔Roosevelt Corollary〕，而是羅斯福無恥〔Roosevelt Effrontery〕，不過這無關緊要）。這是一份極為重要的官方文件。老羅斯福宣布，美國政府提議：第一，一個月內停止所有在歐洲和公海的戰爭狀態；第二，所有軍隊與列強撤回到一九一四年七月的疆界之內；第三，停戰後三個月於海牙召開和平會議，由美國與列強代表出席。歐洲各國完全沒想到會有這麼一份明確的提案，甚至連英國也不知情，全世界皆感震驚。紐約赫斯特報（Hearst paper）的漫畫家以老羅斯福為對象，在他身後畫了一個冉冉上升的太陽，宛如統治世界各個部族的奧古斯都。

英國政府審慎而遲緩，法國政府（以及俄國和義大利）則非常不情願，但他們都表示傾向於不拒絕這項提案。令人驚訝的是，奧國政府的立場也是如此；至於德國則表示厭惡，並且拒絕。一九一七年一月三十一日，柏林宣布重新恢復無限制潛艇政策；三天內，有五艘美國商船在英倫三島西方不遠處被擊沉。老羅斯福立即前往國會，要求向德國宣戰，經過非常短暫的辯論之後，他的宣戰案通過。當時，許多美國新軍——兩百萬普雷茲堡畢業生（他們現在成了少尉與士官，是老羅斯福在前一年由國會通過徵兵法案組織起來的四百萬軍隊中，揀選出來的適合領導者）對他們進行武裝、訓練與操演之後——蜂擁至東部港口，準備搭船前往法國。從新世界到舊世界，這場史無前例的運動之迅捷與數量驚人，使得德國政府宣布暫時停止以潛艇攻擊美國船艦。德國的決心出現了第一道裂痕，第二道裂痕則出現在一九一七年四月，當時美國第一師向前推進一小段，占據了阿爾岡─莫斯（Argonne-Meuse）戰線，此時德軍面對法蘭德斯方面的英軍和凡爾登方面的法軍，不得不謹慎地後撤六哩。五月一日，德國天主教中央黨及新德國民主黨在帝國議會中與社會民主黨合作，要求帝國政府考慮老羅斯福的三點宣言——倘若這些宣言還有效。當天深夜，老羅斯福——身體已非處於最佳狀況——收到這封寄到白宮的電報。「我昨天睡得很好，」第二天早晨，他對家人這麼說：「我會說，是的，它仍然有效；不過，他們必須馬上行動。」

他們馬上行動了。英國與法國感到有些侷促不安：他們希望有越來越多美軍上路，如此德國便能及早崩潰。然而，現在他們必須撤軍，德軍也是。在最高戰爭會議中，魯登道夫（Ludendorff）與提爾皮茲（Tirpitz）兩位將軍都被罷免；而當社會民主黨一宣布他們不堅持非成立共和國不可時，威廉二世也接受建議讓位給兒子，德國君主立憲制於焉成形。停戰協定於五月十五日簽訂，戰爭到此結束。一九一七年八月四日召開海牙和會，剛好是英國對德國宣戰三週年。老羅斯福搭上美國船紐約號前往鹿特丹，基於外交考量，途中沒有在英國上岸。雖然會中有小國提出譴責與堅持，但最後還是決定回復一九一四年的疆界（除了亞爾薩斯與洛林要歸還法國之外），並且規定由海牙國際法庭（老羅斯福的舊計畫）在未來五年內審查各項賠償與邊界問題，同時設立一連串國際委員會針對這些問題進行調查，每個委員會都有美方代表參與。老羅斯福的出現——與影響力——超越了和會中所有人，然而，國內反對其政策的聲浪（特別是共和黨）卻不斷增加。

在此之前的一九一七年三月，聖彼得堡爆發革命，沙皇退位。如我們所見，老羅斯福當時已經有許多事情需要煩心，但是他仍認為必須多加關注這個大國發生的事件。沙皇退位後不到一週，老羅斯福宣布：「俄羅斯帝國境內法律與秩序的恢復，符合美國及所有文明世界的利益。」俄國軍隊於是──受到三點宣言鼓勵，允許他們重新占領在三年戰爭期間被德國奪去的土地──協助樹立了新的君主體制，前大公麥可一世成為俄羅斯人的沙皇，並且透過全國性公民投票確認了立憲君主制。老羅斯福與特勤局察覺到俄國的革命運動，對於他們部署在海外的煽動者和情報員知之甚詳。他們採取幾項措施來防止，於是布朗斯坦（Lev Bronstein，又名托洛斯基）──在長島的一名煽動者及前電影臨時演員──便在企圖返回俄國時，被加拿大情報員在哈里法克斯（Halifax）逮捕，並且解送回布魯克林。在此同時，蘇黎世的瑞士聯邦警察也確定烏里雅諾夫（V. I. Ulyanov，又名列寧）和他的朋友將不被允許越過瑞士邊界。第三位「布爾什維克」領導人，留著髭鬍的高加索人朱加什維里（I. V. Dzhugashvili，又名史達林），放棄了顛覆路線，成為新成立的俄國國家警察中一名高效率的探員。

當然，海牙法庭沒有能力延緩各地民族主義與革命運動的發展。流血衝突與戰爭出現在外西凡尼亞（Transylvania）、波希米亞、南提洛（South Tirol）、的里雅斯德（Trieste），以及義大利─奧地利、奧地利─捷克、匈牙利─羅馬尼亞、保加利亞─土耳其、土耳其─阿拉伯的邊界，當中有些解決了，有些沒解決，戰火與痛苦又延續了很長一段時間。海牙法庭擁有很高的權威，但是權力畢竟有限──特別是當美國代表於一九二〇年之後逐漸退出時，這個時候剛好是胡佛與柯立芝政府時期。一九一八年，老羅斯福的嚴正警告阻止了日本重啟對中國的戰爭與征服；同年，愛爾蘭對英國統治的不滿也開始升溫；而歐洲最白熱化的地方就是波蘭，當地人民起而反抗德國與俄國的統治——因為戰後回復到一九一四年的疆域——並且獲得重大勝利。老羅斯福已無心讓美國介入這些衝突，因為他越來越常遭到國內反對者的批評，民主黨於一九一八年十一月的國會選舉中大有斬獲。

老羅斯福還來不及思考自己的後繼者，就於一九一九年一月去世——突然而且悲傷。他是美國最偉大的總統——也許還是最有影響力的——之一，這一點幾乎沒有人會否認，包括對手在內。他的任務尚未完成：如我們所見，歐洲和近東仍充滿不安與騷動，而美國本土的城市與企業也不平靜。但是，他最偉大的成就在於建立了美國的世界關係哲學與外交政策，這項政策立基於地理與國家的現實，而非「國際」的幻影；立基於認識整個大西洋地區的自由——包括西歐的自由——是美國的首要利益（如同過去的英國）。這和他之前的對手威爾遜——也是進步黨人——的意識型態大異其趣，威爾遜提出了十四點和以戰止戰。對老羅斯福來說，三點就夠了；他也知道不可能憑藉立法或幻想出的國際聯盟所擁有的不存在權力來廢除戰爭（相對於國際聯盟，他對國際法庭更有信心）。

然而，如同智慧（而且憂鬱）的諺語所云，上帝用曲線畫出直線。一九二〇年，反老羅斯福的共和黨人奪回權力，他們的總統候選人胡佛極力給人一種自己也是進步黨人的印象；事實上，他的路線（感覺上）更為接近威爾遜，而非老羅斯福傳統。慢慢地，威爾遜國際關係的意識型態變得比老羅斯福的西方世界願景（知識份子批評為「老羅斯福式現實政治」：一種速記而不精確的短語）更符合美國知識份子的胃口。另外也出現了「美國優先」的孤立主義，這種理念的未來領導者就是塔虎脫的兒子，俄亥俄州共和黨參議員。共和黨又統治了美國十二年，直到他們的財政與社會政策破產越來越明顯為止。一九三二年，美國人壓倒性地支持小羅斯福（Franklin Delano Roosevelt），老羅斯福的年輕遠房堂弟，他是民主黨人。

儘管當時已能看出一九一七年老羅斯福的宣言的確非常成功，但是歐洲——與全世界——已經無法退回一九一四年的狀態。一九二〇年代，原為義大利社會黨人的墨索里尼成了國民黨人，後來甚至成了義大利獨裁者，國王則成了名義上的領袖。十年後，原本是德國士兵與藝術家的希特勒成了德國人民運動的領袖，他反對海牙解決方案造成的現狀，更無法默許波蘭獨立。以戰止戰是個幻想，國際聯盟則是個泡影，德國再度興起並且重新武裝，第二次世界大戰就要爆發。對此，幾乎沒有人能比昔日和老羅斯福通信的邱吉爾看得更清楚；然而，這些事件不需要再細說，因為我們對這段歷史已經相當熟悉了。

從另一層意義來看，我們也知道一九一四年（或在此之前）的世界是不可能回復的。一九一四年之前，長達一百年和平的舊世界與資產階級秩序崩潰徵兆早已存在——從文學、藝術、時尚、音樂、社會習俗、禮節、社會不安、符號、雲朵與天線中就看得出來。喬伊斯（James Joyce）與龐德（Ezra Pound）承繼了豪爾斯（William Dean Howells）與羅賓森（Edward Arlington Robinson），後兩人分別是老羅斯福最喜愛的當代小說家與詩人。繁音拍子與探戈在一九一四年已經大為風行，接續而起的則是爵士樂與查爾斯頓舞曲。婦女投票權運動的興起，幾乎與婦女裙子縫邊上升的速度一樣快。「社會主義份子」與「激進份子」在知識份子當中成了正面的詞彙，甚至比「進步人士」更令他們興奮。一九一三年，老羅斯福跟許多人一樣，公開抨擊在紐約軍械庫畫展（New York Armory Show）中展出的「藝術」:，老羅斯福的做法受到紐約資產階級的喝采，他們當中有許多人還站在畫展外咆哮。五十年後，同樣是軍械庫畫展的週年紀念，這些庸俗者的後代卻跑到畫展中，喃喃自語地讚賞這些「非再現性藝術」（nonrepresentative art）。事物改變得越多，維持不變的也就越多。是這樣嗎？可以說是，也可以說不是。

12 改變歷史的「沉默艦隊」

可能讓德國在一九一五年贏得戰爭的武器

羅柏・奧康奈爾

幾乎沒有任何事件像第一次世界大戰那樣適合進行反事實場景的建構。人們建構場景時的思考或多或少會帶有期許，這種強烈欲望是可理解的，因此人們總是想清除由衝突產生的各種災難、創傷與政治災害。然而，我們面對的不只是帶有期許的歷史思考，可以想見，只要將骰子的玩法做一點小小變化，卻又不失合理，也許最近這一世紀一些最不堪的結果就可以避免，或者至少能不那麼嚴重。如奧康奈爾所見，人們最熟悉的轉捩點集中在一次大戰的前幾個月，很多人都認為，德國可能會贏得——不，應該要贏的——一場局限於歐陸的權力鬥爭，而非世界大戰。許多史家也都同意，一旦壕溝戰開打，德國原本可能到手的勝利將會落空；而隨著時間流逝，德國勝利的機會也就越加渺茫。然而，寫過不少軍事史的奧康奈爾並不同意這樣的看法。他認為，我們忽略有一項武器遲早可以真正改變戰略平衡，使德國化險為夷。這項武器就是潛艇。

如果德國政府在戰爭初期不畏懼美國的介入——當時這個大中立國一點準備也沒有——毅然

決然使用潛艇呢？柏林的確在一九一五年初宣布無限制潛艇戰，但當時擁有的潛艇艦隊在數量上還不足以發動一場有效的戰役。奧康奈爾認為，如果德國當時能全力建造潛艇，就算在五月擊沉露西坦尼亞號造成一百二十八名美國人死亡，也不停止孤立英倫三島的行動，協約國很可能在一年內就會走上和談一途。對德國來說，索姆河之戰將不是陷入消耗戰的開始，而是西線浴血戰的結束，協約國的戰鬥精神將在此役被完全擊潰。

然而，有人卻從中作梗——反事實歷史多少可以在浮雕上蝕刻出其他不顯眼的人物。一九一四年幾次錯失良機後的關鍵月分出現的這位看似溫和實則有害的人物，就是德國首相貝特曼，他跟很多人一樣，都要為德國的失敗負責。當參謀長法根漢因（Erich von Falkenhayn）於一九一四年十二月告訴貝特曼這場仗已經贏不了時，貝特曼回答說，人民（他指的也許是皇帝）不會支持以協商方式解決——因此將一整個世代的歐洲人判了死刑。往後幾個月，不斷遊說阻止無限制潛艇戰的正是貝特曼，但代價是什麼呢？沒有貝特曼，奧康奈爾寫道：「一切也許將有所不同。」

終於，德國於一九一七年初再度進行無限制潛艇戰，成果一度相當豐碩，但為時已晚。主要的效果反而是將精力旺盛的美國拉進戰爭中，而這也意謂著未來將湧進活力充沛且數量幾近於無限的砲灰。對於這項供應，協約國將領是不會拒絕的。

羅柏・奧康奈爾（Robert L. O'Connell）著有《武器與人：戰爭、武器與侵略的歷史》（*Of Arms and Men: A History of War, Weapons, and Aggression*）、《第二騎士之旅：戰爭的生與死》（*The Ride of* *the Second Horseman: The Birth and Death of War*）、《神聖船艦：主力艦崇拜與美國海軍的興起》（*Sacred Vessels: The Cult of the Battleship and the Rise of the U. S. Navy*），以及即將問世的《劍魂》（*Soul of the Sword*），一本武器圖解歷史。另外還有小說《費斯特・愛迪》（*Fast Eddie*），根據空軍少尉瑞肯貝克爾（Edward Vernon Rickenbacker）的生平寫成。奧康奈爾現居維吉尼亞州夏洛茲維爾（Charlottesville）。

這也許是巧合，但不禁讓人產生聯想，嚴肅地進行反事實分析的史家，其興趣居然和以全新方式看待複雜體系物理學的人是一致的，而後者一般稱之為混沌理論。這兩種研究的基本原則在於，每個複雜的事件鏈對初始條件的細微變化都相當敏感，這種原則也能用底下這種奇妙觀念來說明：一隻蝴蝶在東京拍擊翅膀，會在兩週後影響華盛頓的天氣。

由於很少有人類行為領域像戰爭一樣充滿了混亂與意外，因此戰爭便理所當然地成為反事實歷史分析的中心，同時也是最省力的槓桿施力點；在這裡，最微小的變化能造成最不同的結果。不管我們對於有組織暴力的癖好感到多悲哀、荒謬或過時，戰爭的重要性不會因此動搖；戰爭與一般事件不同，它有辦法從根本改變事物，所造成的結果可能是好的，也可能是壞的。除此之外，複雜系統的科學以極具說服力的方式告訴我們，沒有什麼事是不可避免的，也沒有什麼事註定會發生。光從事件的外觀來看，歷史就是發生了，就像擲一回骰子，或者該說擲好幾次骰子。因此，不放過其他可能性也是很重要的。所謂可能發生的事，不能只考慮「真的」可能發生，還要考慮是否具有重要性。

一次世界大戰是廣受爭議的二十世紀樞紐事件，這輛歷史列車的殘骸造成了布爾什維克革命與世界共產主義、二次世界大戰、冷戰，以及由此而生的劇烈變動。因此，它對於反事實主義者產生了磁吸效應。他們的直覺引領他們將目光聚焦到戰爭的最早階段，探索政治前線初始的狀況（如果俄國人沒有先下達動員令，或英國人宣布維持中立呢？）和第一個關鍵的軍事行動決策。（如果毛奇沒有削弱德軍的右翼呢？）

另外，也有人認為，大戰的悲慘結果主要是歸因於武器科技造成的意想不到效果。更重要的是，軍事武器造成了僵局，也屠殺了一千萬名士兵，並且嘲弄了理性的政治與軍事估算；除此之外，上位者的領導無方也該為此負責。然而，對反事實主義者來說，死亡機器在一九一四年所握有的牌，表面上看起來似乎不是一個理想的表演場地。戰場上布滿了強力火砲、機關槍及鐵絲網，這些只會讓軍事行動陷入泥沼；飛機的發展還不夠完備，對於困在壕溝中的士兵來說，它只能產生牽制效果；至於龐大的水面艦隊，則受制於巨大的無畏級主力艦，然而這種主力艦有其特定用途，而且易成攻擊目標，因此本質上無法產生決定作用。在成堆的牌當中，還有一張萬用牌，一張被打錯的鬼牌，史家完全忽視了它的影響力，只是負面地認為它造成了美國的參戰與德國的毀滅。然而，事情可以有不同的發展：如果可以用德皇的潛艇無情地打擊英國的商業，便可改變一切。

幾乎沒有人對潛艇抱有期待，然而潛艇不同於其他軍艦，它在交戰初期已經證明有著驚人效果。大戰開始才不過一個月，德軍潛艇就已經擊沉了第一艘軍艦，英國輕巡洋艦探路者號。兩週後，九月二十三日，U-9潛艇快速接連地發射魚雷，先後擊沉了英國裝甲巡洋艦克雷希號、霍格號與阿布基爾號。這些船都很老舊，而且即將廢棄不用，但是它們都很巨大（每艘船一萬兩千噸），並且載滿了水兵，而這些水兵絕大多數都死了。一千四百五十九名罹難者的代價遠大於特拉法加（Trafalgar）之役，這是英國皇家海軍近三百年來遭遇的最慘重戰爭傷亡。彷彿沒完似的，位於斯卡巴（Scapa）的英國艦隊主力也遭到潛艇瞄準的侵擾——一半是事實，一半是想像

——十月，艦隊被迫撤退到愛爾蘭北部海岸，直到基地裝好了複雜的大鐵鍊與障礙物才准撤回。這為大艦隊的無畏級主力艦帶來了些許保障，然而，潛艇還有更容易取得的靶子。

戰爭開始前十八個月，柯南道爾（Arthur Conan Doyle）這位嗜抽鴉片、創造了福爾摩斯的作家出版了一本名為《危險》（*Danger*）的小說，這本戰爭科幻小說有先見之明，它描述了英國與諾德蘭（Nordland，一個想像的歐洲小國）之間的衝突。諾德蘭國王眼看就要屈服，足智多謀的海軍軍官希利爾斯卻提醒他還有八艘潛艇。「喔，你想用潛艇攻擊英國主力艦嗎？」國王問道。「陛下，我絕對不會靠近英國主力艦的。」

相反地，他提議對商船發動無情的攻擊，打擊這個島國的最大弱點：完全仰賴海路運送糧食。只要發現貨船，不管在何處，便無預警地發動攻擊。「我才不管什麼三哩的限制，或什麼國際法！」希利爾斯咆哮著。很快地，英國就被逼上飢餓邊緣，並且被迫接受屈辱的和約。

《危險》根本不受英國人重視，特別是官方人士，這一點並不令人驚訝。然而，德國人卻對這本書頗感興趣，並且引起海軍參謀與海軍元帥提爾皮茲——潛艇艦隊的鼻祖——的注意。由於提爾皮茲和其他軍事將領都是主力艦的支持者，而且唯一的戰前情報估計，要執行封鎖英國的任務需要兩百二十一艘潛艇（德國在參戰時只有九艘），因此很可能在八月首次槍響時，這個構想仍被海軍將領們束之高閣。

然而，形勢很快就有了變化。希利芬計畫（Schlieffen Plan）這個大鐘擺緩緩停了下來，戰鬥變質成壕溝戰，而德國在前三個月的傷亡人數累積超過五十萬人。在此同時，德國公海艦隊名不符實，幾乎未曾駛到看不見陸地的外海，完全受阻於英國無畏艦的幽靈。在這種嚴峻的局勢下，潛艇初期的成功即便有限，還是引起想快點找到出路的最高司令部注意。民眾也喜歡潛艇，有一部分是因為受到精心計畫的宣傳戰影響。更重要的是，報紙的報導顯示，絕大多數人都希望能無限制地使用這種全新的強大武器來對付英國商船。

大戰開始的前幾個月，德國要求潛艇在接近海上商船時，必須嚴守歷來的虜獲商船規定，即「扣押與搜索」。相關的國際法是以水面船舶的角度來制訂的，當中要求首先搜索貨船上有無違禁品，然後在乘客與船員都安全撤離船隻之後，才能擊沉船隻。事實上，如此便剝奪了潛艇的主要優勢：隱匿與奇襲。一旦潛艇被迫浮出水面在這樣的條件下行動，就會變得緩慢而易受攻擊，風險層級大為增加。德國之所以堅持這項自毀原則，主要就是擔心中立國也加入敵國陣營。雖然美國這個遙遠的西方巨人原本立場就比較親英，但此時它的身影還不是那麼明顯；不過，很快就會漸形巨大。

到了一九一四年秋末，德國政策的天平清楚地往新方向傾斜。十一月初，海軍參謀長決定力勸首相與皇帝進行無限制潛艇戰。十二月十四日，海軍元帥提爾皮茲令人意外地接受了合眾國際社駐柏林記者的訪問，他公開質疑德國的潛艇政策：「如果我們開放以潛艇攻擊所有航向英國的船隻，讓英國挨餓，美國能怎麼說？」這聽起來已經不像質疑，倒像是辱罵。

德國新聞界與民眾莫不歡欣鼓舞，首相貝特曼卻感到震驚，他認為訪談的時機太早，而且具有煽動性。貝特曼是不折不扣的官場人物，一直擔任普魯士公職，因此他的技巧完全是官僚作風

——眼界狹小並且極易受小團體影響。他對於軍事技術的問題沒有深入的理解，對於潛艇更是一知半解。雖然如此，他也確實感受到實行無限制潛艇戰已經是不可擋的趨勢，因此便避免與其公開對立，至少一開始是如此。

一九一五年二月初，貝特曼孤注一擲，換下膽怯的英格諾爾（Friedrich von Ingenohl），改用較具侵略性的波爾（Hugo von Pohl）出任公海艦隊司令。雖然這位新任海軍總司令沒有要與英國大艦隊正面交鋒的想法，但是他深信對英國海上貿易進行水下攻擊將會是獲勝關鍵。結果，當德皇於二月四日抵達威廉港檢閱艦隊時，波爾便提出將英倫三島附近水域宣布為戰區的要求，並且獲得皇帝批准。二月十八日以後，任何船隻出現在那個水域，包括中立國，都會被擊沉（之所以要將非交戰國的船隻包括在內，是因為一月三十一日在愛爾蘭海發現的英國冠達郵輪露西坦尼亞號就是掛星條旗）。不管是好是壞，無限制潛艇戰爭就這樣開始。

這是個好決定嗎？能為德國贏得戰爭嗎？絕大多數史家都投以否定的看法，理由大多基於以下兩點：德國現有潛艇的作戰能力，以及無限制潛艇戰本身所產生的政治後果。這兩點都值得更深入探討。

這裡的關鍵在於，史家認為德國人根本沒有足夠的水下船艦進行這項任務。真正的數字看起來的確很嚇人：英國在參戰時擁有一千兩百萬噸的商船，德國開始進行無限制潛艇戰時只有二十一艘船，當中也只有九艘是柴油動力潛艇。更糟的是，運輸與修復往往需要很長的時間，因此隨時能出勤的潛艇只達總數的三分之一。

然而，就跟潛艇一樣，這些統計數字的表面下隱匿了許多東西。個別來看，德國潛艇的確是殺手：它們的魚雷方向固定且破壞力強大，可以在任何地方布下水雷而不被人發現。柴油動力潛艇的航程長達數千哩，而它能持續多久主要受限於船員的耐久度。就技術上來說，潛艇是優越的致命武器。

要累積足夠的潛艇的確是個問題，但是這個問題並非不可克服。起初生產有瑕疵，柴油引擎的設計與製造也有問題，造船廠缺乏經驗使得生產時程落後。一九一四年只交出了十一艘，不過，從這裡開始，生產開始往上提升到出現龐大的生產動能為止。一九一五年總共增添了五十二艘新潛艇，一九一六年一月到八月之間又製造了六十一艘。同時間的潛艇耗損非常少，因為英國皇家海軍幾乎沒有任何防範。

起初，英國對抗潛艇的方法幾近可笑：巡邏艇配備了鐵匠的鐵鎚出海去打碎潛望鏡；嘗試用網子捕潛艇，就像捕鱈魚一樣；甚至訓練海獅來尋找無預警的水下入侵者——這些做法完全是白費功夫。一九一五年七月，發明與研究部成立之後，英國才全力發展有效的反制措施。即便是如此，進展也很緩慢。到了一九一七年六月，才有足夠的水下監聽器（第一種可行的監聽系統）和深水炸彈，讓水面船艦能持續對潛艇構成威脅；在此之前，要成功對抗潛艇一直存有高度疑問。從無限制潛艇戰開始到一九一六年八月，德國損失了三十三艘潛艇，其中只有十八艘確認擊沉。在一次大戰持續的五十一個月當中（包括後期防守較為有效的階段），交換率是二十九點六七艘商船換一艘潛艇，或者說擊沉一艘潛艇的代價是六萬九千零十五噸。這是個龐大的利益，使得德國海軍加緊製造潛艇。到了一九一六年八月，潛艇總數達一百一十一艘。從一九一五年二月以來的十九個月當中，平均每個月有六十八艘潛艇在執行任務——這個數量可能已經足夠——但是這些潛艇卻不能出海執行任務，主要卡在政治問題。

德國領導人發起無限制潛艇戰時，幾乎沒有考慮到美國會有什麼反應。他們宣布這項政策既突然又令人不悅，威爾遜公開抨擊這項命令，威脅要德國政府為美國生命的損失「負最大的責任」。此時最重大的事件，莫過於五月初露西坦尼亞號（不再飄揚著美國旗）被U-20潛艇擊沉，一千一百九十八人死亡，其中包括一百二十八名美國人。威爾遜回以一連串措詞粗野的通牒，最後則威脅無限制潛艇戰若是繼續下去，美國將以戰爭解決。一九一五年九月，計畫不得不中止。大多數史家認為德國人相當審慎，因為威爾遜已經強硬地提出威脅——特別是考慮到美國介入將會對戰局產生的影響。

然而，一九一五年夏天，美國做為潛在的參戰國，卻仍努力避免捲入戰爭。雖然有人誇大了美國國內政治的分歧與和平主義的影響，但是在這種狀況下，也不宜高估美國在軍事上未做準備的程度。軍隊數量極少且裝備不全；海軍將重點擺在相對來說已經沒什麼用處的無畏級軍艦上；缺乏實際的戰爭計畫；軍火工業沒有能力生產現代重武器。這些說法也許都對，但是這些問題只需要時間就能解決。美國逐步進行準備工作，能為協約國帶來助力；儘管如此，當美國於一九一七年四月宣戰之後，也還需要一年以上的時間才能完成準備，美國軍隊也才能在西線扭轉戰局。如果是在一九一五年，則需要的時間會更長，因此威爾遜的威脅完全是空話。美國的確有可能宣戰，但是能提供給協約國的只是一批未經訓練的士兵，德國人對此應該相當清楚。未來的德國首相帕彭（Franz von Papen）是一名精力充沛的駐華府軍事隨員——他很快就因間諜活動被驅逐出境——他對美國和美國的威脅感到輕蔑。雖然他明顯高估了美國親德的程度，但是他手上握有消息來源，相當清楚美國軍力的真正弱點，這是很明顯的。

然而，在大西洋彼岸，德國的決策完全是封閉的，更傾向於由影響力來決定，而非資訊。關鍵就在德皇身上，他擁有外交與軍事政策的最後決定權。然而，威廉在這一點上是個悲劇人物，他個性浮誇，卻又害怕失去王位，很容易就接受最能引起他注意的大臣的意見。另一方面，貝特曼很清楚自己要什麼，他擅於孤立政敵，遂行自己的意見。他不只深信潛艇戰無法在對英戰爭中產生決定性效果，還認為潛艇戰將會使美國參戰，如此將為德國帶來無可避免的災難。他對美國參戰的看法的確正確，但是有充分的理由可以認定，在潛艇作戰能力的技術問題和未來美國參戰對戰場的衝擊上，他的判斷有著嚴重瑕疵。同時，實際上並沒有人和他意見相同，新聞界、民眾和帝國議會都堅定地支持無限制潛艇戰；在真正能決定政策的核心圈子中，唯一支持他的是海軍上將穆勒（Georg Alexander von Muller），海軍內閣首長，海軍中的第二號人物。儘管如此，貝特曼還是透過個人關係，設法再贏得非常重要的陸軍參謀長法根漢因的支持，然後利用法根漢因對耳根子軟的皇帝發動一場成功的說服戰。這是大師級的演出，也是難以置信的演出。德國深陷於流血與絕望中，卻自己放棄最有價值的武器——潛艇損失的人命畢竟只有數千條，比西線損失的數百萬條人命少得多——這一切都只因某人利用了封閉的決策過程、軟弱的皇帝和有問題的消息來源進行說服。沒有貝特曼，一切也許將有所不同。

因此，為了進行反事實分析，貝特曼將從一九一五年五月十日的場景中被移除——一位因超時工作及關切露西坦尼亞號沉船事件而心臟病發去世的受害者，享年五十九歲（他實際上也只多活了六年，於一九二一年去世）。在核心圈中，只剩下穆勒的異議聲，法根漢因與德皇則仍在當中，而無限制潛艇戰則在沒有明顯反對聲浪的狀況下繼續推行下去。

無限制潛艇戰的成果豐碩，在堅定支持之下，每月的戰績可望從五月的十二萬七千噸（實際亦是此數）快速增加到八月的二十五萬噸左右（實際上是十八萬三千噸）。此時，潛艇總數穩定維持在五十八艘左右，並且一直維持到一九一六年上半年，如此便能在一九一五年九月以後合理地保持每個月二十五萬噸的成績。由於接下來八個月小艦隊的數量大約增加了一倍，達到一百一十一艘，因此擊沉噸數持續增加到五十五萬噸似乎是合理的（如果這些數字看起來很多，那就提醒各位，一次大戰潛艇擊沉噸數的最高峰是在一九一七年四月，達到八十六萬噸，而當時的潛艇數為一百五十六艘）。十九個月戰鬥下來的淨擊沉噸數約有五百三十萬噸。

而就歷史事實來看，英國的反應可說是要命地遲緩。海軍部對於海運狀況只有相當模糊的概念，未能掌握必要的統計數據。因此，海軍部還一副悠遊自在的樣子，絲毫不知道一九一五至一六年間的商船建造已無法填補被擊沉的商船噸數，而潛艇戰也導致港口壅塞；據估計，這兩種現象讓年貨運量減少了百分之二十之多（潛艇從來沒有對前往歐陸的運兵船構成有效挑戰，因為英吉利海峽巡邏嚴密，並且布下重重水雷，同時以網子之類障礙物加以阻礙）。無限制潛艇戰添加的壓力，讓人直接感受到一股不斷醞釀中的危機；然而，海軍部沒有確實的數據，渾然不知自己已身處險境，再加上戰局複雜，使得英國海軍當局拒絕採取任何必要的自救方案，例如對商船進行護航。在一九一六年五月三十一日的日德蘭海戰之前，海軍部官員普遍認為，駐留在斯卡巴準備作戰的大艦隊主力艦是攸關戰局的武器。因此，要求從七十到八十艘驅逐艦中分出一些來進行護航任務，都會馬上遭到拒絕（即便在一九一七年四月這個災難月分之後，還是在首相勞合喬治〔David Lloyd George〕的堅持下，海軍部才不情願地同意護航）。因此，環繞在犯人頸項上的絞索就這樣安靜而快速地勒緊，犯人幾乎沒有想到要快點掙脫出來。

在此同時，一九一六年上半年的重大事件完全沒有產生作用，它的意義只在打擊所有參戰者的士氣。雖然美國在一月初向德國宣戰，卻拒絕立即出兵，因此在往後幾個月，美國對戰局並沒有實質上的衝擊。凡爾登的恐怖僵持不僅削弱了法軍戰力，德軍的傷亡也很慘重；然而，不同的是，德軍開始相信勝利將要來臨。對於英國人來說，一九一六年七月一日索姆河之役的挫敗，等於是在屈辱的日德蘭海戰之後再來一次打擊，令他們再也無法忍受。短缺的糧食供應和廣泛的囤積突然造成大規模飢荒。七月六日，糧食暴亂在利物浦爆發，很快就蔓延到各個主要都市。接下來則是劫掠，宣布軍事戒嚴；七月七日深夜，國民兵槍殺了三百五十人。兩天後，大罷工癱瘓了全國，而這股風潮也吹到了索姆河，軍隊上演一齣被動抗命的戲碼，新的攻勢計畫因而取消。七月十四日，英國首相阿士奎斯（Herbert Asquith）通知英王與俄國及法國大使，英國已無力再戰，內閣因而總辭，國王隨即要求勞合喬治組閣，並且要他協商和平方案。法國人不願意在國慶日這天聲言放棄，因此又多等了一天，於七月十五日宣布單方面停火。俄國也於七月十七日跟進，而沙皇也退位了。一個星期後，俄國國會中的進步派人士組織了臨時政府，在自由派里沃夫（Georgi Lvov）親王的領導下致力於民主原則，克倫斯基（Aleksandr Kerensky）被任命為和平委員會主任。在華盛頓，威爾遜宣布大戰「實際上已經結束」，並表示自己願意致力於「公平而永續和平」的實現——然而，這項提議並沒有引起共鳴。

德國在各個前線都獲得勝利，這使得德國無心批准和平計畫。七月十九日，德皇與最高司令部概略陳述了他們的條款，其中包括德國併吞比利時，法國與俄國要忍痛割地，大英帝國要被分割成數塊，加拿大由德國託管——條款最後由德皇定案。為了確保各國能夠接受，德軍接到命令，無需理會停火，並且發動一波「壓倒性攻勢」；然而，這項計畫卻被靜坐罷工阻礙，而軍官團無力鎮壓。德國與協約國違背軍令、互通友好的情況漸趨普遍，一週之內，各前線紛紛消失。德國各地出現了大罷工，七月二十五日，社會民主黨出版他們主張的和平條款，內容以回復戰前狀況為基礎，另外也要求立即舉行全國公民投票。德皇下令逮捕夏德曼（Philipp Scheidemann）與社會主義派領袖，但最後反而是他自己被迫流亡。

由於各主要交戰國的權力都已經被進步派人士掌握，因此所謂的第三次海牙會議可以完全擺脫交相指責的亂局。雖然這場會議後來看起來只是為了拖延不可避免的結果，不過一般性的「領土不變」原則還是占了優勢。起初，出現了一股強烈主張限武的情緒，但是只有化學武器被禁止使用。陸軍與海軍規模都清楚做了限制，但這些限制相當寬鬆，歐洲各國實際上不可能違反規定。美國總統威爾遜帶著很高的期望來參加會議，他提議成立一個國際性政府組織，同時也要求所有的外交談判都應該公開，以接受公眾監督。但是，美國在戰爭中的邊緣角色使得他完全遭到忽視；更令他覺得羞辱的是，開會期間威爾遜輸掉了國內總統大選，因此他返國時完全是一副痛苦受挫的樣子。他的接任者，法學家休斯（Charles Evans Hughes），與海牙會議劃清界線，因此美國未在和約上簽字。

以這樣的解決方式為基礎，往後二十世紀的歷史可能看起來會有很大的不同——仍然不穩定，但不會有劇烈變動。大戰的結果雖然不能完全去除窮兵黷武的浪漫情懷，但是民主政權的增加足以抵擋它的誘人歌聲。俄國的發展很可能遭受挫折，特別是前帝俄時期領土的主要部分可能會要求獨立，如波蘭與烏克蘭。布爾什維克革命幾乎可以確定不會發生，國際共產主義將會胎死腹中，成為失敗者的哲學。在中東，在偉大的凱末爾領導下，大土耳其得以苟延殘喘，並且擁有舊日鄂圖曼帝國時期大部分的領土。土耳其將會更有效地進行現代化，推行代議政治，而與伊斯蘭基本教義派漸行漸遠。往西一點，政治與經濟都漸趨穩定的法國與德國可能會復交，一九五〇與六〇年代的場景將提早在一九二〇與三〇年代發生；原本孕育全面性戰爭的溫床，如今卻轉變成阻止戰爭的柱石，而希特勒、二次世界大戰、猶太人屠殺、乃至於核子武器，都會從歷史課本中消失。在此同時，英國這個大戰中最大的輸家，很可能被迫面對自身帝國體制的不協調，並開始加速進行去殖民化，此舉也將迫使其他歐洲國家跟進。沒有這些負擔，英國可能可以避免或至少緩和半個世紀以來經濟上的恐懼；直到最近，英國才從這個經濟陰影中脫身。當然，沒有二次世界大戰也會有所幫助。

並不是每件事都必定會變得更好。美國雖然在歐洲政治上受挫，卻沒有因此轉為孤立；相反地，美國將眼光望向南方，對拉丁美洲的發展投以更多關注，但不一定是出於善意。幾乎可以肯定的是，美國還會將重點放在遠東與日本軍事擴張上；就美國國內氣氛和日本的侵略性來看，重大的軍事對抗看來無法避免——也許最早將發生在一九三〇年代。美國將會獲勝，但隨著亞洲地區風起雲湧的反殖民主義與民族主義，美國也發現自己深陷於騷亂中。在這種狀況下，美國人將會被視為帝國主義者，而他們承受的後果將跟韓戰與越戰沒什麼兩樣；然而，出問題的不只是美國而已。

整體來說，不同的大戰結局理所當然只會加快南北而非東西的分裂。二次大戰的消失以及北方未被中斷的經濟成長，將促成並強化剝削和種族的緊張。沒有馬列主義，南方的領袖必須為一致的發展哲學尋找其他根源；如果幸運，這個根源也許會是甘地——其他選擇大多不會如此溫和。在此同時，我們仍面對著南北關係的根本問題：人口過多、明顯的不平等，以及生態破壞。一次大戰的美好結局搶走了往後二十世紀的風采，但我們仍無法逃脫它所帶來的深刻矛盾。

13 蘇維埃帝國不曾存在

假如列寧沒有安全抵達芬蘭車站

喬治・菲佛

在列寧的領導下——或者該說在他的「命令」下——布爾什維克奪取了政權。列寧對布爾什維克的支配是全面性的，而他採用的方式也是前所未有的。史家費格斯（Orlando Figes）寫道：「沒有其他政黨會如此緊密地和某個個人的人格結合在一起。」列寧缺乏耐性、刻薄且易怒，絕不寬貸異議者：沒有別的路線，只能聽他的。是否選擇道德（或者不道德，視情況而定），由個人性格的力量決定——也就是由他決定。他不是一個會將個人感情與客觀事實混在一起的人。「我無法太常聽音樂，」他在被迫聽完整場音樂會之後，曾憂鬱地這樣評論自己：「聽音樂會讓我想說一些溫和而愚蠢的話，並且輕拍人民的頭。但其實你應該敲他們的頭，無情地痛打他們。」他心不在焉地進行調度，而他對待人——事實上是全體俄國人——的方式，好像人只是調車場上的貨車。這個言行近乎一致的人是天生領袖，他的狂想一開始只迷倒了數百人，但是最後居然有數百萬人起而響應。列寧的專注與不屈不撓影響了廣大世界，但是現在絕大多數都已經後悔跟隨他的腳步。以脅迫來獲得勝利，歷史上還有比列寧更好的例子嗎？

如果沒有列寧，或者列寧較晚才抵達聖彼得堡，也許一九一七年十月就不會有布爾什維克革命，也許連革命都不會發生。當事件總是與某人有關時，反事實歷史的做法就是擴大人以外的因素。以列寧的例子來說，反事實歷史的做法是將重點放在時機上：一個是他抵達聖彼得堡之前，一個是他抵達之後。當沙皇在二月退位由民主臨時政府取代時，列寧陷入了進退兩難的局面，他要怎麼做才能從蘇黎世的老巢返回俄國首都：當中橫阻著德國與奧匈帝國，距離數百哩，而這兩個國家又是俄國的敵國。這個職業革命份子——人生有三分之一的時間是在流亡，而且離開俄國已經有十一年——思索了幾種方式，卻沒有一種令他滿意。應該借道英國嗎？他排除了這種可能，因為英國有拘留俄國馬克思主義份子的記錄。他甚至考慮租用飛機返回陌生的祖國，後來覺得這個主意不可行且危險，於是便放棄了。列寧把殺人當成家常便飯，而且很快就建立起一套國家恐怖機制，但他本人卻是個膽小鬼——如一名夥伴所說的，他「常焦慮於能不能保全性命」。德國人給了列寧一個解決方案，那就是著名的「密封火車」。如果德國人沒有這麼做呢？或者是，如果臨時政府在列寧抵達聖彼得堡芬蘭車站之前，就拒絕讓這個惡名昭彰的旅客入境呢？如果列寧回國的時間被延宕，使得他錯過成為俄國救世主的大好良機，俄國（以及全世界）將會是什麼樣子呢？

喬治・菲佛（George Feifer）寫過八本與俄國有關的書，其中包括《莫斯科的司法》（*Justice in*

Moscow）、《再會了！莫斯科》（*Moscow Farewell*）與《紅色檔案》（*Red Files*）。從一九五九年第一次造訪莫斯科開始，他在當地生活了很長一段時間，並且在莫斯科大學的研究所就學一年。他最近的作品是《沖繩島戰役》（*The Battle of Okinawa*）。

在列寧到來之前，同志們只能在黑暗中摸索。

——史塔爾（Ludmilla Stal），一九一七年

暴動的目的就是為了奪權。至於暴動的政治任務是什麼，奪權之後自見分曉……人民必須以武力而非以投票解決這些問題，這不僅是人民的權利，也是責任。

——列寧，一九一七年返回俄國後不久

有人說，列寧活了四十七年就是為了在一九一七年返回俄國。出發前一個禮拜，這個不顧一切的極端主義份子——認識他的俄國人非常少，而這些人認為他非常極端——想著此地距離聖彼得堡有一千五百哩，中間不知有多少險阻困難，不禁感到焦慮與挫折。困頓於蘇黎世的這名布爾什維克黨創始人與精神領袖，有充分的理由擔心錯過這個數年來難得一見的機會，因此他不自覺地咬起指甲。為了越過重重險阻進入俄國首都的騷亂中，需要一條精心規畫的路線；即便如此，這也是一場豪賭——就算計畫成功，接下來要怎麼做也還是曖昧不明。

他最後一次造訪聖彼得堡是在一九〇五年革命期間，革命失敗後退往西歐。這位擅長在團體中挑撥離間的大師在流亡國外的十二年間，不斷地對歐陸溫和派革命份子進行猛烈卻不具任何意義的攻詰（對於馬克思主義經常提到的先進西歐，列寧並不關心，他只對落後的俄國存有幻想，並以世界無產階級的先鋒自居）。雖然列寧無法親自從流亡者中挑選幹部，但是他對專制的狂

熱，以及對極端主義運動每個面向的嚴密控制，卻得到流亡者的認同；只要有人背離列寧的觀點，這些流亡者便以脅迫的手法讓對方屈服。叛黨者！叛徒！

如果列寧向俄國急速變遷的政治與社會現實妥協，而非逃亡國外用旁觀者的角度簡化局勢，結果將會有什麼不同？事實上，列寧在一九〇五至〇六年間回到俄國，只是從一九〇〇年以來流亡國外十七年的一次短暫停留；一次大戰爆發之前，這個頑固的政治堂吉訶德還在想著自己能不能再度踏上俄國的土地。表面上看來，這樣的機會就跟他要實現自己的理念一樣渺茫，但實際上並非如此。一次大戰持續三年的蹂躪在俄國內部引發了革命——這場革命在一九一七年二月爆發，造成沙皇政府倒台——列寧遂得以品嚐受到肯定和掌握權力的滋味。列寧的原始本能——盡快奪取政權，然後遂行計畫——連他最親密的夥伴也感到吃驚，他的做法使得他與其他革命思想家分道揚鑣。從此之後，他再也不再是如學者或記者般的異議份子，而是一個實踐者，一個最投機的實踐者。

返鄉之路最大的障礙就是德國，即便德國與俄國的戰爭已經在筋疲力竭之下進入第三年，列寧對德國還是不能完全放心。德意志帝國的軍隊和人民的負擔越來越沉重，德皇、大臣和參謀本部逐漸相信兩面作戰——東西兩邊都造成巨大的消耗——已經讓長期以來預言的國家災難成真。

是的，東線出現了好消息。羅曼諾夫（Romanov）王朝崩潰，俄軍也解體了——一九一六年發動的「布魯希洛夫攻勢」（Brusilov offensive），是俄軍發起的最後一次短暫卻具威脅性的軍事行動，但是這場軍事行動也對俄國本身造成極大的壓力。這是對頑固悲慘的尼古拉二世的最後一擊，民眾對他的反對因這次攻勢而達到極點，他因此被迫退位。不過，德國軍方相當清楚，就算俄軍遭遇可怕的損失，也還有能力作戰甚至獲勝，因此心中仍充滿憂慮；除此之外，新成立的聖彼得堡政府還宣誓繼續作戰。因此，這使得德國有明顯的動機允許並協助列寧通過德國的心臟地帶：自稱是「職業革命份子」的列寧也許可以顛覆俄國。

但是，如果柏林方面做出更明智的抉擇呢？如果德國沒有用著名的「密封火車」送他回聖彼得堡，只因謹慎考量到德國的未來？二次世界大戰的浩劫以及冷戰的撕裂，將會提醒往後數代受苦的德國人，當初送列寧回國的決定就像毒氣，往往會散布到你設想的範圍之外。德國想用這種手段了斷俄國，最後的結果卻大出他們意料之外：列寧建立了一個穩定的國家，並且和平迅速地與德國訂定和約。然而，戰時的德國沒有那麼多時間與遠見來考慮長遠的國家利益，因此反而替列寧打開了封鎖之路：一旦給了列寧這樣一個大好機會，他就會創造出一連串機會給自己。

一九一六到一九一七年晚冬，德國外交部、德國駐瑞士各地的外交人員和參謀本部秘密會商，並且做了決定：「我們現在一定要在俄國製造一場毀滅性混亂……應該協助俄國極端主義份子返國，因為他們會讓混亂更為擴大且徹底……從各項情報來看，俄國的動亂到目前為止已經持續三個月，而俄國的混亂將使我軍能擊潰俄軍。」於是，德國與聖彼得堡達成正式協議，以瑞士的馬克思主義流亡人士交換被囚禁在俄國的德國人，德國將允許這些俄國流亡人士入境，並提供運輸工具。

然而，每件交易都有正反兩面，這件交易顯然無法引起俄國的興趣。如果俄國新政府不同意呢？較有經驗的領導者可能不會同意，較不具理想色彩的領導人也一樣不會同意。俄國的領導人只要稍微謹慎些，就可以避免讓這些流亡者回國；而這全都仰賴沙皇時代留下來的警方記錄，使他們比德國人更瞭解列寧的意圖。儘管如此，臨時政府還是給列寧的革命狂熱一次機會。原因很多：首先是臨時政府面對一個由來已久的困境，他們不知該如何治理底下這批支持非民主方式統治的俄國人民，臨時政府因而陷入停頓。再者，臨時政府的成立宗旨是反抗帝俄壓迫，成立之後當然不願意限制俄國人民的遷徙與言論自由，新局勢造就了新機會。除此之外，新政府認為無需懼怕列寧，因為列寧的狂熱不可能成功，而且他是在敵軍資助下回國的，這將使得在德軍摧殘下對德國憤恨不已的俄國人民對列寧心懷敵意。另一方面，我們也將會看到，此時臨時政府的權威與權力正受到另一個與之敵對的俄國政治組織挑戰。

雖然如此，這樣的情勢並未讓列寧——很快地，數億人將會尊崇並親切地呼喊他的名字——心中的憂慮減少一分，他擔心眼前敞開的這條大道通往陷阱與監獄，而非日夜夢想的政治戰場。他坐上只有掛上一節車廂的火車——車廂外貼著「密封」告示，這是列寧向德國當局提出的要求，外人不得以任何理由進入車廂——從接近瑞士邊境的哥特瑪丁根（Gottmadingen）出發，往北朝法蘭克福駛去，然後轉東北往柏林，再到波羅的海岸邊。這名「禿頭、矮壯卻健碩」的男子的前額讓高爾基（Maxim Gorky）想到了蘇格拉底，他身上則穿著正式西裝，頭上戴著圓頂禮帽，一看就知道跟其他革命份子在國外過著舒服的日子。他於四月十三日（俄曆四月一日）離開伯恩，在兩天的旅程中仍時時保持警戒；不只是為了提防外敵，而是他個人的習慣本是如此，說他是個最狂熱的傳教士也當之無愧。同行的三十幾名流亡者當中有幾名在走廊上喝酒唱歌，他對這些人非常不悅，小侍從要抽菸只能到廁所去，但是列寧規定使用廁所時要讓不抽菸者先使用。有個布爾什維克黨員譏諷地說，從這些命令就可以看出他已準備好擔任俄國政府的領導人。

他們沿南北軸線穿越德國，旅程相當順利，沒有遇到什麼波折（為了讓這列火車行駛順利，德國還讓德國皇太子的列車在柏林附近暫停兩個鐘頭）。他們轉搭渡輪到中立國瑞典，準備最後一段旅程，接下來再度朝東北走，經過芬蘭。此時有一批黨員前往芬蘭邊界歡迎他們，當中包括卡米涅夫（Lev Kamenev），後來成為蘇聯人民委員會副主席，一九三六年被史達林處死。此時的卡米涅夫是前地下報《真理報》的重要編輯，《真理報》在二月革命後一個月解禁；再過一個月，列寧就返回俄國。列寧還來不及想到斥責卡米涅夫未能堅守革命路線，便迫不及待地從座位起身。由於黨報的經營並不是列寧掌控，因此一直相當低調。布爾什維克黨員不多——全國也不過四萬名支持者——因此卡米涅夫跟其他黨的領導人一樣，採取和其他社會主義政黨合作的策略，並且如他們所期待的，革命的條件也在此時成熟，但是列寧卻認為合作的策略是異端。看到同志們熱情地前來歡迎，列寧內心翻湧著；他在啟程之前寫道，此時正是俄國無產階級奪權的時刻，「將人民武裝起來」。

如果這個大膽的主張現在聽來讓人覺得平凡無奇，甚至認為這原本就是馬列主義的核心主張，那是因為當我們從回溯的眼光看歷史時，歷史事件就產生了必然性。即便當時俄國的街頭演說家提出許多拯救俄國的奇怪方式，但是當人們聽到列寧號召武裝行動時，還是覺得相當詭異。

俄國其他政治活動者——憂鬱又意見不合——認同的則是另外一套方法，除了渴望王室復辟的極右派份子之外，其他人全都努力想成為能分享權力的民主派人士。

如果沒有列寧，這些人會不會成功，我們不得而知；但如果他們成功了，成果將會非常豐碩。托克維爾（Alexis de Tocqueville）——他寫的《民主在美國》（*Democracy in America*）廣受好評——認為，俄國從不同的地理條件出發，未來似乎會凌駕於諸國之上。當自由的美國往邊疆開拓時，不修邊幅的俄國人則困頓於專制政權之下；然而，俄國在十九世紀末、二十世紀初還是顯現出一片大好的前景。相較於西歐，俄國在許多方面仍顯得落後，特別是政治與社會的發展一直遭到蒙昧無知的沙皇從中阻攔，因而停滯不前；雖然如此，俄國在其他領域卻有著爆炸性的成長。文學成就極高，伴隨著一般大眾教育與商業發展，工業尤其傑出。在沙皇未干預下，司法制度獨立合理地運作。俄國在文學、視覺藝術、音樂、戲劇、電影和芭蕾方面的發展位居世界前茅——或者正朝這個方向推進中。俄國資源龐大，豐富的創造力令人印象深刻；隨著國家奮力往前急馳，俄國在科學、技術及工業方面也爆發出前所未有的潛能。俄國的落後與局限人盡皆知，然而正因如此，覺醒之後所產生的熱情與活力，將使俄國朝向托克維爾為它構築的前景起飛。

俄國「獨缺」一個恰當的政治結構與市民社會，雖然一次大戰的破壞讓俄國產生一股龐大的瓦解壓力，但是改善政治與社會的可能性依然有增無減。我們對於俄國迄今為止的歷史之所以有如此想法——特別是除去了羅曼諾夫王朝加諸於俄國人民的重擔之後——主要是因為不論俄國的發展有多遲緩，它仍舊有幾個重要面向與西歐類似。除此之外，絕大多數俄國領導份子與意見領袖所受的教育與訓練，以及所懷抱的理想，都植根於歐洲的典範與標準，這一點讓俄國未來的發展更樂觀；如果能保持目前的道路——雖然曲折而陌生——繼續前進，巨大的社會與經濟成就將會在前方向他們招手。然而，俄國終究沒有走上這條路，對於二十世紀的俄國來說，這只成了沒有實現的如果。

正因俄國在一九一七年的局勢如此樂觀，所以列寧提出的口號才讓人覺得困惑。一開始，列寧難道不瞭解他要奪權的對象是誰嗎？不是那位完全不可信任的尼古拉二世，也不是尼古拉二世手上的舊王朝，因為昔日的壓迫者從二月之後就已經煙消雲散。新俄國終於掙脫專制政權的束縛，享受著所有進步派與激進黨派長久以來夢想的民主滋味。所以，甫成立的共和國在顛簸中努力建立更佳新秩序的同時，寧可多提出一些願景，也不願施加更多禁制。托洛斯基——傑出的作家與演說家，他在一九〇五年革命中扮演著比列寧還吃重的角色（托洛斯基在當時嚴詞批判列寧的獨裁性格，但是後來也成為無情的列寧主義者）——因此稱俄國是世界上最自由的國家。

這份自由主要是得自於政府的忽視與政府內部的矛盾。這段時間正值詭異的「雙元權力」時期，兩個脆弱的權力核心處於不安的停戰期，有時競爭，有時合作。第一個權力核心是在馬林斯基宮（Marinsky Palace）召開的臨時政府，臨時政府的權力承襲自帝俄時代的國會，而這個國會當初在無知的尼古拉阻礙下，幾乎難以發揮功能。在權力過渡到未定案的永久組織的過程中，普遍中間派聯盟符合了嚴格的法定要求，因此成為沙皇政府的合法繼承者。第二個權力核心則是強大的勞工與士兵代表的社會主義蘇維埃，這個組織原本成立於一九〇五年革命期間，由於沒有經過沙皇核准，革命之後就遭到打壓，直到一九一七年才又斷然宣告重新成立。勞工與士兵代表的社會主義蘇維埃成員是由自發組成的地方議會——蘇維埃——推舉出來的，或多或少可以代表「群眾」。彼得格勒蘇維埃——勞工與士兵代表的社會主義蘇維埃的另一個名字——在陶里德宮（Tauride Palace）召開，距離臨時政府步行不到一個鐘頭。

一個國家居然有兩個彼此競爭的統治權威，不免讓人產生混淆，不過至少大家知道大部分由舊國會議員組成的臨時政府；相較於鬆散的「人民」代表團體，他們在政策上較為偏右。因此，也難怪列寧會對這個前帝俄時期成員構成的組織有著革命敵意——不過，列寧的說法還是讓激進派同志感到震撼。事實上，激進派人士當中，即使是馬克思主義者——包括在俄國內部進行黨務工作的布爾什維克馬克思主義者，也就是那些未親身受列寧影響的人——也認為奪權是個愚蠢的白日夢；儘管如此，搭乘火車前來的列寧仍不畏懼，他將堅決地跳入會挫折其野心的複雜政治漩渦中。

當初，有些重要的布爾什維克黨人為了社會主義派人士的團結，採取了妥協態度，這種做法傳到蘇黎世，讓列寧頗為不安。列寧抨擊對手及操縱追隨者的惡名由來已久，因此普列漢諾夫（Georgy Plekhanov）——非暴力的俄國馬克思主義創立者——深信，列寧認定的團結必須在他的掌控下才算數。列寧認為，與不準備支持立即革命的人合作是一種欺騙，而這種合作也不可行。列寧這位在窩瓦河流域出生的智者，對於「該做什麼」來解決俄國的落後與病痛這個老問題，有著自己的一套看法。他的「科學」觀點和無可動搖的意志力將會讓俄國步入正軌，但前提是他沒有在一抵達俄國時就被逮捕，並且被解送到俄國首都嚴酷的「彼得與保羅要塞」。這座要塞是列寧尊敬的哥哥亞歷山大三十年前被囚禁的地方，亞歷山大後來因企圖行刺沙皇而被處以絞刑。（這道創傷讓當時十七歲的列寧從異議份子變成革命份子。如果亞歷山大能保住性命而列寧未發誓報仇呢？）

令列寧欣慰的是，等待他的並不是這等惡事。雖然臨時政府早已知道列寧是受了德國資助才能回到國內（這不表示他就是德國間諜，但還是有許多史家抱持這種看法），但是並不打算限制他的自由。

列寧的新列車於四月十六日晚間（俄曆四月三日）被拉進彼得格勒——此時正值對德戰爭期間，俄國人將首都的德國名字去掉，重新命名——的芬蘭車站。回到俄國準備鼓吹武裝奪權的列寧，剛下車就接到柯蓉泰（Alexandra Kollontai）——這位追隨者很快就成為惡名昭彰的「自由戀愛」提倡者，而她的政治主張似乎也就僅止於此——給他的鮮花，頓時讓他有些困窘。除此之外，列寧對於俄國（當然也包括世界）的當務之急也有清楚的想法，即便是在散漫的激進派小圈子中，這種高度自信也相當獨特，這一點頗耐人尋味。其實這樣的自信相當罕見，原本沒什麼地位的馬克思主義理論家，搖身一變突然成了政治鬥爭中的優秀戰士。有個早期追隨者說，列寧已經準備好「要從西奈山上帶著馬克思主義的十誡下來」，並且將十誡交給俄國年輕人。十誡的最後一條，行動。

晚間十一點剛過，這名興奮的旅人衝下火車，直奔車站，彼得格勒蘇維埃主席齊赫澤（Nikolai Chkheidze）——臨時政府的左翼政敵——代表「革命群眾」歡迎「同志」歸來。然而，齊赫澤也很謹慎，他認為眼前革命的主要任務在於尋找共同目標以強化自身，並且防範「各式各樣的攻擊，不論這些攻擊是來自組織內部還是外部」。

齊赫澤揭露並反對可悲的沙皇政府，因此贏得二月革命之父的名號；然而，對列寧來說，光是齊赫澤屬於孟什維克這件事，就足以讓列寧瞧不起他。孟什維克與布爾什維克同屬馬克思主義黨派，但是彼此敵對。孟什維克較為溫和，而且是多數派；然而弔詭的是，「孟什維克」在俄文中卻是少數派的意思。這就是列寧在宣傳時使用的高招，儘管對手是多數派，他卻硬是將「少數派」（即孟什維克）之名冠在對方頭上。除了屬於孟什維克之外，更糟糕的是齊赫澤還要求所有黨派都應該團結起來保衛「我們的革命」——這意謂著核心的民主革命應該擁抱所有具改革理念的政黨——他不像列寧那樣，認為臨時政府是第二個應該推翻的對象（列寧有時稱二月動亂是完整革命的「第一階段」）。列寧毫不理會主席向他致意時的謹慎，很快就走到車站外廣場，布爾什維克黨員早已在現場組織了數千名支持者前來歡迎，許多人揮舞著紅旗。列寧一出現，樂隊就奏起馬賽曲，然後全場歸於寧靜，好讓人們能清楚聽見列寧那石破天驚、要求發動階級戰爭的號召。列寧向「親愛的同志、士兵、水手與勞工」致意之後，話鋒一轉，用他自信、上層階級式的尖銳聲音攻擊「強盜們發起的帝國主義戰爭」。「總有這麼一天……所有的歐洲帝國主義都將崩潰……諸位締造的俄國革命已經開始，並且開啟了新紀元。讓我們為世界社會主義革命歡呼！」

世界社會主義革命？二月革命的參與者並沒有社會主義革命即將來臨的感受。少數布爾什維克黨人偶爾提到這一點時，的確會認為這是不大可信的目標，而且看起來總是如此遙不可及。除此之外，列寧還將自己的理念強行灌輸到被他迷惑的聽眾腦子裡。戰鬥吧！為終極的善而戰，偉大的二次革命將能帶給人類最大的幸福。只要是不夠激進的做法，都應該斥為無稽，並且予以毀滅。我們甚至應該將強大的社會主義蘇維埃中、大多數非布爾什維克黨員打入階級敵人的陣營，把他們當成沙皇的爪牙。高爾基日後寫道，列寧這名鎮日伏案寫作、與筆墨為伍的十字軍戰士，對於日常生活一無所知；而流亡國外的磨難也讓他「變得像大人物般，對於一般平民的生活充滿無情的鄙夷」。當然也有相反的說法：不論列寧的行為有多偏差或醜惡，原意只是要改善一般人的生活。不過，高爾基還是認為，不可否認地，列寧並不瞭解「生活本身是一件複雜的事」。

彼得格勒的布爾什維克各級領導都在裝甲車輛的簇擁下到達廣場，這些車子上還覆蓋著紅色旗幟。黨員協助列寧登上其中一輛車，漆黑中只見一道光束，耳邊則縈繞著世界社會主義革命的吶喊聲，此時油然而生一股武裝起來的感召力量，黨名也改成了「共產黨」。

布爾什維克黨將大本營設在尼古拉二世——布爾什維克此時仍無法掌控沙皇——前任情婦的豪宅裡，而尼古拉二世此時則被軟禁在彼得格勒城外的「沙皇村」中。沙皇的前任情婦瑪蒂德（Mathilde Ksheinskaya）是一名傑出的舞者。當裝甲車載著列寧從車站廣場趕到「宮廷芭蕾舞者以綢緞鋪成的窩」時——托洛斯基對這個不可思議地方的描述——布爾什維克全國黨代表大會仍在開會，他們才剛通過一項政策，打算聯合其他社會主義黨派一起行動。「從火車到爭鬥」，這句俄國老諺語說的就是重要場合中出現的新來者。列寧的獨斷橫行令人瞠目結舌，他起身抨擊大家通過的政策。他認為，布爾什維克要走的路線不是議會制度，而是「由全俄國的勞工、士兵與農民代表的蘇維埃所組成的共和國」。

另一名馬克思主義黨派成員——他當晚出席布爾什維克大會的舉動，如果從列寧的角度來看，也是一種違反自己所屬黨派紀律的行為——對於列寧的說法感到驚駭，他的演講「不只動搖了我，也讓我感到驚嚇。我這個異端突然間神智不清，也讓布爾什維克的忠貞黨員感到震撼」。列寧彷彿是從巢穴中醒來、「想摧毀全世界的幽靈，完全不知阻礙、懷疑、人們的困難與顧慮」。另一名傑出的觀察者覺得自己「好像被人用連枷在頭上狠狠抽了幾下。只有一件事是清楚的：像我這樣的非布爾什維克份子，列寧身旁沒有我的位子」。

不過，對於黨內大多數同志來說，留給他們的位子也不多。第二天，布爾什維克、孟什維克與激進小黨的代表一同開會，商討如何讓彼此的口徑一致。當列寧在混雜著各黨派的群眾面前重述前一晚提到的看法時，一名長久以來一直支持列寧強硬路線的老布爾什維克黨員卻突然憤怒地抨擊他：「瘋子在說瘋話。」研究俄國革命的史家卡耳（E. H. Carr）認為，列寧在這個節骨眼上被「完全孤立」。除此之外，布爾什維克死忠派人士的看法就跟《真理報》一樣，認為列寧的觀念令人「無法接受」。經過討論之後，布爾什維克彼得格勒委員會以十三比二的票數否決列寧的意見。如果這群壓倒性多數中有人有能力與決心控制列寧的妄想呢？

不過，機會還是意外降臨到列寧身上。布爾什維克同志的否決讓列寧危害的可能性大為降低，此時要將列寧逐出黨外或讓他保持沉默都還有可能。除此之外，此時可能也是除掉他的最好時機，因為他毫無保留且露骨地表現出對於各種妥協完全不屑一顧，也不想接受大部分人想要的民主制度。再者，布爾什維克在此時反對他的想法，可以鞏固自身信念以反對毫無轉寰餘地的極端主義。然而，臨時政府並沒有採取防範措施，這是個出乎意料的狀況，也是降臨到他身上的機會，他的對手居然沒有任何動作——往後幾天，列寧的煽動手法更形激烈，當局卻還是無動於衷。對於《真理報》對他的警告，列寧則回以攻擊，他認為《真理報》完全不懂臨時政府為何必須被推翻。原因很簡單，因為臨時政府是資本主義的政府。

他仍保持著將想法記錄下來的習慣。〈四月方針〉——這篇文章就跟他的〈論無產階級在當前革命中的任務〉一樣，後來都被法典化，成為蘇維埃的規定——的內容大部分是攻擊俄國「掠奪式的帝國主義戰爭」，人們不該從事這場戰爭，「更不該對此有一丁點讓步」。這些論述也和他反覆說過的長篇大論結合在一起，要「反對資本主義者組成的政府，他們是和平與社會主義者最痛恨的敵人」。俄國當前局勢的特點在於，它正值革命的第一階段與第二階段的轉折點；一旦到了第二階段，權力必須掌握在無產階級與最底層農民手中」。因此，「絕不支持臨時政府，臨時政府的承諾完全是虛假，這一點應該說明清楚……破除種種不可允許的虛妄，這個政府，這個資本主義者組成的政府，不該是帝國主義的政府」。

俄國的未來完全視其能否建立大多數人都能接受並尊崇的政治秩序，因此，深入瞭解其他激進份子為何否定列寧的說法就相當重要。十五年後——被史達林的特務殺死前八年——托洛斯基在流亡時對此給了一個粗略說法：「對當時的人們來說，革命本身是為了鞏固民主。」意即二月革命的成果就是民主。這種看法對於保守派、自由派和非革命的社會主義份子是自明之理，而馬克思主義者也明確反對用武力推翻在經濟發展上較落後的政府。他們的理由是，一個國家要發動社會主義革命，必須由資本主義提供條件——沒有後者，就沒有前者。這種說法出自馬克思本人。依照馬克思的看法，每個社會的「經濟結構都獨立於人的意志，但是卻決定了社會、政治與精神發展的一般性格」。在「生產力發展完成之前，社會秩序不可能解消，因為是社會秩序為生產力提供了發展空間」。當然，臨時政府是「資本主義的」。每個政治體系必有其經濟基礎，就跟人類的真實生活一樣；這裡的經濟基礎是指生產工具的運作，它決定了政治態度。群眾要向社會主義宣誓效忠，當然——而且只有——是在資本主義充分發展之後才有可能。

這是馬克思主義基礎的核心，也正因為這樣的論證方式，才使得馬克思主義符合「科學」。所有的觀察與預測並非建立在主觀的意見或一廂情願的見解之上，而是以無可否認、不斷形成中的經濟運作與欲望的現實為基礎。這不僅僅是理論——就像在馬克思之前人類歷史曾經發展出來卻又被否定的理論，而後馬克思才看出人類歷史發展的終極模式——而是根本的事實。馬克思理論的核心觀念讓馬克思主義者感到安慰，並且激勵了他們，因為馬克思相信社會主義從歷史來看是不可避免的，因為「國家的形式植根於生活的物質條件」，而人類歷史總是無情地持續往更高階段發展——從前封建主義到社會主義——原因無他，鐵一般的經濟命令驅策著大家前進。然而，俄國的狀況距離社會主義這個最後階段還有一段很長的距離，有利於革命群眾的條件也還沒聚攏。這其實曾是列寧抱持的看法（當然，這是在幾年前，列寧在這方面的思索仍相當抽象），當時要布爾什維克奪取帝俄政權，就像要針尖上跳舞的天使說話一樣毫無可能。而現在看起來也不可能——只有列寧不這麼想——因為馬克思主義教條所說的解放後的資本主義與「資產階級自由派」國家，從二月革命成立至今也才兩個月。

四月二十一日發行的《真理報》表示，列寧的〈四月方針〉令人難以接受，因為「文中一開始就認為資產階級民主革命已經結束」。這道反對聲浪並非出自己筋疲力竭的自由派人士，而是與列寧同黨的忠黨人士。但是列寧管不了這麼多，仍在萌芽階段的資產階級民主很快就會結束——由他動手。雖然列寧本身也認同「科學馬克思主義」，然而一看到有抄捷徑的機會——也只有他自己看到——馬上就拋棄這個信念。列寧想早日攀上「歷史的最高點」，將自己心靈深處的想法付諸實現，再加上他那種福音派的高傲與不寬容，這些因素都迫使列寧走上奪取政權的方向。如果還要再加上一個因素，那也許就是他潛意識中隱藏的報復心態。

列寧針對人們指控他背叛馬克思一事做出回應，但是在資本主義的惡果都還沒出現的狀況下，他的回應顯得可笑。列寧為了自我辯護所做的詭辯，將對世界產生重大的影響，然而這些影響不會波及他。

不過，此時列寧的說法還不成氣候，他只是小黨中的少數派，完全處於俄國政治思想與政治活動的邊緣地帶。如果大多數人都不支持這個聽起來還是讓人覺得過於粗暴的說法呢？列寧想要重新檢討馬克思主義的嘗試，將永遠無法突破他在芬蘭車站的成果：相較於俄國廣大的土地，他獲得的不過是尺寸之壤。

事實上，通往第二次布爾什維克革命的七個月曲折旅程，遠不如當初的密封火車之旅輕鬆。一開始雖然前進緩慢，但是列寧的確拉攏了一些人。他是個平庸的演講者，卻是個激辯家。他不斷抨擊臨時政府——稱臨時政府是一具「發臭的死屍」，這是借用某位支持者對非革命的德國社會民主黨的形容——此舉逐漸對彼得格勒蘇維埃產生效果，特別是與同盟國作戰造成的慘重傷亡已普遍引起民怨。在此同時，列寧的勸戒與責難，也開始讓布爾什維克遠離原先維持並引以為傲的鬆散社會主義各黨聯合。

第一屆蘇維埃大會——各區蘇維埃代表的總集會——在六月召開，也就是列寧抵達彼得格勒兩個月後。開會期間，有一名傾向民主的發言者提到，沒有一個黨能單獨統治這個國家；對此，熱切的列寧回答：「這裡就有這麼一個黨！」不過，這也顯示出列寧無視於現實的厚顏無恥：布爾什維克在蘇維埃大會裡仍是少數派，放在全國來看更是少得可憐。雖然他們的支持者正在增加，但是在城市選舉中還沒有勝選過；更糟的是，下個月底列寧的生命將面臨威脅。

七月，勞工與士兵——其中有一部分是由布爾什維克的下層組織動員——發起群眾示威。總括來說，這場發生在街頭的狂熱抗議與暴力事件，即所謂的「七月事件」，乃是針對臨時政府持續進行慘烈戰爭的一場示威遊行。不過，列寧的期待落空了。由於軍隊也參與了這場暴動，因此政府開始擔心接下來會引發致命的叛亂事件；在此同時，政府也針對布爾什維克進行新聞檢查，切斷他們的訴求。最後，臨時政府認為列寧的確具有危險性，因此開始打擊布爾什維克，並下令逮捕列寧。

如果俄國警察的警覺性高一點，早點逮捕列寧，而非事後拖拖拉拉未能將他繩之以法，事情會不會有所不同？如果列寧跟其他幾名布爾什維克領導人一樣，也被收監入獄，十月革命還能順利發動嗎？能不能發動頗令人懷疑，而這還只是較溫和的說法；嚴重一點，也許布爾什維克從此將不再考慮「二次」革命。然而，列寧逃過一劫，一方面是警察耽擱了時間，另一方面是最後一刻司法部有支持者通風報信。接下來還可以加上警匪飛車追逐的戲碼來增添更多「如果」：他逃得或早或晚，全憑我們對他的看法而定。

列寧喬裝成工人，溜回芬蘭避難；儘管在政治上懾人心神，但是這位偉大的異議人士實際上卻欠缺應有的勇氣。列寧從新避難所寫信叮囑卡米涅夫，要是他被「殺掉」，務必出版他的筆記內容。雖然芬蘭仍是俄羅斯帝國的一部分，但是擔心被殺未免是杞人憂天。

布爾什維克如何重整旗鼓在三個月後奪取政權，則是另外一段故事，中間充滿了令人想像不到的機會，而這些機會都是右翼人士的致命錯誤造成的。八月，右翼人士想利用左翼人士在七月犯下的大錯一舉打敗對方，他們設法化解民眾對軍隊的敵意，並且將臨時政府搖搖欲墜的權威建立起來。他們的方法是由陸軍總司令柯尼洛夫（Lavr Kornilov）將軍來重整公共秩序與紀律，此舉卻讓一般民眾相信——這麼想並非毫無根據——反動的保皇派將領意圖建立軍事獨裁政權，並且讓尼古拉復辟。布爾什維克被視為是防範此事的最佳利器，正如二十五年後許多人認為他們可以抵抗納粹。

雖然列寧從七月一直到十月革命期間一直沒有露面，但就算躲在藏身之處，他依然是布爾什維克的最高領導人。他以憤怒的語調寫作，激勵並吆喝其他布爾什維克黨人發動叛亂；另一方面，他也斥責那些仍堅守「議會戰術」的人，這些人是「可悲的叛徒，他們背叛了無產階級的目標」，完全無視於黨在柯尼洛夫軍事政變失敗後獲得的民眾支持。「我們正處於世界革命的前夕！」若要等到十月召開的第二次蘇維埃大會批准後才行動——這場大會也許將投票通過維持原先主張的民主統治，以及與其他黨派合作的政策——將「完全是愚蠢與變節的行為」；錯過這個武裝行動的完美時機，將會「毀了整個革命」。

如果列寧錯過了他返國時在芬蘭車站所說的那個「時機」，往後的世界將大為改觀。當然，強調列寧在掌握時機上擔負著重要角色，並不表示布爾什維克一旦失去他就會錯過再次出現的機會；不過，當時最可信的觀察者卻都是如此認為。列寧對俄國與世界史的最大貢獻在於，他在每個當下都能強烈感受到自己的目標和「催眠力」——如列寧早期夥伴所描述的，這名夥伴也被他迷惑——許多奪權者都擁有這種能力。「只有列寧才是值得跟隨且無可質疑的領袖，而在俄國罕見的特殊局勢中，也只有列寧才能讓我們依靠。他有著鋼鐵般的意志與不認輸的精力，能為運動與目標注入狂熱的信仰。」

如果沒有列寧的領導、想像與強制，俄國仍會走上他的路線嗎？其他副手會不會像近來某位歷史教授所說的，代替列寧轉動賭盤呢？雖然在齊克果的「世界史遊戲」中任何事都可能發生，但我們還是難以想像——如史家錢柏林（Henry Chamberlin）所說的——一場沒有列寧「這個革命領導天才」帶領的布爾什維克革命；而高爾基也說，列寧「讓人無法過著平凡日子，在他之前，沒有人做得到這一點」。急欲博取眾人好感的史達林——他比列寧年輕九歲，有豐富的地下活動經驗，但是沒有列寧那種概念化與激勵人心的能力——原本也反對這種「破釜沉舟」式的豪賭。這名盡責的任務執行者曾經是《真理報》的編輯，他在二月革命後才從流亡地返回俄國。雖然他很快就站到列寧這一邊，並且日後承認他與「黨內大多數人持同樣看法」是個錯誤，但是他的視野過於狹隘、不夠宏觀，個性過於謹慎，無法有大膽作為；思想上的局限使他無法說服同志，而缺乏魅力則使他無法引起群眾共鳴。

即便是托洛斯基的口才、文采和組織能力，都無法取代列寧的狂想與大膽；不過，托洛斯基永續革命的理論也許有助於列寧的奇怪想法：俄國已經準備好要迎接布爾什維克的統治，因為俄國這個特例需要結合資本主義與社會主義革命。托洛斯基原本主張聯合所有的社會民主黨派，這一點剛好與列寧相反，但是當他比列寧晚一個月返回俄國時，卻改變了看法；不過，當時他還是三緘其口，直到七月柯尼洛夫軍事政變失敗、布爾什維克重振聲勢後，他才表明立場。之後——直到十月初，列寧覺得安全了，才從芬蘭返回俄國——托洛斯基的工作就相當關鍵，特別是他將實際的政變行為組織成領導分明的軍事行動，並且將領導核心象徵性地與蘇維埃大會連結在一起，因為此時的布爾什維克人數還太少，必須借用全體蘇維埃的聲望。儘管如此，托洛斯基還是聽命於列寧，一方面召開中央委員會的秘密十月會議，另一方面則要做出黨有史以來最重要的決定：準備武裝叛亂。根據《人民悲劇》（*The People's Tragedy*）——費格斯的權威史著——的說法，列寧「再次……將他的意志加諸在其他領導人身上」。十一月七日（俄曆十月二十五日），黨的啟發者與總司令終於出現在大家面前，他在彼得格勒蘇維埃宣布極具衝擊力的消息。「同志們，我們布爾什維克總是說，勞工與農民革命一定會到來，現在這個時刻已經來臨。」托洛斯基對於列寧的讚譽有加的地方在於，早在四月回到俄國時，列寧就已經「除去所有的問題」，看到革命的契機。

從一開始，列寧就指責黨沒有早日取得權力；而他認為黨之所以失敗，就在於黨沒有充分地教育並組織無產階級（這位「無所不知」的空想家卻完全輕視其他俄國人的願望，他們才是壓倒性的多數）。托洛斯基承認：「列寧大膽的革命看法及其決心，使得一旦有人無法跟上他的革命步伐，就算是老戰友或老同志，他也一樣翻臉不認人……另外還有他對群眾的完全掌握。」這些對革命來說都是不可或缺的。托洛斯基引用一名重要地方領導的說法，這名領導在列寧於四月抵達彼得格勒時也到了現場。「一開始，我們這些布爾什維克黨員一時無法理解他的煽動說法，以為這是因為列寧和俄國的生活脫離太久，才會講出這麼一些烏托邦式的想法；然而，逐漸地，我們居然接受了他的說法，你也許可以說它已經成為我們血肉的一部分。」

當然，列寧並不是讓俄國人對戰爭產生厭惡的唯一來源；同樣地，光憑他一人之力，也不足以撩撥布爾什維克內部的革命情緒，遑論整個俄國。照道理，臨時政府應該早日從戰場脫身，但是在西方協約國——英國、法國與美國——的壓力下，不得不與仇敵德國繼續作戰。如果臨時政府真的撤軍呢？如果臨時政府最遲在七月做出這個令協約國不快卻必要的決定，甚至是在協約國協助下發動一場令人不值且傷亡慘重的攻勢（加里西亞慘敗〔the Galician fiasco〕）之後，才做這樣決定，情況會不會有所變化？傾向於民主的政黨與政治人物或許就有足夠的力量抵抗布爾什維克細菌（敵人這麼稱呼他們），就算當初讓列寧逃掉了也無妨。一次大戰能讓沙皇下台——或者更精確地說，一次大戰暴露了尼古拉及其奴僕臣下的無能——同樣也能讓臨時政府崩潰，只不過臨時政府應該有機會記取沙皇的教訓。俄軍在蒙受慘重傷亡之後，士氣隨之消沉，士兵們不瞭解為何要繼續作戰，因此轉而反對驅策他們去送死的長官與「政治家」。

協約國的領導人——俄國或西方各國——若是能夠像列寧一樣精明、瞭解俄國必須馬上停戰就好了！除此之外，列寧將撤軍本身視為次要目標，因為他要善用戰爭這個大好良機，讓民眾產生不滿情緒。之後，列寧再以過人的煽動力與才智，將這種不滿情緒轉化為革命力量，也就是無產階級革命。索忍尼辛認為，列寧是個「在任何時刻都有辦法自己下決定進行集權管理的人，而他也能對每個個人下達詳細的指令」。除此之外，他以煽動性口號攪動群眾的能力也不可小覷。

擁有鋼鐵意志的列寧從不妥協，無論如何都要別人接受他的立場。日後他的立場偶爾會有鬆動的時候，特別是在內戰之後的經濟復甦時期；然而，只要是在權力鬥爭期間，他最痛恨的就是讓步與妥協。有個支持者引用他的話說，如果一個健康的人產生痛恨的情緒，「他產生的必定是真實的恨意」。他整個生命是在領導——而非只是培養——階級鬥爭的需要下被激勵出來的。雖然列寧對於被壓迫者的確具有同情心，但是他痛恨殺死兄長的體制卻完全掩蓋了這一點（據說他在知道哥哥被處決時的反應是：「我會讓他們付出代價的，我發誓」）。當然，這並不是十月革命的起因，十月革命真正的觸媒是列寧獨特的領導風格。

臨時政府於七月下令逮捕列寧時，宣布列寧犯了幾項罪狀，其中一項就是列寧其實是德國派來的間諜——司法部釋出的文件檔案應可證明這一點。這些可疑的資料對於列寧的聲望造成打擊，憎恨他的人長久以來也相當看重這些文件。然而，從當時開始累積的資料強烈顯示，他的確拿了德國人的旅費，但他絕對不是德國間諜；事實上，反而是他利用了德國，甚至到最後反而毀了德國。德皇政府協助他返國是為了——再次引用德國外交部的電文——「讓俄國溫和派與極端派的差異急遽擴大，並且要讓後者占上風，我們才能獲得最大利益，因為革命將會……破壞俄國的穩定。」很少有外交手段如此成功的——或失敗。說它失敗，是因為它促成了德國的毀滅，而毀滅的源頭開始於一九三三年。德國這個深具文化傳統的進步國家為何自甘墮落地奉行納粹主義，當中的因素固然很多，但不管從哪個角度看，德國人對於共產主義的恐懼一直是其中一個重要因素；如果沒有布爾什維克這個令德國人恐慌的怪物，希特勒的革命將不可能成功。

那麼，如果德國當初沒有批准列寧通過呢？他可能會規畫另一條路線，例如英國、法國或挪威；不過，列寧及其黨羽當時會認定這些方案不可行也不可能成功，因此擱置計畫（原本計畫喬裝成盲人、聾子或啞巴——或是瑞典人，基於某些原因——但是這項計畫也被放棄。列寧的妻子開玩笑說，列寧在夢中會虐待非革命份子，說出來的夢話一下子就洩露出他的身分）。西方協約國在俄國的主要利益，如我們所見，是俄國能提供對抗德軍的第二戰場，因此他們極不樂見列寧回國；一旦他回國，將正中德國下懷，他潛在的腐蝕力量將破壞俄國繼續作戰的可能。除此之外，其他安排也需要一個月甚至一個月以上的時間進行協調，因為托洛斯基此時正被拘禁在英國，無法返回俄國。在這個關鍵時刻，臨時政府與彼得格勒蘇維埃正好藉由合作——雙方的成員都希望如此——鞏固自身的地位與現狀。列寧很神奇地看出這些戰術上的爭議點，他當下覺得必須在俄國的政治體制穩固之前予以破壞；在他不耐的眼神中，密封火車成了唯一的希望。

如果德國真的拒絕這項方案，結果將會影響深遠，而且無疑會是個好結局。俄國計畫了很久、用來打造國家民主架構的制憲會議，於一九一八年一月在彼得格勒召開，制憲會議的成員由相當公平的全國選舉中選出——但是太晚了。俄國歷史上首次自由的全民普選竟是在蘇維埃統治下完成的，這不僅是悲劇，也是諷刺。列寧原先主張只能由布爾什維克召開會議，然而在這場大選中，布爾什維克只拿到百分之二十五的選票，於是在開了一個會期之後，列寧就解散會議。

如果制憲會議沒有解散呢？如果布爾什維克沒有武力為後盾來解散呢？值得強調的是，就算如此，制憲會議可能還是無法達成充分的協議，建立一個能運作的政府體制，使人民產生忠誠度，正如整個俄國還沒有產生民主必需的市民社會。後共產黨時期的俄國——這個國家長期以來一直處於陰鬱中——最近在想這個問題：「就算列寧沒有登上那班列車，俄國還是會陷入亂局。」但是混亂的狀況不一樣。前布爾什維克時期的俄國並不是居斯丁侯爵（Marquis de Custine）眼中值得前往之地，他塑造的十九世紀俄國形象充滿了落後、猜忌與欺詐，深深影響了西方人對俄國的看法。儘管如此，俄國還是有機會在議會制度下逐漸走上復甦、繁榮與對市民權利的尊重，如此或多或少能讓歐洲人視之為「正常」。制憲會議的選舉可以當成一場全國性大選，布爾什維克拿到的票是絕對少數——但是它卻擁有權力，並且不斷地進行操弄——這說明了其他傾向民主的黨派後面擁有的力量。這些民主黨派在大會會期中的發言——這種意見交換與討論在雙元權力期間也曾出現過，即便在彼得格勒蘇維埃內部也不乏其例——顯示出人們已廣泛接受議會規範，也有實行議會制度的熱忱，只有列寧才會解散這個深具前景、由理想主義者與改革者組成的大會，箇中原因只是他要藉此激勵布爾什維克奪權。

要不是列寧的極端主義，充滿創造力、生產力、理性而穩健的俄國將會在社會主義黨派下統治一段時間，但並不是列寧宣稱的無產階級專政——將國家視為「階級支配的工具」（又是列寧的說法），並且隨即建立一套壓迫人民的體制（馬克思的預言中提到，無產階級革命將會在勞工占絕大多數的先進國家發生，此後國家將會解消，但是列寧完全無視於這些說法；相反地，他建立了一個集權國家，無情地打擊社會主義的必要敵人）。如果沒有列寧，俄國將可免於軍事化政黨的集權荼毒，也不用在秘密警察的監視下維持著以整個世界為目標的意識型態。

不論是否無法避免，列寧建立的成果最後是由史達林接收。史達林是不是列寧的合法繼承人容有疑問，不過可以確定的是，要不是列寧，史達林勢必還處於邊緣地位。簡單地說，沒有列寧，就沒有史達林；也就是說，除了史家，不會有人知道史達林這號人物：雖然史達林曾致力於革命，但最後卻沒沒無聞地死去。

如果沒有列寧，是否就不會發生俄國內戰？是否就不會有飢荒，其中包括了人為造成的飢荒，例如強迫農民進入集體農場？遼闊的俄國大地上是否就不會出現為整肅異己而進行的謀殺，以及其他無窮無盡的悲慘事件？答案幾乎是肯定的。除此之外，重要的歐洲文明將在俄國盛開，俄國混亂的因子非但不會催折花朵，反而會成為花朵的養料。整肅以及偉大的愛國戰爭（莫斯科宣稱這場戰爭是與納粹德國的死鬥）奪走了約四千萬俄國人的生命，沒有列寧的執念與遺產，哪怕死傷人數只是其中一小部分也是難以想像的。

如果沒有列寧，我們也很難想像俄國會與西方爆發全面性衝突。二十世紀的俄國不論在什麼制度下都會變得非常強大，也許足以在經濟與政治影響力上和美國一較長短，而在發展過程中也可能讓西歐感到不安。統計數字顯示，即便俄國在一九一七年以前飽受障礙與限制，但成長依舊衝高；如果一九一七年後的俄國未淪落在蘇維埃手裡，成長幅度一定更大。沒有列寧，冷戰大概也不會發生。

只有共產黨——布爾什維克為自己重新命名——才會讓西方對來自東方的威脅產生那麼大的反應。華府故意誇大共黨威脅，使華府自己也淪落到跟蘇維埃一樣的低劣水準，他們對冷戰該負的責任恐怕要比大多數美國人所想的還大些。除此之外，華府的真正目的其實也帶有跟列寧相同的傲慢態度，列寧相信他已經得到最高的智慧，並且掌握了人類歷史與幸福的鑰匙，因此將自己的革命強加在不願革命的俄國之上。列寧辱罵並嘲弄外國的「資產階級民主」政府，以及俄國自己的臨時政府；他挑戰的不只是西方資本主義，還有西方資本主義賴以運作的自由主義民主制度。我們知道什麼對大家是好的，我們會幫助大家破除腐敗且終將毀滅的制度；沒有了這種意識型態——列寧從理論的反覆思考中得出這種意識型態，並且訴諸於實際的挑撥煽動——俄國與歐洲其他國家以及北美也許會有一場非常激烈的競爭。然而，就算各國彼此針鋒相對，也不會演變成冷戰那樣的關係；相反地，俄國或許會逐步且相當辛苦地整合到我們所謂的自由世界中。

沒有冷戰，不用為了提防爆發戰爭而枕戈待旦，世界各國不用為了「防衛」而耗費大量心血、金錢與資源，也不會有可怕的審判與恐怖的囚禁，以及詭異的間諜「遊戲」（不會有子彈朝著一萬兩千名波蘭軍官的後腦勺打進去，這裡只舉卡廷森林〔Katyn Forest〕屠殺為例，過多的例子只會使人麻木）。沒有檢查制度與扭曲的資訊，也沒有大大小小用來支持或反對共產主義的謊言；這些言論要不是將一方美化成天堂，就是將另一方醜化成地獄，反映出雙方領導人各有其信仰的公理。簡言之，地球不會分裂，也不會在仇恨中蹣跚而行。當然，俄國自己的虛擲與扭曲超過了所有國家，但美國則高居第二；四十五年來，美國的國家目的幾乎限縮在與共產主義的戰鬥上。二十世紀下半葉世界各地的人口壽命因這場鬥爭而減少，這種說法並不誇張。

從這個意義上來說，陳舊的共產黨口號「列寧活得比任何人都還真切」，現在看起來還是對的。重擔雖然已經除去，殘廢與貧困卻繼續存在，再次讓俄國寸步難行。當初四十七歲的列寧以奇特的方式——德國確實讓他的列車擁有治外法權——返回俄國，為的是帶領俄國走上他個人的花園小徑；在百轉千迴中，他幸運成功，卻帶給世界種種的不幸。

14 天佑小羅斯福

總統路上七件原本可能不會發生的事

喬佛瑞・沃德

小羅斯福傳記的作者沃德寫道，小羅斯福是個極為幸運的人。人們也許會說，小羅斯福是一個幸運之神眷顧下「本該發生在他身上的事卻未發生」的研究案例。對小羅斯福來說，他沒有選擇的道路大多成了他原本就應該避免的道路，其他人所做的決定——雖然不總是對他有利——卻成了他的助力而非阻力。例如，早年有一位初進社交圈、「最美麗的」少女拒絕了小羅斯福：對於小羅斯福的事業來說，這個少女絕非上上之選；除此之外，她還是個共和黨員。

政敵低估了小羅斯福，而且沒有對他發動全面攻擊：他們日後懊悔不已。小羅斯福的運氣很好，新聞媒體太謹慎，沒有深入挖掘他的荒唐事，因此讓他的不貞醜聞得以免於公諸於世；這種醜聞一旦發生，很容易就能終結政治人物的大好前程。小羅斯福的疾病讓他得到機會，而非結束。當小羅斯福還是北紐約州一位沒沒無名的州參議員時，傷寒症適時地侵襲他，反而讓他得到一個堅信他將來會成為總統的人的忠實協助。小兒麻痺症是他遭遇過的最大不幸，但是從政治的眼光來看反而是幸運（而且還阻止了另一件醜聞帶來的污點）。而在小羅斯福當選總統之後，幸運再度降臨，他拒絕邁阿密新聞攝影記者的不斷請求，因而讓他在一九三三年二月保住性命——同時也讓美國免於被另一個人領導，這個人沒有意願也沒有能力帶領美國走出南北戰爭以來的最大危機。

小羅斯福被行刺前不到兩年的時間，在曼哈頓也發生了一件間不容髮的危險遭遇：有個英國人橫越第五大道時，因為看錯方向而被一輛汽車撞上，差點喪命。小史雷辛格（Arthur M. Schlesinger, Jr.）寫道，「有人認為個人不能改變歷史，他們也許可以好好想想」；如果這輛車撞死了邱吉爾，或是小羅斯福遇刺身亡，「二十年後的世界是否還會相同」。

喬佛瑞・沃德（Geoffrey C. Ward）著有十二本書，包括《一流的氣質》（*A First-Class Temperament*），這是一本描述小羅斯福早年生平的書，榮獲一九八九年國家圖書評論家獎（National Books Critics Circle Award）與一九九〇年美國歷史學家學會的法蘭西斯・帕克曼獎（Francis Parkman Prize）。他與製片人伯恩斯（Ken Burns）合著有《南北戰爭》（*The Civil War*）、《棒球》（*Baseball*），以及最新出版的《爵士樂：美國音樂史》（*Jazz: A History of America's Music*）。

對傳記作家來說，猜測什麼事原本應該發生卻沒有發生總是帶有風險——傳記記錄的終究是傳主做了什麼選擇、走了哪一條路，以及不做哪些選擇——而對於為小羅斯福作傳的人來說，危險性特別高，因為小羅斯福本人總是拒絕回答「不確定的」問題。然而，小羅斯福是個重要人物——我沒有興趣撰寫關於皮爾斯（Franklin Pierce）或哈里森（Benjamin Harrison）如果未當選美國總統將會如何的文章（也不會有人有興趣閱讀）——回顧小羅斯福擔任總統之前的生涯，很難不發覺許多時刻幸運之神似乎特別眷顧他。其實事情很可能發展到不同的方向，使小羅斯福走上和父親相同的道路：一個和藹可親、受人尊敬的鄉村紳士，平時只出現在紐約州達奇斯郡（Dutchess County）和曼哈頓俱樂部。

如果小羅斯福向光采動人卻謹守傳統的女繼承人求婚成功，而非遭拒，小羅斯福將會成為什麼樣的政治人物？

一九〇〇年秋天，小羅斯福是個十八歲的哈佛新鮮人，當時的他迷戀上高挑、苗條又活潑的十五歲少女索西爾（Alice Sohier），她來自麻州北岸（North Shore）歷史悠久的家族，而她的家族正好符合小羅斯福的母親莎拉為小羅斯福挑選的結婚對象，一個貴族式大家族。索西爾的母親是奧爾登（John Alden）❶的旁系子孫，父親則是個遊艇迷，有三棟設備完善的雅緻避暑別墅。至於索西爾本人，則是個大美女。「〔當年〕初進社交圈的女孩中，她是最美麗的。」小羅斯福日後如此回憶著。

年輕的小羅斯福花了一年以上的時間追求索西爾，並且在日記上寫下與她相處的時光：「跟索西爾見面」；「跟索西爾跳舞」；「跟索西爾共進晚餐」；「晚上到索西爾家」。而在一九〇二年春天，他明顯做了一個衝動的決定：向索西爾求婚。他跟索西爾都還很年輕，而索西爾也有其他求婚者。年輕的小羅斯福不成熟的野心，讓索西爾的父母覺得他太高傲，甚至認為他有點失態：小羅斯福在一次晚餐中告訴索西爾家，他正在規畫自己的政治生涯，自認為可以像心目中的英雄、同時也是遠房堂兄老羅斯福那樣，有一天能當上總統。此時索西爾的堂哥問他：「有人相信嗎？」惹得索西爾全家哄堂大笑。除此之外，小羅斯福也告訴索西爾自己對未來妻子的期望：他解釋說，身為獨子，他總是感到孤單，因此希望有六個小孩，和在老羅斯福牡蠣灣草地上玩耍的小孩數目一樣。小羅斯福的迷戀讓索西爾感到受寵若驚，但是她對小羅斯福的期待卻感到震驚：許多年後，索西爾告訴好友，她之所以拒絕小羅斯福的求婚，是因為「我不想當一頭母牛」（她後來嫁給了保險公司經理，當了一輩子共和黨員，還總是感謝老天自己沒成為「總統夫人」）。

一九〇三年十月，索西爾要去歐洲旅行，傷心的小羅斯福前去送行。才過了五週，小羅斯福陪著羞澀的表親伊蓮娜（Eleanor）到麥迪遜廣場花園看紐約馬秀，開始移情別戀，將心思放在伊蓮娜身上。

❶ 譯註：奧爾登是首批搭乘五月花號來到美洲的英國清教徒。

索西爾滿意於周遭所見的世界，伊蓮娜就不是如此，而且她也認為未來的丈夫不該是如此。日後伊蓮娜很喜歡提及一件事：在他們熱戀期間，她總是特意要小羅斯福在傍晚時分到紐約下東區的移民住宅接她，她當時在那裡擔任志工。有一次，小羅斯福幫忙帶一名病童走了好幾層廉價公寓樓梯，最後到了一個充滿惡臭的小房間，而這個小房間居然擠了一家人。小羅斯福看了臉色發白又驚訝，他說：「我的天啊，我不知道有人會住在這種地方。」

伊蓮娜回憶時微笑著說：「我希望他能看看人們是怎麼生活的。」「我的想法起了效果，他看到人們怎麼生活，從此就銘記在心。」

表面上看來，小羅斯福在政治上的成功似乎與跟誰結婚沒什麼關係。他首次競選——一九一〇年的紐約州參議員——就已經帶有一般人沒有的優勢，足以引發競選者的妒意：英俊瀟灑，散發無窮的魅力，對他人總是充滿興趣，精力充沛，家境富裕，再加上他冠上著名的姓氏。不過，如果沒有伊蓮娜持續又嚴格地啟迪小羅斯福的善良本質——有時她的激勵方式稍嫌不夠圓滑——小羅斯福恐怕就很難掙脫其父母的偏狹，以及自身大家族環境給他的限制，而小羅斯福也就無法成為這樣的總統：有一次，他對勞工部長柏金斯（Frances Perkins）說：「柏金斯，我們現在要做的，就是將美國建立成一個不放棄任何人的國家。」

如果大家遺忘許久的紐約州改革者奧斯本（Thomas Mott Osborne）比原先更成功，小羅斯福在政治上的發展將會如何？或者，如果小羅斯福沒有在首次競選連任期間染上傷寒？

年輕的州參議員小羅斯福帶著自己在政治上的弱點和長處到了阿爾巴尼（Albany），他似乎還是經常瞧不起出身不如他的人（就連跟小羅斯福同黨的民主黨國會議員，也把他視為只講派頭又膚淺的人）。小羅斯福急切地對坦慕尼協會（Tammany Hall）發動震天價響的戰事，但只是在報紙上增添幾則頭條，少有成果。雖然小羅斯福從一開始就顯現出吸收與整理零散資訊的驚人能力，但是他無法長時間專注，而且非常討厭繁瑣的工作。

路易斯豪（Louis Howe）是個溫和卻無趣的阿爾巴尼新聞記者，他的想法傾向進步主義，而且強烈渴望能隱身幕後操持政治權力。路易斯豪聞名之處，在於幫助小羅斯福向目標邁進，但是很多人都忘記小羅斯福並不是路易斯豪第一個極力擁護的對象，路易斯豪擁護的第一名深具魅力的紐約改革者其實另有他人。

一九〇六年，路易斯豪加入充滿魅力的前歐本市（Auburn）市長奧斯本陣營，奧斯本當時正努力想讓民主黨拒絕提名赫斯特（William Randolph Hearst）當紐約州州長。奧斯本相貌堂堂、口才便給、品格高尚（他是當時最有名的獄政改革者），但同時又浮誇、愛唱高調且無故就侮辱人——他甚至拒絕跟他所謂的操縱民主黨黨機器的「野狗」談判——因此最後遭遇慘敗。儘管如此，路易斯豪還是看好奧斯本的政治前景，並且跟了他六年多。路易斯豪秘密擔任奧斯本的幹部，並利用自己客觀中立的記者身分，為奧斯本打探民主黨內部的消息。一九一二年，路易斯豪辭掉報社職位，全心為奧斯本工作，他相信奧斯本未來至少能當上州長，而他也能攀附驥尾，一道升官。

然而，在毫無預警之下，奧斯本突然退出政壇。路易斯豪在這年秋天丟了工作，感到相當絕望。就在此時，伊蓮娜打電話給他，說她的丈夫染上傷寒，因為病情實在太重，無法親自競選造勢，所以問路易斯豪是否願意幫小羅斯福接下這場進退兩難的選戰？路易斯豪滿懷感激地答應了，他私底下稱小羅斯福是「受人愛戴與尊敬的未來總統」，並且一直跟在小羅斯福身旁，直到一九三六年去世為止。很難想像，如果沒有路易斯豪的謹慎與忠誠，及其對黨政生態的熟悉——再加上他願意負責大大小小的繁瑣事務——小羅斯福如何能登上總統高位。

如果小羅斯福在海軍部任職期間，遇到一位度量遠不如丹尼爾斯（Josephus Daniels）的長官，小羅斯福將會如何？

小羅斯福在一次大戰前擔任海軍部助理次長，一直任職到一次大戰後，展現出充沛的活力與令人注目的行政能力；他在面對如叔父般慈祥的北卡羅萊納報編輯時❷，也表現出極為謙恭的態度。然而，當初這位編輯邀請三十一歲的小羅斯福前來華盛頓任職時，編輯的一位老友預先警告編輯：「不管什麼時候，只要小羅斯福一騎上馬，誰也不許騎在他前面。」

就他對於年輕小羅斯福的情感，丹尼爾斯喜歡說：「第一次見面就愛上這個年輕人。」小羅

❷譯註：丹尼爾斯曾擔任北卡羅萊納報編輯，後於一九一三年擔任海軍部長，即小羅斯福的上司。

斯福對於這位上司的情感就比較複雜。這兩個人的特質與風格明顯不同：小羅斯福從小就想加入海軍，丹尼爾斯則對軍隊抱著提防的態度，對海軍將領更是充滿猜疑；小羅斯福相信美國勢必會捲入第一次世界大戰，丹尼爾斯則不認為如此；丹尼爾斯步履緩慢、優雅謹慎，小羅斯福則缺乏耐心、鹵莽又急於有所作為。

小羅斯福所受的拘束是最少的，沒有一位海軍助理次長像他一樣負責那麼多事。但小羅斯福仍不滿足，他從出生後就被教導成不受任何人節制與指揮，並且認為應該是他而不是別人來掌控全局。小羅斯福於一九一四年寫信給妻子：「雖然丹尼爾斯在這裡，但實際上是我在管事！他很多事都搞不清楚，看起來愉快，其實非常痛苦！」小羅斯福經常在華盛頓的晚餐桌上將提攜他的長官形容成鄉巴佬，一位好友把他拉到一旁，告訴他說這種話應該覺得羞恥，但他還是依然故我。小羅斯福也將對丹尼爾斯極為不利的消息洩漏給丹尼爾斯敵對的報社記者，並且進行遊說，希望自己能取代丹尼爾斯擔任海軍部長。他還與丹尼爾斯的主要敵人串通——其中包括了威爾遜政府（小羅斯福自己擔任威爾遜政府的公職）的大敵老羅斯福。儘管小羅斯福做了這些事，但是丹尼爾斯不僅喜歡小羅斯福，還愛小羅斯福，這一點實在是美國政治史上難解的疑團。我想，除了丹尼爾斯，任何人都無法忍受小羅斯福擔任海軍部助理次長超過六個月，最後一定是懷著喜悅的心情將他送回老家海德公園。

如果老羅斯福在一九二〇年還活著，對小羅斯福的全國政治事業將有何影響？

往後幾年，小羅斯福喜歡提到，自己擔任海軍部助理次長的輝煌記錄讓他在一九二〇年獲得民主黨提名競選副總統。他跟早期一名為他作傳的作家說：「他們選了我，是因為我的名字在一次大戰時家喻戶曉。」事實上，之所以選擇他，主要是因為他與剛過世的老羅斯福同姓。

老羅斯福對小羅斯福的生涯影響的確很大，這一點並不誇張。小羅斯福的母親莎拉曾說，老羅斯福是羅斯福家族中首位「踏入政界卻沒有成為政客」的成員。十四歲的小羅斯福在格羅頓（Groton）中學就讀時總是戴著夾鼻眼鏡，因為老羅斯福在古巴壺山（Kettle Hill）衝鋒陷陣時也戴著夾鼻眼鏡。就讀哈佛大學時，小羅斯福加入了共和黨社團，並且冒雨去支持他的英雄老羅斯福。小羅斯福對伊蓮娜的愛雖然真摯，但是伊蓮娜讓小羅斯福進入她舅舅位在牡蠣灣的社交圈，卻是一份相當豐厚的嫁妝。老羅斯福有四個兒子，任何一個都比小羅斯福有資格繼承他的政治遺產，這使得小羅斯福於一九一〇年加入民主黨；對小羅斯福來說，加入共和黨似乎沒什麼未來。而在同年，小羅斯福竟意外當選紐約州參議員，共和黨則在老羅斯福進步派追隨者的策畫下分裂而敗選。老羅斯福希望從共和黨黨老大那裡奪回權力，並且讓自己在一九二〇年被共和黨提名為總統候選人。數十萬名支持者就等著老羅斯福一句話，但是，老羅斯福卻突然在一九一九年一月去世。

小羅斯福當時才三十八歲，看起來還很年輕。第二年夏天，他與紐約州黨代表出發前往美西，準備參加在舊金山舉辦的民主黨全國大會。小羅斯福全力支持提名史密斯（Al Smith）擔任總統候選人，此舉給了群眾極為良好的印象，結果所有的喝采反而集中在小羅斯福身上。然而，中間居然經過四十四次投票，筋疲力竭的黨代表才選出連當三任俄亥俄州州長的考克斯（James Cox）擔任民主黨總統候選人，而這位州長則找年輕的小羅斯福擔任他的競選夥伴。小羅斯福是史密斯的熱情支持者，此舉讓考克斯的擁護者頗為驚訝，但是考克斯告訴他們，如果沒有小羅斯福幫他取得紐約州，十一月的大選就不可能獲勝。更重要的是，他說「小羅斯福的名字很有用」，他的意思是，小羅斯福可以吸引那些討厭共和黨總統候選人哈定（Waren G. Harding）的進步派共和黨人，而這些人仍處於哀悼老羅斯福的情緒中。隔天早晨的報紙頭條也反映了考克斯的想法：小羅斯福的政治事業與老羅斯福相似……兩位羅斯福的政治事業有相同之處……老羅斯福的遠房堂弟被提名為副總統……民主黨希望「羅斯福」這個姓氏能吸引選票……全世界都喜歡羅斯福。

考克斯和小羅斯福的組合在那年秋天被哈定和柯立芝擊敗，顯然羅斯福這個姓氏仍不足以取得紐約州各郡的支持。不過，黨工並不責怪小羅斯福，數百萬選民現在並不覺得小羅斯福只是過世的老羅斯福的微弱倒影；相反地，他們見識到小羅斯福的活力與魅力。

如果當時的媒體也跟我們現在的媒體一樣，充滿了難以控制的憤世嫉俗與窺探私人醜聞的執念，小羅斯福還有可能入主白宮嗎？

相較於我們這個時代，小羅斯福在他那個時代要隱藏自己的私生活顯得容易得多。早期小羅斯福與莫瑟爾（Lucy Mercer）的戀情，華盛頓上下莫不知情，但只要小羅斯福在世一天，這些事絕不會見報。伊蓮娜於一九一七年發現此事時，她的表妹艾索普（Corinne Alsop）還記得：「他們接下來所做的，就跟一般人認為當事人會做的差不多。」伊蓮娜向小羅斯福提出離婚要求，小羅斯福的母親則說，如果兒子同意離婚，就別指望拿到她的遺產。莫瑟爾是個身體力行的天主教徒，對於自己能不能嫁給離過婚的男人也感到苦惱。路易斯豪則說，如果小羅斯福讓感情戰勝了理智，那最好離開政壇，離婚等於是政治自殺。

最後，路易斯豪的看法占了上風。如果小羅斯福離婚，娶了莫瑟爾並退出政壇，這將對未來的總統人選、美國、甚至自由本身產生什麼影響，實在令人無法想像。不過，已經過世的坎普頓（Murray Kempton），曾經寫過一篇令人難忘的有關小羅斯福與第二任妻子的「短篇幻想」文章：夫妻兩人將退隱到哈德遜灣，在那裡「過著想像的生活，一起白頭到老。他們住在新堡（Newburgh）附近，小羅斯福虛弱無力地耕田，為人草擬遺囑，幫鄉里定訟止紛；妻子則經常偷偷前往陰暗的小教堂，為他們當初的歡娛所造成的靈魂缺憾而懺悔。經濟大恐慌對小羅斯福來說無異雪上加霜，在他去世之前，他已經設法將剩餘的土地賣給戰後的政府興建國民住宅，以彌補虧空。他的訃聞在《紐約時報》所占的版面可說恰如其分：美國前海軍部助理次長，在民主黨最低潮時被提名參選美國副總統。

小羅斯福還有其他不為人知的秘密，只是當時負責任的報社工作人員認為這與公眾無關，因而不予報導。這些秘密包括：小羅斯福與他的未婚秘書勒韓德（Marguerite Le Hand）之間的關係，以及小羅斯福的子女成年後，小羅斯福就和妻子分房睡，並只維持形式上的關係。他們離開白宮時是處於分居狀態，而且彼此的朋友圈完全區隔開來；除非是為了招待賓客，否則也很少共進晚餐。

小羅斯福罹患小兒麻痺症之後，下半身完全癱瘓——並非《時代》雜誌所報導和大多數美國人所相信的，只是「跛腳」而已——這件事在他和身邊的人彼此同意下完全對外保密。如果沒有這樣一個未明文的約定——如果攝影師與新聞攝影記者每天固定刊登小羅斯福無法在未受協助的狀況下行走、或無法從椅子上起身的樣子——很難想像一個遭受經濟大恐慌重創的國家怎麼可能選擇半身不遂的人當總統（我不認為往後幾年會有什麼變化：時至今日，如果有總統候選人和小羅斯福一樣身體狀況不佳，電視機前永不間斷、絕不寬容且無所不在的目光將會讓他敗選）。

如果小羅斯福未於一九二一年染上小兒麻痺症，後果會如何？

一九二〇年的副總統選戰中，堅定支持小羅斯福的新聞秘書俄利（Steve Early）曾說，小羅斯福「只是個紈絝子弟」，「無法嚴肅看待人生……也不在演講前好好做準備；相反地，他寧願跟人打牌」。剛過世的小羅斯福的兒子也曾跟我說過類似的話：染上疾病之前，他的父親一直是「政治圈的紈絝子弟，靠著老羅斯福的庇蔭和母親的財富過活」。小羅斯福的兒子還認為，他父親的疾病雖然帶來身體上的痛苦，但是從政治角度來看，卻算是「意外的好運」。他說，疾病讓父親產生耐性；更重要的是，在一九二〇年代共和黨政府主導時期，他父親拒絕參加總統大選，因為他父親認為這是「愚弄自己」的行為：小羅斯福還沒有準備好要當總統，而美國也還沒有準備好要接受小羅斯福的領導。小羅斯福兒子的說法過於誇大——不管小羅斯福有沒有染病，史密斯在一九二四與一九二八年都一樣能拿到紐約州的選票——而且他對父親年輕時代的無情描繪，也許有一部分沾染了自己政治生涯不順遂的記憶。

除此之外，小兒麻痺症的確間接讓小羅斯福逃過一場可能讓他政治生命縮短的威脅——在新港（Newport）醜聞中，他的做法引起了爭議。一九一九年春，海軍部長丹尼爾斯前往歐洲參加協約國海軍會議，對於將海軍部交給毛躁的助理次長暫管，顯得有些不放心，因此特別叮囑小羅斯福不要在重要文件上簽字，一切等他回來再說。跟往常一樣，小羅斯福很高興自己能主管事務：「你應該看看，在我的管理下，部裡的工作起了什麼變化。」他向一位也在海軍部工作的朋友誇耀說：「早上九點到十點半，我在舊大樓接見民眾，跟媒體見面，然後便搭乘高性能的車子快速抵達新大樓。從那時起——早上十一點——我就不接見海軍部以外的人，包括眾議員、參議員或其他閒雜人等。部裡的信件都在辦公時間內簽署完畢，而且今天的事務絕不拖到第二天，沒有任何文件需要帶回家處理，也沒有任何文件弄錯或遺失。」然而，日後小羅斯福與丹尼爾斯回想起來，都覺得小羅斯福要是沒有用粗藍筆在一些文件上簽字就好了。那年春天簽署的文件中，有一部分跟建立極機密情報單位有關，單位直接隸屬於小羅斯福管轄，負責終止羅德島州新港海軍基地層出不窮的同性戀現象。這項任務在當時並沒有什麼值得大驚小怪的：不管是適用於軍人還是平民的法律，都規定同性戀的行為是犯法的。

然而，這個單位使用的「方法」卻差點毀了小羅斯福的政治生命。至少在小羅斯福的默許下，年輕水手接到指示「極為深入地」干涉同性戀者的性生活，目的只為取得對同性戀者不利的證據。被逮捕者當中有一人是著名的英國國教會教士，他的被捕成了全國頭條，而這位教士的律師則指控這是陷人於罪。

事件的調查從兩方面進行，一個是海軍單位，另一個則是參議院小組委員會。小羅斯福憤怒地全盤否認，他甚至不記得自己讀過這封他自己都簽了名的秘密班設立信函。他宣稱自己從未被告知要如何蒐集證據，而他自己也沒有問過這方面的事。

這是小羅斯福的職責範圍嗎？不是，他宣誓後這麼回答。他的事務繁重，而他只關心成果。海軍法院的調查最後只做出輕微的懲戒就讓他離開，但是共和黨占多數的參議院小組委員會則認為，小羅斯福的證辭「不可信」也「難以置信」。他們不斷傳喚他前來，並且說：如果小羅斯福認為，由他辦公室直接下令的工作，工作內容是什麼不是他的責任範圍，那麼「他就是完全失職」；如果小羅斯福曾下令「士兵調查這些性倒錯的行為」——共和黨參議員深信是他下令的——他的做法就是「必須嚴厲譴責的不道德行為，而且也濫用了長官權威」。

過了這麼多年，小羅斯福在這件醜聞中到底有沒有過失，恐怕難以查清；然而，這件事他似乎不可能與人共謀，反倒有可能是疏忽造成的。小羅斯福於上司不在時批閱公文，思慮卻不夠周密，只顧著享受秘密調查時那種位高權重的氣氛，卻因為太忙或分心而未能留意每天發生的細節。無論如何，情況看起來並不樂觀，而且有些新聞記者——共和黨急欲終結年輕小羅斯福的政治前程，因此鼓勵記者這麼做——還想將小羅斯福介入更深的部分挖出來。

此時，小羅斯福的病反而成了不可思議的恩惠。參議院小組委員會對小羅斯福的指控才剛出現在《紐約時報》頭版——報紙為這則故事所下的頭條是「小羅斯福要為海軍醜聞負責」，而報紙上說細節不堪入目、「不宜刊出」，更讓事情越鬧越大——小羅斯福已經前往坎波貝洛（Campobello），並且在當地染上小兒麻痺症，時為一九二一年夏天。

小羅斯福染病之後，即便是最不願放他干休的對手也認為，這個以往政治事業風光平順的人現在變得如此無助，就算進一步打擊他，也得不到什麼好處，這件案子就這樣無疾而終。十一年後，小羅斯福返回政壇競選總統，仍然很擔心這件事對他的政治傷害，因此他與路易斯豪堅持路克爾（Earle Looker，小羅斯福第一位選戰傳記作家）要在書中放入他於一九二一年在報紙上發表的自我辯護全文；而在結尾的十八頁篇幅中，竟有八頁提到小羅斯福在海軍部服務的時光。

共和黨認為小羅斯福對他們已經不再是威脅，因此不再追究新港醜聞，然而這些人終將加入已經排成一長串後悔當初不該低估小羅斯福的人龍。這串人龍很早就開始排起，從小羅斯福在格羅頓與哈佛的同學開始，他們完全不能理解，記憶中那個安於享樂而虛矯的年輕人怎能在競爭激烈的政治界立足。人龍延伸到牡蠣灣的羅斯福家族，他們認為伊蓮娜嫁給小羅斯福實在是委屈自己；達奇斯郡民主黨黨老大選擇小羅斯福在共和黨票倉參選州參議員，看重的是他母親的財富；

坦慕尼協會老大在一九一一年讓小羅斯福無法獲得競選美國參議員的提名，便以為他將從此退出政壇；最後則是史密斯，他在一九二八年認為小羅斯福的健康狀況不佳，判斷讓小羅斯福重返政壇競選州長應不至於對他構成威脅。

他難道不會成為危險的對手嗎？一個名叫芬恩（Dan Finn）的老夥伴問史密斯。

「不會的，」擔任州長的史密斯很有信心地回答：「他活不過一年。」

當然，小羅斯福又活了十七年，而且最後十二年是在白宮度過的；然而，在他進入白宮之前，幸運之神將再眷顧他一次。

如果贊格拉的子彈沒有射偏呢？

一九三三年二月十五日晚上七點，艾斯特（Vincent Astor）的遊艇努馬哈號停靠在佛羅里達州邁阿密。剛當選總統的小羅斯福也是甲板上的一名旅客，經過這趟加勒比海釣魚之旅後，他曬黑了並且充分地休息。此時距離就職典禮還有十七天，邁阿密市長已經在灣前公園露天劇場為小羅斯福安排了歡迎大會，數千名群眾已經在那裡等候，想一睹他的風采。群眾當中——位於第二排，距離小羅斯福的敞篷車停車處只有三十呎，小羅斯福將在停車後向群眾發表演說——有個精神錯亂的義大利移民贊格拉，他因消化性潰瘍而痛苦，並且對「領導政府……（以及）榨取人民血汗的政客」感到憤恨。贊格拉口袋裡有一把點三二口徑左輪手槍，原本想用來刺殺胡佛，不過現在小羅斯福才是他的真正目標。如果在邁阿密沒有得手，贊格拉打算到華盛頓的就職典禮上殺死他。

小羅斯福座車在群眾歡呼聲中緩緩前進，到達定點時已是七點三十分。祝賀群眾靠近並圍著車子，小羅斯福靠著汽車椅背起身，好讓民眾看到他，他微笑地對著麥克風做了簡單陳述——他的陳述太簡短，新聞記者才剛準備好要拍攝，他就已經坐回椅子上了。攝影記者懇求他再往後起身，並且對著記者重複一次剛才說的話。小羅斯福溫和地拒絕了，他說：「很抱歉，我實在做不到。」此時，贊格拉還來不及瞄準目標，就發現小羅斯福已經脫離他的視線；情急之下，他爬上鐵椅並且開槍。他開了五槍，射中五人——其中包括傷重而死的芝加哥市長瑟麥克（Anton Cermak）——然後就被群眾摔到地上。

小羅斯福毫髮無傷。如果贊格拉能早一點抵達灣前公園，並且在群眾最前端找到位置，而不是坐到第二排，或是小羅斯福對新聞記者的不斷要求讓步，結果也許會大不相同。我們不可能知道接下來會發生什麼事，除了一件：根據新增的美國憲法修正案第二十條，總統職位將由副總統當選人接任。德州的加爾納（John Nance Garner）將發現自己必須面對美國從南北戰爭以來的最大危機：經濟大恐慌。

加爾納對於破除「愚蠢傳統」沒什麼興趣，相反地，小羅斯福則保證自己會這麼做；此外，加爾納也缺乏新觀念來面對小羅斯福所說的「前所未有且不尋常的時代」。加爾納於一八六八年出生於德州花草原（Blossom Prairie）的木屋中，父親是前南方邦聯騎兵，母親則保留著早期保衛家園對抗柯曼其族（Comanches）的記憶。加爾納每天要走三哩路到只有一間教室的學校上課，他第一次成為地方上風雲人物，是在花草原與浣熊湯谷共組棒球隊、與鄰近的忙碌負鼠棒球隊進行每年一度的比賽中獲選為明星游擊手。加爾納跟林肯一樣，都是在小鎮的法律事務所學習法律。一八九三年，加爾納通過律師考試，之後醫生檢查出他感染了肺結核，於是加爾納便跑到聖安東尼奧以西鄉間乾燥草原上的烏瓦德（Uvalde）設立事務所。他在九個郡巡迴，有時允許客戶以牛與安哥拉羊換取法律諮詢。加爾納娶了牧場主人的女兒，她所繼承的大量遺產讓加爾納成了牧場主人、胡桃農場主人及小鎮銀行家，並且讓加爾納當選了州議員。加爾納擔任選區重劃委員會主席時，特別留意德州的選區重劃，以維持自己在國會中的安全席位。加爾納於一九〇三年前往華盛頓，他以堅毅、資歷以及對國會生態的高度敏感，逐漸成為民主黨領導人物。一九三一年民主黨拿下眾議院多數，加爾納成為議長，他仍然是反重建的傑佛遜主義者。經濟大恐慌第三年，他說：「現今最大的問題，就是我們的法令多如牛毛。我相信政府最主要的功能只有兩個：保護人民生命與財產的安全。如果超過這兩樣，政府就成了人民的負擔。」（一九三七年四月，加爾納在內閣會議中主張，如果城市居民能接受勸說，大批移居鄉村，國內問題就可迎刃而解。）

加爾納出現在一九三二年的選票上，是小羅斯福為了在黨代表大會獲得德州選票不得不付出的代價。其實加爾納寧願當眾議院議長，他曾對記者說：「副總統職位比一壺熱尿還不值。」——而當某位新聞記者把這句話改成「一壺熱痰」以吸引大眾注意時，加爾納私下罵這名記者「娘娘腔」。他之所以願意擔任副總統，完全是出於畢生對民主黨團結的重視。

加爾納幾乎很少跟小羅斯福見面，而且在火速返回烏瓦德等待大選結果之前，也只舉辦過一場選戰演說。這麼做也許是對的，因為他是個缺乏魅力的人：五短身材——只有五呎一吋高——他的紅臉隱約讓人想起波本酒，再加上剪短的白髮與可怕的眉毛（「就像兩隻毛蟲在摔角」，他自己這麼說），小巧的嘴角總叼著熄滅的雪茄。除此之外，他的演說也很差勁。在他掌握的民主黨選區中，他覺得沒有需要發表演說；而在眾議院中，他也覺得沒有必要發表演說。他給每個新進國會議員的標準建議是保持緘默，並且在枱面下解決事情。「我在國會發表談話是好幾年前的事，」他對眾議院下任議長說：「我希望你不要把自己搞得像傻瓜一樣。」一九三三年的總統就職日，絕望的美國期盼的是能讓他們安心的總統，這位沉默寡言的德州政治人物恐怕辦不到這一點；而讓加爾納高興的是，新聞媒體稱他是「德州的柯立芝」。

就職後前一百日，加爾納都不反對總統提出的法案，小羅斯福得到的權力超過美國有史以來任何一位總統。雖然加爾納相信絕望的時代需要絕望的措施，而他也利用身為參議院主持者的地位來推動法案過關，但私底下還是認為國家復興總署是個「夢幻般的冒險」。加爾納的朋友同時也是資深記者的提敏斯（Bascom Timmins）還記得：「法案宣讀之後，在參議員還有時間清清喉嚨、調整一下稿子並要求發言之前，加爾納就以快速如連珠砲的速度說：『現在的問題是，這項法案是否要正式謄錄、第三讀然後通過？沒人反對，法案通過。』」來不及反應的參議員只能說運氣不好。雖然如此，新聞記者文森（John Carter Vincent）在一九三四年說，加爾納這個德州人「與新政格格不入，就像小圓餡餅裡的死老鼠……他是美國西部中產階級的縮影：大農場主、銀行家和生意人。他是個獨立企業家，按照老遊戲老規則獲得成功。他反對大企業，但反對的前提是大企業妨礙了小企業的生存。如果新政落到他的手裡，我們只能求上帝保佑新政和美國。」

加爾納仍堅決反對任何形式的赤字支出：他說，我太太絕沒有「記賬戶頭」；又說，美國也不需要這樣的戶頭。加爾納的勞工觀點也跟不上時代，他的財富有一部分建立在廉價勞工上：德州木匠工會每人每日拿到一點二五美元，為加爾納工作的則只拿到四分之一；為加爾納採集胡桃及剝胡桃殼的墨裔美人，每完成一磅只能拿到一美分。「除非他們成為真正的美國人，否則這樣的待遇沒有問題。」加爾納不智地對費城記者說出這樣的話。「郡治安官叫他們做什麼，他們就必須做什麼。」加爾納對內閣說，靜坐罷工直接構成竊盜。

加爾納對外交事務也完全不感興趣。他對國際聯盟懷有敵意，而他的興趣只擺在「自己的同胞」與「自己的國家」上；正因如此，他在一九三二年成了赫斯特眼中民主黨總統候選人的不二人選。加爾納反對小羅斯福於一九三三年承認蘇聯，之後，也在同年，加爾納回到老家烏瓦德繼續餵他的雞。在接連有五名古巴總統因政變下台後，小羅斯福親自登門拜訪請教加爾納美國是否應介入，以維護美國在當地的利益。

「你認為我們該怎麼做？」小羅斯福問。

「我不會干涉古巴。」

「如果有美國人被殺呢？」

「我會等一下，」加爾納回答：「看看到底是哪個美國人被殺……」

加爾納對納粹也不怎麼憂心。有人在初期內閣會議中非常擔心新成立的希特勒政權似乎有意處死猶太人時，根據文森的說法：「加爾納——或許是想起了當初南方對待黑人的方式，讓北方產生了道德憤慨，其結果影響了往後五十年的歷史——嚴厲地提醒同僚，德國內政與美國政府無關，並且樂觀地認為，納粹這把火燒得越旺，就越容易燃燒殆盡。」一九三八年，加爾納對內閣說，他希望英國永遠不要還清戰債，這樣一來，英國就不會再向美國借錢。一九三九年仲夏，加爾納拒絕相信歐戰勢將爆發；就算爆發，他也不會讓美國介入。國務卿赫爾（Cordell Hull）非常討厭加爾納，他告訴內政部長伊克斯（Harold Ickes），加爾納完全是用德州烏瓦德的角度看待國際關係。加爾納對待內政的態度也是如此：一九三九年，當安德森（Marion Anderson）在白宮為造訪的英國國王與王后獻唱時，聚集在東廂的賓客中，只有副總統拒絕鼓掌。

沒有人知道，如果沒有小羅斯福，新政將如何推行下去；或者，如果沒有小羅斯福不可動搖、具感染力的自信，認定美國終能解決所面臨的最嚴重問題，並將這份自信散布給人民，美國非常可能會爆發右翼或左翼革命。我們也無從得知，如果沒有小羅斯福，美國人是否能及早覺醒來面對軸心國的威脅。不過，可以確定的是，如果小羅斯福在邁阿密那個溫暖的冬日夜晚突然用盡好運，一九三〇年代的美國將會度過一段更陰鬱的歲月，而世界也會更加恐慌。

15 希特勒還有搞頭嗎？

假如二次大戰於一九三八年提前在歐洲開打

威廉森・莫瑞

如果說一九三八年九月的慕尼黑協定有什麼景象令人難忘，這幅景象一定是英國首相張伯倫（Neville Chamberlain）出現在飛機艙門口，手裡揮舞著文件說，這些文件保障了「我們這個時代的和平」。英國與法國剛剛同意希特勒併吞蘇德台區（Sudetenland），這一大片捷克領土主要居住著日耳曼人（以及捷克版的馬奇諾防線）。希特勒說這是他的最後要求，但是六個月後，他將剩下的捷克也併吞了。歷史學家戴維斯（Norman Davies）寫道，慕尼黑協定「絕對是歷史上最可恥的投降條約」。

長久以來，張伯倫的辯護者一直主張這項不幸的協定讓英國有喘息空間，使英國能著手防衛，特別是建立了英國皇家空軍。莫瑞則認為這是無稽之談：真正獲得喘息的是德國而非英國，而希特勒還差點讓這個好處從手中溜走。希特勒決心向捷克開戰，並打算在九月二十九、三十日慕尼黑會議召開期間出兵，但是張伯倫卻在此時突然讓步。即便談判正在進行中，德軍仍繼續往捷克邊境移動。「直到希特勒將死之日」，莫瑞寫道，希特勒「仍對英國不讓他有機會出兵捷克感到非常沮喪」。

如果一場大型歐戰於一九三八年秋天爆發，後果將會如何？按照莫瑞的看法，結果將會與實際上發生的完全不同。德國在一九三八年還沒有準備好要進行長期作戰。對希特勒來說，拿下捷克並不是問題：雖然希特勒的陸軍與空軍遭受損害，但整場戰事持續的時間不超過一個月，和下一年入侵波蘭所需的時間差不多。真正的問題在於，當希特勒的軍隊不得不被迫向西進攻時，接下來會發生什麼事？莫瑞認為，要思考未來的各種可能，就要理解張伯倫爭取得來的喘息機會反而是不幸的開始。

威廉森·莫瑞（Williamson Murray），國防分析研究所高級研究員，俄亥俄州立大學終身歷史教授，與米雷特（Allen R. Millett）合著《非贏不可的戰爭：第二次世界大戰作戰》（*A War to Be Won: Fighting the Second World War*）。

一九三八年九月二十九日，納粹德國元首希特勒、法西斯義大利領袖墨索里尼、法國總理達拉第（Edouard Daladier）和英國首相張伯倫於巴伐利亞首府慕尼黑開會，同意以和平協定解決納粹於同年夏天引起的捷克危機，這項協定決定了捷克的命運。然而，就在會議召開的前一天，德軍擁入前線據點和已經動員部署好的捷克軍隊對峙；在此同時，德國空軍也進駐緊鄰捷克的基地待命。希特勒決心以戰爭擊潰捷克人，並且製造了一場走向戰爭的危機。直到最後一刻，希特勒才下令喊停，至今原因不明。

慕尼黑會議起源於一九三八年德國的軍事與外交政策，而納粹的戰略則源於一些因素，其中最明顯的就是希特勒勢必達成的長期目標：破壞歐洲權力平衡，建立東起烏拉山、西至大西洋的德意志霸權。希特勒於一九三三年一月掌權，隨即大規模重整軍備，為不可避免的戰爭做準備。但是到了一九三七年底，德國重整軍備還沒完成，經濟上就開始出現破產的跡象。嚴竣經濟情勢的壓力以及希特勒不願意放棄目標，使得希特勒決定在一九三八年進行相當冒險的嘗試。

一九三八年初，奧國首先感受到納粹對外擴張的壓力。大規模重整軍備計畫造成嚴重的經濟問題，再加上希特勒不實指控陸軍總司令費里奇（Werner von Fritsch）是同性戀者並予以撤換，引發了政治危機，為了轉移焦點，希特勒將矛頭指向奧國。而正當希特勒威嚇奧國時，主要歐洲強權卻冷眼旁觀，讓維也納自己面對命運的安排。一九三八年三月中，納粹推翻奧國政府，德國國防軍占領希特勒的祖國。

如果歐洲各國認為「合併」（Anschluss，德國與奧國的合併）能夠消除國際間的緊張關係，這個想法顯然是錯的。一九三八年五月，捷克警覺到德國對捷克邊區——蘇德台區，居民大多數是日耳曼人——進行的宣傳，因此加緊動員，並且在蘇德台區實施軍事戒嚴。希特勒對於捷克的做法感到憤怒，於是下令軍方立即擬定計畫，準備在一九三八年十月一日入侵捷克。在此同時，希特勒要求宣傳部長戈貝爾（Joseph Goebbels）發動大規模宣傳戰，將入侵捷克合理化。一九三八年夏天，充滿了暴風雨將來的前兆，法國與英國努力想讓希特勒改變初衷。英法兩國這麼做是有理由的：法國與捷克訂有盟約，一旦德國進攻捷克，法國將站在捷克這一方；然而，與法國關係緊密的英國卻非常擔心，如果納粹毫無理由地在歐洲發動大戰，英國不可避免也將為了協助法國而捲入戰爭。因此，整個夏天張伯倫不斷努力安撫德國。九月，從來沒搭過飛機的張伯倫兩次搭機前往德國，直到最後一刻希特勒才讓步，同意在慕尼黑召開會議，結果他在會中予取予求。此時的歐洲正處在大戰邊緣——然而，這場大戰的背景和一九三九年九月發生的大戰大不相同。

慕尼黑協定簽署之後，當時的人和日後的史家都不斷環繞著這個議題進行討論：西方各國是不是因為軍力不足才不戰而降，在一九三八年開戰會不會比一年後的二次大戰更快讓納粹德國覆滅。一方面，邱吉爾於一九三八年在對他充滿敵意的下議院中提出警告，英國人民「打了一場沒有戰爭的敗仗，這個結果在往後長久的日子將一直跟著我們。英國人民必須瞭解，我們經歷的是一起重大的歷史事件，整個歐洲的均勢已經瓦解，這段恐怖的詞句此時正好用在西方民主國家身上：『你被稱在天平裡顯出你的虧欠』」。另一方面，英軍各參謀長在慕尼黑會議之前幾週就提出警告，軍事局勢已明顯對納粹德國有利。從那時起，這方面的論辯就未曾間斷過。

思考一九三八年戰爭時，真正要緊的是一九三八年秋天各國軍事、經濟與政治力量的平衡，以及戰爭的可能後果。一九三八年的危機與一九三〇年代其他危機不同，在這場危機中，希特勒確實有開戰的意圖；他創造了一場迫使西方各國出面調停的局勢，同時又揮兵捷克。納粹在面對張伯倫不遺餘力推動和平時所表現出的野蠻與侵略性，使得英法輿論大轉向，民眾紛紛反對希特勒的無理要求。直到希特勒將死之日，希特勒仍對英國不讓他有機會出兵捷克感到非常沮喪。

此外，思考一九三八年戰爭時，不能簡單地認為這場戰爭將會重演不列顛空戰。首先，德國還沒有能力擊潰歐陸法軍，以確保英吉利海峽沿岸的空軍基地，如此就不可能出現不列顛空戰。其次，一九三八年的德國空軍並沒有進行這類作戰的條件。事實上，一九三八年的戰爭將與實際上在一九三九與四〇年發生的戰爭完全不同。

在考量一九三〇年代德國陸軍的發展時，很難不受德軍日後勝利印象的影響。一九三八年，德軍仍然有許多弱點。重整軍備計畫為陸軍建立了四十八個常備師，其中只有三個裝甲師、四個摩托化步兵師和四個輕裝師（輕裝師由摩托化部隊、機械化部隊和騎兵部隊組成），其餘仍舊是一次大戰風格的步兵部隊，他們的裝備大多以馬匹拖拉，而且極度缺乏火砲與其他武器。

除此之外，德國重整軍備也不夠深入：幾乎沒有後備部隊，只有一次大戰後退伍、體格變形的年邁老兵組成的後備師。即便是裝甲師也有許多弱點；裝甲師的裝備全都是六噸的豹式一型戰車與十噸的豹式二型戰車，前者只是美化的錫罐罷了。因此，既有的裝甲武力幾乎沒有任何打擊火力與持久力。

不過，德國陸軍真正的弱點，在於下級軍官與待編軍官的素質、訓練與戰技都有待提升。德國陸軍從一九三三年微弱的國防軍開始擴編，使得軍官團擴展太快。他們在一九三八年仍要面對兩個重要問題：軍隊的作戰能力因缺乏訓練與領導而大受影響，而用來防衛西部疆界及進行長期作戰的後備部隊根本還沒建立。

因此，一九三八年戰爭的戰略需求根本不是德軍的人力、裝備和資源所能負荷的。由於德國不信任波蘭，因此不管戰略局勢如何，德國都必須駐紮三個師在東普魯士（東普魯士與德國其餘的領土並沒有接壤，中間隔著波蘭走廊）。德奧合併之後，德國陸軍直接取得五個常備師，這些常備師完全反映出奧軍的特性。一九三九年秋天，德國國防軍已經設法解決一些缺失，然而在一九三八年，這些問題仍然相當明顯。有一位高級將領提到，奧國與德國部隊的不同，正如同黑夜與白天。

在計畫「綠色行動」（攻打捷克）時，陸軍最高司令部為這場戰爭配置了三十七個師。扣除東普魯士的三個師，只留下八個師防守西部疆界、波美拉尼亞（Pomerania）和西里西亞（Silesia），為的是對抗法國與波蘭。至於這場軍事行動的後備部隊，則是以十四個後備師充任；這些部隊訓練不足、裝備不夠，而且對作戰沒有準備。從各方面來看，德國軍方還沒準備好。

除此之外，高級軍官普遍對一九三八年冬天希特勒對費里奇／布隆貝爾格（Blomberg）危機的處理方式非常不滿，即使是親納粹的軍官如古德里安（Heinz Guderian），也對於親衛隊不實指控陸軍總司令費里奇是同性戀感到憤怒。三月德奧合併的驚人成功，暫時化解了民間與軍方之間一觸即發的危機，避免了一場全面衝突。另外，希特勒對捷克採取的戰爭政策也在高級將領間引起了深刻憂慮，總參謀長貝克（Ludwig Beck）對於希特勒執意開戰不表贊同，因而辭去職務；對希特勒政策的憂慮，甚至使得一些高級將領在危機升到最高點的九月，計畫推翻納粹政權。因此，此時的軍方還不能說是一體的、意識型態一致的組織，要等到一九四〇年代初期才能達到這種狀況。

雖然德國陸軍在一九三八年戰爭的中長期展望都顯得不樂觀，但是捷克方面也有嚴重的問題。捷克從一九三〇年代中期就開始興建大量要塞，以防德軍從西里西亞發動攻擊；雖然已經興建大量野戰要塞，但是防務仍然有嚴重缺失。昔日與奧國接壤的疆界特別容易遭受攻擊。環繞著波西米亞／摩拉維亞高原的山脈與森林將對入侵者構成巨大的挑戰，因此德國較有機會的地區就介於西里西亞與奧國之間，從這裡突破可以將捷克切成兩半——特別是奧捷邊界，這裡缺乏防禦工事。

捷克陸軍的實力難以評估，因為它從未打過仗。他們裝備精良，反映出捷克軍火工業的進步與高效率，其中最有名的就是斯科達（Skoda）軍品；諷刺的是，這些高品質武器後來反而拿來裝備德國國防軍，一直到一九四五年。不過，軍品精良是一回事，軍隊素質又是另一回事。捷克地區的人民積極且教育水準高，但是捷克人只占整個共和國人口的一半。即便是斯洛伐克人，其戰鬥力也令人存疑；至於共和國內較小的族群如魯西尼亞人（Ruthenian）、匈牙利人和蘇德台日耳曼人，則完全沒有戰鬥力。一般而言，軍官團還算幹練，但是高級軍官就不夠優秀。「綠色行

希特勒入侵捷克，一九三八年十月

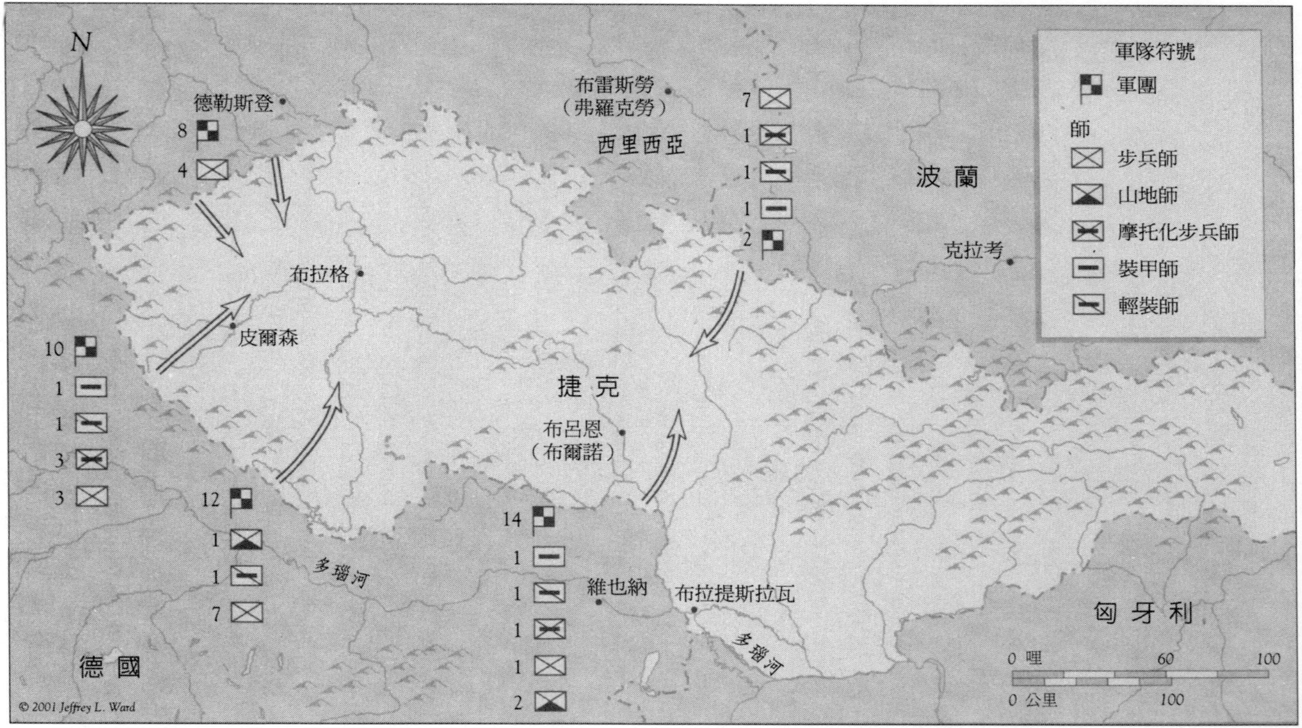

動」計畫顯示有一些風險存在，而希特勒就想冒這個險。萊希瑙（Walther von Reichenau）將軍的第十軍團從西面突破波希米亞直指布拉格，但是接任貝克成為總參謀長的哈爾德（Franz Halder）則將重點放在倫德斯特（Gerd von Rundstedt）將軍的第二軍團，第二軍團將從西里西亞進攻，與從奧地利進攻的李斯特（Wilhelm List）將軍第十四軍團會師。作戰目標是將捷克從中切成兩半，斷絕捷克的外援。

哈爾德針對進攻計畫做了第一次簡報，但是希特勒反對陸軍最高司令部的作戰概念。希特勒認為，倫德斯特從西里西亞進攻，將面對捷克最強的防區，勢必傷亡慘重，他擔心如此將變成另一場凡爾登之役。希特勒還要求哈爾德以裝甲師與摩托化師加強萊希瑙的第十軍團，如此德軍可以早日攻取布拉格，讓英法兩國來不及調停。希特勒說：

計畫中的鉗形攻勢（從軍事觀點來說）無疑是最好的解決方式，而且也應該這麼做；然而，從政治觀點來看，這樣的成功帶有不確定性，尤其我們現在一定要速戰速決。前八天在政治上具有決定性，這段期間我們一定要獲得大量土地。

最後的計畫是希特勒與哈爾德彼此妥協的結果。萊希瑙的第十軍團增加了幾個師，所收到的指令卻不是希特勒起初要求的，而倫德斯特的攻勢則直接針對捷克的防禦要塞。從政治角度來看，希特勒的概念相當大膽，而且較能阻止西方各國介入；然而，妥協減弱了西里西亞的攻勢，也沒有在開戰初期增加奪取布拉格的可能性。希特勒的生涯總是如此，不斷地追逐風險。

捷克與德國在空中武力的平衡上則呈現一面倒，雖然德國空軍擁有優勢，卻也面臨一些嚴重問題。從十月一日到十月十一日（入侵的初期階段），有八天的時間天候相當惡劣，這種狀況對毫無經驗的飛行員構成極大挑戰。從回溯的角度來看，德國空軍無疑在征服捷克上扮演了重要角色，但由於惡劣天候和空軍本身的弱點，使得德國空軍遭受龐大損失，同時也降低了繼續作戰的能力。

相對來說，其他歐洲軍隊的地面作戰能力則不堪一擊。相較於一九一四年，每個國家都還沒準備好迎接另一場大戰。英國最多只能派出兩師毫無準備且裝備老舊的部隊支援法國。蘇聯擁有為數龐大已裝備完成的部隊，然而史達林從一九三七年五月開始進行大整肅，將紅軍經驗豐富的領導人才全都殺光。一九三八年是蘇聯作戰能力的最低點，具有想像力和創意的軍事人才全被阿䛕奉承者取代，這些人對軍事作戰一竅不通。在一九三八年的情勢中，唯一存在的鬼牌就是蘇聯；蘇聯若是幫助捷克，自己也得不到什麼好處，然而蘇聯究竟會採取什麼態度一直是個問題。波蘭是個值得嚴肅看待的軍事力量，他們的軍隊實際上並沒有一九三九年戰役所表現出的那麼差。在一九三八年戰爭中，波蘭可能會挑好時間地點對德宣戰；位於西里西亞的德軍受限於必須攻擊摩拉維亞，很容易在此地遭受波蘭攻擊。

在西面，法國擁有強大的軍事力量，一旦德軍入侵法國，為了防衛國土，法軍將會奮勇抵抗。我們現在知道，法軍在一九四〇年曾經英勇奮戰，有十二萬三千人為了保衛共和國而在戰役中喪生，但是這些人是被法國將領的領導無方害死的。事實上在前一年，法國高層的戰略就已經出現問題，只是德軍方面並沒有好好利用。至於法軍是否會對萊茵河流域發動猛烈攻擊，這一點令人懷疑；不過，若是有機會，法國可能會出兵義大利，因為他們一直認為義大利軍隊缺乏訓練且準備不足。在歐洲所有的軍隊中，義大利的地面戰力是最弱的，這並不是因為義大利人缺乏勇氣——一次世界大戰幾次慘烈的戰役，竟有六十萬以上的義大利人死於阿爾卑斯山——而是因為參謀部與領導階層沒有任何軍事專業素養。墨索里尼政權的自大狂傾向只是加快將領無能的速度，如格拉吉雅尼（Rudolfo Graziani）在戰前最後一次王室議會中評論：「只要砲聲一響，事情就自然解決。」

歐洲的海軍與空軍平衡凸顯出德國在一九三八年的實力遠不如一九三九年。在海軍方面，德國海軍明顯無法參戰。納粹的造船計畫尚未完成任何主要船艦的建造工作，不管是香霍斯特號還是格奈塞瑙號——德國第一批戰鬥巡洋艦——此時都還沒裝備或建造完成。沒有重巡洋艦，沒有航空母艦，只有七艘驅逐艦和三艘「小型」主力艦（號稱是主力艦，其實是重巡洋艦）。更刺眼的是，只有七艘遠洋潛艇可以在大西洋執行勤務。結果德國連保護自身的海岸都有困難，更不用說在北大西洋攻擊同盟國的商船。西方各國其實也可以將他們的海軍艦艇集中在地中海，義大利的海軍比德國還脆弱。

空軍平衡當然也是一九三八年戰略平衡的一項重要因素。慕尼黑會議之後，有一則廣為流傳的神話，裡面說張伯倫在慕尼黑會議讓英國免於被德國空軍擊敗，為英國皇家空軍爭取時間，日後皇家空軍才得以在「不列顛空戰」中獲勝。也許慕尼黑會議上的屈服真的換來一整年時間，讓皇家空軍得以建立噴火式與颶風式戰機飛行中隊，擴充雷達系統與扇形測點，將雷達的偵測範圍涵蓋到整個英倫三島；然而，實際上德國空軍完全沒準備好要對英倫三島進行戰略轟炸。

人們堅信德國將於一九三八年對英國發動空戰，這完全是受德國於一九三八年散發的大量錯誤訊息誤導；德國想讓潛在的敵人相信，德國空軍擁有可怕的作戰能力。林白（Charles Lindbergh）在德國訪問期間，受到戈林（Hermann Göring）和其他德國空軍領導人的宣傳戰蠱惑，後半輩子的聲譽因而毀於一旦。法國空軍參謀長維耶曼（Joseph Vuillemin）將軍於一九三八年八月訪問德國，他的觀察力也好不到哪裡去。維耶曼返國後，向法國政府最高會議報告，表示德國空軍擁有可怕的作戰能力。令人驚訝的是，有些史家沒有引用德國的檔案記錄，就輕易相信這些錯誤資訊，並因此得出德國作戰能力雄厚的結論。

到一九三八年九月為止，英國空軍重整軍備的計畫幾乎沒有進展，戰鬥機飛行中隊的再裝備才剛剛開始，轟炸機司令部竟完全沒有一架現代飛機進入生產。英國空防估計最少要有五十個戰鬥機飛行中隊，現在竟然只有二十九個。在這二十九個飛行中隊當中，只有五個擁有颶風式戰機，噴火式戰機一架也沒有；甚至颶風式戰機的戰鬥飛行高度也不能超過一萬五千呎，因為機上沒有裝設槍砲加熱器。其餘的飛行中隊盡是些老舊機種，如格鬥士、憤怒女神、鐵手套及惡魔，這些機型沒有一種能捕捉到最新式的德國轟炸機。

不過，德國也好不到哪裡去。一九三八年一整年，德國空軍將第一代戰機換裝成新型戰機，後者終將活躍於二次大戰戰場上。戰機飛行中隊接收了Bf 109戰機，淘汰過時的雙翼飛機，但是在一九三八年秋天，前線飛行中隊的Bf 109戰機不超過五百架。事實上，換裝Bf 109戰機的戰鬥機飛行中隊發生意外的比率相當高，沒有經驗的飛行員必須努力掌控這種擁有高性能與精密降落裝置的飛機。轟炸機飛行中隊生產的機型，如Do 17與He 111，承載量都未達到「戰略」轟炸機的標準；德國空軍正等待引進一種「高速」轟炸機Ju 88，但是這種轟炸機到了一九三九年也還沒出現。德國空軍基地現有的轟炸機只能攜帶最少量的炸彈轟炸英國，而利用無線電波束指引轟炸機前往目標區的Knickebein盲炸系統仍未開始部署。其實，從一九三八到三九年，德國一直無法順利轟炸英國，他們雖然引進了高科技、高性能的戰機，卻也因此產生嚴重的維修與供應問題。一九三八年秋天，德國空軍供應處長官針對德國空軍的狀況提出看法：「目前這種狀況（捷克危機）造成的結果如下：第一，就具有即戰力的飛機來說，我們完全沒有儲備飛機可因應意外與動員；第二，訓練常備部隊的航空學校的飛機存量正在減少；第三，儲備引擎、即時裝備機場的軍需品、後勤補給和軍械庫，不管是平時還是動員，樣樣都缺。」

因此，要在一九三八年進行成功的戰略轟炸是不可能的，因為德國空軍的軍備與後勤體系根本還沒建立起來。除此之外，德國空軍的計畫人員是到了一九三八年才開始想到戰略轟炸的可能性。一九三八年八月，負責北海和英國空域任務的德國第二空軍，將自己的作戰能力說成只能用針去刺英倫三島。司令部強調，要轟炸英國，必須等到地面部隊占領了比利時與荷蘭再說。一九三八年九月底，第二空軍司令費爾米（Helmuth Felmy）將軍向德國空軍最高司令部提出警告：

「以現有的武器來看，要毀滅英國簡直是癡人說夢。」

對德國來說，攻打捷克的基本戰略問題在於維持有限度的戰爭，如果戰爭越打越大，德國的戰略處境就會越發嚴峻。在東歐部分，蘇聯與波蘭的態度將對捷德戰爭產生決定性作用。不過，史達林整肅軍官團以及蘇聯在九月底的行動——波蘭於一九二〇年入侵烏克蘭，蘇聯因此對波蘭展開報復——顯示蘇聯將是難以預測的介入者，至少就是否提供重要協助給捷克來說是如此。重要的是，蘇聯並沒有跟德國或捷克接壤，因此很難想像蘇聯如何提供協助給捷克。

波蘭在一九三八年戰爭中將扮演較為吃重的戰略角色。波蘭外交部長貝可（Józef Beck）認為，捷克會不戰而降，西方各國也不會抵抗，而波蘭則要繼續對蘇聯保持敵視態度；然而，貝可又指出，如果英法為支持捷克而介入，則波蘭也會支援捷克。不過，一九三八年對峙的大問題在於，波蘭會不會在反對德國的狀況下介入捷克危機，或者蘇聯會不會以援助捷克為藉口，逼迫波蘭讓紅軍過境，然後攻擊波蘭，而如此一來是否又會迫使波蘭將眼光望向東方。

一九三八年與一九三九年最重要的差別在於，一九三八年巴爾幹與東歐的整個戰略局勢對西方較為有利。一九三八年，不管紅軍的軍事力量如何，蘇聯都不會有意願與納粹德國結盟，因此德國無法如一年後雙方簽訂德蘇互不侵犯協定那樣，從蘇聯那裡收到大量貨物。同樣重要的是，一九三八年的德國尚未成功懾服東歐各國，南斯拉夫與羅馬尼亞在危機期間默默地支持捷克，羅馬尼亞甚至於一九三八年九月底警告德國，它將切斷對德國的石油出口。這些行動對德國戰爭機器的有效運轉舉足輕重，對德國經濟更是如此。

德國在東邊遭遇嚴重困難時，西邊的狀況也沒好到哪裡去。德國在西部戰區只部署了八個常備師和一些弱小的後備師，處於不利的態勢；一直到一九三八年三月，德國才開始興建「西牆」這項大工程——沿著德法邊境出現的一連串要塞群。捷克危機在一九三八年五月逐漸升溫，因此希特勒要求加緊趕工，但是這些工作都只是自欺欺人，興建時間太短使得要塞不夠牢固，許多要塞的位置也不理想。西牆的脆弱和軍隊的不足，迫使西部各軍團參謀長聯合向希特勒進言，一旦開始交戰，法國會在三週內長驅直入萊茵河流域；然而，希特勒還是以往那副泰然自若的樣子，他認為要塞不只可以守三週，守三年都沒問題。

問題在於法國並不想利用德國的弱點。戴高樂當時還只是個下級軍官，他告訴布呂姆（Leon Blum）：「很簡單……視實際情況，我們將會撤回……增援部隊。然後，從要塞的槍眼看出去，我們就可以坐視東歐被奴役。」法軍總司令加姆蘭（Maurice Gamelin）於一九三八年九月二十六日訪問倫敦時，完全坐實了戴高樂的判斷。加姆蘭向英國東道主提到，動員之後，法軍將會出兵攻擊德國；不過，他所說的攻擊跟德國人所說的攻擊意思不完全一樣。他說，情況有利於攻勢時，也許更應該小心別讓巴黎成了空城。因此，加姆蘭思索德軍由東往西移防所花的時間。他承認，當德軍開始移防時，他計畫讓法軍「以一九一七年興登堡的方式進行戰略撤退，一直到馬奇諾防線的要塞中，沿途順便將德國境內的物品搶奪一空」。這的確是個什麼都不做的秘訣，而加姆蘭在一九三九與一九四〇年時也確實這麼做。

德國在一九三八年戰爭中要面對的嚴重問題還包括地中海。義大利沒人瞭解德國不負責任的程度，因此，墨索里尼在九月發表了幾次重要演說，宣布他將支持他的獨裁夥伴；然而，一旦德國與捷克的戰爭爆發，墨索里尼發現要否認之前說過的話並不是那麼容易。義大利向捷克宣戰，對德國來說反而是災難，義大利參戰在幾個重要面向上對德國造成傷害。首先是加強了盟軍封鎖的效果：原物料的資源有限，若要同時供應義大利和德國的戰時經濟，將使德國走向崩潰。英法海軍既然在地中海占有優勢，同盟國海軍一定很快就會切斷利比亞的補給線，並且砲轟義大利沿岸。法國在阿爾卑斯山和利比亞的戰事應該會非常順利，如某位法國參謀所評論的，盟軍會在開戰後兩個月內在地中海痛擊義大利。

但是，在一九三八年秋天的戰爭中，德國遭遇的最嚴重負面因素應該還是經濟層面。雖然德奧合併以及取得奧國的黃金儲備與外匯存底，能暫時改善德國的經濟情況，但事後證明德國得到的只是消耗性資產。一九三八年夏天，大規模軍備計畫、建造西牆、合成燃料（原料是煤）與軍需品的增產計畫，以及動員數十萬士兵，都構成了嚴重的經濟危機。四年計畫的專家承認，到了一九三八年下半年，德國經濟將面臨「意想不到的困難。國庫耗盡，工業產能達到未來幾年的極限」，而建造西牆則混合了所有的問題。

德國經濟危機的前兆出現在一九三八年秋天。一九三八年十月，由於經濟負擔太重，德國國防委員會提出報告，當中提到「國防軍的需求（占領蘇德台區）和無止盡的西牆建造工程，使得經濟部門出現緊張情勢……如果緊張情勢一直拖到十月十日以後，（經濟）災難將不可避免。」一個月後，委員會又再度開會，戈林坦承，經濟負擔已經到達臨界點，找不到多餘的工人，工廠的產能全開，外匯存底全部耗盡，德國經濟局勢已經絕望。

一九三八年的德國經濟並不具備突破德國既有經濟基礎的力量，這種力量只發生在一九四〇年春天。除了合成燃料、合成橡膠及軍需品的生產大幅低於一九三九年的水準，德國也無法期望蘇聯與巴爾幹國家給予協助。一九三八年的關鍵問題是原物料持續短缺，以及缺乏能增加進口的外匯；而當德國征服西歐並打開蘇援水閘時，這兩個問題都將消失。唯有如此，德國經濟才能在一九三八年秋天戰爭爆發之後避免災難性崩潰。否則一九三八年的德國局勢將類似一九一七年一次大戰期間德國的局勢；一九一七年以後，德國就開始出現緩慢漸進的經濟解體現象。德國在一九三八年開始的戰爭中，必須訴諸一連串權宜之計來滿足當前的需求，未來的需求則只能犧牲。隨著生產減少及原物料逐漸短缺，國防軍戰力將隨之衰減；一旦出現惡性循環，德國就很難逃脫戰敗這個不可避免的結果。

德國入侵捷克的時間訂在十月一日，這場戰爭要怎麼展開呢？就跟一年後德國入侵波蘭、法國與低地國的方式一樣，德國空軍將對捷克的空軍基地與運輸中心進行大規模攻擊。然而，惡劣的天候使得一開始的攻擊成效不彰，尤其捷克的地面防務並沒有受到影響，德國在初期發動的攻擊勢必會跟一九四〇年入侵法國一樣蒙受重大損失。之後，德國空軍將獲得空優，然而卻因缺乏經驗而折損大量飛行員與空勤人員。

最重要的一擊來自於第十軍團，第十軍團很可能突破捷克正對著巴伐利亞的防線，然後進入波希米亞平原。然而，萊希瑙的部隊無法在首波攻擊中就直取布拉格，捷克在首都之前早已部署了第二道野戰要塞防線，而龐大的後備部隊也足以防衛來自西面的攻擊。此外，萊希瑙只擁有一個裝甲師與一個輕裝師，他的摩托化裝備完全集中在三個摩托化步兵師，此時德軍仍無法在戰場上組成單一裝甲軍。因此，即使第十軍團已經突破蘇德台邊境，卻因缺乏足夠裝甲力量而無法充分利用戰果。

陸軍最高司令部將另外兩個裝甲師分給李斯特的第十四軍團與倫德斯特的第二軍團。倫德斯特的部隊面對的是令人聞之色變的任務，他們必須穿越捷克最堅強的防禦陣地。為了協助第二軍團，德國計畫在捷克防線後方、西里西亞以南的布倫塔爾（Bruntal）進行空降（捷克在十月初撤出此區後，德國的確在這裡進行一次有計畫的空降演習，測試結果令人慘不忍睹：運輸機在一整片地區放下傘兵，其中許多人降落的位置太靠近主要塞；工兵未能在尾隨的部隊趕到之前清除降落地的障礙物，許多重裝備未能如期抵達。演習顯示，這場空降如果發生在真正的戰場，將會是一場災難）。

因此，倫德斯特將無法從傘兵那裡得到多少協助，第二軍團必須獨力突破捷克重兵防守的要塞群。捷克也有強大的後備部隊，包括了一個機械化師與兩個後備師，直接布防在面對西里西亞的前線後方。南面由奧國出發的德國第十四軍團面對的防禦設施就沒那麼可怕，然而捷克還是在接近邊境的位置布防了強大的後備部隊——三個常備師、兩個後備師和一個機械化師。德軍將在這裡遭遇強大的抵抗，使得第十四軍團與第二軍團的會師計畫遭到阻攔。從這裡可以看出，在戰術層次上，捷克有能力持久抵抗，並且讓入侵者傷亡慘重；然而，由於國土形狀的關係，捷克也許無法像一九三九年的波蘭支持那麼久，頂多三週就會淪陷。不過，捷克卻能造成德國更大的傷亡，德國無法像一九三九年對波蘭的軍事行動與破壞上那樣順遂，因為捷克的山地地形有利於防守，與波蘭的平原地形可說是天差地別。

值得注意的是，全面衝突將對德國國防軍造成衝擊，因為持久的戰事會將捷克陸軍的裝備破壞殆盡。一九三九年三月，捷克的軍火工業在毫髮無損的狀況下落入德國之手，他們的軍火可以裝備四個武裝親衛隊和八個陸軍師，而捷克的戰車可以裝備三個裝甲師。德軍轟炸再加上捷克自己故意破壞，也摧毀了捷克大部分軍備能力——德國在第二次世界大戰期間大量利用捷克的軍備能力。最重要的戰略因素是，捷克持續抵抗將迫使英國與法國宣戰；然而，不論東線戰場發生了什麼事，法軍就是不大舉攻擊德國脆弱的西部防線。

波蘭若是介入這場衝突，向西里西亞發動有限攻擊，將使倫德斯特的部隊陷入險境；波蘭若是對波美拉尼亞與東普魯士發動有限攻擊，將會增加德軍的負擔。影響波蘭決定的重要因素，在於西方各國對納粹攻擊捷克的反應會有多快——西方反應越慢，波蘭就越不願意行動。蘇聯也許會利用德國進攻捷克的機會與波蘭算清舊帳，然而不管蘇聯怎麼做，收穫都不大，因為史達林整肅了紅軍軍官團之後，紅軍已經失去了戰力。

對德國來說，波蘭只是其中一個值得擔心的戰略要素。此時德國的經濟狀況甚至不如一九三九年秋天，一年後，德國的經濟困境很可能讓希特勒做出違反所有將領想法的舉動，希特勒將面對原物料缺乏及石油存量達到最低點造成的戰略與經濟問題。此外，一九三九年與一九四〇年，蘇聯還很熱心地幫助德國，但如今在盟軍封鎖下，德國找不到其他物資來源。

德國情況加速惡化，很可能發生政變。魏茨雷本（Erwin von Witzleben）與霍普納（Erich Hoepner）兩名高級軍官密謀，如果希特勒發動對捷戰爭，就要除去希特勒。哈爾德也參與了這項計畫，至於計畫施行與否則視一九三八年九月的政治情勢而定。對照一九四四年七月失敗的暗殺計畫，我們對這場由各種計畫者參與的行動不用抱持太多信心。一九三八年夏天，貝克甚至提議逮捕希特勒身邊的參謀，但最後做決定的還是元首本人。

可惜的是，下級軍官和士兵大多還是堅定效忠希特勒。然而，如果政變能夠成功，成功的時間應該會是在一九三八年秋天，因為當時德國人普遍對於另一場大戰的前景感到不滿；就算政變失敗，政變本身也會讓原本就對戰爭前景感到懷疑的人更加動搖。

此外，納粹領導人必須面對新的問題。捷克攻下來了，之後呢？德國空軍在對捷作戰中蒙受重大損失，已經沒有充足力量對法國發動大規模空戰，更不用說對英國。就算德國人擁有充足的飛機，卻還有兩個令人擔心的問題：油料不足，以及歐洲從十月到五月常出現的惡劣天候。在這種狀況下，德國空軍無法長期穩定地炸射主要目標；就算時間移到了一九三九年夏天，未來的空軍元帥凱塞林（Albert Kesselring）也坦承他的轟炸機員無法在這種狀況下準確命中目標。

如果德國空軍無法解決德國的戰略難題，希特勒就必須轉而仰賴陸軍。在德國經濟困難的狀況下，德國必須趕在英軍抵達之前先解決掉法國。一九三九與四〇年之間的冬天，德國憑著幸運的（從德國的角度來看）壞天氣延宕了英法的進攻。一九三八年，急迫的局勢——亦即絕望的經濟狀況——將迫使德國向西尋求解決，但此時德軍的狀況非常不理想。德國機械化部隊由三個受重創的裝甲師、三個不完整的輕裝師和四個摩托化步兵師組成，其餘的攻擊部隊則由常備步兵師組成，但是這些部隊在進攻捷克時也傷亡慘重。德國也部署了十四個後備師，大部分移往東部駐防占領的捷克地區及德波邊界。

德國面對的問題跟一九三九年十月一樣，就是如何打敗法國。我們知道，德國陸軍最高司令部在一九三九年十月對西部戰場仍沒有一套清楚的計畫，因此可以假設一九三八年秋的德國也沒有擬定計畫。之前存在的西線戰爭計畫是為了對抗法國與比利時的聯合攻勢，因此，德國必須粗劣地修補西線戰爭計畫，這項計畫看起來將頗為類似一九三九年十月希特勒與德國陸軍最高司令部想出的計畫：發動一場大攻勢，直取荷蘭、比利時和法國北部，直到索姆河。不過，和一九三九年不同的是，在冬天發動攻擊將會蒙受更大壓力，特別是在經濟狀況不佳的時候。因此，德國已沒有時間思考阿登路線（the Ardennes alternative）——其實，就算德國想到這條路線，也沒有足夠的裝甲部隊突破莫斯河（Meuse）防線。

如果德國於一九三八年向低地國與法國北部發動全面攻勢，會是什麼樣的狀況？攻擊部隊的作戰方式將和受攻擊的對象頗為相似，這一點會和一九四〇年有很大不同，德國甚至沒有時間吸收捷德戰爭的教訓。另一方面，德國的對手明顯早有準備，這一點與一九四〇年五月相同。荷軍的戰力是最弱的，對德國的阻力最小，但此時德軍不可能像一九四〇年五月十日一樣，以大量傘兵獲得輝煌勝利，也不可能以裝甲師長驅直入荷蘭要塞；相反地，德軍必須以步兵正面攻擊荷蘭堡壘，才能攻下荷蘭。

攻擊比利時與法國北部時也出現同樣問題：德軍直接衝向敵軍的防禦工事。可以想見，德軍也許能以突擊的方式攻下比利時的埃本・埃梅爾（Eben Emael）要塞，但此後德軍就難有機會突破敵軍防線；就算真能繼續突破，德軍也不懂得像一九四〇年春天那樣運用機會。於是，戰事演變成第一次世界大戰風格的步兵戰，只不過這回不是壕溝戰，而是一九一八年三月之後成為戰爭主流的移動戰。德軍在這方面擁有一點優勢，不管在紀律或訓練上，德軍都遠勝法軍；然而，與一九四〇年不同的是，這些優勢都無法讓德軍獲得決定性勝利，而且還會傷亡慘重：一九一八年春天，德軍按照策略進行攻擊，但代價還是極為高昂。從一九一八年三月到六月，總共四個月的時間，德軍在帕申達爾（Passchendaele）的損失是英軍的兩倍，傷亡將近一百萬人。

德軍頂多推進到索姆河就無法再前進了。法國將在一九三八年的戰爭中損失慘重，然而如前所述，即使是在一九四〇年這種不可能的狀況下，法國還是會為了保衛國家而不畏犧牲。一九三八年秋天發生的步兵戰，完全屬於一九一八年的風格，而法國最高司令部準備要打的就是這種戰爭；如果法軍將領沒本事用有彈性的方式打這場仗，至少他們的士兵會固執地打下去。

抵達索姆河，卻耗盡軍隊，如此並不能解決德國的困境，德國仍然要面對東線的問題；而在此同時，他們的地中海盟友也崩潰了。墨索里尼因支持德國而宣戰，卻也為義大利打開了裝滿麻煩的潘朵拉盒子。義大利沒有像樣的艦隊（四艘主力艦有兩艘在船塢等待整修，新主力艦則還沒造好），將很快就遭受海上攻擊。英國皇家海軍與法國海軍在大西洋一直無事可做，此時在地中海打了大勝仗讓他們欣喜若狂。義大利空軍既沒有飛機也沒有受過訓練，根本無法支援義大利艦隊，而義大利陸軍的狀況還比兩年後差。盟軍此刻的勝利，其重要性遠勝於一九四〇年秋天，將激勵英軍與法軍採取更進一步的行動；而德軍無法支援義大利，因為德國已自身難保。

與捷克相關的戰爭場景的討論大致如此，要繼續深入探討並超越以上討論的範圍，將是艱困的工作；不過，這場討論至少說明了，相較於捷克危機發生後九個月的歐洲形勢，德國的對手在事件發生當時其實占有較優越的戰略形勢。如果德國的對手能把握機會，隨後衝突所造成的破壞與死亡將較為輕微。或許也不會有種族屠殺，不過在當時種族主義的氣候下，歐洲的猶太人，特別是德國的猶太人，可能還是會遭到大量處決。還有一些無法預測的就只能存而不論：希特勒與史達林可能達成協議嗎？希特勒能保住政權嗎？對於捷克與德國之間的糾紛，波蘭的介入會產生什麼影響？德國進攻捷克會不會在蘇聯與波蘭之間引發戰爭？如果戰爭初期的發展逐漸讓德國處於劣勢，德國內部的反對黨能產生什麼影響呢？英國與法國政府能不能利用德國困難的時刻採取強硬態度呢？

仔細分析一九三八年秋天的軍事平衡之後，可以看出德國進攻捷克並沒有像一九三九年那樣讓德國增強，反而是減弱。在國力減弱的狀況下，德國必須向西出兵，爭取些微能產生決定性勝利的機會，整個戰事的發展類似一九一八年三月的情況。結果將是沒有挪威戰役，沒有法國慘敗，當然也不會有不列顛空戰。

歷史學家可以從現有的證據看出，同盟國在一九三八年的戰略形勢比一九三九年有利得多。如果戰爭將在一九三九年爆發，而英國未能在一九三八年九月中旬看出，一旦捷克被德國併吞，歐洲均勢將有可能完全倒向德國，並予以阻止，結果將會是一場悲劇。事實上也的確如此，德國之所以能在一九四〇年春天獲得重大勝利，主要原因就是德國有了額外的一年半準備時間。邱吉爾一語道破慕尼黑會議是一場「沒有戰爭的敗仗」，這是歐洲的歷史悲劇：希特勒在最後一刻沒有冒險，但是這場冒險卻能在災難開始之前終止所有的恐怖行動。

16 共黨鐵幕籠罩整個歐陸

假如一九四〇年的英國首相不是邱吉爾

安德魯・羅伯茲

邱吉爾於一九四〇年五月擔任英國首相，六十年後，我們很容易忽略邱吉爾當初其實並不是那麼受人歡迎；他之所以能成為首相，雖然不完全是無人競爭下的產物，但實際上也近乎如此。許多邱吉爾的保守黨同志都不信任他，因為邱吉爾有時會逾越黨的路線，而他的穩定性也飽受質疑。許多人也指責他在張伯倫政府擔任海軍大臣時，讓英軍在挪威遭受災難。幾乎沒有人認為邱吉爾是偉人，因此當然不認為他具有（如美國小說家科森斯〔James Gould Cozzens〕曾說的）「偉人的權利——偉人的內在矛盾：他的粗鄙讓人感到格格不入；他按照直覺行事，讓人看得眼花撩亂；還有他完全仰賴運氣，不只是接受運氣，而是熱情地完全相信運氣」。

隨著張伯倫明顯開始失去民心和黨的支持，接任首相的人選也逐漸聚焦到邱吉爾和外交大臣哈里法克斯——斜肩，個子瘦高，頭上戴著黑圓頂窄邊禮帽——身上。哈里法克斯曾任印度總督，廣受讚譽，但是他與張伯倫同樣採取失敗主義的姑息政策。哈里法克斯可說是英國的胡佛，他的背景無懈可擊，卻缺乏危機中最需要的特質：激勵人心的能力。寫作不輟的日記作家尼寇森（Harold Nicholson）形容，哈里法克斯是個「感到疲倦的人」，而且哈里法克斯的立場明顯傾向張伯倫。

張伯倫最後嘗試想保住首相的位置，於是找來工黨領袖，想邀請他們加入政府，但是遭到拒絕。五月九日下午，張伯倫約見邱吉爾與哈里法克斯，邱吉爾日後回憶，張伯倫當時想知道「他提出的辭呈被接受之後，該推薦誰給國王」。沉默了一段時間之後，「哈里法克斯終於開口。他說自己身為上議院議員，無法進入下議院開會，將令他難以履行戰時首相的職務……他說完後，責任明顯將落在我身上——而責任也確實落到我身上」。第二天，五月十日，希特勒進攻低地國，國王在白金漢宮召見邱吉爾。

以上所述為實際發生的事，但是羅伯茲這位二次大戰權威卻想到，假如哈里法克斯沒有拒絕這項職務，下個月乃至於下一年的發展將會有什麼變化？他的想法並不奇怪：敦克爾克之後的週末——六月初——邱吉爾內閣中有一些成員，包括哈里法克斯（仍留任外交大臣），嚴肅地考慮與希特勒締和的可能，並打算透過墨索里尼——現代人對他的悲喜劇形象其實並非他的真實原貌——促成此事。應該注意的是邱吉爾的態度，他堅決主張抵抗；然而，羅伯茲在此假定邱吉爾的光芒減弱，而歷史上將不會有敦克爾克，也不會有「最好時光」。

安德魯・羅伯茲（Andrew Roberts）著有哈里法克斯伯爵的傳記《神聖之狐》（*The Holy Fox*）、《卓越

的邱吉爾團隊》（*Eminent Churchillians*），以及維多利亞時代英國首相索爾斯貝里侯爵的傳記《索爾斯貝里：維多利亞時代巨人》（*Salisbury: Victorian Titan*），這本書獲得了沃夫森歷史獎（Wolfson History Prize）與詹姆士・史登非文學類銀筆獎（James Stern Silver Pen Award for nonfiction）。羅伯茲最近的作品是《拿破崙與威靈頓：永遠的對手》（*Napoleon and Wellington: The Long Duel*）。

一九四〇年四月九日，希特勒向丹麥與挪威發動閃電攻擊，出其不意獲得成功；消息傳來，震動了英國人民與政界。英國首相張伯倫幾天前才向全國保證：「希特勒已經錯過那班巴士。」然而，到了四月十四日，皇家海軍卻必須奉派前往挪威西岸，當地的英國遠征軍由於缺乏空中支援，始終無法拿下特隆德罕姆（Trondheim）。五月二日，才兩週的時間，英軍被迫完全從挪威撤出，讓英國政府在與希特勒交手的一連串外交挫敗中再添一場軍事羞辱。

西方盟國的北方側翼在幾天內崩解，英國下議院有許多議員急欲報復張伯倫，他們責怪張伯倫在戰爭指導上完全缺乏認識與決心。

一九四〇年五月九日星期四，有四個人在唐寧街十號的內閣室見面，他們清楚知道他們所做的決定將產生重大影響。前一晚，下議院休會辯論達成了相當重要的結論，議員們針對由張伯倫保守黨領導的全國政府提出不信任案。全國政府原本領先二百席的多數現在掉到只剩八十席，這是因為多數議員棄權，而且至少有四十一名議員違背了黨的指令。首相張伯倫在龐大壓力下去職，聯合政府進行重組，這一次將讓反對黨也加入；不過，將由誰來領導聯合政府呢？

唯一兩位認真考慮接任的人選是哈里法克斯與邱吉爾，於是首相一職將從這兩人當中選擇。以下將假定首相一職不是交給邱吉爾：

到內閣室開會的四人除了張伯倫本人之外，還有外交大臣哈里法克斯、全國聯合政府總召馬格森（David Margesson），以及六十五歲的海軍大臣邱吉爾。邱吉爾在休會辯論末尾與工黨議員有一場激辯，他頑強地辯護海軍部負責的挪威作戰方針。

他們討論張伯倫續任的可能，但是馬格森的說法很快就打斷他們的討論，因為工黨領袖艾特禮（Clement Attlee）拒絕加入張伯倫領導的聯合政府。於是張伯倫直接問哈里法克斯與邱吉爾，誰是他們心目中的首相人選？邱吉爾在回憶錄中提到，大家「沉默了很長一段時間，感覺似乎比紀念停戰日的兩分鐘還久」。

哈里法克斯發現，邱吉爾明明有充分的時間可以棄權，卻沒有這麼做，於是這位外交大臣決定堅定表達自己才是出任首相的最佳人選。哈里法克斯指出，自己比邱吉爾資深，上下議院都信任他，而且國王與王后也都傾向支持他；除此之外，他與反對黨的關係也非常好。哈里法克斯尖酸地說，邱吉爾於一九二六年與工黨大罷工激烈敵對時，他正擔任印度總督，因此完全與武力鎮壓無關。

哈里法克斯坦承他不是軍事專家，但德國尚未在西線發動攻擊；無論如何，邱吉爾可以擔任國防大臣，每天注意戰事的進行，而且參謀會議也可以確保有人不會「專斷地做出災難性的側翼軍事行動」。這句話很明顯是指二十五年前邱吉爾主導的加里波利（Gallipoli）戰役。哈里法克斯主張，戰時首相的主要任務是維持全國人民的士氣，而不是在廣播與國會裡「裝模作樣」；他的每句話都打中要害，邱吉爾只能沉默不語。

眼看邱吉爾不說話，馬格森也補充說，哈里法克斯無疑具有道德形象，團結全國民心的效果很大；而就在當天早上，《泰晤士報》還刊登了一封由工黨支持的牛津萬靈學院院士所寫的信，信上表示邱吉爾應該擔任哈里法克斯內閣的國防大臣，而工黨大老道爾頓（Hugh Dalton）與莫里森（Herbert Morrison）也支持這項安排。馬格森說，根據黨鞭打探消息得知，在下議院占多數的保守黨議員絕大部分都支持哈里法克斯。馬格森近乎嘮叨地繼續說，邱吉爾的支持者只有一小群國會議員，數量不超過三十名；而在這些雜牌軍構成的議員中，只有伊登（Anthony Eden）還算有點分量。邱吉爾知道馬格森句句屬實，還是沉默不語。

此時，張伯倫提到讓上議院議員擔任首相在憲法上有困難，因為上議院議員是不准出席下議院的。張伯倫還透露，去年十二月他曾經問過國會法律顧問蘭姆（Granville Ram）爵士，能不能用「戰時緊急措施」的名義讓上議院議員進入下議院開會——只是發言但不參與投票。蘭姆回答，這必須經過兩院決議，緊急狀況下可以在一或兩個鐘頭內完成。

張伯倫也提到由哈里法克斯接任首相的意義。他認為，哈里法克斯比邱吉爾更有資格擔任首相，畢竟保守黨信任哈里法克斯，而哈里法克斯與反對黨也擁有良好關係，反對黨還表明願意加入他所領導的聯合政府。戰爭時期的大戰略就交給邱吉爾，但是邱吉爾在愛德華八世退位危機、雪梨街圍捕搶匪事件、金本位問題、印度自治法案及大罷工上的表現有目共睹，顯然身為首相所需的冷靜判斷並非邱吉爾的強項；此外，邱吉爾被認為太過浪漫、愛唱高調且野心太大。不過，張伯倫也坦承，邱吉爾的確認識到希特勒的真實本質以及姑息政策的不智，但現在並不是回頭看的時候，而且慕尼黑協定也為英國帶來了一年和平的時間，使其加強空防力量。

「邱吉爾，為戰爭全力以赴吧！」即將卸任的首相、皇室、大多數閣員、資深的反對黨議員、《泰晤士報》、上議院、倫敦市和上層社會，莫不同聲一氣地這樣呼喊著；更重要的是，這也是哈里法克斯的想法。邱吉爾知道，如果拒絕加入哈里法克斯的內閣，他將受指控在國家面臨重大危難之際，居然將個人野心置於愛國責任之上。

在此之前，伊登與上議院掌璽大臣伍德（Kingsley Wood）爵士曾建議邱吉爾，要在會議中保持沉默，才能有效策畫行動，但是計畫卻帶來令人無助的反效果。很明顯地，首相職位已是哈里法克斯的囊中物，邱吉爾頂多只能討價還價地爭取讓國防部全面掌握海軍部、戰爭部與空軍部。他也試著安插職位給他的親信，例如庫柏（Alfred Duff Cooper）、畢佛布魯克（Beaverbrook）及布雷肯（Brendan Bracken）。哈里法克斯的語調聽得出鬆了一口氣，他同意邱吉爾有關國防部權力的要求，但他無法保證能為邱吉爾那幾個古怪極端朋友全找到職位。邱吉爾略帶不悅地聳聳肩，畢竟他已經盡力了。

一九四〇年五月二十五日星期六，無疑是當代英國史上最具爭議的一天。英國在這一天簽訂了巴特勒—巴斯提雅尼尼和約（Butler-Bastianini Pact），自此退出第二次普法戰爭。哈里法克斯政府此舉究竟是拯救了英國遠征軍，使其免於在敦克爾克被俘並安全返家，還是簽訂了一紙背叛盟友的怯懦和約，就看大家自己判斷；然而，不管大家的觀點為何，事實是不會變的。

五月十日黎明，德國國防軍繞過馬奇諾防線，發動龐大的側翼攻擊，以革命性的閃電戰術擊退盟軍，這一點是大家熟悉的。到了五月二十四日，經過客觀的軍事分析之後，已經能認定正撤往英吉利海峽港口的英國遠征軍完全失敗。之後，我們知道第二天希特勒將裝甲部隊駐紮在能俯瞰敦克爾克的山脊上，他讓英國遠征軍有個喘息機會，但此時倫敦方面還不知道當地的狀況。

五月二十五日星期六早上九點，新任首相哈里法克斯在特別內閣會議中宣布了一個令人驚訝的發展（有人鼓勵哈里法克斯組成一個小型戰爭內閣，但是遭到拒絕，他知道這樣只會增強邱吉爾的力量，對他不利）。此時，哈里法克斯仍兼任外交大臣，他將討論交給外交次臣巴特勒（R. A. B. Butler）進行。巴特勒告知閣員，他已經與義大利大使巴斯提雅尼尼（Giuseppe Bastianini）就立即停戰達成深入且成果豐碩的結論。此話一出，所有閣員大為震驚；巴特勒接著說，這項結論若是經過內閣批准，當天中午就可以宣布生效。

這份在羅馬與墨索里尼的外交部長暨女婿齊亞諾（Ciano）伯爵商討、然後又在柏林與李賓特洛普（Ribbentrop）及希特勒仔細研議的條款中，英國幾乎不可能取得更好的條件。除了雙方完全停戰及簽署十年互不侵犯條約之外，德國允許英國遠征軍在不受騷擾下返國，與法國的停戰則以占領巴黎但不繼續往南推進為前提；另外，德國也將保障大英帝國不受任何第三國攻擊。英國則歸還依照凡爾賽條約占領的非洲殖民地給德國，並且讓馬爾他與直布羅陀非軍事化。

在簡短卻針鋒相對的討論中，「叛國賊」這個詞被拿來攻擊首相。會後，邱吉爾、伊登（戰爭大臣）、貝文（Ernest Bevin，勞工大臣）、亞歷山大（海軍大臣）與庫柏（新聞大臣）離開內閣，並且發表一封譴責的辭職信。

儘管如此，哈里法克斯政府還是維持下來，工黨領袖艾特禮與自由黨領袖辛克雷（Archie Sinclair）爵士都認為，和約雖不光采，但值此非常時刻已是所能獲得的最佳條件。如果英國遠征軍全部被俘——這是最有可能發生的結果——恐怕未來希特勒提出的條件會損及皇家海軍的存在，或甚至英國自身的獨立。

這種觀點也得到媒體支持，特別是《泰晤士報》和國家控制的英國廣播公司。前者的總編是哈里法克斯的好友道森（Geoffrey Dawson），後者則不讓反和約者如全國工黨議員尼寇森上節目。英國法西斯聯盟領袖莫斯禮（Oswald Mosley）爵士對和約的大力支持，讓哈里法克斯困窘不已，但大部分人還是勉強接受了這項決定——從國王喬治六世、卡多岡（Alec Cadogan，外交部常任次臣）、國會議員夏農（Henry Channon）爵士和其他人的日記中可看出——尤其是當他們看到穿著卡其服的男孩們安返國門時。在下議院的激辯中，邱吉爾說出了著名的「我們曾有過的最好時光」，但和約還是以四百二十票對一百三十票通過。

戰爭結束，政府有義務舉行從一九三五年以後就停辦的全國大選。這場大選實際上成了針對和約舉行的公民投票，全國政府以六十票的差距取得多數。雖然不能像一九三一年與一九三五年一樣獲得壓倒性多數，但足以讓哈里法克斯安穩地進行統治。

對於英國以外的地區來說，和約具有重大戰略意義。在假戰（Phoney War）期間，美國對英國的支持與同情只能說是微熱，直到五月十日到二十四日這兩週的戰鬥，美國才轉而想全力支持英國。然而，和約宣布之後，這種想法也隨之消失；歐洲戰事結束，美國的注意力逐漸轉到惡化的太平洋局勢上。

在此同時，希特勒已經占領巴黎，並與法國雷諾（Reynaud）政府簽訂和約，往後希特勒便可以專注於東線戰場，不再有兩面作戰的憂慮。希特勒在西部新省分駐紮了相當少的部隊，此時歐陸唯一的反對勢力就是戴高樂，但是戴高樂發現自己無法引起法國人發動復仇戰爭的熱情。原本建造潛艇的工廠現在都改為生產戰車與飛機，希特勒接下來要跟布爾什維克算清舊帳。

沒有英國人在背後煽動南斯拉夫與希臘，希特勒就覺得沒必要在對蘇聯發動閃電戰之前為東南歐分心。等到穿越大草原的道路一乾，希特勒馬上於一九四一年四月二十二日發動巴巴羅沙作戰（Operation Barbarossa），準備在蘇聯的冬天出面幫助史達林之前結束這場戰事。

巴特勒—巴斯提雅尼尼和約也對歐陸同盟有著深遠的影響。哈里法克斯擔任外交大臣期間辛苦建立了同盟關係，如今法國人則將背叛的恥辱完全歸咎於「背信的英國人」。比利時國王里奧波（Léopold）甚至與英國斷交，因為英國在簽訂和約前竟然沒有先知會他，這簡直是「叛徒」的行徑。另一方面，大部分大英國協成員國都對和約表示歡迎，特別是在這場戰爭中飽受分裂威脅的南非，以及急需加強國內防務對抗日本入侵的澳洲。

一九四一年十二月，日本同時攻擊美國珍珠港海軍基地和英國的遠東屬地，德國基於和約中保障大英帝國不受第三國攻擊的條款，向日本宣戰。雖然這只是形式上的宣戰，但美國總統小羅斯福還是公開稱許德國在這場衝突中保持中立。

由於歐戰已經結束，美國輿論並不支持英美同盟，所以英國與美國實際上是為了保衛自身在印度與太平洋的利益各自孤軍奮戰。然而，也由於英美未能在原子能研究領域上密切合作，因此對日戰爭最終將以戰爭作結，逐島進行攻擊，直到一九四九年八月獲得代價高昂的勝利為止。

哈里法克斯是舉止合宜的基督徒，堅守和約的精神與文字，同時也謹慎地維持龐大的三軍開支。失去馬爾他與直布羅陀兩處基地，使得英國地中海艦隊的補給線大為拉長，英國艦隊不得不以塞浦路斯為主要軍事基地。德蘇之間爆發戰事時，英美兩國也嚴守中立，不支援任何一方。

結果，當蘇聯軍隊最後戰勝時，勝利的紅軍直抵柏林和柏林以西的地區，卻發現整個西歐都不見英美的勢力。雖然德國國防軍曾經攻下莫斯科——俄國人讓莫斯科成為空城，臨走時還放火燒城，與一八一二年如出一轍——取得史達林格勒，並且慘烈地圍困列寧格勒達千日之久，卻仍無法確定勝局。過度延伸的德軍補給線、令人恐懼的俄國冬天，以及尾隨的紅軍抵抗，再加上無論何地都能補充的人力，讓史達林獲得最後勝利，但也因此犧牲了四千萬俄國人的生命。

一九四一到四二年間，希特勒還享有戰略與物資上的優勢，但是到了一九四四與四五年間，遼闊的蘇聯國土、龐大的紅軍，以及寧願挨餓受凍也不願投降的精神，開始讓希特勒的優勢流失。一九四五年是戰爭的分水嶺，到了一九四六年一月，德國國防軍全面撤回德國境內。

希特勒於一九四六年四月在殘破的柏林自殺，第三帝國也被蘇聯鐵蹄踩個粉碎，但是史達林並沒有停止西進。史達林沒有在戰爭中得到英美的協助，再加上歐洲戰區完全沒有英美的部隊，也許是這些因素激勵了史達林。一九四六年春，史達林取得了希特勒在西方的戰利品，北法、丹麥、挪威、義大利和低地國的共黨抵抗軍紛紛歡迎紅軍到來，並且將那些與納粹合作的內奸處以私刑。反共份子如戴高樂上校也遭到逮捕並處死，另外還有一些令人不愉快的例子，有幾個英國商人居然被迫剃光頭。

史達林在凡爾賽慶祝五一國際勞動節。《真理報》宣稱，即便是一八一五年的沙皇亞歷山大一世，也未能如此榮耀地進入巴黎。史達林隨即開始計畫向南方邊境的佛朗哥將軍進行報復，由於南法有十萬名西班牙難民，史達林確信這將是一場狂熱的戰爭。

在這樣的國際環境下，邱吉爾這位背叛保守黨的無黨籍國會議員，在美國密蘇里州富爾頓（Fulton）小鎮的西敏學院發表演說，題目是「戰爭砥柱」。此時，邱吉爾已經七十一歲，英國政界認為他是個不值一提的過氣人物與戰爭販子，但由於他曾先後反對對希特勒與史達林實行姑息政策，因此在美國還擁有一批追隨者。自從一九二九年邱吉爾與財政大臣一職失之交臂之後，十七年來，邱吉爾只擔任過八個月公職，從一九三九年九月戰爭爆發開始，到一九四〇年五月停戰為止。對於這麼一個才華洋溢的人來說，如此資歷的確令人扼腕；然而一般認為，邱吉爾反對政府的核心政策，哈里法克斯卻沒有將邱吉爾逐出保守黨，這已經算是對他的恩惠。

「從北海的那維克到地中海的土倫，」邱吉爾大聲地說：「從英吉利海峽的加萊到庇里牛斯山的山巔，一道橫貫歐洲大陸的鐵幕已經拉下，這道鐵幕後面坐落著幾乎整個歐洲古老國家的首都。華沙、柏林、布拉格、維也納、赫爾辛基、布達佩斯、貝爾格勒、布加勒斯特、羅馬、雅典、索菲亞、巴黎、布魯塞爾、奧斯陸、哥本哈根與海牙，所有的名城和居住其中的人口，全都位於我所說的蘇聯勢力範圍內。」

邱吉爾這篇演說大部分沒有記錄下來，他並非代表英國政府發言；然而，無論如何，他所說的也是至為明顯之事。歷史記錄顯示，當天根本沒有人告訴史達林，邱吉爾要發表演說；而就在同一天，這位蘇聯獨裁者的檔案櫃裡還有更重要的文件等著他。人民內政委員會特務詢問過德國科學家之後向史達林報告，德國曾經做過一項令人感興趣的研究，內容是關於核分裂的軍事用途。這份檔案代號為「合金管」（Tube Alloys），不用多久，史達林——他在歐洲的霸權已經穩固，但是他的野心卻伸展到更遙遠的地方——就會知道這份研究真正的重要性。

17 太陽旗在澳洲大陸上飄揚

假如沒有這群拯救澳洲的男孩

詹姆斯·布萊德利

一九四二年初，美國人心中充滿各種可怕的「如果」場景，而這些想法就當時而言並非空穴來風。三月二日發行的《生活》雜誌封面標題寫著：「現在美國必須努力保住自己的性命。」珍珠港事變後三個月不到的時間，全世界在德日這兩個孿生子的攻擊下逐漸土崩瓦解；面對軸心國的威脅，美國就跟菲律賓或蘇聯一樣脆弱。這種戰爭恐懼其來有自：戰爭爆發時，整個太平洋海岸只有十萬美軍防守，軍火奇少，根本不足以裝備軍隊。一九四一年十二月，史迪威（Joseph W. Stilwell）少將受命負責加州中部與南部的防務，他在日記中寫道：「如果日本人知道我們的狀況，就可以隨便選個地方登陸，我們的彈藥很快就會用盡，屆時日本人殺我們就像殺圈欄裡的豬一樣。」

同一期的《生活》雜誌還端出一份令人戰慄的入侵計畫菜單，為了讓危險更寫實，雜誌還找來藝術家將入侵美國之戰如何進行畫了出來。這些圖畫顯現了美國的毀滅，有人在日本運兵船一抵達就立刻引爆舊金山海灣大橋，圖畫的背景則是陷入火海的舊金山市。日軍的行動被雷尼爾山（Mount Rainier）阻滯，而日軍後勤部隊則忙著撲滅南加州各加油站的火勢。事實上，這些情景完全符合日本戰略家為急速擴張太平洋帝國所擬定的計畫。此時日本罹患所謂的「勝利病」，他們想像自己能橫掃印度洋直抵非洲，攻下澳洲、紐西蘭和夏威夷，並且入侵阿拉斯加，再沿著加拿大的太平洋海岸南進，進入美國西北部。如果日本真能進入美國，就能接管整個中美洲（包括巴拿馬運河）、哥倫比亞、厄瓜多爾，甚至支配古巴。

假如美國真的如此欠缺準備，澳洲的前景就更加黯淡了。一九四二年春末，日軍已經在紐幾內亞北岸建立基地，距離澳洲大陸只有數百哩之遙。日軍入侵似乎只是幾個月之內的事，而澳洲方面根本一點抵禦手段也沒有。日軍灘頭堡帶來的結果，將會劇烈改變太平洋戰爭的發展過程；然而，日軍入侵澳洲的行動為什麼沒有發生，卻成為二次世界大戰中鮮少為人提及的插曲——當然，澳洲除外。紐幾內亞歐文史丹利（Owen Stanley）山脈科科達小徑（Kokoda Trail）上的戰鬥，以及日軍想攻下莫爾斯比港（Port Moresby）——日軍將以此為進攻澳洲的前進基地——的嘗試，無疑構成了一篇史詩。雖然一般認為，一九四二年六月初的中途島海戰決定了日本帝國沒落的開始，但是科科達小徑上的戰鬥和這群澳洲青年的勇敢，也同樣反轉了這場看似無法反轉的戰事。雖然雙方在這場戰鬥只投入數千人的兵力，但科科達小徑仍是符合反事實歷史最小改寫原則的完美範例：微小的事件能產生重大的結果。

詹姆斯·布萊德利（James Bradley）是硫磺島戰役中六位舉起美國國旗的海軍陸戰隊其中一名隊員的兒子，與鮑爾斯（Ron Powers）合著《父輩旗揚》（*Flags of Our Fathers*），這本書後來成了暢銷書。布萊德利也是電影製作人與潛能激發演講員，他的第二本書《飛行小將》（*Flyboys*），是一本介紹二次大戰航空母艦飛行員的著。

一九四二年夏天，日本的軍事征服已經使日本成為現代戰爭史上土地最大、人口最多的帝國。日軍毫不費力地攻下香港、新加坡、菲律賓、緬甸、索羅門群島、中國大部分以及現在的印尼，極盛時期的希特勒帝國領土只相當於日本新帝國版圖的一角。日本先後擊敗了中國、荷蘭與英國，並且在菲律賓讓美軍付出有史以來最慘痛的失敗代價。此時只剩澳洲還沒有被征服，其未來猶如風中殘燭。

為了入侵澳洲，日本需要攻擊所必需的空軍基地與港口。位於紐幾內亞東南岸的莫爾斯比港是明顯的選擇，從這裡只需短暫的飛行就能越過珊瑚海抵達昆士蘭省半島。日本於一九四二年五月初逐漸迫近莫爾斯比港，並且在航空母艦掩護下派出運兵船，準備在莫爾斯比港登陸並一舉攻下。日軍朝著澳洲與紐幾內亞東緣之間的珊瑚海行進，卻意外遭遇美國航空母艦。在珊瑚海海戰中（五月三日至八日），日軍擊沉一艘美國航空母艦，並重創另一艘；但是日軍損失亦重，不得不撤軍，莫爾斯比港暫時得到安寧。

喘息的時間並不長。偷襲珍珠港之後半年，日軍精銳登陸紐幾內亞北岸的戈納（Gona），他們準備沿著科科達小徑翻越歐文史丹利山脈，攻取莫爾斯比港。這條路線不斷變動的小徑長達一百三十哩，沿途穿越最艱難的地形，曾經走過這條小徑的軍隊莫不在此吃盡苦頭。除了當地的食人族，幾乎沒有人能在山區的黑暗中——赤道的夢魘——通過。炎熱、潮濕、高海拔及熱帶疾病聯合起來，侵蝕人們的體力，只要有人敢踏上小徑——如果這稱得上是小徑——就會開始蠶食人們的身體。科科達小徑滿是泥濘，最好走的地方也只有數呎寬；要跨越歐文史丹利山脈，就必須

太平洋戰區，一九四二年

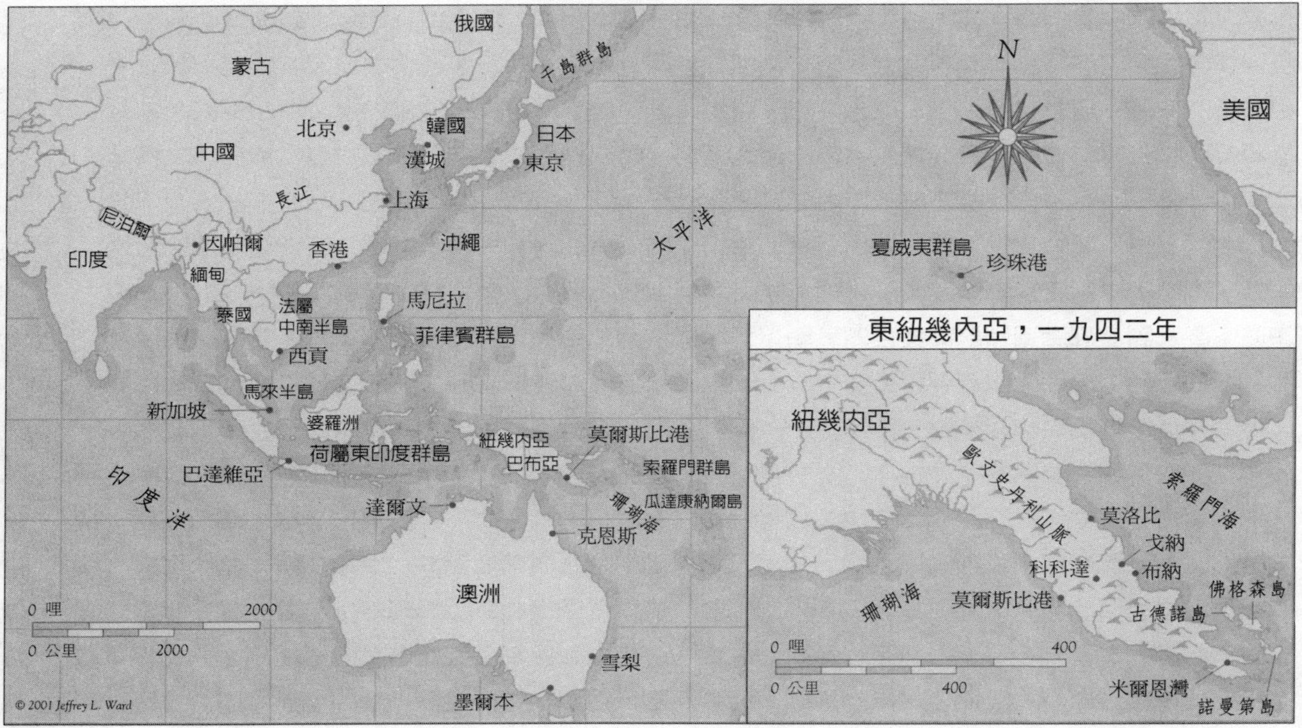
俄國
蒙古
千島群島
北京
韓國
中國
漢城
日本
東京
長江
上海
尼泊爾
因帕爾
香港
沖繩
太平洋
印度
緬甸
夏威夷群島
珍珠港
法屬
中南半島
泰國
馬尼拉
菲律賓群島
西貢
馬來半島
新加坡
婆羅洲
紐幾內亞
莫爾斯比港
荷屬東印度群島
巴布亞
索羅門群島
印度洋
巴達維亞
瓜達康納爾島
珊瑚海
達爾文
克恩斯
澳洲
雪梨
墨爾本
美國
N
0 哩
2000
0 公里
2000
© 2001 Jeffrey L. Ward
東紐幾內亞，一九四二年
紐幾內亞
歐文史丹利山脈
索羅門海
莫洛比
戈納
布納
科科達
莫爾斯比港
珊瑚海
佛格森島
古德諾島
米爾恩灣
諾曼第島
0 哩
400
0 公里
400

攀爬坡度陡峭的曲折小徑，並且渡過無橋的溪流。

這些溪流可在一小時內暴漲九呎，日本兵往往因此被沖走。不少日本兵因為迷路，中了以人頭充當戰利品的石器時代獵頭族的吹箭。其他日本兵或因染上不知名的疾病而死，或因在懸崖邊的小徑上走偏了幾吋而摔死。然而，最後殺死日軍的卻是一支不可思議的部隊——這支部隊與大自然聯手打敗了日軍——他們是一群年輕的澳洲人，其中許多還只是青少年；由於他們，日軍在科科達小徑上遭受太平洋戰爭第一場陸戰敗績。

一九四二年七月二十一日，對於巴坦輸家（Bataan Bunch）來說是充滿壞消息的一天。四個月前，在菲律賓戰敗的麥克阿瑟和參謀一同逃到澳洲，澳洲人嘲弄他們，給他們取了「巴坦輸家」這麼一個綽號。澳洲把武裝部隊的指揮權交給麥克阿瑟，但是這支部隊的數量實在微不足道。澳洲的精銳部隊有一部分正在北非作戰，另一部分則在新加坡陷落後被囚禁在日本戰俘營中，麥克阿瑟似乎成了澳洲最後的希望。現在，令人震驚的消息傳到盟軍大本營，日軍已經在紐幾內亞北部登陸，準備進攻澳洲。

澳洲幾乎沒有防衛能力，此時正是進攻澳洲的大好良機。一九二〇與三〇年代，澳洲的殖民母國英國向澳洲保證，堅若磐石的新加坡和大英帝國艦隊能保護澳洲免於任何攻擊，此後澳洲便有系統地解除武裝。太平洋戰爭開打之後沒幾天，大英帝國艦隊就已經損失了一艘主力艦與一艘戰鬥巡洋艦，日軍並未如英軍預期的從海路進攻，反而是從開放的陸路後門發動奇襲，新加坡有數千名英國駐軍投降。澳洲陷入孤立無援，因為英國此時為了自己的生存正與希特勒奮戰，根本無力他顧。

澳洲是個徹底個人主義的國家，然而，在沒有足夠槍隻給志願軍、而槍隻又沒有足夠的子彈、乃至於砲彈也只夠野戰砲兵支撐一天半的狀況下，談什麼都沒用。澳洲內閣希望麥克阿瑟運用他的影響力，讓美國注意到澳洲的困境，但是美國的軍隊與飛機仍在遠方，日本的威脅卻已近在咫尺。

大體來說，太平洋戰爭是一場爭奪島嶼機場的戰爭，而莫爾斯比港是最接近澳洲的機場，取得它就等於取得進攻澳洲的能力。日本海軍於珊瑚海海戰失敗後，陸軍決定自己動手。他們沒有遭遇任何抵抗就登陸紐幾內亞北岸，隨後立即沿科科達小徑行進，並沿路搜取戰鬥物資。

美國解讀了日軍所有的軍事訊息密碼，並且在五月得知日本的計畫。麥克阿瑟拒絕相信情報人員交給他的獨家消息，他的情報主任寫道：「後勤、通訊及地形的困難將讓日軍的進展大打折扣。」盟軍認為日軍無法跨越歐文史丹利山脈，居然沒有派偵察兵進駐科科達小徑。

如果要在二次大戰各個戰場中找出最險惡的地區，紐幾內亞將高居榜首。紐幾內亞是世界第二大島，四百年前，西方殖民者首次發現這座大島，但幾乎沒有任何探險家曾進入島中一窺究竟，因此也沒有完整的內陸地圖。紐幾內亞的內陸地區既沒有道路，也沒有城鎮，地質年代仍相當年輕，島上有無數火山峰。長達一千哩、高達到一萬六千呎的山脊形成南北障礙，錯綜複雜的支流阻擋了東西向移動。紐幾內亞位於南緯十一度，高溫加上濕氣，使得當地宛如一座巨大的蒸汽浴室。然而，在高山地區，冰霜與冰雹卻能讓人冷得發抖；要是遭遇急促的暴雨，不到五分鐘就能降下一吋雨量，免不了全身濕透。當地的氣候形成茂密的叢林，並且繁衍出各色各樣令人迷惑的微生物，這些微生物絕大多數對人體有害。

一般來說，開採黃金會促成鄉野的開發，不管什麼氣候都一樣。一九三〇年代，紐幾內亞發現黃金，但是短短七十哩的道路被認定不可能鋪設完成，因而只能用飛機運輸補給品入山，再用飛機送出礦石。

紐幾內亞是保衛澳洲的綠色盔甲，麥克阿瑟認為紐幾內亞將對日軍的進攻構成有效的障礙，但是日皇裕仁的軍隊卻另有打算。

麥克阿瑟及其參謀是從西方的角度來評估敵軍的後勤與戰力，他們萬萬沒想到面對的是一支在組成與維持上都不同於其他軍隊的部隊，西方人從來沒見過這種部隊。西方軍隊的主要目標是存活，日軍尋求的卻是光榮死去。日軍所需的給養比對手少得多，他們以土地維持所需。日軍所需的衣物也少，他們不像西方人那樣重視休養、運補及舒適感。

日軍席捲了馬來半島、荷屬東印度群島和菲律賓，以行動證明他們是世上最頂尖的叢林戰士。他們被訓練得能靜默通過叢林，日後有位觀察者寫道：「他們可以將自己偽裝成樹葉上的蟲子，並且如貓一般安靜地行動。」

雖然莫爾斯比港是進攻澳洲的明顯基地，但是日軍在電報中表示將從海上進攻，並故意讓盟軍司令部截聽到全部計畫內容，結果麥克阿瑟竟然只在當地駐防了一支衣衫不整的部隊。

民兵部隊就跟美國國民兵一樣，任務在於防衛後方，但他們卻被派往紐幾內亞執行任務。這些人從商店、工廠與農田中徵召過來，只接受了簡單訓練。這些民兵身上穿著不合身的卡其服，根本不知如何使用配發的武器。這支新兵部隊一抵達莫爾斯比港，完全沒受過叢林作戰訓練的他們大部分時間只待在當地挖壕溝。有位澳洲將領到莫爾斯比港檢閱，他給這支部隊評了個「F」，並說他們是「澳軍最差的一個團」。

另一方面，日軍派出的卻是精銳。堀井富太郎少將集合精銳突擊隊員組成南海特遣隊，他們都是身經百戰的勇士，轉戰亞洲各地打了許多勝仗。

堀井將軍的計畫能否成功，仰賴兩個條件：時間與大和魂。他的登陸部隊有六千人，只攜帶少量軍糧。他希望這支輕裝部隊可以快速通過科科達小徑，擊退敵軍，虜獲補給品，最後取得莫爾斯比港。日軍必須以背包裡的食物與軍需品獲得勝利：為了加快速度，不得不少帶糧食。小徑無法容納車輛，甚至連馱獸也無法進入，整個計畫完全仰賴出其不意與大膽。

進攻開始後一個月，盟軍情報單位仍拒絕相信日軍已兵進科科達小徑，他們堅信日軍目的只是在布納（Buna）建立機場。此時，麥克阿瑟終於振作起精神，下令派出民兵前往調查。澳洲將領向這群新兵保證，他們要做的就只是去「山凹」，並且堅守在那裡。其中一名澳洲男孩莫德克（Ken Murdoch）還記得，當時連長被告知他們將要「向前突進，並且坐在『山凹』裡。在那裡，只需一排士兵就能阻擋一個軍團。歐文史丹利山脈是無法跨越的」。

這群男孩既沒地圖也沒測量圖，只知道自己會在叢林小徑的某處遭遇敵軍。然而糟糕的是，他們身上穿著卡其衣；在澳洲或北非的沙漠還好，但是在這一片綠色蠻荒的叢林裡，等於是向敵軍大喊「射我」。男孩們穿著皮靴，鞋底是光滑的皮革，這種覆足物最不利於攀爬濕滑小徑，而且皮靴已開始腐爛；他們配發的是一次大戰時的老步槍，也沒有攜帶重型迫擊砲。相反地，日軍則穿著抓地力強的鞋子、綠色偽裝制服，頭上的鋼盔也飾以偽裝樹葉，與周遭環境完全融為一體。日軍攜帶充足的彈藥、劈砍山林用的大刀，以及容易裝卸的迫擊砲。

從莫爾斯比港出發，經過一段短暫跋涉後，這群澳洲人來到一處被稱為「黃金階梯」的地方——在山上粗略地砍出一層層滑溜的台階。「黃金階梯，那可不是鬧著玩的。」里昂斯（Geoffrey Lyons）回憶：「我們早上出發，晚上九點才連滾帶爬地抵達終點，但我們終究是成功了。」

另一位科科達小徑老兵洪納爾（Ralph Honner）回憶：「我親眼看見國家是怎麼對待新兵的。我們後頭有一支特遣隊，他們接到命令要全速前進。這些人全都身形壯碩，而且全副武裝。最後一段攀爬出谷的距離其實不到一百呎，他們往往一口氣爬個五碼到十碼，然後就休息一陣子。一爬上高地，一半的人立刻累得癱在地上，他們的臉色因過度勞累而泛著鐵青，眼神呆滯，喘得上氣不接下氣，每個人就像空氣幫浦機似地發出黏滯的巨大抽吸聲響；不過，他們眼前還有一百哩這樣的路要走。」

這群澳洲男孩很快就發現莫爾斯比港長官所下命令的真正內容。所謂用來阻擋日軍的狹窄「山凹」，其實是一道七哩寬的山谷。盟軍與日軍雙方都不瞭解，派兵進入科科達小徑等於是派兵進入另一個世界。科科達小徑宛如另一顆行星，必須遵行另一套物理法則，其變化之劇烈足可與海面下一百呎的深潛體驗相比擬。一名科科達小徑生還者仍記得：「我們在持續大雨中緩慢行進，大雨讓小徑成了泥河。一踏到泥裡，腳踝馬上被埋在泥裡糾纏不清的草根纏住。夜晚睡在布滿苔蘚的森林裡，雨水不斷打在身上，感覺真是怪異極了。」白天，高溫濕熱啃食掉他們的精力；夜晚，高海拔冷冽的濕氣又讓他們全身發抖。

柏格拉德（Eric Bergurud）在《烈火灼身》（*Touched with Fire*）中寫道：「軍隊莫不對泥濘感到困擾，但是這裡的雨水與泥濘似乎與別處不大相同。首先，這裡無一處不是泥濘，整個戰區沒有真正的乾燥地面。南太平洋隨處可見的火山土一碰到雨水，就變成醜陋灰色的雪泥，而且還是全世界毒性最強的泥。」

目前擔任科科達小徑嚮導的泰勒（Frank Taylor）提到當中的困難：「身體必須持續地用力，行走的地方沒有一處是平地。上山時，所邁的步伐大小必須與皮靴長度一樣；下山時，必須沿著小徑邊走，從這一邊往另一邊走，然後再走回這一邊。這是持續的體力消耗，很快就會疲勞，如果方式不對，會累得更快。腳的位置放錯，就會摔倒，一般人至少一天會摔三次。」

「很難描述那種無比沮喪的感覺。」懷特（Oscar White）寫道：「雨總是這麼大——一場無止盡、一直發出聲響、令人感到寒冷的豪雨。雨水打在叢林頂部的闊葉上，有時震耳欲聾，有時沙沙作響，有時宛如嘆息。雨水滲透了遮蔽的露兜樹葉，灑出的冷濕瀑布就直接傾倒在疲倦士兵的彎背上。煮飯所生的火也泡在水裡，水流注入每個窪地，每個人的筋骨好像都被濕氣泡軟了。除了漫長，小徑也相當險峻——在黏土懸崖的泥巴裂縫下，數千雙手抓著闊葉藤和彎曲的枝蔓往上爬，將藤蔓弄得滿是泥漿。」

日本的戰術是先派出斥候向前，犧牲這些斥候的性命，讓後頭的日軍找出澳軍的位置。日軍的迫擊砲、重機關槍、步兵支援火力和山地火力的射程都比澳軍還遠，澳軍武器中火力最強的也不過就是布朗式輕機槍。

這群澳洲男孩也許實力不如日軍，但是他們擁有日軍缺乏的動機：他們瞭解自己是為祖國而戰。當時才二十一歲的梅諾爾（Jack Manol）回憶：「我看看周圍的同伴，他們的皮膚全都因染上瘧疾而泛黃，眼神處處提防，全身髒臭。我對自己說：『天啊，從我們這裡到莫爾斯比港之間完全沒有守軍，如果日本人打敗我們，澳洲就完了。』」

日軍方面也瞭解澳軍的決心。日軍中尉小野川在日記中寫道：「雖然澳軍是我們的敵人，但他們的勇敢是值得讚美的。」有一段時間，澳軍以四百八十人抵擋住兩千名日軍的攻勢，但是一份給堀井將軍的報告則說：「我們與一千兩百名澳軍交戰，傷亡出乎意料地慘重。」

男孩們堅守了三十天，成功扮演了最後一道防線的角色，並且堅持到援軍到來。波爾（Raymond Paull）描述了換防部隊見到的景象：「軍官與士兵的士氣都很高昂，但是外表卻相當憔悴。他們像極了被人遺棄的稻草人——枯槁、邋遢、衣衫襤褸——已經有幾個禮拜沒換過衣服，身上滿是叢林的霉臭味。他們的皮靴成了怪異的皮製品，上面布滿了孔洞，靴底也下陷了。潮濕的氣候讓武器生鏽。他們的食物單調又匱乏，瘧疾與痢疾折磨著他們。雖然雨下個不停，夜晚又很寒冷，但他們居然沒有遮蔽的地方，也沒有毯子與鋪地的防水布。」

現在小徑上的澳軍數量已經增加，其中包括了常備軍，但他們還是找不到地點來堅守，甚至找不到空曠處建立據點。在人數居於劣勢之下，澳軍能做的就是猛烈進攻然後撤退，再猛烈進攻然後再撤退。澳軍沒有能力打敗日軍，只能希望延緩他們前進的速度。位於莫爾斯比港乃至於更後方的麥克阿瑟大本營的將領們，無法掌握小徑的狀況，只能對接收到的戰情報告感到不安。就有人曾在大本營中看到麥克阿瑟因日軍沿著科科達小徑推進而發狂，麥克阿瑟「成天想著他根本辦不到的計畫，深感挫折，有時戲劇化到了極點，還會整個身子彈起來」。

麥克阿瑟完全搞反了事實，他以為澳軍在數量上占優勢，結果不斷地要求進行侵略性軍事行動。麥克阿瑟位於安全的布里斯班（Brisbane）大本營中，遠離悲慘的科科達小徑，他以無線電通知被圍困的部隊：「作戰報告顯示小徑上的攻勢並沒有繼續進行，成果也讓人不滿意。我認為，我軍戰術上的運用是錯誤的，明明擁有優於敵軍的兵力，卻只集中一小部分兵力投入戰場，造成接戰時敵軍與我軍人數旗鼓相當。」麥克阿瑟無法面對現實，於是拍發電報給華府，說澳洲人缺乏戰鬥精神。

事實上，在上級錯誤指導、軍火不足和缺乏補給之下，這群澳洲男孩擁有的就只有戰鬥精神。麥克卡倫（Charles McCallum）中了三槍，卻還是設法掩護同伴撤退。日軍在濃密樹叢的遮蓋下，從看不見的位置開火，麥克卡倫卻憑著兩把機槍擊退了數十名日本兵。敵軍一度逼近，有個日本兵想抓住麥克卡倫，卻扯掉了他胸前的裝備袋，他殺了這名日本兵。等到傷兵被送走而同袍前來救他時，才發現他以一種抵抗到底的姿態打退了所有敵軍。目擊者宣稱麥克卡倫在短暫的作戰中殺了四十名日本兵，他後來獲頒傑出表現勳章。

諾里希（Keith Norrish）的上唇與下巴都沾滿了粉紅色泡沫，彷彿留了鬍子；在這種情況下，他還是繼續戰鬥，這些泡沫是從他的肺部湧出來的血泡。諾里希的胸部中了四槍，打斷了三根肋骨。他回憶說：「醫務兵將消炎錠塞到傷口裡，然後包紮傷口，就這樣。」他為什麼沒死？「我不想死。我們有戰鬥精神，從沒想過我們會輸。失敗從來不是我們的選項。」

莫伊爾（Jim Moir）背後中彈時才二十二歲。「我的臀部中彈，子彈擊中了主要骨骼，並且從鼠蹊部炸開，炸開的地方剛好介於大腿與生殖器之間，腰部以下完全痲痺。我看到身體前面被炸爛了，心想自己快死了。被抬上擔架之後，我被送進叢林中，載運我們的士兵把我們載到相當遠離前線的位置，而軍官也決定將我們留在這裡。在這三十一天中，我沒有獲得任何醫療。我們必須讓蒼蠅在傷口上產卵，蛆可以吃掉腐肉，避免壞疽。我沒有穿褲子，只蓋著半條毛毯。你會想要把這些在你身上蠕動的蛆弄掉，但最終還是必須留著牠們去吃腐肉。三十一天都躺在同一張擔架上，沒有接受任何醫療，就只是躺著而已。」莫伊爾後來完全康復。

梅特森（Charles Metson）有一條腿被日軍機關槍打碎了，要給他一張擔架，卻被他拒絕。他解釋說：「這樣要用上八個人才抬得動那件東西。把它扔了，我自己想辦法。」他拖著無用的腿沿著泥濘小徑匍匐下山，雙手和膝蓋纏上繃帶，以免因撞到小徑泥中的尖銳岩石而受傷。

威爾莫特（Chester Wilmot）——澳洲記者，後來寫了一部值得紀念的二次世界大戰歐洲戰史——對於科科達小徑上的戰鬥景象感到驚駭，因而寫了一份秘密報告，並親自呈交給澳洲總理。

然而，他的做法換得的卻是採訪資格遭取消，並且不准出版他的發現。

現在，時間成了日軍的大敵，澳軍的固守破壞了堀井將軍的計畫：迅速前進並迅速攻下莫爾斯比港。日軍雖然取得撤退的澳軍遺留下的糧食，但是澳軍早已刺破罐頭並割開袋子，讓食物腐壞，現在輪到日軍被飢餓與痢疾追逐。日本天皇的精銳推進到距離莫爾斯比港不到三十哩處，他們已經可以看見戰利品在閃爍著；然而，這場仗打得太久，三個月的戰鬥已經讓澳洲守軍破壞了日軍戰力。

九月中旬，東京下了一道命令。日軍大本營對於堀井將軍在紐幾內亞的戰鬥已經失去耐性，他們命令堀井撤退，並且將這支已殘破不堪的南海特遣隊用來增援受到圍困的瓜達康納爾島（Guadalcanal）守軍。

這群澳洲男孩終於戰勝了日軍精銳，現在輪到澳軍與美軍追趕並騷擾那些想返回北岸的日軍。澳軍第七師與美軍第三十二師於一九四三年一月攻下布納與戈納，這場戰役也宣告結束。

*　　*　　*

澳軍在科科達小徑的守勢作戰，讓日軍第一次在陸上受到挫敗。微小的事件能產生重大的結果，日軍若是勝利，將會改變整個太平洋戰爭的形勢。一旦日本取得莫爾斯比港，盟軍將不可能阻止日軍入侵距離莫爾斯比港只有幾百哩渺無人煙的澳洲東北半島；如此一來，美國將被迫轉移資源——一九四二年中，美國軍力仍然少得可憐——來防衛這塊島大陸（這段時期，待在日軍戰俘營裡的美軍士兵——接近兩萬——甚至比戰俘營外的美軍作戰部隊還要多）。原本要執行跳島戰略，例如在瓜達康納爾島與布干維爾島（Bougainville）登陸的計畫，也必須延後。盟軍能從什麼地點開啟新戰場呢？即使日本無法征服整個澳洲大陸，廣大的據點卻已經足夠日本鞏固帝國南疆，日軍可以利用澳洲大陸與中國大陸這兩個廣大的陸塊，對整個太平洋形成包夾態勢。除此之外，確保了澳洲—紐幾內亞側翼之後，日軍將可切斷美國對澳洲的援助，並且發動日本自己的跳島戰略，其最終目標便是夏威夷。

太平洋戰爭的關鍵點將因此移到科科達小徑的戰鬥上，而非稍早之前在六月出現的美軍中途島海戰勝利。

然而，這群澳洲男孩的英雄事蹟卻遭誹謗中傷。澳洲司令部屈服於麥克阿瑟的意志，批評澳軍進行守勢撤退；打敗日軍的澳軍軍官反而遭到降職與調職，因為他們沒有遵守上級遙控指揮下可能造成澳軍毀滅的命令。

然而，幾年後，澳軍在災難小徑上的勇敢事蹟終於為人所知。澳洲現在將八月二十九日訂為科科達日，成為每年慶祝的國定假日。這一天追憶的不是將領或政府官員，而是一群年輕男孩，他們處於劣勢之下仍不讓敵軍越雷池一步。是這些男孩拯救了澳洲。

18 用原子彈解決納粹德國

假如盟軍未能破解德軍密碼機

大衛・卡恩

盟軍破解了軸心國密碼，這場未對外公開的勝利是二次大戰中重要性僅次於原子彈的秘密，直到一九七四年才逐漸對外公開，人們才知道原來英國也有自己的曼哈頓計畫。布雷契理公園（Bletchley Park）是一棟維多利亞時代末期的醜陋宅邸，位於倫敦北方，它的花園已被夷平，取而代之的是一排排木造軍營，這就是解碼人員工作的地方。二次大戰末期，這裡的工作人員多達一萬人，等於是一座如假包換的情報工廠。這群數學家與密碼人員努力的目標就是德國的「謎」（Enigma）密碼機。這部機器就跟打字機一樣大，密碼人員在密碼機鍵盤上鍵入文件內容，並且注意亮板上有哪些密碼字母鍵亮燈。密碼機上三個電動密碼盤構成的電子迷宮，可以將這些字母譯成密碼再傳送出去。密碼可能是五個字（如陸軍與空軍）或八個字（如海軍）。密碼盤的選擇、密碼盤的起始位置，以及與密碼盤連接的插頭，至少每天改變一次。

德國人相信「謎」密碼是無法破解的，但事實上波蘭人早在一九三〇年就已破解密碼，並且在一九三九年將破解方法告訴英國人與法國人。

隨著波蘭與法國淪陷，英國便成了盟軍節節敗退下的解碼中心。英國密碼人員接收並改良波蘭人發明的高速計算機，這種解碼器被稱為「Bombe」，後來成為電腦的先驅。機器被用來攻擊機器，並且讓其他機器失效，這還是歷史上首見。德國人不斷改良「謎」密碼機，卡恩認為：「不是因為他們認為密碼機會造成危害，而是他們擔心在通訊日漸增加之下，密碼機也許會有漏洞。」有一段時間，盟軍無法解讀「謎」訊息，但是布雷契理公園的解碼人員還是設法及時解開密碼。解碼本身並不能贏得戰爭，但是能讓盟軍取得獲勝的優勢。

卡恩是享譽世界的密碼與解碼史權威，在本章中，他思考盟軍未能破解「謎」密碼的後果。如果盟軍未能在大西洋戰爭中破解德國潛艦密碼，諾曼第登陸計畫將會因此延後；如果未能破解密碼，對於在非洲進行的沙漠戰爭也會造成直接而劇烈的影響——雖然這個戰場的重要性不如大西洋。卡恩問道，如果盟軍截聽到「謎」訊息，卻無法擊沉隆美爾元帥非洲軍團急需的油輪，將會發生什麼事？油輪運來的油料是否會讓隆美爾的戰車駛進開羅，或前進到比開羅更遠的地方？那麼，會前進多遠呢？

大衛・卡恩（David Kahn）著有《解碼者》（*The Codebreakers*）與《捉謎》（*Seizing the Enigma*）。

盟軍於二次世界大戰期間完全掌握了敵軍的秘密通訊，一般認為這是盟軍能夠獲勝的重要原因。在太平洋，美軍解開了日本海軍密碼JN-25b，使美國海軍能在中途島對日本聯合艦隊發動突襲並幾乎全部殲滅，之後太平洋戰爭的形勢也為之轉變：日軍從此未再往前，反而只是後退。在歐洲，盟軍破解德國密碼系統——行動代號ULTRA——讓盟軍贏得一場又一場的勝利。在大西洋戰爭中——影響二次大戰勝敗的根本戰役——盟軍知道德國潛艦狼群的位置，讓護航艦隊繞道而行，避免造成慘重的損失，並協助將人力與物力運送到英國。後來，在歐洲對希特勒政權進行大規模入侵時，解開德軍訊息不僅讓盟軍預知並避開德軍的反擊，也讓盟軍更順利突破德軍弱點，進入魯爾與柏林。另一方面，蘇聯解碼人員也利用德軍通訊情報打贏了東線戰爭。

然而，如果盟軍未能破解敵軍的通訊呢？這個問題無法以單一的回應來回答。軸心國使用許多不同的通訊系統，以日本來說，日本仰賴的不只是海軍總司令密碼，還有行政密碼、艦隊司令密碼、陸軍運輸密碼、空軍密碼和許多下級軍事戰術密碼，這裡提的只是其中一部分。同樣地，德國不只使用著名的「謎」密碼機，也使用戰術雙重方塊密碼（密碼每十二小時更動一次）、兩部彼此連線的電傳打字密碼機、海軍造船廠密碼、密碼不斷變動的地對空系統，以及一些地區性密碼系統。即使是「謎」密碼機，使用方式也很多樣，每個軍種的通訊網路在使用「謎」密碼機時有各自的通行密碼，軍團轄下的各軍也有各自的通行密碼。德國海軍還特別在潛艦、水面艦隊和各海岸司令部之間設定不同的「謎」通行密碼，盟軍就算解開某訊息的通行密碼，也無法順利得知其他訊息的內容。有些「謎」訊息很容易而且不斷地被破解，如德國空軍使用的訊息便屬此類；至於潛艦使用的「謎」訊息，則有時能解開，有時不能解開。

綜上所述，即便這麼簡單的問題——如果盟軍無法破解軸心國的密碼——也是個複雜的問題。這個問題其實包含了許多部分，而問題的解答則要視考慮中的密碼系統而定。這個問題可以略微簡化，日本的密碼可以先剔除，因為日本密碼不是現代的機械密碼，而是舊式的書密碼，剔除它並不失公允。書密碼和書密碼的前身早在文藝復興時代就已經破解，因此，雖然日軍定期更換密碼，新密碼還是在眾所周知的密碼分析原則基礎上被不斷破解，盟軍幾乎滴水不漏完全掌握日本的資訊來源。「謎」的情形就大不相同。雖然「謎」與不同的通行密碼搭配使用，而且不同軍種也有不同的使用方式，並且用於不同的通訊網路，但是德國在所有的戰區施行的各種中級與高級作戰計畫，卻只有用「謎」這麼一種密碼機來加密。最後，由於一些才智之士的努力，終於破解了「謎」，連帶地也破解了德軍所有的作戰計畫。如果沒有一九三一年波蘭的瑞耶夫斯基（Marian Rejewski）以及一九三九年英國的杜林（Alan Turing）和魏齊曼（Gordon Welchman）提供的觀念，「謎」也許就不會被破解。這意謂著盟軍無法破解「謎」並非故作憂愁的幻想，而是極有可能發生的事。

先前提到，這個問題——如果盟軍無法破解「謎」——其實包含了許多部分。我們談的是哪一部「謎」密碼機？「謎」密碼機何時使用？在什麼地方使用？要處理問題就要先把問題化約成單一事件，而單一事件必須相對單純。如果盟軍未能破解潛艦「謎」，將會發生什麼事？提出這樣的問題將涉及太多其他因素，反而無法回答。是不是北大西洋德國潛艦的數量極多，因此讓護航艦隊無法迴避?相反地，在擁有充足空中掩護的情況下，就算盟軍直接闖入狼群，德國潛艦也不會攻擊?此外，不要忘記一九四二年上半年德國潛艦稱霸於美國東岸外海，此事與盟軍一時無法解讀「謎」毫無關係。事實上，所謂的「殺戮時刻」——就在美國參戰之後——是在引進護航艦隊之前發生的，而同時間的濱海城市依然燈火通明，光線顯出油輪的輪廓，使油輪成了潛艦的靶子，海灘上的看守員經常在視線之內目擊潛艦擊沉油輪的景象。

此外，雖然沒有數字可以說明盟軍破解潛艦「謎」的效果有多少，但應該可以模糊地說：有幫助。破解「謎」之後，潛艦擊沉盟軍貨船的數目減少，補給品從美國橫渡大西洋到達英國的數量增加。這意謂著軍需品、槍砲、燃料、食物和其他戰爭物資能累積得比密碼未破解前更多，進攻北非、西西里、義大利和歐洲本土的計畫將不會受到延宕，軍事行動成功的機會也比ULTRA未能成功破解「謎」訊息之前還大。

如果有一份「謎」訊息提到了載運燃料給隆美爾非洲軍團的船隻的所在位置與時間，可是盟軍無法破解，這對盟軍會有什麼影響?這種問題的答案相對上較為簡單：一旦破解密碼，盟軍就可以擊沉這些船隻，並且切斷隆美爾機械化部隊所需的燃料。

光是平日的運送補給與例行勤務，隆美爾的戰車軍團一天就要用掉三百噸油料，戰時則增加到六百噸。隆美爾仰賴從義大利穿過地中海抵達非洲的油輪，油輪源源不斷地提供隆美爾燃料，使他能疾馳數百哩橫越沙漠。一九四二年十月底，隆美爾的部隊行進到一個名叫阿拉曼（El Alamein）的火車站附近，燦爛的戰利品就在面前閃爍：開羅、蘇伊士運河及通往中東的大門。

隆美爾想要往前推進，但是之前的疾行已經耗盡了燃料存量。由於敵軍已經在哈爾法（Alam el Halfa）建立要塞，隆美爾認為他的燃料只能供他再前進三十哩。十月二十四日，隆美爾被告知戰備燃料只剩三天存量，原因是載運一千六百五十噸汽油的油輪帕努科號被擊沉。隆美爾的參謀要求立即再派出一艘油輪，並且堅持對方告知油輪何時抵達。義大利大本營以「謎」將回信譯成密碼，然後用無線電傳到非洲：「油輪冥后號於二十一日晚間出航，載運兩千五百噸軍用汽油，於二十六日一早抵達托布魯克（Tobruk）。油輪露易絲安娜號於二十五日開始準備，載運一千五百噸軍用汽油。油輪冥后號一抵達托布魯克，油輪露易絲安娜號便與位於塔倫托（Taranto）的油輪波托芬諾號一起於二十七日晚間出航，約於三十一日抵達托布魯克。波托芬諾號載運軍用汽油兩千兩百噸。」

布雷契理公園——倫敦西北方六十哩處——的英國解碼單位解開了隆美爾的報告內容，得知隆美爾的燃料消耗已經超過運補，他的燃料只能維持到十月二十六日。英國參謀本部便以這項資訊為依據，指示地中海所有部隊盡全力阻止隆美爾獲得燃料補給。他們做到了，油輪接連被擊沉，不是被皇家空軍轟炸機炸沉，就是被馬爾他的潛艦部隊擊沉。隆美爾的燃料狀況越來越緊迫，限制了他進行戰術調動與作戰的能力。因此，當蒙哥馬利將軍於阿拉曼向隆美爾發動攻擊時，隆美爾能做的就只是無益的防守——然後撤退。邱吉爾說，這是「開始階段的結束」。

然而，想像一下，如果英國無法得知隆美爾不穩定的補給狀況，如果「謎」解開後還是無法讓英國切斷隆美爾一部分的燃料補給，整個局勢將會有什麼變化？當然，即使沒有情報，還是會有一些油輪被擊沉，但是擊沉的數量將不足以讓戰車軍團動彈不得。隆美爾解決了燃料問題，就能沿著北非海岸線繼續推進到更遠的地方。

在推進過程中，隆美爾得到德國解碼人員大力協助。德國解碼人員破解了美國使館武官的密碼——被稱為黑色密碼，因封面為黑色而得名——並且正在解讀美國駐開羅觀察員費勒斯（Bonner Fellers）上校傳送的訊息。

費勒斯是個機敏又活力充沛的軍官，他試著傳送情報回美國，讓美軍瞭解沙漠戰的內容。渴望得到美國協助的英國允許費勒斯進入英國陣地，費勒斯看過英國防線之後，在報告上討論英軍能力、分析戰術、透露英軍的優缺點，並且希望美軍增援，甚至還預先提出自己的計畫。費勒斯盡責地將訊息譯成黑色密碼，然後透過埃及電報公司以無線電回傳給美國戰爭部。

這些訊息內含的情報實在太豐富，因此德國命令兩座無線電截聽站——位於特羅恩布里琛（Treuenbrietzen）與培格尼茲河畔的勞夫（Lauf-an-der-Pegnitz）——務必要將訊息中的每一個字都截取下來，解讀後的訊息再用無線電傳給隆美爾，並以「謎」加密。他稱這些情報是「好來源」，因為這些情報——來自於看過英軍陣地的絕佳觀察員之手——讓他深刻洞察英軍的意圖。希特勒曾親自評論此事，他希望「這位美國駐開羅使館的軍事武官，能繼續透過不良的加密電纜，詳盡地將英軍的計畫告訴我們」。隆美爾也許擁有一幅最廣闊也最清晰、繪有大戰期間盟軍與軸心國雙方意圖的圖畫。

例如，一九四二年初，隆美爾截聽費勒斯時取得這樣的情報：

一月二十三日：撤離兩百七十架戰機以增援遠東。

一月二十九日：英軍裝甲車輛一覽表，包括執勤中的數量、損壞數量，以及具有即戰力的車輛及其所在位置。

二月六日：英軍計畫沿著艾克洛瑪—畢爾哈凱姆（Acroma-Bir Hacheim）一線挖掘戰壕。

這些情報讓隆美爾得以在一九四二年一月二十一日開始的變幻沙漠戰中來往馳騁，隆美爾以其驚人活力在十七天內擊退英軍達三百哩。

勝利的氣勢推著隆美爾繼續前進，隆美爾的新對手蒙哥馬利沒有時間在阿拉曼建立防線，更不用說發動攻勢。於是隆美爾疾馳數十哩，直接攻入開羅；費勒斯逃走，但德軍已不需要他的情報。英國人炸毀連結尼羅河兩岸的橋樑，仍無法減緩隆美爾的速度；隆美爾架設浮橋，戰車就在隆隆聲中搖搖晃晃地過河。開羅市民歡慶德軍趕走了令他們痛恨的英國殖民者，英軍則南逃至衣索匹亞，這是英國人於一九四一年從義大利人手中解放的地區。隆美爾心中有著更宏偉的計畫，因此不追擊蒙哥馬利的殘餘軍隊。他將護目鏡拉到帽沿，站在偵察車上對著阿拉伯人揮手，墨索里尼則騎著特別從義大利空運而來的白馬進入埃及首都開羅。埃及南部（直到最近才被英國解放）與東部都跟義大利的疆土接壤，他相信埃及理所當然屬於地中海的統治者所有。墨索里尼認為自己就是羅馬皇帝的繼承人，他想跟兩千年前的羅馬皇帝一樣，乘著黃金戰車穿過古羅馬的凱旋門，讓俘獲的諸王與獅子在他面前卑躬屈膝。

墨索里尼與隆美爾驅車八十哩前往蘇伊士運河，他們很驚訝地發現，運河的堤防將河水圍得比兩旁的沙漠還高，船隻在上面航行，彷彿行駛在沙上。今後，英國皇家海軍和英國商船隊將無法行駛這條從印度及英國海外領地返回英國的捷徑，必須繞過好望角，增加數週的航程，耗費更多盟軍兵工廠的作戰人力與補給。地中海再次為義大利所有，如同羅馬時期，是「我們的海」。

開羅陷落對世界造成的震撼不亞於兩年前的巴黎淪陷，而巴黎被攻破時，紙上談兵的戰略家與權威紛紛預言將有可怕的後果發生，但是他們說的卻不盡正確。有些事發生了，他們沒有預見到；有些事預言會發生，卻什麼事也沒有，或者是發生的時間不對。希特（Gabriel Heatter）——紐約廣播電台WOR的新聞播報員，以憂鬱的嗓音著稱——預言西班牙很快就會加入軸心國，但是沒有。一九四〇年法國淪陷時，佛朗哥認為此時加入軸心國已經得不到好處。但無論如何，佛朗哥還是保持與希特勒之間的合作關係；而當英國與美國仍頑強抵抗時，佛朗哥也找不出理由告訴自己不對兩邊同時下注。因此，西班牙跟瑞士一樣保持中立。

此時，馬爾他完全被孤立，雖然當地守軍仍英勇抵抗德國空軍的攻擊，但可能的援助只能仰賴直布羅陀，而這些援助還要通過敵軍控制的地中海。從情感上來說，英國希望能守住這塊忠實的殖民地；從軍事上來說，英國則希望能在當地維持強大的海軍基地。然而，這麼做目的何在？船隻在當地能做什麼？騷擾義大利艦隊？也許吧，然而更可能發生的是，被具有壓倒性優勢的軸心國海軍與空軍擊沉。英國能派兵支援馬爾他嗎？邱吉爾不可能派出船艦與人力，進行一項不會有正面結果的自殺任務。原本答應墨索里尼要進攻馬爾他的希特勒，如今卻推遲作戰時程，他認為可以用更簡單的方式實現承諾：他要任由這座孤立的小島自生自滅。墨索里尼會很高興可以用這麼簡單的方式獲得新領土。

開羅陷落具有重大影響，但不會影響其他正在進行中的行動。美國與英國籌畫了數月之久，現在終於決定採取攻勢。即便隆美爾與墨索里尼的軍隊已經通過開羅，護航艦隊還是如期出發。十一月七日與八日的深夜，美英聯軍在奧蘭（Oran）、阿爾及爾（Algiers）和西摩洛哥登陸；這些地區要不是防守薄弱，就是完全不設防，盟軍很快就在非洲大陸建立根據地——這是盟軍在英倫三島外的第一個據點。

對此，軸心國毫不擔心，這對他們就像針刺一樣，而且是刺在背後。英美的行動無法阻止軸心國的征服行動。隆美爾派出一個軍——步兵軍而非戰車軍——阻止愚蠢又無經驗的美軍，經過幾個月的時間，在突尼西亞的卡塞林隘口（Kasserine Pass）和其他地方成功阻擋了美軍；而在出兵阻擋美軍的同時——完全體現德國侵略行動的傳統——隆美爾也將焦點放在下一波進攻。但是，要進攻何處呢？

當然，這不是隆美爾一個人就能決定的，決定權在柏林，希特勒一定會在兩條進攻軸線中選擇。一條是往東，穿越阿拉伯油田往伊朗推進，如此將可同時切斷盟軍的兩條補給線，一條經由伊朗往蘇聯，另一條經由印度往中國；德軍將與從緬甸出發的日軍在印度會師，並完成當初亞歷山大大帝未能完成的任務。另一條軸線轉而向北，隆美爾的戰車軍團將浩浩蕩蕩地穿過巴勒斯坦與伊拉克，直接囓咬蘇聯的下腹，並且讓中立的土耳其加入軸心陣營。此時油料不成問題，希特勒很有自信地認為，往東南穿越烏克蘭的B集團軍雖然暫時受阻於史達林格勒，終將很快攻下位於裏海的巴庫（Baku）油田；此外，軸心國對埃及的控制，意謂著盟軍轟炸機將無法從埃及起飛，攻擊羅馬尼亞的普羅伊埃斯提（Ploiesti）油田。最後，希特勒決定往北推進，德軍由南方進攻蘇聯，再加上土耳其出兵攻擊舊日仇人俄國，將加速蘇聯崩潰。中東的油源距離太遠，而且無法馬上鑽探取用；此外，隨著蘇聯瓦解，伊朗就算透過波斯灣得到英國的協助，也難以抵禦德軍，最後終將屈服於希特勒的意志之下。

由於英國在地中海保持中立，因此希特勒得以大舉增兵埃及。

經過短暫的休息與整備之後，隆美爾的戰車軍團數量增加，油料充足，於十二月開始往開羅以東的沙漠出發。他們越過運河，跨越西奈半島頂端，然後轉而向北穿越巴勒斯坦與外約旦北部，越過伊拉克到吉爾庫克（Kirkuk），再繼續向北穿過高加索山脈外緣，由亞美尼亞進入蘇聯境內。當裝甲部隊頗具威脅地迫近土耳其時——與土耳其接鄰的國家要不是軸心國的夥伴，就是被軸心國征服，土耳其發現除了合作沒有其他選擇，同時也希望藉此摧毀蘇聯——土耳其便加入了德軍陣容。然而，軍事行動並沒有想像中順利，亞美尼亞人還記得，一次大戰時土耳其人曾屠殺他們的父祖，因此起而抵抗土耳其新盟邦的入侵，為保衛祖國奮勇戰鬥。亞美尼亞人不是隆美爾身經百戰的裝甲部隊的對手，卻成功地讓德軍速度減緩；在此同時，B集團軍也在史達林格勒這座瓦礫、毀滅與榮耀之城受阻。隆美爾於一九四三年冬末抵達巴庫，然而早在夏天抵達高加索山脈西部的德軍卻已被迫撤退，蘇聯軍隊則阻擋隆美爾的部隊與六百哩外的B集團軍會合。然後呢？隆美爾被困住了，他無法取得油料，希特勒的偉大計畫失敗。為了自救，隆美爾開始往非洲方向逃竄——一支疲憊不堪的軍隊，未完成的任務，沒有英雄，也沒有未來。

美軍在北非西部的戰鬥表現漸入佳境，而其龐大的物質力量——更多人力、更多飛機、更多戰車與更多軍需品——也逐漸彰顯。美軍越來越足以和久經戰陣的德軍抗衡，相反地，德軍卻越來越怯戰。在隆美爾離開非洲的幾個月，盟軍大舉向東進攻，衣索匹亞的英軍獲得來自印度、澳洲與紐西蘭的援軍增援，開始往北將德軍趕出非洲。當然，這需要時間，隆美爾的部隊最後逃往希臘與義大利。到了一九四四年，盟軍占領了整個北非，他們聯合起來準備進攻義大利。

蘇聯在這場意識型態與種族主義的痛苦戰爭中——一場希特勒強加在他們身上的戰爭——逐漸取得上風。紅軍得到蘇聯解碼人員的協助，不斷地破解德軍戰術密碼系統。俄國人在音樂、數學與棋藝方面的表現有目共睹，這三樣特質似乎也預示俄國人在解碼能力上的傑出表現；然而，蘇聯還是無法超越西方盟國，獨力將「謎」完全破解，頂多是在偶然間俘獲密碼機和相關的通行密碼表，並且在密碼失效前盡速解開訊息。從一九四三到一九四五年，紅軍每推進一步，就遭遇德國國防軍激烈抵抗，傷亡慘重，於是蘇聯呼籲西方盟國能開闢第二戰場。

然而，並不是只有蘇聯才有這種想法，美國與英國的輿論也發出相同的呼籲。他們大喊，為什麼不進攻歐洲北部呢？這才是唯一能直接刺入希特勒帝國心臟的方法。然而，此時德國潛艦開始對數量逐漸增加的一萬噸級輪船發動襲擊，並且攻擊運兵船，這些都使得盟軍集結人力物力開闢第二戰場的計畫遭到延宕。盟軍無法清楚找出這些水下艦隊的位置，卻截聽到德國潛艦發出的報告，以及德國司令部發給德國潛艦的攻擊指令。解碼人員計算訊息中的字母數量，尋找重複出現的字母，不斷進行分析與假設，但終究還是敲不碎「謎」所築起的堅牆。偶爾，他們能解讀出一個或兩個密碼記號——當德國密碼員出錯而將明碼電文送出兩份、使得不同密碼機各出現一份電文時，密碼與密碼之間便會呈現相同型態，盟軍解碼員便能利用這一點破解一對密碼——但大多數訊息還是無法解讀。德國潛艦依然來去自如，盟軍無法運送足夠的人力物力到英國發動成功的進攻作戰。

然而，大戰突然間結束了。一種肉眼看不見卻能造成人類有史以來最大爆炸的新武器一夕之間夷平了柏林，核子閃光讓解碼變得毫無必要，二次大戰的歐洲戰場就這樣告終。

19 庇護十二世抗議猶太大屠殺

教宗能在戰時阻止最終解決方案嗎？

羅柏・卡茲

除了希特勒之外，還有一個人可能有權力阻止大屠殺的發生，這個人就是二次大戰時的教宗庇護十二世。然而，庇護十二世卻沒有運用他的權力，反而保持沉默，他的作為引起全世界議論，而天主教內部更是因這一點而對是否為他封聖產生爭執。有人認為，帕切里（Eugenio Pacelli）還沒成為教宗庇護十二世之前，就已經在一九三三年七月的政教條約（Concordat）中顯露其妥協性格。帕切里當時擔任教廷大使，負責與剛成立的納粹政府進行協商。一九三三年政教條約保障了德國天主教的自由，以及「自行管理內部事務」的權利，然而代價卻是：教會必須默認並且不違抗納粹的國家權力。事實上，許多歷史學家將一九三三年的政教條約視為造成猶太人大屠殺的基石。一旦戰爭爆發，已經成為教宗庇護十二世的帕切里所採取的立場是，盡全力以沉默來保持中立：不這麼做，怎能扮好一位真正的調停者？「抗議與責難的態度，」後來擔任教宗的保祿六世說：「……不只徒勞，而且有害。」這種說法只簡略解釋了庇護十二世的態度；然而，如學者祖寇蒂（Susan Zuccotti）於《就在他的窗前》（*Under His Very Windows*）中所寫的：「教會至今仍未能誠實面對猶太人大屠殺期間的教會歷史。」庇護十二世曾公開抨擊納粹主義「傲慢地背叛耶穌基督，否認祂的教義與祂的救贖，崇拜暴力，醉心於種族與血統，毀滅人類的自由與尊嚴」。然而，這些強烈的措詞全都發表於一九四五年，也就是納粹崩潰之後，對於數百萬靈魂來說為時已晚。

依照卡茲——他寫了不少二次大戰時期的羅馬歷史——的看法，庇護十二世有兩個千載難逢的機會（這兩個機會大概隔了一年的時間）可以公開反對放逐與殺害歐洲猶太人，而且也差一點這麼做。如果庇護十二世真的公開反對，希特勒會不會撤回最終解決方案，因而挽救無數生命？如果庇護十二世甘冒生命危險，將會發生什麼事？庇護十二世的行動會不會讓西線戰爭早日結束，如他自己衷心期盼那樣？

羅柏・卡茲（Robert Katz）著有十二本書，其中包括《羅馬屠殺》（*Death in Rome*），這是一本研究二次大戰阿爾迪亞洞窟（Ardeatine Caves）屠殺的作品；《黑色安息日》（*Black Sabbath*），羅馬猶太人遭到搜捕與放逐的故事；以及《憤怒之日》（*Days of Wrath*），報導恐怖份子綁架並殺害義大利政治家莫洛（Aldo Moro）。卡茲在紐約與托斯卡尼兩地居住。

如果在二次大戰最黑暗的時刻，羅馬教宗毅然挺身而出，指責那個史上最令人毛骨悚然的殺人魔王呢？

因教宗庇護十二世而起的大爭論延燒到二十世紀下半葉——隨著梵蒂岡準備為他封聖，爭論非但沒有退潮，反而越演越烈——當希特勒有系統地滅絕歐洲猶太人時，面對這種令人髮指的惡行，庇護十二世採取的立場成了眾人爭論的焦點。然而，庇護十二世的選擇非常清楚也沒有爭議；他在公開場合保持沉默，在哀悼世界大戰造成的死亡與毀滅之餘，從未說出「猶太人」三個字。「當教宗想大聲喊叫時，」庇護十二世在一九四三年初向德國各主教說：「限制與沉默總是會加在他身上。」

沉默政策並非輕率為之，也不只適用於猶太人大屠殺。庇護十二世是最早得知納粹種族屠殺並非出自盟軍宣傳——許多人認為這只是盟軍宣傳——的人之一，然而，他維持沉默是基於整個策略上的必要：使西方盟國與德國認為他是完全中立的，如此便能扮演調停者這個決定性角色。一般認為，庇護十二世抱持的觀點是造成這場爭議的主要因素：他認為史達林俄國的威脅其實比希特勒德國還大，因此希望西方能和平共處，就算不能擊退無神的共產主義，至少也要運用西方的力量圍堵共產主義。另外，人們也不否認，羅馬教會私底下也利用各種宗教機構提供避難所給受迫害的猶太人，其中梵蒂岡就收容不少人。被拯救的人數仍然有爭議，從有記載的數千人到多於數千人但無具體事證的數字都有人提出。

然而，這裡要提出的問題——這是個相當困難的問題——與那數千名在梵蒂岡找到稀罕藏身之所的幸運兒無關，真正有關的是那數百萬被吸進死亡機器中、然後變成死屍從機器另一端出來的猶太人。教宗的沉默對這些人的意義何在？令人信服的解釋——作者將標題取名為「總而言之」——於一九六三年由接任教宗職位的保祿六世提出，這種說法也為日後庇護十二世的辯護者定調。「抗議與責難的態度，」他說：「……不只徒勞，而且有害。」戰時，教宗若進行抗爭，將錯誤地造成「更大的災難與更多的無辜受害者，連他自己也不能倖免。」庇護十二世的批評者雖然沒有如保祿六世這麼高的權威，但所做的回應也是一樣簡潔有力而不可取代。批評者認為，從猶太人大屠殺的歷史來看，我們無法想像還有什麼事會比這場災難更可怕。

這兩個壁壘分明的立場形成於一九六〇年代中葉。一九六三年上演的一齣戲引爆了論戰，年輕的德國劇作家霍赫胡特（Rolf Hochhuth）寫了一部有關教宗沉默的戲劇《基督的代理人》（*The Deputy*），他在劇中赤裸裸地表現出他的憤怒，吸引了全世界的目光。不久，一位極為敏銳的教宗批評者歷史學家波利雅科夫（Leon Poliakov）也宣稱，庇護十二世的政策到底是弊大於利還是利大於弊，人們永遠可以提出討論；不過，波利雅科夫自己則提出，唯一可確定的是，教宗面對「現代史上最悲慘的時刻」，卻選擇沉默。波利雅科夫還認為——他的說法後來獲得一些天主教作家的支持——教宗應該發出聲音，因為不管結果如何，這是道德上應做之事。他覺得這件事應該留待未來梵蒂岡的檔案開放後，由資料較為充分的史家下判斷，這意謂著要等待五十年梵蒂岡才會開放檔案。然而，因憤慨而造成的衝突日漸強烈，因此保祿六世於一九六五年宣布，所有關於二次大戰的檔案都將向大眾公布，而這段謹慎期待的時間也讓人由平靜轉為不安。

往後二十年，數千份戰時文件的確印成了十一大冊，完成教宗公布檔案的計畫。雖然梵蒂岡方面承認這些文件經過選取與「編輯」，但是發言人向我們保證，這些做法絕對「完全依據科學標準」。在此同時，獨立研究者也出版了較梵蒂岡更卷帙浩繁的學術作品，並對支持與反對意見多少做了完整的分析。不管怎麼樣，新一代歷史學家已經接下老一輩論爭者的棒子，而他們手上也掌握了全新資料；雖然如此，當一九九〇年代再度點燃這個議題時，許多問題還是沒有釐清，還需要很長的時間處理。一九九六年，教宗若望保祿二世宣示一個重大政策的起點：他承認在反對納粹這件事上，天主教徒做的「太少」，而他日後也對此道歉；但他還是繼續為庇護十二世大力辯護，不只是基於庇護十二世曾擔任教宗而表達對他的尊重，另外也是為了為他封聖。若望保祿二世其實已經計畫要為庇護十二世行宣福禮——封聖的前奏——做為西元兩千年千禧年來臨時的核心大事；然而，由於新一波不滿的聲浪，使得教廷方面不得不審慎將此事留待猶太人五十年節過去後再進行，避免升高衝突。

對於波利雅科夫之後的史家來說，這些事都已成過去，教宗的沉默是弊多於利還是利多於弊——兩種說法都可從文件中找到佐證——儘管還有許多秘密鎖在梵蒂岡的檔案室中，但是這個議題本身可發揮的空間其實已非常有限。理由很清楚：這方面的問題已經被梳理了三十年，可以用來支持庇護十二世的文件早就出土；如果當中有任何能招致庇護十二世身敗名裂的文字，早就已經對教會內部擁護庇護十二世封聖的力量造成影響。若望保祿二世並不是傻子，他不會在有疑慮的狀況下將自己的聲譽全押在前任教宗的擢升上。從另一個角度來看，現在的史家、一般劇作家和關心此事的人擁有充分的資料，因此現在的確要比過去更適合思考「如果」這樣一個跳脫過往爭議的問題。

例如，從現存的資料可以得知，庇護十二世曾在兩個眾所周知的危機時刻寫好了抗議文件，眼看他就要發表文件了，但最後還是選擇沉默。如果公開抗議將對結果造成重大變化，也許最大的衝擊剛好會出現在這兩個時點。

負責審查庇護十二世封聖的梵蒂岡秘密法院曾經取得一連串證言，這些證言生動描述了當中一次危機。證言的提供者是女修道院院長帕絲琪莉娜（Mother Pasquilina），這位德國修女是庇護十二世擔任教宗之前與教宗期間的管家與心腹。

一九四二年夏天，東歐已經傳出一連串納粹暴行，全是特別行動隊這支機動殺人部隊的傑作。事實上，此時已有超過一百萬的猶太人遇害，雖然外界對整起事件還沒有清楚的輪廓——更不用說清楚的數字——但是西方媒體已經大幅報導目擊者對於數十萬人遭屠殺的描述（《波士頓全球報》，六月二十六日：「波蘭的猶太人大屠殺已超過七十萬人」）。儘管人數如此驚人，所謂的「最終解決方案」，也就是屠滅歐洲一千一百萬猶太人的行動，也才進行數個月。龐大的官僚組織以及符合成本效益原則的最新科技，在過去幾年一直處於計畫階段，此時則開始全天候運轉。新建的殺人中心——六個集中營，看起來就像裝配線，但目的只為了殺人——剛開始即以最大效能運作，將七、八月間從法國、荷蘭運來的猶太人處理完畢。裝配線機器被發明出來後加入運轉行列：你在早上下火車，晚上你的灰燼就被丟到河裡，你的衣服綑綁妥當後就運往德國，至於你的頭髮與金牙則更不在話下。簡單地說，世界正處於交界點上，從這時起，往後數月將出現歷史上前所未有最血腥的時代。對外界來說，猶太人被放逐的規模已不是秘密，而這些受害者的命運也越來清楚，然而受害者本身卻渾然不知。梵蒂岡內部也已經知道此事。

根據帕絲琪莉娜院長的說法，教宗接到消息，荷蘭主教對放逐猶太人表示強烈抗議，納粹為了報復他，便抓走四萬名有著猶太人血統的天主教徒。帕絲琪莉娜院長說：「教宗在午餐時間帶著兩頁滿是細小文字的手稿進廚房，他說：『《羅馬觀察報》今晚將會刊登我的抗議信。但我現在想到，如果主教抗議信的代價是四萬條人命，我的抗議信措詞還更嚴厲，可能代價是二十萬條人命。我無法負起這麼大的責任，較好的做法也許是在公眾面前保持沉默，在枱面下進行也許還有成功的可能。』……我記得教宗待在廚房，一直等到燒掉所有文件為止。」

我懷疑，歷史學家讀到這份一九九九年的證言時會不會嗅到一股諂媚氣味，並且對當中難以置信的家居色彩感到不適；更奇怪的是，教宗居然會在廚房這種地方進行如此正式的話題。只要回頭檢視記錄，就會發現這段證言中有兩個數字錯得離譜：帕絲琪莉娜院長回憶時所說的四萬名天主教徒被放逐，其實真正的數字是九十二名，而且前後累積起來從沒超過六百名。除此之外，主教抗議事件早就為人所知，而我們也沒有理由懷疑庇護十二世的支持者，極為博學的甘伯爾（Peter Gumpel）——耶穌會歷史學家，梵蒂岡封聖部要為庇護十二世行宣福禮時，他曾說明這段歷史原委——告訴我們，當時教宗的確準備發表反對迫害猶太人的公開抗議信，但是在最後一刻，教宗接到消息，在瞭解納粹針對荷蘭主教的抗議所做的反制之後，認為公開抗議信只會加重猶太人的苦境，因此燒掉手上僅有的一份文件，四頁，而非兩頁。

在將這份文件從現實的火燄中解救出來、寄到梵蒂岡的《羅馬觀察報》看看接下來會發生什麼事之前，讓我們先回顧庇護十二世的另一個機會。一年三個月後，即一九四三年十月，教宗的調停策略，包括沉默政策，並沒有收到成效，而他也看到或聽到正確無誤的報告，知道每天被處決的猶太人是六千人。由於整個局勢已經對盟軍方面有利，因此他們並不在乎梵蒂岡方面的外交手段，對於納粹德國的態度只會更強硬而不會軟化。西方盟國不會片面與納粹德國談和，他們重申：納粹德國必須無條件投降。然而，不利於教宗策略的是，墨索里尼下台了，被義大利國王逮捕，新成立的義大利政府轉而投向盟軍陣營。希特勒聞訊大怒，派出十二個師南下義大利半島，一路勢如破竹，一舉攻破羅馬城。雖然柏林方面保證將尊重羅馬教廷的治外法權，但是梵蒂岡周邊地區卻被德軍團團圍住。更糟的是，羅馬的猶太人成為送往奧許維茲（Auschwitz）的目標，教宗本人雖然不是放逐目標，卻知道此事，沉默政策將面臨最嚴峻的考驗。

十月十六日，艾希曼（Adolf Eichmann）的突擊隊員於拂曉時分襲擊羅馬心臟地帶，三百六十五名親衛隊警察在猶太人居住區和其他二十五個「行動區」挨家挨戶地搜捕，幾個小時內抓走一千名以上的猶太人，從教宗的窗戶可以清楚看到載運猶太人的卡車排成行列的景象。從來沒有一位教宗受過這樣的侮辱，當天早上，教宗很快就安排了一項前所未有的外交行動，他授權派駐德國的主教以教宗抗議信為憑向柏林提出威脅。主教在這封準備送往納粹外交部的草擬信上題了

「特急件」，要求立即停止搜捕行動。「否則，」主教警告：「恐怕教宗將會公開表明反對這項行動。」這項公開要脅——同樣也是史無前例——也於當天下午由教宗的私人使者送到占領軍最高司令部，雖然此時突擊行動事實上已經終止——在庇護十二世的國務卿懇求下——德國大使還是拍發後續電報給教廷。大使在電報中確認主教已經傳達了梵蒂岡方面的訊息，並且建議德方採取其他做法，平息教宗的不悅，例如讓這些羅馬猶太人留在義大利境內服勞役。教宗與希特勒的對峙在此時達到頂點，接下來的問題是誰會先讓步。

一週之後，德國大使評估了梵蒂岡在搜捕猶太人之後的反應，然後向德國外交部回報。他寫道：「教宗雖然承受來自各方的壓力，但還是沒有打算針對羅馬猶太人被放逐一事提出抗議與非難。」德國大使的結論是，庇護十二世「雖然知道自己的態度一定會遭受各方反對……但他還是盡可能慎重處理這個問題，為的是不想讓教廷與德國政府及德國駐羅馬當局的關係緊張。」對於那些被捕的上千名猶太人來說，他們不只是在奧許維茲下火車，而且終將被焚毀——除了極少數例外。他們並不孤單，德軍撤退之前還會竭盡所能地搜捕另一千名猶太人，同樣將他們送進焚化爐，如德國大使第二封電文所預言的：「猶太人問題雖然讓德梵關係鬧得不愉快，但最後還是清除了。」

坐上我們的「如果」機器並扣上安全帶，現在先回到一九四二年那個可怕的夏天，然後在梵蒂岡廚房的大理石地板上降落。用尊敬的態度說服教宗不要將抗議信丟到火裡，而是將它刊登出來——讓教宗知道我們日後知道的一切事實——應該不是很難的事。這封抗議信的措詞比荷蘭主教的責難更「嚴峻」，它的讀者將是全世界所有的天主教徒（當時有五億人），其中當然包括三千五百萬德國天主教徒。對於希特勒誓言要消滅歐洲猶太人、而實際上也放逐並屠殺猶太人的做法，這封抗議信清楚公開地予以抨擊。除了刊登在《羅馬觀察報》之外，教宗也透過梵蒂岡廣播電台將他的抗議傳播到世界各地。不論在何處，各地主教會將抗議信的內容朗誦給各地會眾，讓全世界基督徒與猶太人知道——最重要的是歐洲猶太人——這些劊子手以及為劊子手辯護的人的惡行惡狀，也讓大家知道盟軍的宣傳千真萬確：猶太人是被標記出要滅絕的民族。庇護十二世的說法確認了猶太人大屠殺的存在，他做了大西洋兩岸希望他做的事，特別是在一九四二這一年。

除此之外，相較於西方各國的遊移不定，庇護十二世也採取了具體步驟來減緩迫害。從放逐到殺人集中營，正當這條單向鐵路的運轉逐漸達到高峰的同時，同盟國也開始思考解救猶太人的方法，但是卻少有進展。教宗的抗議引起了廣大輿論的憤怒，冷漠之牆因而倒塌。例如美國在七月時出現麥迪遜廣場花園示威大會，十二月則有「哀悼與祈禱日」。一九四三年四月，美英雙邊的解救會議在百慕達召開，會議結束時不只是提出勸告的呼籲，也不是如歷史上的百慕達會議一樣完全失敗，而是擬定具體計畫，從放寬移民限制到轟炸通往死亡集中營的鐵路——甚至日後還要直接轟炸集中營。

可想而知，希特勒大發雷霆，他私底下生氣地說（如同實際上於一年後所說的）：現在要我攻進梵蒂岡「殺掉那一群豬」，我一點都不會遲疑。然而，此刻教廷在希特勒盟友墨索里尼——

他將繼續執政到一九四三年七月——的保護下，希特勒一時也動不了教宗。不管是不是由法西斯黨掌權，義大利政府都不可能進軍梵蒂岡。希特勒也無法藉由多殺幾個猶太人來洩憤，因為一天殺死六千名猶太人已經是極限（帕絲琪莉娜院長在廚房中想像的屠殺數字是這個數字的五倍以上，從戰時德國的組織力量來看是做不到的），而以宗教為依據單獨迫害天主教徒也欠缺吸引力。羅馬天主教與德國社會各層面緊密地結合在一起，納粹德國有三分之一的人口信仰天主教，包括希特勒本人。因此，希特勒只有兩個選擇：要不就是撤回最終解決方案，要不就是完全忽視教宗和要求解救猶太人的呼聲。撤回最終解決方案並非如表面上看來那樣不可能。一九四一年八月，在德國教士的不斷抗議下，希特勒停止了納粹安樂死計畫——「仁慈地」殺害那些無法治療的病人——從那時起（以及整個戰爭期間），每當有教會高級教士強行介入特定案件時，希特勒便會停止屠殺。然而，這次希特勒產生的憤慨不同於以往，因此我們必須假定他在怒火中燒之下選擇了第二條路——此舉勢必增加他的敵人——而他也聽不進別人的看法。

不論希特勒的宣傳部長戈貝爾進行了多少新聞箝制與心理恫嚇，進一步矇騙並孤立德國人民，人民對政府的信任已經崩潰，這股風潮就像海嘯般勢不可擋。盟軍在德國上空投了數百萬份傳單，原本上面印的是猶太人被屠滅的事實，現在則換成庇護十二世的抗議信，德國天主教徒心中對傳單的真實性免不了有所懷疑，但是德國境內的教士證實了盟軍的說法。於是，德國境內的抵抗行動開始增加，德國士兵手冊上所印的——每個德國士兵都應拒絕服從不合法的命令——反而在此時產生影響。至於身居軍隊高層而耐心等待機會的陰謀舉事者，原本就已經構想了各種刺殺希特勒的方案，現在終於鼓起勇氣準備擴大事端進行策動。

然而，教宗行動影響最大之處、人們也因此永遠感激他的地方在於，他向大多數處於危險的猶太人發出警告，因此大大改變了猶太人面對德軍暴行時的反應方式。在此之前，各地猶太人社群只要受到威脅，都不約而同地派出他們的領袖向納粹提出請願；他們採取軟弱的策略，只希望能協商出比最終解決稍好的方案。這些通常是在特別情況下才組織起來的「猶太人議會」——許多語言都以這個名稱稱呼這個組織——留下的記錄全都是難以彌補的失敗，儘管他們出於善意，但是在猶太人大屠殺的黑暗中卻留下了順從、資敵與卑劣合作的傷痕。猶太人議會最致命的錯誤是，他們居然阻止猶太人在各地進行武裝抵抗，但是庇護十二世揭露的真相讓所有猶太人知道，他們不是抵抗就是死亡。庇護十二世的抗議讓猶太人議會失去了合理性，並且讓猶太人做出依我們後見之明來看是對待冷酷敵人唯一合理的做法：且戰且走地抵抗。

因此，一九四三年在死亡集中營（特別是特瑞布林卡〔Treblinka〕、索比柏〔Sobibor〕與奧許維茲）爆發的華沙猶太人叛變與暴亂，規模就顯得更為龐大，德軍要進行鎮壓時也顯得缺乏勝算與決心，有些暴亂甚至還成功了。在此同時，盟軍屈服於輿論，開始轟炸希特勒通往死亡集中營的鐵路，最後則轟炸瓦斯室，艾希曼的放逐列車遂動彈不得。散布在各地的猶太人都接到了警告，紛紛逃往盟國與中立國如瑞士——這些國家在梵蒂岡的道德連鎖反應壓力下全都放寬了移民政策——原本準備放逐羅馬猶太人的計畫，在教宗的抗議下也就不可能發生；同樣地，發生在戰爭末期四十三萬匈牙利猶太人被放逐的事件也將不復存在。

到最後，人們一定會提到猶太人屠殺這場慘劇，但也慶幸最終解決方案終究沒有實現。這樣的說法並不會脫離事實太遠，我們可以這樣估計：一般認為最終解決方案的受害者當中有六百萬猶太人，以及和猶太人一同處死的五百萬名非猶太人——吉普賽人、耶和華見證人、俄國戰犯、政治犯、同性戀者和官方公布的下等人類——這些人當中約有九成可以倖免於難。

假如在出發前往梵蒂岡廚房之前，我們很驚慌地發現我們的時光機器出了一點小問題，因此只能回到第二個目標，即一九四三年十月十六日的羅馬，我們知道自己將身處於一個相當不同的歷史情境中。首先，時間又過了一年，猶太人大屠殺的受害者數目龐大得令人吃驚，也許超過了三百萬人，而羅馬這座永恆之城——雖然稱為永恆，實則危在旦夕——則被德國占領軍牢牢掌握。希特勒在七月時曾痛罵梵蒂岡這幫人是「一群豬」，並且認為羅馬教會暗中支持義大利國王逮捕墨索里尼。於是希特勒很快就想出計畫，打算派出空降師進入羅馬逮捕義大利國王與新政府成員，然後便如戈貝爾所言，「抓住梵蒂岡」；然而，戈貝爾和其他幹部都極力反對攻入梵蒂岡，因為此舉將影響「全世界的輿論」。當天稍晚，希特勒同意不進行這項計畫；事實上，這項政變計畫從後勤的角度來看也不可行（雖然希特勒的確大膽救出了墨索里尼）。不過，三個月後，希特勒以無可抵擋的軍事優勢將梵蒂岡玩弄於指掌之間，而此刻的他比七月時更憤怒——義大利除了在九月向盟軍無條件投降，之後又在十月十三日向納粹宣戰，完全「背叛」了希特勒。

我們就從這個關鍵時刻開始，此時柏林已經收到教宗針對羅馬猶太人被搜捕所提出的抗議信，而梵蒂岡的內部局勢──同樣以我們現今所知的一切來說服教宗，於是他草擬了一份譴責文件──發展如下：在拂曉突擊被捕的猶太人中，至少有一千零六十名──三分之一是男人，三分之二是婦女和兒童──被送到距離教宗書房不到一公里的地方，等待著載運他們前往奧許維茲的貨運火車前來。幾天來，由於納粹駐羅馬高級外交人員的失誤，使教宗得以知曉德軍的一舉一動。十月六日，德國大使館的行動總指揮，年輕的領事莫爾豪森（Eitel Moellhausen）──明顯表示未來將有搜捕行動──發送訊息給德國外交部；談到猶太人時，他用了「清除」這個字眼。這是第一次有外交部人員在官方文件上如此赤裸裸地使用這樣的語彙，這位領事的錯誤使得消息傳到梵蒂岡，教宗也知道這列用來載運羅馬猶太人的火車已經停在羅馬近郊的提布提那（Tiburtina）鐵路調車場，正準備出發。為了造成最大的效果，教宗決定立即發表抗議信，並且發表在《羅馬觀察報》以及所有由他管轄的媒體上。

一九四三年秋天，教宗抗議信帶來的衝擊雖然無法像一九四二年中那樣挽救那麼多生命，但是兩者擁有許多相同的效果。此時教宗的抗議可以讓仍處於危險地區的猶太人，特別是匈牙利猶太人，有更多機會存活。儘管教宗的抗議來不及阻止火車運走羅馬猶太人，他們還以為自己要前往勞動營，但是真相曝光之後，在前往奧許維茲的五天旅程中，也許還有一點逃脫機會；現在來看，這並非完全不可能。一九四二年與一九四三年處境的根本不同處，在於希特勒的進退維谷，這一點將決定英雄教宗的命運。

當庇護十二世的辯護者，如前述的教宗保祿六世，提到庇護十二世的抗議將讓更多無辜者受害時，他指的也包括庇護十二世自己（「連他自己也不能倖免」）。保祿六世所指的，無疑是希特勒長期以來為人所知卻很少見於文獻的逮捕教宗計畫；在這項計畫中，有些版本還增加一條：「教宗試圖逃脫時，便予以槍決。」最近公布的證據出現在封聖文件上，是前駐義大利親衛隊頭子沃爾夫（Karl Wolff）將軍的宣誓口供。他說，占領羅馬期間，希特勒要求他草擬一份詳細計畫，準備逮捕教宗並將他運到納粹德國，這種俘虜教宗的做法在歷史上有兩次先例（一次在十四世紀，一次在十八世紀）。沃爾夫就跟一九四三年七月的戈貝爾一樣，仗著希特勒對他的信任，大膽勸阻希特勒不要執行這項計畫；不過，再多理由都比不上一個說法有效，那就是此舉將引起不可避免的大反彈。教宗公開抗議後造成的局勢，其利害關係牽扯更廣，真實發生的狀況根本不能相比；如果希特勒實施計畫，很難想像他能從中得到什麼好處：只有沉默的教宗才能用黑函讓他繼續保持沉默。如果希特勒要設法平息自己的怒火，他的立場將跟一九四二年的場景大同小異（撤回最終解決方案或是忽視教宗的抗議），而結果也大致相同。然而，如果希特勒戰事失利並綁架（更別說是殺害）教宗——教宗已然公開向希特勒表示抗議，並且撼動了整個世界——我們深信，接下來的反彈將會讓十災殃（Ten Plagues）——如雨水般落在奴役猶太人的埃及法老王身上——像五彩碎紙般降臨在希特勒身上。

歷史學家安布羅斯（Stephen Ambrose）在《What If?》系列第一冊的文章中寫道，越是遠離單一事件，「情勢會變得非常混沌不明，猜想沒有發生的歷史總是這樣」。但這不該成為我們的阻礙，而這也未曾阻礙過安布羅斯教授，我們應該向充滿霧氣的水晶球看上最後一眼。

從各方面來看，反猶主義是讓納粹主義得以固結的黏膠。德國人一直覺得自己受到一股無法清楚指明的外在力量欺壓，就在此時，反猶主義交出了外敵，「控制國際金融的猶太民族」讓希特勒得以激勵並催眠德國人的情感。一九三九年，希特勒在帝國議會預言，儘管猶太人對他早年的預言發出「魔鬼般的笑聲」，但是這些預言即將要實現；如果猶太人要引發另一場世界大戰，這場大戰將會滅掉猶太人。從那時起就沒有人再笑希特勒了，然而當希特勒在戰爭期間不斷重複相同的預言時，他仍然聽到心靈深處的笑聲。一九四二年或甚至一九四三年，最終解決方案被教宗的抗議信公諸於世並破壞，這對戰爭中軍事面的進行會有什麼影響？想當然爾，軍隊內部的反抗勢力——他們在道德優勢與隱密行動之間妥協，不斷與西方盟國協商，想取得較有利的停戰協定——將會採取更具威脅性的做法，並將勢力伸展到整個軍事科層。德國總參謀長可能放過這個起事的機會嗎？

從實際的歷史來看，大戰結束前六個月，屠殺猶太人的行動已經停止。當時的武裝親衛隊頭子希姆勒（Himmler）見大勢已去，為了保全自己的性命，便命令將所有的殺人機器全部拆解掉。在我們的假想中，不只是猶太人大屠殺，就連大戰本身都有可能早點結束，而這樣的結果無疑將影響往後的歷史，每一天的發展都將因而改變，但我們不敢說會變成什麼樣子——歷史以外的空間混沌不清，然而正因如此，人們才得以思考歷史上的種種「如果」。

20 歐戰勝利日提早到來

假如盟軍以閃電戰直攻柏林

卡勒伯・卡爾

一九四四年夏天是人類史上最殘暴的一季。光是在歐洲，從六月到九月中旬，各地戰死、受傷與被俘的德軍就在一百萬到一百五十萬之間；俄軍在同一時期的損失也達到數十萬人，西方盟軍在歐洲戰區的死傷總和則遠超過二十萬人。除此之外，別忘了在納粹死亡營中被屠殺的猶太人，這些集中營可是每天加班趕工。德國是最禁不起如此損失的，卻損失最為慘重。德國各大城市成了廢墟，昔日引以自豪的空軍也化為烏有——雪上加霜的是，七月二十日有人謀刺希特勒不成，反而在德國境內引起了騷動。盟軍於同年八月如波濤般穿越法國，湧進比利時境內，德軍的抵抗也隨之崩解，歐洲戰事一時間似乎有在秋天結束的可能。

我們知道，這場戰爭並沒有那麼快結束。德軍回師並且在萊茵河西岸繼續抵抗，慘烈的戰役在安恆（Armhem）、突出部（the Bulge）與霍特根森林（Hurtgen Forest）等地發生；歐戰又持續了半年，代價是數十萬條人命。一九四五年五月七日，德軍在法國雷姆（Rheims）一所技術學校向盟軍投降；然而，要讓這幕場景提前於一九四四年秋末出現，是否只是一種殘酷的妄想？人們對歐戰最後一年存有許多疑問，但爭論最大也最多的莫過於這個問題。

卡爾在文中表示，盟軍未能在一九四四年秋天擊敗德軍，不僅僅是重大的軍事失誤，更是「西方歷史上最嚴重的道德墮落」。卡爾認為，一九四四年八月，儘管巴頓第三軍團正火速趕往德國邊界，但盟軍最高司令部卻不智地採取「廣正面」戰略，反而讓德軍有捲土重來的機會。如果巴頓的油料沒有被「關掉」（如英國軍事史家李德哈特〔B. H. Liddell Hart〕所言）？如果巴頓與英軍指揮官蒙哥馬利能如其所願地深入德境？卡爾寫道：「在敵後播下戰略混亂、驚恐與絕望種子的機會——閃電戰的真正本質——出現在一九四四年九月，這是整個歐戰中唯一的一次可能；如果能把握這次機會，將造成決定性的勝利。」如果西方盟軍能夠先抵達柏林，卡爾問道，冷戰的樣貌將有何不同？還會有冷戰嗎？

卡勒伯・卡爾（Caleb Carr）著有三本暢銷小說，《精神科醫生》（*The Alienist*）、《黑暗天使》（*The Angel of Darkness*）與《殺戮時刻》（*Killing Time*）。卡爾同時也是著名的軍事史家，成名作有《魔鬼士兵》（*The Devil Soldier*），以及與查斯（James Chace）合著的《無懈可擊的美國》（*America Invulnerable*）。

某些假設性的歷史問題違反了學界的超然原則。西方盟軍是否可能早八個半月於一九四四年秋天擊敗納粹德國，這當中多出來的八個半月所造成的恐怖結果——盟軍以燒夷彈攻擊德國平民、慘烈的突出部戰役與魯爾戰役、各地德軍處決盟軍戰俘的惡行，以及納粹死亡營加快種族滅絕的速度——為這場論辯增加了人性恐怖的向度，讓無情的討論看起來格外無情。如果一九四四年秋天盟軍事實上有可能避免往後的慘事發生，卻未能把握機會，這代表的不僅僅是重大的軍事失誤，更是西方歷史上最嚴重的道德墮落。

這件事可能發生嗎？盟軍可能選擇不同的戰略方針早日結束戰爭，至少讓一九四四年冬末與一九四五年初的慘重傷亡不致發生嗎（不管對盟軍或德軍來說）？

一九四四年八月，納粹德國在歐洲西線的軍事力量已經完全陷入混亂與崩潰。一開始，德軍即無法在六月六日將盟軍登陸諾曼第的部隊趕入海中（隆美爾元帥不斷地表示，德軍一定要做到這一點）。七月二十五日，德軍又無法阻止盟軍自灘頭堡向歐洲內陸挺進，只能無助地看著盟軍——特別是盟軍左翼的美軍——以令人吃驚的速度穿過法國直撲德境。盟軍以高明的謀略打敗並包圍大批德軍部隊，此後，盟軍開始以從一九四〇年德國裝甲部隊征服法國以來未曾出現過的速度收復失土。八月二十五日，盟軍解放巴黎，但此時已有美軍戰車部隊前進到巴黎以東地區；到了八月底，美軍已經抵達並越過莫斯河。完全處於劣勢的德軍努力奮戰，仍無法構築有效的防線：局勢非常糟糕，使得備受敬重的西線統帥倫德斯特元帥在面對希特勒大本營急切詢問他戰爭方針時，說了這麼一句著名的話：「談和啊，蠢蛋！除了談和你還能做什麼？」

然而，盟軍抵達莫斯河之後幾天，速度突然減緩下來，甚至可以說是停止不動。最高司令部自動為自己的軍隊踩了煞車，讓德軍得以苟延殘喘，同時也拖長了歐洲戰事。這項決定除了在當時引起爭議，日後也被各界反覆詳細地檢視。事實上，由於盟軍放慢腳步，造成日後一連串卑劣屠殺，因此這項決定也在整場戰事中引起最多的注意與熱烈討論，討論中也出現了一連串相當符合常理的假定。這些說法大致如下：

八月時，盟軍先頭部隊勝利使得盟軍的補給線拉得太長，因此無法支持盟軍快速挺進；就算沒有後勤問題，基於政治考量，也必須緩和英美兩軍的自尊。蒙哥馬利元帥率領的英國與加拿大第二十一集團軍從北路進攻，而布萊德雷（Omar Bradley）將軍率領的美軍第十二集團軍則從南路進攻；為了避免兩軍因搶功而爭相進入德境，盟軍最高統帥艾森豪將軍遂禁止兩軍針對德國心臟地帶發動具決定性的個別軍事攻擊。基於後勤與外交考量，艾森豪發表了「廣正面」戰略；根據這項方針，所有軍團都必須沿著線形正面以同樣的速度向柏林前進。

盟軍勝利後，民間與學界對艾森豪產生一種個人崇拜，因此完全支持這種說法（這是可預期的）；而艾森豪後來擔任兩任美國總統，也使得批評廣正面戰略的意見被打壓。當然，他的戰略確實帶來最終勝利。基於這些理由，長久以來，艾森豪的（也正因是艾森豪的）廣正面戰略不僅被視為盟軍面對一九四四年夏末局勢時的最佳解決方式，同時也被認定是最實際的做法。

然而，事情真是如此嗎？難道艾森豪沒有其他方法，讓盟軍在德國境內跟在法國境內一樣，各軍能以相同的速度前進，並且獲取決定性的戰果？廣正面戰略真的是軍事實用主義下的良好戰例？或者從另一個角度來看，廣正面戰略反映的是傳統的作戰思維，然而這場持續達數週的戰役完全悖逆於美英過去的作戰經驗，因此拿傳統的作戰思維套在這場戰役上其實是一種錯誤？

早在七月眼鏡蛇作戰之前（這項計畫要求蒙哥馬利以盟軍左翼在諾曼第吸引德軍火力，美軍則從右翼突破，瓦解德軍後方），甚至更早在六月六日大君主作戰之前，艾森豪及其高級幕僚就對於短期內解放歐洲表示悲觀。幾乎所有的高級指揮官都認為，即便能成功入侵諾曼第，往後的戰局也勢必淪為第一次世界大戰的翻版（換句話說，雙方沿著一條線型戰線進行靜態的消耗戰）。雖然這個結果並非大家樂見的，但是這樣的局勢卻反而較能配合美英將領過去所受的訓練與經驗。最高指揮部並不期望在諾曼第登陸後一年就能前進到德國邊界：盟軍的作戰與補給計畫全都依照這樣的估算來擬定，因此，當盟軍部隊證明他們能在非常短的時間內攻抵德境時，盟軍方面竟然沒有人對此做好準備——或者說，無法抓住這個大好良機。

一九四四年夏天的歐洲局勢潛藏了許多可能，有些人直覺感受到自己正在進行一場德國閃電戰式的戰爭，而事實上也唯有這些人才能抓住機會。盟軍在法國境內開始橫衝直撞，作戰與戰線不斷變動，裝甲指揮官表現出的大膽就跟當初的德軍將領一樣，證明戰場上充滿無窮的可能。事實上，有人認為艾森豪在七月二十五日突破灘頭堡之後所下的命令，顯示艾森豪在關鍵時刻的確可以大幅推進，也能讓機動裝甲部隊在無需過度考慮側翼保護與補給的問題下衝鋒（側翼被突破或是補給沒有跟上，都將對閃電戰造成傷害）。然而，眼鏡蛇作戰突破後幾天，事實證明艾森豪對於眼前的局勢理解有限，他並沒有運用閃電戰最基本的規則——裝甲部隊應該以優勢軍力向某一關鍵戰略目標移動——他與他的僚屬（即便是盟軍機動作戰的大師巴頓也如此認為）都同意讓裝甲部隊同時向各個方向推進，其中包括最怪異的，向西前往不列塔尼港口。

不列塔尼港口被歸類為大君主計畫中不可或缺的補給港口，然而，當裝甲部隊的先頭部隊還遠在東部時，這些港口就已經落入盟軍之手；至於戰車所需的油料，也早已安排其他方式補充，因此不列塔尼港口與裝甲部隊可以說毫無關聯。不列塔尼行動顯示艾森豪無法安心地將閃電戰當成戰略觀念來運用，而只是當成戰術觀念，他無法接受深入敵軍心臟地帶卻不充分保護側翼的做法。雖然艾森豪也曾試著鼓起勇氣，盡可能讓美國裝甲部隊快速前進，但是他沒有將部隊集中起來往東進攻，因此整個行動無法造成決定性的戰果。就連安布羅斯——他並非艾森豪的惡意批評者——也提到，艾森豪一方面無法立即確保不列塔尼港口，另一方面又無法在戰略上給予德國重擊。「事實上，艾森豪沒有完成任何事。」

不過，艾森豪在九月時仍有一個機會可以挽救這場錯誤。其實應該說有兩個：一個是蒙哥馬利的第二十一集團軍，這支部隊可能可以攻入防守薄弱的工業重鎮魯爾區；另一個則是布萊德雷的第十二集團軍，這支部隊可以採取「間接通路」進入德國，也就是穿過實際上已無人防守的薩爾區，然後轉朝東北推進。這兩位指揮官都急欲出兵，尤其是蒙哥馬利——不過，這兩項大膽的進兵計畫目標何在？一九四四年夏天，盟軍要殲滅西線所有的德軍並不是問題，但無此必要。此時有一個更重要的目標，而這個目標也適合做為閃電戰的戰略目標：切斷所有連通希特勒大本營與前線德軍的道路、鐵路、空中連繫與無線電。

歐戰結束，一九四四年秋天

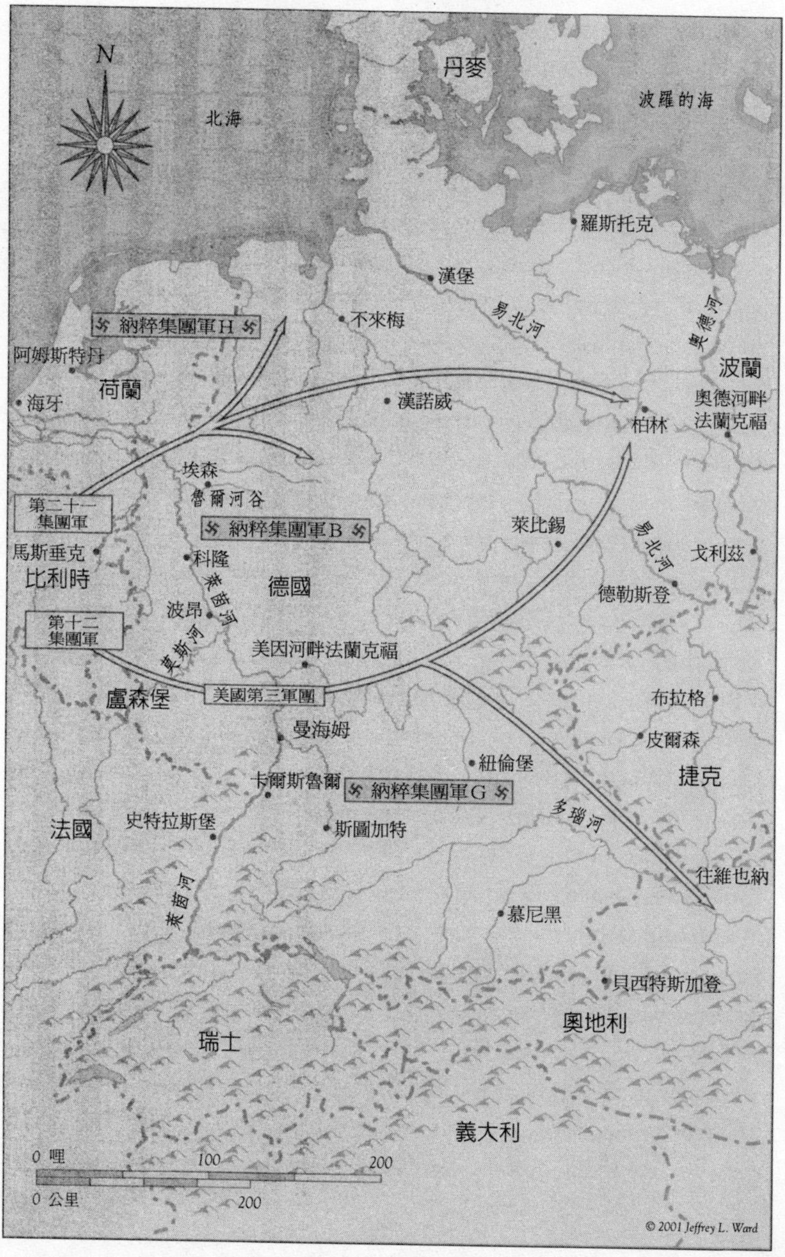

我們有各種理由相信——不管盟軍是沿著北路還是南路深入德境——一旦德軍前線的將領完全與大本營失去連繫，這些將領將可不用接受希特勒要求死守的自殺命令，也不用害怕納粹最高司令部報復，他們會率領全軍投降。換句話說，盟軍可以將希特勒孤立於柏林（盟軍可以攻下柏林，但無此必要）；如此一來，德軍前線指揮官將有可能做出日後海軍元帥鄧尼茲（Karl Dönitz）在希特勒死後所做的事：投降，避免德國人民與軍隊遭受更慘重的傷亡。還有一個能讓德軍投降的理由，那就是避免德國被復仇心切的蘇聯占領——這將是所有德軍的夢魘——這個機會在一九四四年夏末或秋天格外明顯，此時紅軍尚未取得突破性進展，因此德國尚有挽救的可能；一旦到了一九四四年冬天與一九四五年春天，情勢就將逆轉。不過，這些場景的發生，完全取決於切斷希特勒及最高司令部與前方軍隊之間的連繫，唯有大膽攻入德國心臟地帶，才能達到這種效果。簡言之，在敵後播下戰略混亂、驚恐與絕望種子的機會——閃電戰的真正本質——出現在一九四四年九月，這是整個歐戰中唯一的一次可能；如果能把握這次機會，將造成決定性的勝利。

因此，應該從北路還是南路攻擊——這個問題也討論了好幾年——只是次要問題。有人認為蒙哥馬利元帥並不具備發動閃電戰所需的大膽或天分，這種說法也許是對的；相較之下，布萊德雷麾下的師級指揮官，很快就從他們的同僚第四裝甲師指揮官伍德（John S. Wood）少將那裡學會如何進行閃電戰。伍德率領美軍橫掃法國，因而被李德哈特——戰爭期間閃電戰理論之父——封為「美軍的隆美爾」。李德哈特相信，布萊德雷的集團軍如果在九月開始行動，戰爭很可能在幾個月內就會結束；如果我們將「山那邊」的德國將領的陳述列入考慮——二戰結束後，德國將領坦承在一九四四年八月底到九月初，德軍防線有著致命的弱點。這些將領不敢相信盟軍竟然會在德國邊境停下，不給他們最後一擊——更能坐實李德哈特的評估。

有些人——跟艾森豪及其幕僚一樣——不瞭解現代機動性機械化武器的作戰原理，以及這種武器能提供的機會；除此之外，還有些批評者認為深入敵境將使補給困難。然而，這些人卻沒有發現，法國戰役時艾森豪對於補給的憂慮完全是多餘的，例如第四裝甲師就在戰場上就地拆卸、整備並搜尋油料，然後隨即快速發動攻擊；他們既不需要後方的港口接濟，也不像艾森豪的參謀所說的，美國裝甲師需要大量補給。艾森豪陣營又指出，就算補給沒有問題，而且對柏林的攻擊奏效，還是有大量德軍沒有被摧毀。艾森豪的參謀對閃電戰有一種最基本的誤解，而這無意間也顯示艾森豪本人對閃電戰的理解程度。

艾森豪經常提到，他相信只有「大量消滅眼前敵軍」，才能讓我軍「行動自由」；正因如此，艾森豪在七月與八月初將盟軍的重點放在屠殺法萊斯地區的德軍，而非向東發動強有力的攻勢。然而，閃電戰的要旨在於，行動自由——藉由製造混亂與驚恐來達成——本身就能造成敵軍失敗，失敗並不表示一定要摧毀敵軍：只要投降就足夠。對於一九四四年九月的盟軍來說，要做到這一點是可能的，而且還能獲得相當大規模又具決定性的勝利。然而，艾森豪卻沒有能力瞭解閃電戰的方法或時機，他就跟格蘭特一樣，認為殲滅敵軍才能獲得勝利；在戰場上擊敗敵軍的同時又讓敵軍存活，對他來說是無法想像的事。因此，艾森豪將他的軍隊沿著線型戰線集結，然後進行總攻；如此一來，就讓半信半疑卻又心懷感激的德軍有了足夠的時間恢復並構築完整的防線。

當然，盟軍最後還是打敗了納粹德國，但是額外付出的代價不容原諒。

至於廣正面戰略背後蘊涵的政治考量，則可用更簡單的方式化解。如果艾森豪選擇由布萊德雷的第十二集團軍直取柏林，由加軍與英軍擔任美軍迴旋時的樞軸點——如此一來，英加兩軍須面對德軍主力——則英國首相邱吉爾與蒙哥馬利元帥當然會憤恨不平。不過，艾森豪的支持者很少提出這樣的問題：那又怎樣？邱吉爾與蒙哥馬利在大吼大叫之後會做什麼？命令他們的部隊放下武器？退出盟軍陣營？艾森豪極為看重盟友的感受，為的是不希望戰爭結束後盟友紛紛投入蘇聯陣營，因此在解放巴黎時採取極端的方式安撫戴高樂——然而，真的有人會認為邱吉爾會因美國搶了提早結束戰事的功勞，便打算讓英國在戰後成為蘇聯的傀儡？這些問題實在太可笑，根本不值得回答；然而，這些問題卻是從那些支持廣正面戰略的人的邏輯中推導出來的。

簡言之，盟軍在八月底決定要放慢並停止軍隊前進，在決定的背後並沒有絕對必要的軍事或政治理由：純粹只是出於膽怯與愚蠢。至於戰爭若是提早八個半月結束將會有什麼結果，這恐怕一言難盡。可以預見的是，盟軍飛機不需要對平民進行轟炸，而納粹親衛隊殘殺猶太人也會大量減少——當然，士兵的生命也得以保全。從政治上來說，許多後來被蘇聯支配的歐洲國家也許能逃過被蘇聯支配的不幸命運，冷戰或許可以避免，或至少可以緩和。半個世紀後的波灣戰爭，盟軍——尤其是美國——還是不瞭解，要快速獲得全勝、避免無謂損失，就必須打蛇頭而非蛇身。用來避免這種結果的工具與技術都是現成的，對伊拉克的戰爭也是如此，最高統帥只是缺乏意志或見識恰當地運用它們。

21 站在被告席上的希特勒

想想邪惡者平凡的一面

羅傑・史畢勒

人們在假想第二次世界大戰歐洲戰場的種種可能時，很少想到希特勒會獲勝——不過，希特勒獲勝的可能性並不像一般人所想的那麼低。從歷史來看，在英軍突破阿拉曼以及希特勒在史達林格勒虛擲兵力之後，同盟國與軸心國在一九四二年秋天就已經形成勢均力敵的局面。此後，除非盟軍發生史達林格勒式的慘敗，否則希特勒不可能再度掌握優勢；然而，盟軍若是依照美軍原本的計畫，於一九四三年直接進攻歐陸，勢必遭受慘敗，希特勒及其短命帝國也將因此苟延殘喘。接下來的問題是：對盟軍來說，什麼方法可以最快贏得勝利？卡爾的看法是，這場戰爭其實有可能在一九四四年秋末結束，不僅能保全數十萬人的性命，還能避免冷戰發生。卡爾的想法並沒有成真，而在一九四五年初的冷冽寒冬——在安恆、突出部之役和霍特根森林之後——德軍遭遇了前所未有的慘敗，納粹德國的領導人必須思考，在千年帝國的第十三年也是最後一年，他們該做什麼？

史畢勒提醒我們，盟軍內部有一股強大的聲浪，要求對德國採取迦太基式的解決方式：將德國的工業完全去除，並且將德國變成一個永遠貧困的農業共和國。至於納粹領導份子——不管是武官還是文官——只要俘獲就立即處決；而領導納粹黨政變取得政權的希特勒則是頭號戰犯，不過前提是要能活捉他（希特勒已經在柏林地堡中向他的親信表示，如果最壞的時候到來，他將準備自殺：希特勒與列寧不同，他不是肉體上的懦夫）。有趣的是，主張合法程序最力的反而是史達林這位二十世紀的殺人魔王：沒有審判就沒有處刑。而且，這場審判不能像一九三七年莫斯科的整肅審判，一切都必須正當合理，不得有不法操縱。如此一來，我們不禁要問：如果希特勒還活著呢？史畢勒寫道：「希特勒可能很輕易就做出不自殺的決定。其他保持不變，光是改變這個要素，一切都將隨之改變。」

羅傑・史畢勒（Roger Spiller），美國堪薩斯州萊文沃斯堡（Fort Leavenworth）陸軍指揮與一般參謀學院喬治馬歇爾講座教授，專攻軍事史。他寫作和演講的範圍相當廣，包括當代軍事事務與軍事史，讀者和聽眾遍及政界、學界和一般民間大眾。史畢勒編有《美國軍事傳記辭典》（*Dictionary of American Military Biography*）三冊和《一九三九以來的聯合兵種作戰》（*Combined Arms in Action Since 1939*）。最近出版的作品是《隱蔽處的槍口：世紀末的都市作戰》（*Sharp Corners: Urban Operations at Century' End*）。

一九四五年四月二十日，在已經化為廢墟的柏林市地下五十呎，希特勒慶祝五十六歲生日，這將是他最後一次過生日。

最後這三個月，盟軍空襲柏林超過八十次。不可思議的是，有些柏林人居然還住在瓦礫堆中。希特勒的帝國總理官邸遭受轟炸，成了悶燒的巨物，在黑夜中閃閃發亮。官邸已經化為烏有，不可能在那裡辦生日宴會，因此便在地下室——由防空避難室與玄關拼湊而成的封閉空間，做為元首的避難地堡——安排了一場小型慶祝會。

可以想見，在盟軍空襲的狀況下，許多原本高高興興要到場慶賀的祝福者發現出席困難，然而，希特勒的親信大多仍在容易到達的範圍內。帝國元帥戈林最後一次在耐心勸誘下離開他的鄉村別墅到此，外交部長李賓特洛普與宣傳部長戈貝爾則只有一個掩體遠。軍需與戰爭生產部長史皮爾（Albert Speer）來此的路上充滿危險，但他還是會冒險前來。史皮爾覺得自己有必要親口告訴希特勒，他將違背希特勒的命令：所謂的尼祿指令（Nero Directives）——為了讓敵軍得不到任何勝利果實，希特勒要讓整個德國化為焦土。納粹武裝親衛隊頭子希姆勒此刻正陰謀要單獨與西方盟國談和，但是他也會來柏林。還有一些人——帝國淪亡中一些較不起眼的人物——也加入地下室污濁的空氣中：波曼（Martin Bormann），在地堡越來越令人感到窒息的氣氛中，他很快就成了希特勒身旁不可或缺的人物；阿克斯曼（Artur Axmann），希特勒青年隊頭子，他將即將來臨的柏林戰役視為其武裝兒童軍上場的大好機會。海軍元帥鄧尼茲、陸軍元帥凱特爾（Wilhelm Keitel）與約德爾（Alfred Jodl），連同幾名夠分量的柏林地區司令官也一同到場。幾天之前，伊娃——希特勒的情婦——也悄悄來到地堡，並且住了下來。她就像個惡兆，但會是什麼惡兆呢？

隨著空襲不斷持續，隨著盟軍部隊從四面八方往帝國心臟地帶進發，仍待在希特勒身旁的人憂心忡忡，想著何時才是希特勒認為應該離開柏林的時候。據說，希特勒曾表示將於生日當天離開柏林，將大本營轉移到位於歐伯薩爾茲山（Obersalzberg）的阿爾卑斯小城堡內，在這座山中要塞繼續作戰。然而，伊娃戲劇性的出現讓大家產生可怕的新想法。難道希特勒想要苦戰到底嗎？屆時會發生什麼事呢？

或許，此刻希特勒已心裡有數。他過於投入而昧於現實，但有時又極為實際。戰爭輸了，一切都完了。他那帶有毒性的世界觀無法容忍半點妥協：不管是德國、德國的文化與物質財富，還是德國人民與他自己，不是成功就是湮沒，不是完全勝利就是完全毀滅。然後，他想像這場戰爭打敗了他，德國人民也背棄了他。他想，是不是德國人民擔負不起他的偉大理想，或許他對德國人民的要求還不夠。「之後，」希特勒沉思著：「你才後悔自己太心軟。」於是他決定不離開柏林。一切都將化為廢墟，而且應該化為廢墟，即便是棄守的城市也應該放火燒掉。

在最後這段日子裡，希特勒活在好幾個世界中。泰德（Lord Tedder）日後寫到希特勒這個人時提到：「以一般人的標準來看，他會被認定是個瘋子。」希特勒有時會夢想還沒完全失去勝利，放火燒城並非默認失敗，而是使敵軍無法得利的明智戰術策略。被粉碎的軍隊可再重建，對接近柏林的盟軍進行最後一場天啟戰爭。帶著重建國防軍的想像，希特勒於一九四五年三月最後一次巡視前線，並且冒險抵達極東處位於自由森林城堡的第九軍團大本營，當地將領和參謀看到的是一個頭髮斑白、臉龐消瘦、偶爾努力擠出自信微笑的傴僂老人。希特勒昔日的大本營位於東普魯士的拉斯騰堡（Rastenburg），這裡曾發生一件極有可能成功的暗殺希特勒行動；根據歐佛瑞（Richard Overy）的計算，有四十二人涉入這次暗殺。一九四四年七月二十日的炸彈爆炸案，使歷史學家傾向於認定，這宗案件是造成希特勒在心理與生理上逐漸走下坡的原因。然而，暗殺與炸彈的危險都不是造成希特勒衰弱的催化劑，有人會想到戰爭的壓力與領導人的身心健康可能有關，但是人類不可能完全反映外在事件的劇烈變化。希特勒的醫生提到，直到一九四〇年之前，希特勒看起來比實際年齡年輕，並且在自大狂的緊張驅使下顯得活力充沛。一九四〇至一九四三年間，希特勒的外表年齡開始趕上實際年齡，即使是最仰慕他的支持者，也看出他生理與心理衰弱的徵兆。戈貝爾以狂熱誇張的語調寫著，希特勒的臉是「阿特拉斯（Atlas）的臉，他的肩上扛著整個世界」。

直到一九四三年為止，擔任希特勒主治醫師的庸醫莫瑞爾（Theodore Morell）一直為希特勒施打由二十八種藥物合成的釀造物。早在拉斯騰堡爆炸案之前，希特勒的健康狀況就開始走下坡。他的四肢顫抖，左臂與左腿有時會抖得相當劇烈，以致於無法使用，走路時則會彎腰並拖著腳。有些經常與希特勒見面的人認為，希特勒可能得了帕金森氏症，但是這些症狀也可輕易判讀為歇斯底里癱瘓，常見於大戰中的士兵。然而，顯而易見的是，他的醫生不但幫不上忙，反而讓症狀更加惡化。莫瑞爾博士的做法就只是將大量藥丸——科斯特（Koester）博士的消除胃脹氣藥丸，裡面是番木鱉素與顛茄的混合物——交給希特勒的侍從與僕人，只要希特勒有需要，就讓他服下。這些微量毒劑對希特勒會有什麼影響，的確值得大家思考；不過，這段時期還有太多其他因素足以影響希特勒的行為，我們無法想像是哪一項因素實際影響了希特勒在戰爭末期對自己或國家的領導能力。

巴巴羅沙作戰開始之後（入侵蘇聯），希特勒在柏林的時間減少，大半的時間都待在羅斯騰堡的大本營。到了一九四四年十一月底，紅軍的推進迫使希特勒斷然放棄東普魯士返回柏林。到了十二月中旬，希特勒冒險前往位於巴德諾伊海姆（Bad Neuheim）附近的齊根山（Ziegenberg）西線大本營，運用他的戰略天分下令於耶誕節向阿爾登高地（Ardennes）發動攻勢；不過，這場攻勢後來崩解成突出部戰役。到了一月中旬，希特勒返回柏林，一反常態地前往第九軍團大本營巡視，並且逗留在當地。

位於拉斯騰堡的元首地堡並不是什麼舒適場所，黑暗、不通風、陰濕又乏味，就連希特勒的醫生也勸他不要在七月二十日爆炸案之後返回拉斯騰堡；然而，位於柏林的地堡比拉斯騰堡更狹隘，實在不適合用來養病。到了一九四五年二月，醫生在希特勒的症狀表上增列了無法專心及有點健忘等症狀——或者，這只是代表一種冷漠?當時在地堡內的時間跟外面是反過來的，每天的軍事會議都在深夜召開，通常要進行到早上六點，然後「手腳顫抖的」希特勒站著下令給他的秘書與隨從。事情結束後，希特勒總是癱在沙發上，拿著他最喜歡的巧克力與蛋糕開始狼吞虎嚥。希特勒的秘書還記得，希特勒享用美食的時候，「完全不發一語」。阿克斯曼明白表示，他對希特勒的外表與舉止感到震驚；希特勒看起來已經老了，但他認為希特勒還是展現出相同的「意志力與決心」。另外一則對希特勒較不具崇拜意味的描述出自某位「年長參謀軍官」之口，他看到希特勒「痛苦而笨拙地拖著自己的身軀到處行走，將身子往前拋，拖著後面的雙腿，從地堡的起居室移動到會議室……口水從嘴角滴了下來」。

那天的軍事會議——希特勒生日會議——並沒有為柏林如何逃脫紅軍的毀滅提供任何希望。克雷布斯（Hans Krebs）將軍向希特勒做了簡報，最多只要幾天，柏林就會被完全包圍，最糟的狀況可能只能維持數小時，現在只殘存少數國防軍與親衛隊。希特勒的戰場形勢圖上描繪的軍事部隊只成了原物的鬼魂，他想像他們仍具有旺盛的戰鬥力，開始指揮這些幽靈部隊移動、集中，並建立一道薄紗般的防線來防守紅軍。希特勒所有的部隊都交給親衛隊副總指揮史坦納（Felix Steiner），此時在希特勒心中就誕生了所謂的「史坦納攻勢」——又是一個從正在快速喪失思想凝聚力的心智中想出的幽靈。

希特勒時而清醒，時而恍惚，最後宣布自己將留在柏林，他和隨從都不會前往歐伯薩爾茲山。希特勒告訴副官，即將來臨的柏林戰役「是避免全面戰敗的唯一機會」；不過，是什麼樣的機會，希特勒當時並沒有說。希特勒與約德爾將軍在一起時則較為直率：「我將作戰到底，直到追隨我的人相繼倒地，然後我將舉槍自盡。」

希特勒的想法不久就傳到地堡之外，傳遍了整個柏林。當天，柏林和其他地方的政府機關都停止辦公，商店、市區電車、地鐵、警局、垃圾清潔人員、郵差都以作戰為藉口停止工作，柏林動物園也閉園休假。四月二十日，柏林防衛司令官發出兩千張離開柏林的許可證。希姆勒找到無法前往元首地堡的理由。帝國元帥戈林發現自己在「南德有極為急迫的任務」，於是將自己放在鄉村莊園的貴重物品搬運一空，倉皇逃走。

待在希特勒身邊準備迎接這場劇變的人，將會看到一個正在冷酷地自掘墳墓的人，地堡外的軍事局勢剛好和地堡內希特勒式「諸神黃昏」的氣氛完美搭配。「我只要求最後一件事，」希特勒叫道：「結局，結局！」崔維羅潑（Hugh Trevor-Ropor）曾說過一句有名的話，希特勒就像「某個嗜食同類的神祇，對於自己的廟宇被毀竟感到喜悅無比」。他等待的時間並沒有很久：四月二十一日早晨，蘇聯火炮開始炸射柏林外圍地區。

紅軍理所當然將他們的目標特別放在納粹的首都。史達林假裝自己毫不在意柏林的下場，他甚至告訴艾森豪將軍，柏林已經「失去之前的戰略地位」。事實上，史達林根本不認為柏林是紅軍戰爭結束的地方。艾森豪同意史達林的說法，認為柏林「只是個地理位置」，幾乎已經沒有任何軍事意義。奇妙的是，史達林居然認為艾森豪跟自己一樣口是心非；第二天，史達林告訴蘇聯防衛委員會：「弱小的盟軍想趕在紅軍之前取得柏林。」

競逐柏林的比賽於焉展開，然而只有紅軍參加這場比賽。史達林派出兩位身經百戰的將領，朱可夫（Georgy Zhukov）與科涅夫（Ivan Konev），由他們兩人比賽，看誰能最快突破崩潰中的德國國防軍與武裝親衛隊，直抵柏林。四月初，朱可夫稍稍領先科涅夫。他在奧德河橋頭堡集結了四個野戰軍團與兩個戰車軍團，並且在前線每隔一公里安置兩百五十門火砲，實際上每一門砲都緊挨在一起，一萬一千門火砲正等著向柏林開火。科涅夫的軍力跟朱可夫一樣強大，而且並列於朱可夫南方。兩軍聯合起來，蘇聯攻向柏林的軍隊已經超過一百萬人，他們正迫不及待地想要復仇。「柏林是這麼一個令人眼紅的目標，」科涅夫寫道：「從士兵到將領，人人莫不想親眼看見紅軍攻入柏林。」

情況已經很清楚了，柏林將由蘇聯的軍隊占領，然而之後的問題是，攻下柏林後要如何處置柏林和柏林的居民。納粹高層不可避免將在歐戰最後一場大戰役中被掃除殆盡——也許還包括希特勒本人。關於如何處置希特勒，盟軍的政策尚未成形；同時，同盟國彼此的看法也歧異甚大。

早在一九四一年夏天，邱吉爾就思考過最終要如何處置軸心國領袖的問題，他思考是否要將希特勒及其心腹流放到某個遙遠的小島；然而，聖赫勒拿島——滑鐵盧戰役後囚禁拿破崙的地方——不可行，邱吉爾不會將納粹黨人放在那裡，那將是「對當地的褻瀆」。邱吉爾認為，應該對墨索里尼處以極刑：「那個模仿古羅馬的偽物」應該「像維辛吉托里克斯（Vercingetorix）一樣用古羅馬的方式絞死」。隨著戰事的進行，同盟國的看法自然也越來越傾向不寬容，軸心國領袖累積獸行的速度遠超過同盟國慈悲所能寬容的限度。諾曼第登陸之後，艾森豪有一天曾講出一段令哈里法克斯震驚的話，他認為德軍參謀本部的所有成員、蓋世太保和軍階在少校以上的納粹成員都應該被處決。到了一九四五年春天，邱吉爾與英國外交部的想法只有一個：只要看到最高階層的軸心國領袖，立刻就地處決。

雖然邱吉爾將希特勒黨徒與其餘德國人區別開來，但是大部分英國人可不這麼想，美國人也不做這種區別。小羅斯福極力主張不能免除德國人民的納粹罪責，而且不只一次建議，戰爭完全結束之後，要將德國軍國主義的根源連根拔起。小羅斯福也同意——至少一開始是如此——財政部長摩根索（Henry Morgenthau）的看法，摩根索計畫完全剷除德國的工業，將德國變成一個永遠貧困的農業共和國。表面上，這些安排似乎最引人注意，但是摩根索還提出另一套處置戰犯的方案，而這些方案遵循的是邱吉爾的看法：一旦擬妥軸心國「頭號戰犯」的名單，身分也獲得確認，摩根索要求軍隊的行刑隊直接在戰場上槍決他們。根據當時的估計，戰爭結束後全歐洲需要圍捕的戰犯大約有數千人。

美國戰爭部長史丁生（Henry Stimson）對於摩根索的計畫大感震驚。起初，小羅斯福對於摩根索嚴厲的計畫深感興趣，但史丁生卻不贊同。史丁生認為，摩根索計畫將使美國失去大國風範。盟軍之所以犧牲這麼龐大的人力物力，為的是一個崇高的道德目的，訴諸迦太基式的和平簡直是對這些犧牲的最大侮辱，野蠻的復仇應該代之以更高尚的國際法律與正義原則。史丁生堅持，在這種狀況下，只有交由國際法庭審判才是唯一可行的辦法；在這個看法上，史丁生唯一能找到的支持者反而是史達林。一九四四年十月，邱吉爾前往莫斯科，跟史達林提起這個問題，出乎意料地，這位蘇聯領導人居然採取了「令人感到意外且肅然起敬的立場」。之後，邱吉爾告訴小羅斯福，史達林對於這個問題的立場相當強硬。史達林說：「沒有審判就沒有處刑，否則全世界都會認為盟軍懼於審判納粹份子。」面對不肯讓步的史達林與動搖中的小羅斯福，邱吉爾決定向審判納粹頭號戰犯這個意見讓步。

希特勒不可能知道邱吉爾的讓步，但肯定知道三年前由九個歐洲流亡政府代表在倫敦發表的官方聲明「聖詹姆士宣言」。與會者組成了「同盟國戰罪懲罰調查團」，決定放棄報復敵方戰犯，希望能「透過組織起來的正義管道，懲罰犯罪者或應對罪行負責者」。隨著歐戰的流血即將告一段落，領導作戰的盟國最後也逐漸接受這個立場。聖詹姆士宣言中揭櫫的高尚法律目的，對於希特勒這個獨裁者來說不具任何意義，因為他自己就已經將德國自身的法律體系摧殘殆盡。無論如何，希特勒很早之前就認為他自己和納粹黨不受法律約束。一九四一年夏天，德國入侵蘇聯前夕，希特勒坦承從此將越過道德界線，永遠無法回頭。「為了確保勝利，我們必須不擇手段。」希特勒對戈貝爾說。四年後，國際審判正是希特勒期盼的人道待遇，但希特勒事實上又輕視這樣的做法。希特勒說，他拒絕成為「莫斯科動物園中的展覽物」，不想成為敵人用來教化「歇斯底里群眾」的工具。

到了四月二十二日下午和晚上，讓希特勒受審的可能性一個接一個消失。地堡中每日軍事會議的與會者都很清楚，根本不存在所謂的史坦納攻勢。當時，凡是在紅軍行進路線上的德軍，不是當場崩解，就是沿著通往柏林的道路慌忙撤退；事實上，整個柏林已經完全處於朱可夫火砲的射程範圍內。柏林被火砲的火雨淋個濕透，元首地堡內也能清楚聽見沉悶的打擊聲，曾經不可一世、彷彿天下無敵的德國國防軍，此時已經化為齏粉。德軍已經沒什麼軍情可以回稟希特勒，這也顯示要挽救這場軍事災難、防止敵軍進入首都、從俄軍手中奪取主動權、進行英雄式的抵抗已是不可能的事。

希特勒不悅地聽著簡報，突然間，他脫下鎮靜的外衣，開始歇斯底里地咆哮。在他的眼裡，沒有人值得尊重，他腦子想到的盡是無能、腐敗、叛國的弱者。希特勒的暴怒一陣接著一陣，沒有人知道多久會發作一次，在場人士的自尊、氣力與僅存希望也在當中逐漸耗盡。歷史學家費斯特（Joachim Fest）曾描繪出一個頗值得當成華格納歌劇來演出的場景：「希特勒一邊說話，一邊憤怒地揮舞雙拳，眼淚淌滿了雙頰。他的生命是一場災難性幻滅，在歇斯底里下極度膨脹的願望破滅了，伴隨著願望而生的一切也跟著崩潰。這是終點，他說。他無法繼續下去，只剩下死亡一途。他將在柏林、在這裡走向死亡。」希特勒情感的爆發來得太過猛烈，在場一些人認為他已經完全失去理智。當天，在這近乎發瘋的插曲過後，一名部隊司令官接到命令前往地堡回報軍情，並且接受已經無望的柏林防務指令。魏德林（Karl Weidling）將軍不安地看著坐在攤滿地圖的桌子後面的希特勒，他的「眼睛彷彿得了熱病。當希特勒試圖站起來時，我驚訝地發現他的雙手雙腿不斷地顫抖……他帶著扭曲的笑容跟我握手，並且用幾乎無法讓人聽見的聲音問我，我們之前是否見過面」。魏德林注意到，希特勒再次入座時，「左腿不斷地移動，膝蓋就像單擺一樣擺動，只是比單擺還快些」。

如果希特勒是因當前所知的情勢而暴怒，恐怕他不知道的部分會把他氣得昏倒，特別有兩份報告——一個接著一個從樓梯上滾下來——為地堡中的人員帶來更大的陰影。希特勒並不知道，此時希姆勒正透過瑞典伯爵貝納多提（Bernadotte）想和西方盟國單獨議和。然而，希姆勒對現實的理解比希特勒更加不足，他一方面向貝納多提介紹自己是「歐洲僅存的神智清醒者」，另一方面竟然想著如何將某個宗教流派的信徒——希姆勒是經由按摩師才注意到這個宗教流派——移民到烏克蘭。當然，此時的盟軍對於無條件投降以外的選項毫無興趣，因此希姆勒的協商無疾而終，反倒是路透社注意到這則消息，在四月二十八日晚間公開此事。希特勒正與格萊姆（Ritter von Greim）討論時，男僕拿著報告進來。格萊姆說，希特勒臉色變得鐵青。

第二天，又有一份報告進來，上面提到墨索里尼跟他的情婦被義大利游擊隊俘虜，並且隨後在一個叫梅沙格拉（Mezzagra）的小鎮被處決。他們的屍體被帶到米蘭，讓人從腳跟綁著倒吊在羅雷托廣場的一個車庫中，讓暴民對著屍體洩憤。聽到這個消息，希特勒便開始準備自殺事宜，要為他高喊的日耳曼民族——雖然日耳曼民族讓他失望——最後決戰做出最後貢獻。他要向那些自認為已經打敗他的「小資產階級反動份子」顯示，沒有他，德國將會群龍無首，任由卑劣的盟軍隨意挑選腐屍。

僥倖活過地堡最後一日的人絕大多數都提到，希特勒於四月二十九日花了一整晚寫他的「政治遺書」，之後和伊娃回到房間——這個房間是用來接見偶爾出現的地堡人員，但此時地堡人員的數量正不斷地減少。四月三十日午後時分，希特勒與伊娃結束自己的生命；伊娃用的是毒藥，希特勒則是使用手槍。幾名希特勒下屬遵從希特勒的遺願，將他們的遺體搬到地面，在總理官邸花園的廢墟中火化；幾天後，紅軍才在這裡發現遺骸。

希特勒是出於自己的意願親手結束自己的生命嗎？他的確歇斯底里，但是精神沒有錯亂。逼希特勒上路的並不是瘋狂，也不是距離不到半哩已經位於動物園區的紅軍，更不是戈貝爾或其他部下的苦苦哀求。並非深沉的文化驅力使他走向自我毀滅之路，希特勒的行為與切腹不同；他並不是要挽回自己的名譽，或是榮耀自己的死亡。他的自殺是帶有恨意的行為，就跟他下令要毀了德國一樣。他故意以自己的缺席來懲罰歷史。

不久，戈貝爾也追隨主子的腳步：「至少要有一個人無條件地跟隨他，直到死亡為止。」戈貝爾在希特勒留下的政治遺書附錄中這樣寫著。在不情願之下，戈貝爾與俄國人協商，之後便殺了自己的妻子和五名子女，然後自殺。希姆勒胡亂扮演了幾天調停者的角色之後，走上類似的結局，也在希特勒與戈貝爾死後幾天自殺。戈林當然還活著，他很快就成為階下囚並且在紐倫堡受審。波曼是希特勒死後德國最有權力的政治人物，他的居所無人知曉；一般咸信他在最後一刻曾試圖逃離元首地堡，卻因此被殺，但屍體卻不翼而飛。

希特勒的死亡疑雲並未完全消散。當海軍上將卡納里斯（Canaris）透過廣播宣布希特勒已死時，朱可夫元帥說：「這個混蛋就這樣死了，不能活捉他實在太可惜了。」史達林不相信希特勒死了，蘇聯史家沃科哥諾夫（Dmitri Volkogonov）描繪的史達林對於仇人的死亡非常感興趣。「史達林要能活捉納粹頭子，並且讓他接受國際法院的審判，才能說自己獲得全勝。」沃科哥諾夫寫道。即使希特勒的遺骸已被紅軍發現，史達林似乎還是不願相信俄國法醫專家的說法，他於七月抵達波茨坦參加盟軍會議時，說希特勒仍然活著，並躲在德國境外的某個地方，這種說法嚇壞了美國國務卿柏恩斯（James Byrnes）。並不是只有史達林懷疑希特勒死亡的真實性，謠言滿天飛，有人認為不僅是希特勒，連波曼也順利逃走了。當時準備起訴納粹重要幹部的紐倫堡大審檢察官沒有把握確定希特勒已死，為了以防萬一，他們還是將希特勒的名字列入被告名單中。

這段歷史使我們想提出一個令人不適乃至於不受歡迎的問題：如果希特勒選擇活下去，將會發生什麼事？歷史學家通常會認為這種問題很無聊。他們說，有些問題也許恰到好處，但是提問者仍必須審慎；一旦過了頭，就成了幻想。除此之外，光是找出歷史事實這一項就已經很困難，有時還不一定能成功，為什麼還要在困難之中再找問題來困擾自己？這一類反對聲浪，反對所謂「另一種可能」歷史或所謂「反事實」歷史，正是反對思想震撼的最佳寫照——這些反對者沒有能力接受更多論辯。

從某種意義來看，另一種可能的歷史也是歷史。人類的行動匯流在一起，產生各種偶然與不確定，因此解決歷史過程、歷史事件或歷史人物不可能只有一種權威版本。我們其實是在各種版本的歷史中審慎猜測，挑出其中一種當成可信的歷史，但是許多史家都不願坦承這一點。無論如何，我們都必須選擇，即便有可能出錯；歷史研究——人們不只經歷歷史，也寫作歷史——是個充滿意外的事業，隨時需要考慮各種突發狀況。

在實際研究上，歷史學家一旦遇到有思考另一種可能的機會時，總是採取節制而謹守分際的態度。他們會表示些微的——少到幾乎沒有——遺憾，並指出這些事件在這個例子裡並不能造成什麼變動。有些史家則較為大膽，明白表示反對或者下判斷。修昔的底斯將他的《伯羅奔尼撒戰爭史》塑造成悲劇，因為他對於伯里克里斯治下雅典的滅亡感到悲哀；他毫不懷疑地認為，是伯里克里斯之後的二流群眾煽動者讓雅典走上滅亡之路。修昔的底斯樹立了某種標準，讓伯里克里斯的後繼者必須努力對抗這種標準——至於他的標準是什麼，就成了他提供給讀者猜測的謎團。

事實上，歷史學家實在太常做假設性或另一種可能的推想，我們甚至應該說，研究歷史而不做任何假設，根本不可能。本書編者就曾經寫道：「『如果』是歷史學家最喜歡偷偷提出的問題。」

因此，在希特勒這個特例中，要可信地想像出與歷史相反的場景並非那麼困難。在同樣的環境、同樣的知覺與妄想下，希特勒可能很輕易就做出不自殺的決定；其他保持不變，光是改變這個要素，一切都將隨之改變。假設本身蘊含的預測不能過當，否則將成為虛構，因此我們必須對可能發生的場景做一些限制。我們的假設必須以一九四五年四月的局勢來做合理推斷，不論提出什麼問題，都不能跨越這個限制。

一九四五年四月，有一些非常真實也非常重要的問題等待解答。全世界的政治家、政策制定者及士兵，都必須在一個最不確定的世界裡猜測什麼事即將發生。他們的確是用猜的。例如，我們知道盟國之間對於如何處置戰敗的納粹領導人沒有共識，但他們至少都同意不該當場槍決這些納粹份子；這意謂著，就算在偶然間俘獲了納粹領導人，也應該將他們圈禁起來。一旦盟軍同意以國際法庭解決問題，剩下來的就是選擇恰當的地方進行審判，而這些事務需要一點時間。這段時間，戈林和自己的妻子及女兒在一起，在盟軍監護下度過了一段安全舒適的時光，反觀被紅軍抓住的就沒那麼好命了。

如果我們能想像希特勒僥倖在柏林戰役中活了下來，現在就可以看到眼前這張畫布已經畫滿了許多景象。我們知道，五月二日下午十二點五十分，魏德林將軍的參謀和其他幾名官方代表在波茨坦橋揮舞白旗，蘇聯偵察兵發現他們之後馬上向崔可夫（Chuikov）將軍大本營回報，停戰立即生效。我們也知道，在此同時，紅軍攻下了帝國總理官邸，並且在一陣困惑之後終於發現了元首地堡。我們可以輕易地預見到一個死心、甚至是面無表情的希特勒，他還活著，並且命令魏德林將軍要求停火。也許希特勒還懷著協商訂定和約的幻想，當然他已經沒有籌碼跟人討價還價了。我們也理所當然地想見，紅軍沒有心情和希特勒協商，因為光是柏林戰役，紅軍就傷亡將近十萬。希特勒的下場將是被士兵們連推帶拉地去見紅軍指揮官，不是朱可夫就是崔可夫。很快地，希特勒被捕的消息馬上就傳到史達林那裡，並且傳遍了全世界，成為階下囚的希特勒極有可能當天就被送往莫斯科。

不過，現在我們已經走到合理安全場景的外圍界線，在繼續深入之前，必須思考另一個較不那麼合理也不那麼吸引人的可能。希特勒有沒有可能選擇逃亡而非自殺？事實上，當時有許多人都這麼懷疑。我們的答案並非出於玄想，因為有證據可以說明希特勒的確有可能及時逃出柏林；逃亡是可能的，但是時間上必須拿捏得恰到好處。在戰爭最後的混亂時分，幾小群人抓住機會走出地堡，此時滿目瘡痍的柏林已被砲火和小規模的巷戰吞沒，成功的機會相當渺茫。希特勒與戈貝爾自殺後，一群由士兵、秘書及納粹官員——其中包括希特勒的秘書波曼——組成的隊伍，試圖穿過總理官邸的出口走進柏林市區，目的是要從柏林西北面逃出。這些人不是被殺就是被俘，但就是沒有波曼的蹤影。

幸運之神在這場戰爭中偏袒的是另一批人。約翰麥爾（Willi Johannmeier）少校是希特勒的副官，他受命將希特勒臨終遺書的複本交給薛恩納（Schoerner）元帥，他是新任命的德國國防軍總司令，另兩名低階文官——詹德（Wilhelm Zander）與羅倫茲（Heinz Lorenz）——也一起擔負這項任務。這群人後來又添了一名運氣奇佳的下士胡莫里希（Hummerich），他可能奉派前來協助約翰麥爾少校。約翰麥爾是個經驗豐富、足智多謀的軍人，接到命令必須帶領這群人前往德軍防線後方的安全地帶，他的戰技將受到考驗。紅軍環繞著柏林市中心建立了三條戰線，分別位於勝利紀念柱、動物園火車站和皮歇斯朵夫區，皮歇斯朵夫區便是約翰麥爾及其小隊的目的地。四月二十九日中午，一行四人經由總理官邸面向赫曼・戈林街的車庫出口離開官邸大樓，然後往西走，穿過動物園區往皮歇斯朵夫區——位於柏林市大湖哈維爾湖北岸——方向前進。他們花了僅存的幾個鐘頭閃躲紅軍，終於在下午四、五點鐘左右抵達目的地，此時皮歇斯朵夫區仍由一營等待援兵的希特勒青年隊駐守。

約翰麥爾與其他三人休息到天黑，然後搭乘小船從湖上往南前往西岸另一個防衛口袋萬湖。抵達萬湖之後，約翰麥爾設法用無線電與海軍元帥鄧尼茲取得連繫，並要求鄧尼茲派水上飛機將他們帶離這裡。在掩體待了大半天之後，小隊出發到孔雀島，等待鄧尼茲的水上飛機前來救援。

在此同時，另一群來自元首地堡的逃亡者也抵達了。四月二十九日上午，正當約翰麥爾和他的隊員準備離開時，洛林霍文（Baron Freytag von Loringhoven）少校、波特（Rittmeister Gerhardt Boldt）和魏斯（Weiss）中校請求希特勒讓他們離開地堡，加入溫克將軍的援軍——一支希特勒想像出的軍隊——並獲得准許。第二天，四月三十日，他們將沿著約翰麥爾小隊的路線往西前進，只是此時更加危險，紅軍距離地堡只剩幾個街區，並已攻進空軍部。紅軍的包圍圈也相當靠近哈維爾湖畔的皮歇斯朵夫區。洛林霍文和他的小隊要出發時，希特勒的空軍副官貝洛（Nicolaus von Below）上校才加入他們。貝洛似乎是希特勒自殺前最後一個離開地堡的人。

這些逃亡者在湖畔集合，等待救援的水上飛機到來。水上飛機終於出現，然而紅軍砲火猛烈，飛行員不得不在謹慎與大膽之間選擇，最後還是丟下他們飛走了。現在他們必須靠自己找尋出路，為了不想成為紅軍階下囚，他們三兩成群各自設法逃出生天。約翰麥爾及其小隊努力穿過波茨坦與布蘭登堡，並且從馬格德堡（Magdeburg）渡過易北河。他們一行人冒充外籍勞工，幾天後順利通過敵軍戰線。約翰麥爾繼續往故鄉西發里亞（Westphalia）前進，他將希特勒的最後遺書放在玻璃瓶裡，埋在自家花園中。詹德成功逃回巴伐利亞，希特勒青年隊頭子阿克斯曼也平安返家。貝洛後來進入波昂大學法學院就讀，但盟軍當局中斷了他的學業。

這些人比希特勒年輕健康，更具有解決問題的能力；希特勒逃亡成功的可能性，完全恃乎他是否有克服這些艱難的能力。然而，以希特勒當時的心理與生理狀況來說，要順利逃出敵軍封鎖不太可能；他的身心狀態恐怕連逃亡的力氣都沒有，更遑論逃亡成功。

顯赫的英國史家崔維羅潑曾振振有詞地說：「神話不同於真實；在神話裡，輕信總是勝於證據。」戰爭結束後不久，崔維羅潑就利用盟軍情報與戰犯供詞，希望能解開希特勒最後幾天——或者直接了當地說，他的死亡——的迷團。崔維羅潑的任務其實是針對一九四五年夏天在歐洲普遍流傳的謠言：希特勒順利逃走了。有人說，希特勒在巴伐利亞落腳；也有人說，希特勒到了中東；還有人說，希特勒到了波羅的海海邊被潛艦接走，然後與一群支持者在南美洲某處住下。這些謠言不只引起易受騙者的興趣，七月的波茨坦會議中，史達林的說法也讓美國國務卿感到吃驚，他說希特勒事實上還活著，並且藏身於某處。草擬起訴狀的盟軍檢察官也審慎地將希特勒的名字列入被告名單，只是當成被告缺席。

有鑒於逃亡存活的可能性極低，希特勒應該不會選擇這條路，因此，希特勒最後要去的地方一定是莫斯科。然而，這個看似最合理的可能卻直接引領我們面對一個重要問題：希特勒是待在莫斯科受審，還是解送紐倫堡受審？盟軍一致認為應該在紐倫堡審判戰犯，因為大多數主要被告都是由英美兩國俘獲。紅軍只掌握少數戰犯，原因是主要的納粹領導人傾全力往西方逃竄——他們認為這是危險最少的方向。不過，如果紅軍的戰犯名單中多了希特勒，盟軍與紅軍之間誰占上風就很難說了。蘇聯對於審判在何處舉行將不會感到為難，即便紅軍的被告可能只有一人。如果蘇聯將希特勒關在魯比安卡監獄，他們還會對盟軍採取順從的態度嗎？蘇聯會堅持在莫斯科舉行大審嗎？

對於這些問題，我們沒有明確的答案，因此可以看到，即便是最保守的推測，也很快就讓人陷入不確定的迷霧中。從這一點來看，歷史突顯出我們「為了自圓其說」，往往會做許多假設；一段可清楚說明的歷史，往往也帶有許多不合理的內容。研究過去時，若只用常識去檢驗，根本檢驗不出什麼東西。

然而，我們可以確定的是，如果希特勒將被移往紐倫堡，他將為盟軍帶來許多問題。最直接的問題是，希特勒的健康狀況是否能受審？不管希特勒被監禁在何處，他都將受到恰當的對待，但當然不會是豐盛的款待。史達林原本就希望能將希特勒和法西斯份子交付審判，因此當英美雙方最後同意依照國際法庭的原則來辦理時，史達林方面也沒有意見；不過，希特勒的身心狀況並不適合受審。他在監獄中無法支配自己的時間、飲食或醫藥，並且完全脫離庸醫莫瑞爾博士的掌控；在這種狀況下，他的身體也許會慢慢改善。絕大多數紐倫堡被告享受著不錯的飲食，獄方甚至讓原本生活荒誕而癡肥的戈林健康獲得改善，他在獄中戒掉了藥物成癮的問題，並減輕了八十磅。如果戈林沒有在處決當天自殺，將健健康康地走上絞刑台。

想像一下希特勒的心智狀況，他一旦被補，也許問題反而沒有我們想的那麼嚴重。希特勒還沒被俘之前，就已經有強烈的自我毀滅傾向，因此將他監禁在個人牢房並不會讓他恐懼。如我們所見，起先是在拉斯騰堡，之後返回柏林直到戰爭結束，希特勒一直都是個穴居人。當然，希特勒過去也有蹲過牢房的經驗。一九二三年，他因參與慕尼黑啤酒館叛亂事件而入獄服刑幾個月，這場早期的牢獄之災反而讓他有機會在支持他的獄卒戒護下寫成《我的奮鬥》。然而，即便是罪犯也知道，刑罰種類不同，被對待的方式也不同。希特勒也許忘了身為犯人在牢裡該做什麼事，不過美軍典獄長安德魯斯（Burton C. Andrus）上校會讓他重溫過去的經驗。安德魯斯對犯人下了相當嚴格的監禁命令：一週只能寫一封信，一天只能散步一次，犯人只能在午餐時間交談，飲食則跟德國難民在戰敗當年寒冬所吃的分量一模一樣。被俘之前二十年，希特勒每天做的不外乎寫作與演說，安德魯斯嚴密地監視這個在過去二十五年不斷演說與寫作的人物，不讓他有行動自由，也不讓他與別人連繫，什麼事都不能做。因此，出現另一本《我的奮鬥》的可能性可說是微乎其微。

就算這種嚴密控制的環境無法改善希特勒的心智狀態，對於結局也不構成影響。黑斯（Rudolf Hess）——他因一九四一年隻身飛往英國談和而轟動一時，而此舉也震動了德國當局——在戰爭期間一直受到監禁，戰爭結束後被送往紐倫堡，但此時患有功能不足的失憶症。黑斯有時神智清醒，但大部分時間都與現實脫離，並且對人際互動幾乎毫無反應。起先，盟軍以為黑斯裝病，因此讓他接受各種精神評估，直到知道他勉強能接受審判後才善罷甘休。黑斯將在柏林的史班道監獄度過餘生。另一名被告，惡毒的反猶主義宣傳家史特萊榭（Julius Streicher），在智力測驗中得分極低，因此盟軍安排他接受精神醫師的檢查。第三名被告雷伊（Robert Ley），德國勞動陣線領導人，聽到對他的指控之後設法自殺。如果我們還想找出其他有關盟軍不願輕饒、拖延乃至於減輕對敵軍領導人處刑——不管基於什麼理由——的證據，只需回想日本的戰時領導人東條英機，他以拙劣的手法對著自己的胸部開槍自殺。東條康復後還是回到位於東京的巢鴨監獄，最終還是上了絞刑台，因此希特勒不用抱著太大希望，他終究要接受審判。

在紐倫堡擔負國際軍事法庭事務的盟軍軍官因憂慮審判而導致失眠。盟軍擔心被告會利用審判來翻轉局勢，除了在法庭中證明自己無罪，這些曾經權傾一時又令人畏懼的戰犯可能會利用詐術或狡辯，讓自己在審判中成為民族英雄與殉道者。法官將嚴格管制法庭中的行為：戈林可以在座位上做怪表情、怒目而視並發出雜音，以表示他對證言的不滿，但也僅止於此。戴著白色鋼盔的憲兵站在被告席後方，一旦被告擾亂法庭秩序，就會被帶出庭外。所有被告——包括戈林——

的行為都受到比一般訴訟更嚴格的限制，即便是鋒芒畢露的人物，也將因此變得低調。無疑地，希特勒是所有被告中最傲慢放縱的人，但也必須謹守規矩。

接下來，我們必須回到希特勒本身。希特勒、戈林和其他被告日復一日地暴露在被告席上，他們的行動飽受限制，而他們也顯示出邪惡原來也有平庸的一面。夏伊勒（William L. Shirer）記得：「這些人完全變了模樣。」「他們的衣衫相當寒酸，癱軟在椅子上，神色緊張而煩躁不安，已不再是昔日的高傲領導者，看起來就跟一般平庸之輩沒什麼兩樣。」希特勒的魔力逐漸失去光采，彷彿被檢察官的證據掏空了一樣，這樣的過程一直持續到處刑為止。一九四六年十月十六日清晨，紐倫堡大審的二十一名被告有十名被執行了死刑。原本應該第一個走上絞刑台的戈林卻在前一天晚上自殺了，他也許是得到同情他的衛兵協助才得以成功。希特勒或許也想做出相同的舉動，以避免自己曾經高呼的「結局，結局」！

總之，我們提出的另一種場景將讓希特勒多活一年半。如果歷史能讓希特勒早死個幾年，這樣的安排會比因為他活著而讓數百萬人死亡更划算。人們都希望希特勒能得到應有的懲罰，但是崔維羅潑提醒我們：「神話的形式受到事實的外在限制。如果神話要繼續存在，就必須遵守最低限度的事實。如果人們對於最低限度的事實只是嘴上說說，心裡完全不當一回事，人類的心智就會放縱想像的力量，最後只會成了自欺……只要仔細回想那些輕信最荒謬想法——數百萬人盲目信從——的荒謬證據，就不得不對那些不可思議的事情有所懷疑。」

本文想像的場景雖然在說理上差強人意，卻已足夠讓人在寧靜時刻突然產生一絲疑慮。歷史在任何時刻都可能因某種偶然而改變，有可能依照我們的想法走出我們認為最適當正確的一條路，也可能做出最壞的選擇。如果希特勒還活著？如果歷史再度讓壞事降臨呢？

22 沒有尾聲的太平洋戰爭

假如沒有在日本丟下那兩顆原子彈

理查・法蘭克

美國在日本投下兩顆原子彈距今已約六十年，然而，杜魯門下此決定所產生的道德論辯卻仍方興未艾。終止太平洋戰爭，是否可以成為殺害廣島與長崎兩地約十萬到二十萬人性命的合理藉口？原爆的可怕——在爆炸瞬間死亡的人可以說是幸運兒——使我們忘記提出一個少有人想到的問題：如果美國選擇不投下原子彈呢？軍事史家法蘭克詳盡檢視了不投下原子彈可能發生的合理場景。法蘭克明確表示，在投下原子彈這件事情上思索「如果」，可以讓我們對一九四五年夏天美國軍事決策官員的痛苦決定有更深入的瞭解。歐本海默（Robert Oppenheimer）——主導曼哈頓計畫的科學家——後來曾說：「我們當時對日本的軍事狀況一無所知。」

如果沒有投下原子彈，日本還能抵抗多久？奧林匹克作戰——計畫在十一月一日從日本本土最南端的九州登陸——會成功嗎？這支美國有史以來最大的進攻艦隊在登陸時造成的損失，會不會超過計畫者的粗略估計，因而成了一場災難——抑或是這場作戰的損失將與近來史家修正的數字相仿？除了原子彈，其他選擇的效果如何，例如海上封鎖或摧毀日本的運輸系統？另外值得注意的是，這裡面還有一張反事實的鬼牌，那就是蘇聯。如果蘇聯進攻日本，將會有什麼後果？如果盟軍未投下原子彈而繼續作戰，戰後日本的境況是不是反而更淒慘？陣亡人數將會不會等同於原爆死亡人數，甚至更多？

依照法蘭克的觀點，速度才是重點，戰爭必須在該結束時結束。

理查・法蘭克（Richard B. Frank）是軍事史家，他的兩本著名作品分別是《瓜達康納爾島：這場重要戰役的最完整敘述》（*Guadalcanal: The Definitive Account of the Landmark Campaign*）以及《滅亡：日本帝國的末日》（*Downfall: The End of the Japanese Empire*）。

決定用核子武器攻擊日本一直是太平洋戰爭中最大最久的爭議。支持使用核武的人認為——用戰爭部長史丁生的話——這是「最不令人憎恨的選擇」；激烈反對使用核武的批評者則認為，如果當時沒有核武或不使用核武，歷史將走向較為人道且明智的道路。至於哪一種觀點較為正確，則有賴於審慎檢驗事實而非幻想，也就是說應該考慮一九四五年夏天影響局勢發展的各種力量。

如果不瞭解日本實際的權力運作，思索歷史為何沒有走上另一條路將變得毫無意義。軍國主義者牢牢掌握了日本帝國的命運，並且在法律上擁有反對政府組成或存續的權力。他們之所以能如此，是因為有武力為後盾，而且長久以來一直使用恐怖手段除去政敵。從一九二一年到一九四四年，大概出現了六十四起右翼政客暴力事件，其中包括兩起首相謀殺案，這些事件完全扼殺了其他人參與國家決策的機會。

在日本殘缺的政治結構中，只有八個人才真正具有決策權力。內閣，又稱為最高戰爭指導會議，是最高的政府權威，會議成員採共識決。這個組織在當時被簡稱為「六大臣」：內閣總理大臣鈴木貫太郎、外務大臣東鄉茂德、陸軍大臣阿南惟幾、海軍大臣米內光政、陸軍參謀長梅津美治郎，以及海軍參謀長豐田副武。東鄉屬於文官體系，鈴木是退役的海軍上將，其餘四人則不是陸軍上將就是海軍上將。剩下兩位掌握實權的則是天皇及其親信內大臣木戶幸一。木戶的權力在於他能左右天皇，而天皇的權力則在於文官體系和武裝部隊全聽從他的號令。

直到今日，從日本的檔案資料所得的證據顯示，在廣島被投下原子彈之前，這八個人並沒有想過要向美軍及盟國提出對方可接受的停戰條件；而從歷史文件來看，直到八月九日為止，他們的立場仍相當強硬。八月九日當天，第二顆原子彈落在長崎——再加上三年來的慘敗、海運生命線被切斷、六十座城市被燒毀，以及蘇聯介入——六大臣終於認真考慮停戰條件，並達成共識。有三人提出的投降條件是日本天皇制度不容更改，另外三人則堅持再加上三個條件：由日本遣散自己的部隊；由日本在日本法院進行「戰罪審判」；盟軍不許占領日本。由於六大臣只能在全體一致通過下才能行動，因此這些條件將決定日本今後的命運。

天皇的看法呢？日本——與美國串通——在戰後極力將裕仁描繪成「只具象徵地位的天皇」，他雖然是元首，但並非實際的統治者。裕仁被塑造成愛好和平卻無法貫徹自身意志的人，直到日本政治結構陷入無比的困境時——六大臣在投降條件上爭執不下，因而形成僵局——裕仁才得以介入，以「聖斷」宣布戰爭結束。

天皇坦承，直到一九四五年六月為止，他的確與六大臣有著相同的核心信仰，並且從未動搖過，這解釋了這些人為何未能在廣島與長崎遭受轟炸前就提出停戰條件並做出回應。簡單地說，他們有充分的理由相信，日本仍有機會藉由協商取得和平，並且讓舊體制繼續下去——如此一來，天皇與這些大臣就能繼續維持支配的地位。

一九四五年的前三個月，日本軍方構思了「決號作戰計畫」，準備以此為政治籌碼，向美軍換取他們希望的停戰條件。他們自信滿滿地認為，就算是封鎖與轟炸——即便將因此造成數百萬日本人民喪生——也無法逼迫他們屈服。此外，日本軍方相信，缺乏耐性的美國民眾會逼迫美國軍方避免長期包圍戰，並且要求美軍快速結束戰爭；若真是如此，美軍勢必進攻日本本土。

日本戰略家依照美軍作戰習慣來檢視地圖，美軍應該會用龐大的空中優勢支援進攻作戰。美國空軍絕大多數屬於陸基戰機，因此美軍的入侵區域局限於陸基戰機可及的範圍；據此看來，日軍研判美軍在一九四五年夏天時掌握距離日本最近的基地將是沖繩與硫磺島。沖繩可以——硫磺島做不到——支援數千架戰術戰機，這些戰機雖然比B-29小，卻足以轟炸日本本土。從沖繩起飛，美軍飛機不僅可以飛抵九州，還能抵達一部分四國地區。相較於四國，九州擁有更優良的空軍與海軍基地，美軍可以從這些基地對明顯重要的目標發動攻擊——東京，日本的政治與工業中心。日軍指揮官簡略地看過九州地形圖之後，很快從四個選定的美軍進攻地點中挑出三個。日軍預想的不只是美軍將發動進攻，還包括美軍最有可能進攻的兩個地區、兩次進攻的可能順序，以及確切登陸九州的地點。

確實掌握戰略重點之後，日本開始進行大規模動員。到了仲夏，日本已經在本土募集了六十個師和三十四個旅，總計兩百九十萬人。嚴密的防衛計畫，再加上改變飛行訓練方式訓練出神風特攻隊，使得日軍生產了一萬架以上的飛機——其中有一半是自殺飛機——來面對美軍的進攻，這些部隊主要部署在九州南部與東京地區。

日本政府經常傳出暴力事件，並飽受軍人干政之苦；相較之下，美國政府運作良好，大權掌握在文職人員手上。然而，一九四五年四月十二日，美國政府突然出現換手的狀況，小羅斯福病逝，由杜魯門繼任總統。小羅斯福顯然沒有給杜魯門時間嫻熟政務，因此，新上任的杜魯門必須轉而向他的高級顧問尋求政治和軍事戰略上的指導；然而，杜魯門的軍事顧問在結束戰爭的戰略

進攻日本，一九四五—四六年

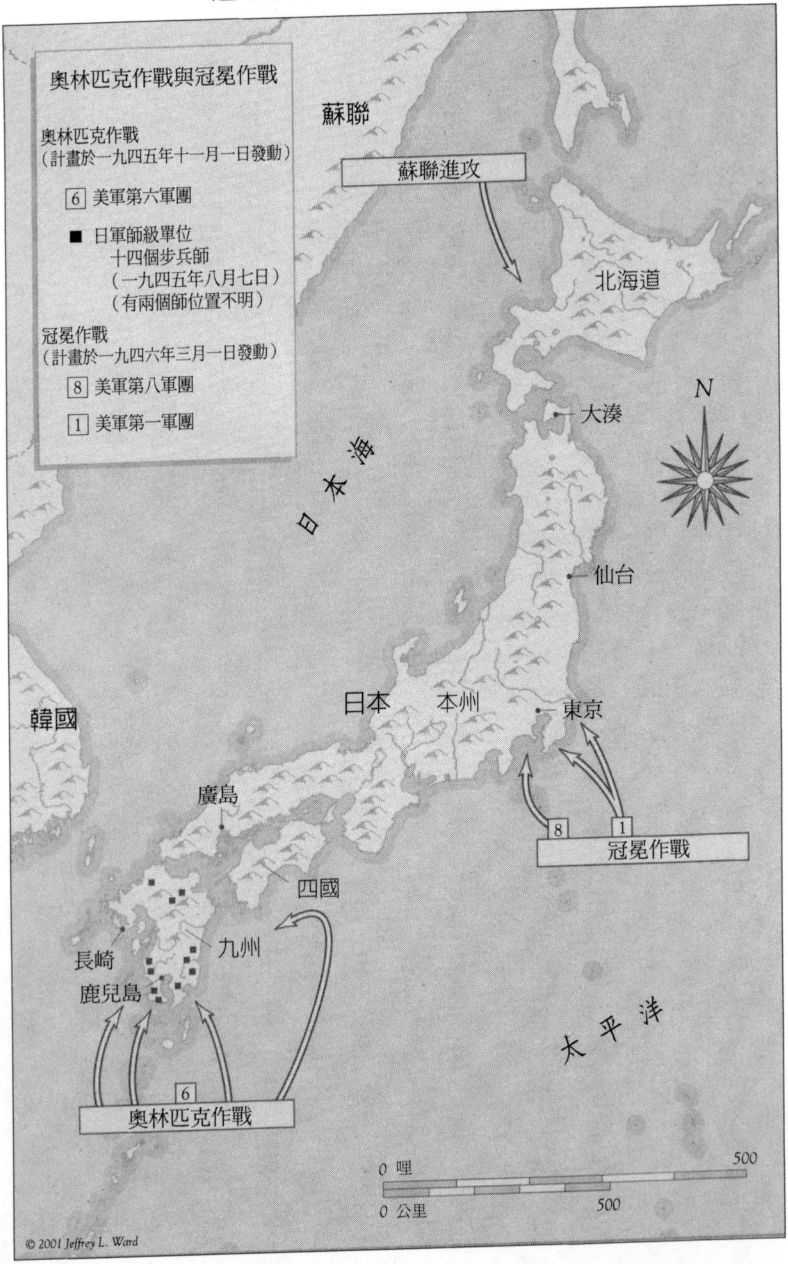

奧林匹克作戰與冠冕作戰
奧林匹克作戰
（計畫於一九四五年十一月一日發動）
6 美軍第六軍團
■ 日軍師級單位
十四個步兵師
（一九四五年八月七日）
（有兩個師位置不明）
冠冕作戰
（計畫於一九四六年三月一日發動）
8 美軍第八軍團
1 美軍第一軍團
蘇聯
蘇聯進攻
北海道
N
大湊
日本海
仙台
日本
本州
東京
韓國
廣島
8
1
冠冕作戰
四國
九州
長崎
鹿兒島
太平洋
6
奧林匹克作戰
0 哩
500
0 公里
500
© 2001 Jeffrey L. Ward

上意見並不一致。

以海軍五星上將金恩（Ernest King）為首的美國海軍，根據數十年來研究日軍的成果，訂定了一連串對日作戰計畫。在往日的教訓中，美軍知道有一樣是絕不能犯的大忌，那就是進攻日本本土。美國海軍官員估算，美國派出橫跨太平洋的遠征軍人數，永遠不可能與日本動員來保衛本土的人數相比，而日本的地形也將讓美軍的重裝備與車輛動彈不得，使美軍無法在日本取得優勢。因此，主張包圍戰術的海軍認為，讓日本投降的穩健做法就是發動封鎖與轟炸，其中包括密集的空中轟炸。

至於以陸軍上將馬歇爾為首的美國陸軍，則相當晚才注意到如何結束對日作戰的問題。陸軍在匆促之下認定，只有發動攻勢才能合理解決這場戰爭。經過一連串封鎖與進攻的論戰之後，美國參謀首長聯席會議於一九四五年四月達成一個不太穩定的妥協方案，軍方至少在表面上獲得共識，決定進行兩階段進攻作戰，代號「滅亡作戰」。第一階段是奧林匹克作戰，從一九四五年十一月一日開始，計畫在九州登陸並取得九州南部三分之一的土地，以此提供空軍與海軍基地，支援第二次兩棲攻擊。第二階段是冠冕作戰，從一九四六年三月一日開始，目標是攻取東京地區。

美軍整個戰爭目標是要讓日本無條件投降，並確保日本沒有能力再對和平構成威脅，聯席會議是基於這一點制定戰略；然而，歷史卻對這項計畫的可行性有著很大的懷疑。兩千六百年來，日本從未屈服過外敵；太平洋戰爭期間，也沒有任何日軍部隊投降。因此，沒有人敢保證日本政府會不會向美軍投降；而就算日本政府投降了，日軍願不願意聽從命令也是個問題。美軍的夢魘不在於起始的進攻，而是登陸之後日軍可能不會有組織地向美軍投降，這樣的日軍人數竟然多達四百萬以上。其實，官方對於進攻計畫的說詞是，進攻比封鎖或轟炸更能讓日本政府投降；只要日本政府投降，美軍就能名正言順地清理掉那些不投降的日軍。

海軍同意加快腳步，從奧林匹克作戰前六個月就對日本進行封鎖與轟炸。然而，海軍上將金恩也在四月的聯席會議中提出嚴正警告，如果要海軍協同作戰，就必須立即下達進攻命令，這樣才能讓整個龐大的作戰計畫動起來。除此之外，金恩也警告，聯席會議勢必要在八月或九月重新檢討進攻的必要性。

無線電情報顯示金恩有先見之明。七、八月間，ULTRA破解了日軍密碼，美軍領導人這才發現日軍已設下伏兵等待奧林匹克作戰。十四個師六十八萬美軍正準備進攻九州，他們預料將面對的日軍不超過八到十個師，約三十五萬人；然而，美軍破解密碼後才發現，有十四個師的日軍兵力和一些戰車旅及步兵旅——至少六十八萬人以上——部署在九州南部。除此之外，美軍原本預測日軍只有兩千五百到三千架飛機支援地面作戰，其數量不足以對抗一萬架美軍戰機；然而，ULTRA和空拍資料顯示，日軍至少有五千九百架乃至於一萬架以上的戰機，其中有一半是神風戰機，準備用來攻擊美軍入侵時的護航艦隊。

唯有合理的估算，才能提供決號作戰與奧林匹克作戰在一觸即發下可能造成的傷亡人數。如果日軍投入至少五十萬兵力在九州南部進行殊死戰，到了戰爭終了時，不難想像這些忠於天皇的日本陸海軍死亡人數至少將突破二十萬到二十五萬。除此之外，日本不分性別地徹底動員成年人口，並且將他們組織成龐大的民兵隊伍。日軍指揮官想讓這些民兵充當後勤部隊，必要時直接上前線，就像沖繩戰役一樣。根據一九四四年的戶口資料，三個將遭受戰火波及的九州縣分，人口數達三百八十萬四千五百七十人；如果每十個民眾只死亡一人——這個比率遠低於沖繩之役——等於軍人死亡之外還有三十八萬日人死亡，日人死亡總數將達五十八萬到六十三萬。

聯席會議於一九四五年四月授權進攻戰略時，正式採用的計畫文件曾提到預估的傷亡人數。不過，文件上提到的數字並非粗估數字，而是以歐洲戰場與太平洋戰場實際傷亡比率推估出來的有效數據，兩者皆以每日傷亡人數來表示：

	太平洋兩棲登陸戰	歐洲持久戰
陣亡	1,780	360
受傷	5,500	1,740
失蹤	170	60
總計	7,450	2,160

部隊人數表列出參與作戰的預估人數，以及預估的戰爭持續天數，然後以兩個戰場的傷亡比率來計算。到了一九四五年八月，兩個部隊人數表分別是七十六萬六千七百人與六十八萬一千人（之間的明顯差異主要是因基地能支援的作戰人數不同），華府方面計畫的戰爭天數是九十天（這

個數字是在得知日軍情報前訂定的，因此顯然低估）。將部隊人數與比率合併計算，便能得出可能的傷亡人數：

奧林匹克作戰的可能傷亡人數（以九十天計算）

	太平洋戰場經驗		歐洲戰場經驗	
	部隊人數表一	部隊人數表二	部隊人數表一	部隊人數表二
部隊總數	766,700	681,000	766,700	681,000
陣亡與失蹤	134,556	109,515	28,981	25,471
總傷亡數	514,072	456,610	149,046	132,385

這些令人心驚的數字還不是完整的數據，因為它們只代表登陸九州時的傷亡人數。神風特攻隊造成的傷亡主要是在海軍，還要加上地雷、岸砲及飛行員的折損，另外在海軍登岸時也會造成傷亡。以沖繩之役為參考點，美國海軍在自殺飛機攻擊下，可能死亡的人數應該在五千七百到一萬一千四百人之間。如果其他損失僅僅與沖繩之役中非因自殺攻擊而死亡的人數相等，再加入一千五百名死亡的水兵，將使海軍死亡人數達七千兩百到一萬兩千九百人。因此，僅僅在攻取三分之一的九州上，美軍可能就要折損十四萬到五十二萬七千人，其中陣亡人數在三萬兩千七百到十四萬七千五百人之間。

不過，一九四五年時，美國領導人並不在意可能的傷亡數字，他們重視的是另一個根本問題，即奧林匹克作戰是否仍然合理可行。一名情報官員警告，敵我傷亡比率達到一比一「並非獲勝良策」。八月七日，馬歇爾詢問陸軍上將麥克阿瑟——奉派攻日的陸軍指揮官——是不是還認為奧林匹克作戰可行。麥克阿瑟回答，他並不信任情報，因此準備慢慢向前推進。金恩瞭解情報之後，將兩份訊息的複本寄給海軍上將尼米茲，並徵詢他的看法。金恩其實不問也知道尼米茲會說什麼。五月二十五日，尼米茲在沖繩奮戰兩個月後，美軍傷亡創下太平洋戰爭爆發以來最慘重的記錄。尼米茲私下對金恩說，他不會支持美軍進攻日本。金恩於八月九日發表的訊息清楚表明，他不只完全反對奧林匹克作戰，甚至也反對整個進攻戰略。

因此，在不使用核武之下，美國領導人面對的第一個重要議題就是奧林匹克作戰的可行性。起初，杜魯門在六月時批准了奧林匹克作戰，但這是因為當時日軍備戰的驚人消息還沒曝光；而且，參謀首長聯席會議無異議支持這項計畫，也是杜魯門接受這項提案的主要原因。如果海軍不願背書，無線電情報又顯示情況不利，即便麥克阿瑟與馬歇爾執意堅持，杜魯門在第二次審查時也不會同意此項計畫。除此之外，根據ULTRA解碼的情報也指出，日軍抵抗冠冕作戰所做的地面部署也同樣令人吃驚。因此，要在一九四五年執行這兩項作戰計畫，機會等於零。

除了進攻之外，還有兩個明顯的選擇：一個是外交，一個是封鎖與轟炸。除了助理國務卿格魯（Joseph Grew），美國高層決策官員沒有人願意與日本進行外交協商，因為日本開出的底限不只包括保留天皇制，還要求保留引發太平洋戰爭的舊體制。情報分析人員於七月二十七日公開向決策官員提出警告，只要日軍相信決號作戰可能成功，就不可能向美國開出的條件讓步。因此，決策官員極可能轉而採取封鎖與轟炸政策；就在那個時刻，實行這項政策的機會也急遽增加。

一九四五年五月，美國戰略轟炸調查團在德國進行旋風式的調查，他們從中吸取教訓，準備用來對付日本。調查團認為，攻擊煉油廠和運輸系統能對「早期和最後的勝利產生決定性效果」。美軍其實並不是非常瞭解日本的戰時經濟，不過調查團的資訊還是讓美軍徹底改變在太平洋上的戰略轟炸方針。

一九四五年八月十一日，空軍少將李梅（Curtis LeMay）——當時擔任空軍上將斯帕茲（Carl Spaatz）的參謀長，而斯帕茲是美國太平洋戰略空軍指揮官——發布新的轟炸目標指令。斯帕茲當時轄有第二十空軍，基地在馬里亞納群島（Mariana Islands）；以及第八空軍，駐地已由歐洲調到沖繩。到了一九四五年十月一日，這兩支空軍部隊已擁有超過一千兩百架B-29轟炸機，而他們接到指令準備轟炸兩百一十九個目標。從三月以來，美軍有系統地轟炸日本各城市；在新的轟炸計畫中，對城市的轟炸大量減少，取而代之列為優先順序的是五十六處鐵路調車場及設施，還有十三處連接日本各地運輸的重要橋樑。之後的轟炸目標則是飛機工廠、軍火庫和三十五處城市工業中心。

粗略看來，新指令似乎比燒毀城市更能降低非戰鬥人員的死傷，但實際上卻造成災難性的大飢荒。一九四五年，四個日本人中有三個住在本州，本州是日本四大島中最大的一座，幾乎有一半的人口聚集在本州西南半部。日本的糧食產區主要分布在北海道、本州北部和一部分九州地區，每年九、十月的稻米收成季節是糧食供應的重要時刻；然而，一連串因素使得日本的稻米產量從一九四二年的一千萬噸以上降到一九四五年的六百三十萬噸。

日本通常是以進口來補足國內糧食生產與需求之間的缺口，但是到了一九四五年八月，日本的商船被摧毀殆盡，實際上已無法進口任何物品。水路運輸系統崩潰造成的威脅不僅於此，日本和其他主要工業化國家不同，它的國內與國際貿易仰賴水路運輸。如果日本缺乏船隻將糧食從過剩地區運到不足地區，就只能仰賴鐵路系統；然而，鐵路系統運量有限，而且特別容易遭受空中攻擊的破壞。美國戰略轟炸調查團在戰後的研究指出，只要順著本州太平洋沿岸切斷六條主要鐵路，就能癱瘓整個運輸系統。B-29轟炸機——更不用說艦載飛機——在幾天內就能進行好幾次破壞任務。

鐵路遭破壞將造成劇烈的變化。事實上，日本在一九四五年八月投降之後，便在一九四五到四六年遭遇糧荒，整個國家幾乎走到瀕臨絕望的地步。一九四六年五月，東京每人的糧食配給下降到每日僅剩一千零四十二卡路里，這還是鐵路運輸與政府機構仍正常運作的狀況。新的轟炸指令首先將對本州西南半部的工業地區與人口稠密區造成重大打擊，這些城市都要依靠船運才能滿足當地人口的糧食需求。最糟的狀況在東京，當地的農產品僅能滿足東京市民基本所需的百分之三。沒有水路或鐵路運輸，這些人口稠密中心很快就會人口減少，數百萬飢餓難民將會蜂擁進入鄉間。這不僅將造成工業生產崩潰，也會使各地政府解體；而一旦政府解體，就不可能進行糧食配給與分配。到了一九四六年春末，本州西南半部的糧食供應將會完全消耗殆盡，這將迫使占日本一半人口的殘存者移居到別處尋找食物，或是乾脆等待死亡。

對日本的鐵路運輸系統進行首波攻擊之後，不到幾天的時間，日本領導人就已經理解到攻擊帶來的影響；除此之外，這波攻擊也在日軍多數派以及天皇與少數派軍官之間扯開一條關鍵斷裂線。日軍多數派熱切地相信，日本舊體制的唯一威脅來自國外；然而，天皇和少數派軍官則認為，大規模飢荒和民眾的不滿將在國內點燃革命火種。為了防止這場夢魘，天皇和其他擁有相同看法的官員認為，投降至少可以維持國內秩序，使天皇制免於崩潰。

在此同時，蘇聯介入卻可能破壞天皇的投降計畫。即便沒有廣島原爆的刺激，蘇聯八月九日的遠東攻勢也可能延後一到兩週；然而，一旦攻勢發起，紅軍將會勢不可擋地攻下滿洲、韓國全境，並且殲滅位於庫頁島與千島群島的日軍。

不僅如此，史達林還準備於一九四五年八月進攻日本本土；不過，庫頁島上的日軍激烈抵抗，使得紅軍遲遲無法取得庫頁島做為攻勢發起地。除此之外，杜魯門也堅持蘇聯不可越過他們在雅爾達約定的占領線，因此蘇聯部隊並未攻入日本本土最北端的北海道。

蘇聯介入造成驚人的人命損失。約有兩百七十萬日本國民，其中三分之一是軍事人員，落入蘇聯之手，死亡與永遠失蹤的人數達到三十七萬六千人。如果北海道的居民也跟亞洲大陸上的日本人一樣落入蘇聯之手，至少還會有四十萬人死亡。

蘇聯介入後較嚴重的影響反而是在東京。有批評者指出，是蘇聯而非原子彈使得日本投降。

這種看法的論點在於，當紅軍於滿洲擊潰日本關東軍時，證明了日軍無法擊敗入侵的敵軍，於是日本瞭解大勢已去。然而，日本軍方和其他東京領導人有幾天的時間對於蘇聯攻擊的規模與勝利毫無所悉，日本軍方——早已決定放棄滿洲，並且將關東軍的精銳部隊撤回國內——的反應並非放棄，而是抵抗。東京的參謀人員計畫實施軍事戒嚴，並準備將所有權力集中到帝國大本營，此舉將破壞整個政府體制——包括最高戰爭指導會議採共識決形成的僵局，而一旦遇到僵局，天皇就能「聖斷」以終止戰爭——並且讓天皇失去「聖斷」的機會。

還有一個更根本的原因可以說明，為什麼日本投降是基於投下原子彈而非蘇聯介入。要達到停戰，一方面需要合法的權威下令停戰，另一方面也需要日本武裝部隊服從命令。戰後不久，鈴木首相在解釋日本投降原因時指出，日本領導人仍然傾向於繼續作戰，因為他們相信日本陸海軍仍可和入侵的美軍進行「決戰」。鈴木坦承，日本領導人是在核武出現之後才同意投降的：他們發現美國已經沒有必要進攻日本。如果沒有進攻作戰，日本就無需採取走向民族自殺的軍事與政治戰略。原子彈也保住了軍事領導人的顏面，因為他們可以宣稱他們只是屈服於原子的超自然力量，而非自己在戰略上有錯或缺乏精神戰力。

因此，如果天皇和其他有著類似想法的人在幾天或幾週後想要停止戰爭，將會面臨兩個困難：首先，當時的日本會跟實際上一九四五年八月中一樣，缺乏存續的政府體制讓天皇得以介入發號施令。其次，如果武裝部隊仍相信自己有能力執行決號作戰，而他們也有合理的軍事與政治戰略進行戰爭，日軍很可能因此拒絕聽從天皇的停戰命令；而在真實歷史中，即便天皇下令停戰之後幾天，日軍或美軍領導人仍無法確定日軍前線指揮官會不會聽從投降命令。因此，結局可能有兩種：要不是天皇缺乏機會或意願下令停戰，就是天皇下令停戰，但是武裝部隊拒絕服從。

接下來的悲劇將使得日本人與其他各國人民捲入災難中，日本將有數百萬人在一九四五到四六年的糧荒中餓死或病死。在糧食持續缺乏的狀況下，日本人口年復一年大量減少，最後僅能維持原始農村的生活水準。除此之外，盟軍在日本監禁的戰俘與平民也將全數死亡——跟其他數百萬人一樣。另外，還有流落海外的兩百萬日本人，他們將繼續作戰，直到戰死、餓死或病死；加上他們，整個亞洲死亡的非作戰人員就有數百萬。盟軍戰俘和被拘禁平民的命運，就跟被監禁在日本的戰俘與平民一樣；總計起來，戰犯和被拘禁平民的死亡人數將超過三十萬人。

蘇聯介入將對一九四五年八月美軍增溫中的戰略辯論產生另一種影響。最有可能的結果是，美軍把奧林匹克作戰丟在一旁，立即草擬計畫出兵進攻本州北部，阻止蘇聯深入日本境內；一旦作戰順利完成，美軍領導人將遲疑是否繼續攻占日本其他地區，因為每前進一步可能就是一場激戰。封鎖與轟炸戰略的毀滅性結果——從無線電情報和其他管道可以得知——證明海軍以飢餓逼迫日本投降的戰略是正確的，唯有為了解放戰俘與被監禁者，才能使美軍產生動力繼續在陸上與日軍交戰；然而，前提是戰爭的耗損必須局限在可接受的範圍內。美軍內部逐漸升高的挫折感與怒氣，很可能使美軍決心使用化學武器來破壞一九四六年的稻作，以及其他已經順利收成的稻穀——一九四五年美軍曾有過這樣的計畫，美軍於一九四五年曾考慮以毒氣輔助進攻。要在日本本土殲滅日軍，勢必是一場場無休止的戰鬥；在這種情況下，很容易讓美軍打破禁忌。美國空軍與後勤——而非地面部隊——將在亞洲各地援助盟國打敗日軍。

太平洋戰爭也許將延長二到五年以上——或許還要更久。保守估計，光是日本本土的死亡人數將很容易就突破五百萬人，而其他國家戰場上死亡的人數將等同此數，甚至達到此數的兩倍。此時由於韓國並未分裂，因此沒有韓戰，但是美蘇雙方將在日本本土對峙，其不安程度就像在歐洲一樣，殘存下來的日本人民未來數十年都將生活在貧困與艱苦中。因此，儘管原子彈造成的後果令人驚恐，卻是「最不令人憎恨的選擇」。

23 蘇聯間諜成爲美國國務卿

假如小羅斯福沒有拋棄他的副手華勒斯，一九四四年

詹姆士・查斯

今日人們記得華勒斯（Henry Wallace），主要是他曾擔任美國副總統；然而，他在一九四四年的民主黨大會上卻被拋棄，反而由杜魯門擔任民主黨副總統候選人。杜魯門和另一位充滿意外的老羅斯福總統相同，後來成為二十世紀的卓越人物。杜魯門決定在日本投下兩顆原子彈，以及他所發起的政策（如杜魯門主義、馬歇爾計畫以及組成北大西洋公約組織），深深改變了我們這個時代的歷史走向——圍堵共產主義的擴散。要不是黨大會中有大城市的黨老大在枱面下玩弄陰謀伎倆，「痛罵他們一頓吧，哈瑞」❶將不可能在美國人的想像中占有一席之地。這名密蘇里州

---

❶ 譯註：一九四八年，杜魯門在總統大選演說中出言攻擊共和黨，一名支持者在台下大喊：「痛罵他們一頓吧，哈瑞！」杜魯門說，我並沒有痛罵他們，只是說出了真相。此後，「痛罵他們一頓吧，哈瑞」就成了杜魯門的競選口號。

參議員❷曾調查軍事採購契約，發現當中有詐欺與不當管理的現象。這段調查過程至今仍是許多博士論文樂於選擇的題材。

相反地，華勒斯成了被遺忘的人，幾乎不會有人在他身上下注。在新政時代和二次大戰期間，華勒斯在政府與政治圈是個相當重要的人物。正如查斯所寫的：「華勒斯——遺傳學家、農藝學家、編輯、經濟學家及企業家——是美國有史以來最優秀的農業部長。」即使華勒斯蓬鬆的亂髮逐漸灰白，卻仍然保有孩子氣的俊俏模樣。他的熱情與活力，使他取代了死氣沉沉的加爾納，成為一九四〇年和小羅斯福搭擋競選的理想夥伴。然而，華勒斯的觀點太過直接——特別是他一直與蘇聯有所往來——使他在民主黨內樹敵不少。一九四四年，民主黨內反對華勒斯的人士決心不讓他成為副總統候選人，而他們的確成功了。

查斯提醒我們，華勒斯被杜魯門取代絕對不是原先就計畫好的結果。小羅斯福在閒聊時提到，華勒斯非常受歡迎，黨代表大會開會時還曾經有一度華勒斯就要贏了，而小羅斯福在一旁極力反對也沒發生效果。如果華勒斯又被提名為副總統候選人呢？——這可是美國政治史上貨真價實「原本會發生而未發生之事」。當小羅斯福於接下來的四月因中風去世，華勒斯竟因而成了美國第三十三任總統，將會有什麼影響呢？他會下令投下原子彈嗎？華勒斯經常公開表示對武器競賽感到恐懼，認為這將會導致第三次世界大戰。除此之外，他對蘇聯也採取懷柔態度，他的想法

❷ 譯註：即杜魯門。

能不能阻止冷戰發生？還是反而造成更危險的結果？想一想其他發出滴答聲的定時炸彈——在華勒斯政府中表現優異的人洩漏機密情報給蘇聯？美國會不會經歷一段比麥卡錫時期更痛苦紛亂的時代？

詹姆士・查斯（James Chace）是《艾契森：創造美國世界的國務卿》（*Acheson: The Secretary of State Who Created the American World*）的作者，在此之前已經出版了五本有關國際事務的著作，其中包括《無懈可擊的美國》（與卡勒伯・卡爾合著）與《和平的後果》（*The Consequences of the Peace*）。查斯曾擔任《世界政策雜誌》（*World Policy Journal*）編輯，現職為巴德學院（Bard College）政府與公法系講座教授。

一九四五年四月十四日星期六，杜魯門總統搭車前往華府聯合車站，隨行的有前副總統華勒斯，以及前最高法院法官兼小羅斯福的「助理總統」柏恩斯，他們一行三人前去迎接從喬治亞州溫泉市載運小羅斯福遺體回來的列車。華勒斯與柏恩斯原本都極有可能擔任杜魯門的職位，他們在一九四四年民主黨大會上角逐副總統候選人的提名資格，而他們兩人都比杜魯門更有資格擔任總統。杜魯門原本是密蘇里州一位名不見經傳的參議員，而他之所以能選上參議員，也是堪薩斯市黨老大潘德加斯特（Tom Pendergast）動員成功的結果。

飛到溫泉市陪伴丈夫遺體的伊蓮娜看到華勒斯前來迎靈，似乎特別感到安慰。迎靈行列返回白宮的路上，約有三十五萬人排在賓州大道兩旁注視著由六匹白馬牽引的靈車通過，靈車中安放的即是以國旗包覆的小羅斯福靈柩。白宮在下午四點舉行了簡約素樸的美國聖公會喪禮儀式。六個小時後，靈柩再度送上火車，進行最後一段旅程，終點站是小羅斯福的老家海德公園，一同前往的有小羅斯福的私人好友以及曾共事過的官員，包括華勒斯、財政部長摩根索、勞動部長柏金斯和內政部長伊克斯——這些人從新政開始就一直跟隨小羅斯福。

杜魯門明顯要比華勒斯更具政治智慧與包容力，他大方地邀請華勒斯與柏恩斯這兩位之前的對手，一同來向在任內去世的小羅斯福致意；然而，這種狀況並非不可避免。如果性格是命定的——如希臘哲學家赫拉克利圖斯所言——華勒斯只能以小羅斯福的商業部長而非副總統的身分出席，大部分就必須歸咎於華勒斯自己沒有能力擁抱政治人物這個角色；另一方面，杜魯門一生的志業就是當個政治人物，他願意玩弄政治，並且經常在無意間獲得報償。

沒有一場遊戲能比小羅斯福在一九四四年民主黨大會之前所玩的更複雜刁鑽。擔任十二年總統之後，小羅斯福已經感到疲憊，戰爭事務的繁忙讓他臉孔凹陷，現在終於有機會可以退休回到他摯愛的哈德遜谷地。然而，除非是二次世界大戰突然結束，否則就算小羅斯福沒什麼野心，也還是會在榮譽感的驅使下出馬角逐下屆總統。華勒斯就認為小羅斯福會競選第四個任期，小羅斯福的兒子艾略特則說：「父親想試試能不能當二十五年總統，而他現在正盡其所能地連任下去。」副總統華勒斯覺得這種想法有可能實現。

不過，在贏得戰爭之前，小羅斯福必須維持他在國會與民主黨的影響力，並且確保南方保守派與都市黨老大的聯盟能保持穩定。這些團體與副總統的關係都不是很好，但是華勒斯在進步派中擁有大批支持者，農民、專業人士和勞工都是他的選區主力。此外，華勒斯相信自己仍擁有小羅斯福的個人信任，他在日記中寫道：「小羅斯福的確很喜歡我，但是他的『禁衛軍』卻想讓我們關係疏遠。」想要再度成為小羅斯福的競選夥伴，華勒斯要做的就只是贏得民眾支持，而他也喜歡這種做法。一名同情華勒斯的芝加哥政治人士提供他一個實際建議，使他能確保自己被提名為副總統候選人：「設立一個組織，取個類似聯合國和平運動之類的名字，對外代表華勒斯進行運作，並且拉攏民主黨全國委員以及可能的黨代表支持他。」不，華勒斯嚴詞拒絕：「我對這一類政治操作完全不感興趣。」

這樣的人——一個美國夢想家，如他的立傳者為他取的稱號——怎麼會在一九四〇年成為小羅斯福的副總統呢？為什麼他會公然違抗民主黨，而於一九四八年代表進步黨——第三黨（或者應該說是第四黨）的總統候選人——與杜魯門角逐總統寶座呢？如果他贏得大選——他自己也明白這是不可能的任務——或是在一九四四年保住了副總統候選人資格，並因此在冷戰前夕繼承了小羅斯福的衣缽，如此一來，和蘇聯的衝突幾乎可以確定會走上完全不同的道路。冷戰真的能避免嗎？如果不行，極力維護戰時同盟的華勒斯會採用什麼方法？為了嘗試回答這些問題，我們必須進入冷戰史的核心。

* * *

華勒斯——遺傳學家、農藝學家、編輯、經濟學家及企業家——是美國有史以來最優秀的農業部長。他來自於農業帶的一個編輯家庭，祖父創立了《華勒斯農夫》（*Wallace's Farmer*）這份雜誌，用來宣導科學農業；內容不只涉及科學，還包含計畫與完善管理。華勒斯的父親接掌雜誌社之後，被哈定政府任命為農業部長，便將雜誌的編輯棒子交給華勒斯。華勒斯擔任編輯之後，不僅致力於農業現代化，也相信農民——農民並沒有在爵士時代的繁榮中獲得任何好處——需要聯邦協助，才能獲得穩定收入。小羅斯福第一次組閣時，邀請華勒斯擔任農業部長。他是熱情的新政支持者，也是個科學家，發展並推廣混合種玉米，使玉米的產出大增，日後並造成全球農業革命。

華勒斯在小羅斯福政府中擔任部長，關心的不只是商業性農業，還重視自給農業與農村貧困，並訂定土地使用、水土保持和侵蝕管制等計畫。到了二十一世紀，由於華勒斯的改革與改良，美國人從事農業的人口不到總人口數的百分之二，產出卻遠超過七十年前的祖父輩。

基於這些貢獻，也難怪小羅斯福會選擇華勒斯擔任一九四〇年的競選搭擋，當時的華勒斯已儼然成為——用史家小史雷辛格的話來說——「非正式的新政哲學家」。

然而，華勒斯也是這樣一個人：私底下是個神秘主義者，大體上來說，對政治有點天真。他是杜斯妥也夫斯基筆下的英雄，就像阿萊沙或米希金王子。對華勒斯來說，阿萊沙與米希金王子的工作構成了精神對啟蒙的追求，而這遠非新政所能提供。一九二〇與三〇年代，華勒斯探索羅馬天主教、神智論、占星學及美洲印第安人宗教；而在早年擔任農業部長時，他也和俄國神秘主義者洛里奇（Nicholas Roerich）通信。這些信件落入政敵手中，差點在一九四〇年選戰期間被公諸於世；有一部分信件在一九四八年出版，而他不為人知的屬靈世界也成為他的政治包袱。

華勒斯是美國史上權力最大的副總統。小羅斯福任命他擔任戰時經濟防衛委員會主席。到了一九四二年，華勒斯的權勢達到顛峰，同時擔任三個戰時組織的首長：優先供應與分配委員會主席、經濟戰爭委員會主席，以及最高政策團體的成員。其中最高政策團體負責向小羅斯福報告建造核子武器的可行性。

如《紐約時報》華府辦公室主任雷斯頓（James Reston）所寫的，華勒斯是「國會中的領導人物，是國防首長、經濟首長和戰後頭號計畫者。他既是副總統，也是『助理總統』」。不過，小羅斯福知道華勒斯有其局限，因此當小羅斯福任命尼爾森（Donald Nelson）而非華勒斯擔任改組後的戰爭生產委員會主席時，著實讓華勒斯吃了一驚。在組織民力以因應戰爭所需上，尼爾森與柏恩斯逐漸扮演了較華勒斯更吃重的角色——尼爾森精力充沛，是希爾斯百貨前任副總裁；柏恩斯是最高法院法官，曾經擔任參議員，給予小羅斯福許多珍貴的政治援助。

戰爭期間，華勒斯成為國際新政的發言人：他倡導國際經濟合作、結束帝國主義、消除貧困與文盲，並主張建立一個有充足權力的全球聯邦以維持世界和平，這些目標也都是小羅斯福贊同的；不過，小羅斯福是個現實主義者，他不認為這些目標都能實現。

華勒斯的觀點可明顯從他對進步主義理想的投入看出。他在一九四二年演說時詳細說明他的想法，其中最有名的一句「這是平凡人的世紀」，傳遍了全世界。「每個地方的人們都在發展，」華勒斯說：「和平必須意謂著讓平凡大眾都能享有更好的生活水準，不只是在美國與英國，還包括印度、俄國、中國與拉丁美洲——不只是在聯合國，還包括德國、義大利與日本。」

一九四二年的國會大選，民主黨在兩院失去多數，小羅斯福必須處理南方保守派民主黨員與保守派共和黨員的結盟問題。華勒斯是自由主義的倡導者，他被新保守派批評為忝不知恥的新政主義者。戰爭期間，華勒斯被剝奪了主管經濟的權力，因此專注於外交事務。他特別告訴小羅斯福：「英國與美國的保守派正聯合起來，目標是要創造一種局勢，最終則將導向對俄開戰。」華勒斯認為總統應該同意他的看法。

到了一九四三年三月，華勒斯更加深信，美國有可能對俄國發動先制作戰。他在參加俄亥俄州衛斯里安大學的世界秩序會議時警告：「我們應當在一九四三或一九四四年的某個時候，好好思考是不是真的要撒下第三次世界大戰的種子。如果我們允許普魯士在物質上或心理上重新武裝，一切都會變得明確；如果我們出賣俄國，大戰將有可能爆發……除非西方民主國家與俄國在戰爭結束前達成令人滿意的諒解，否則第三次世界大戰恐怕無法避免。」雖然華勒斯因主張美國將會「出賣」俄國而遭到媒體大肆抨擊，但他仍相信自己得到小羅斯福的信任。

除了打贏戰爭之外，小羅斯福最關切的就是如何在城市黨老大與南方保守派當中維持影響力；而當小羅斯福允許華勒斯在外交政策上一展長才的同時，他也小心翼翼地不讓華勒斯碰觸國內的選戰問題。華勒斯很清楚小羅斯福的政治需要，因而認為自己的前途在於民眾對他的支持，他有充足的理由相信輿論站在他這一邊：一九四四年三月蓋洛普的民調顯示，在民主黨爭取副總統候選人提名的所有人當中，華勒斯的支持度「遙遙領先」。華勒斯在全美的滿意度是百分之四十六，等於後面三個候選人的總和。

隨著民主黨大會逐漸逼進，小羅斯福卻在同年五月遵照華勒斯的意願，讓他前往蘇聯的亞洲地區和中國，進行尋找事實與善意溝通之旅，這趟旅程持續了兩個月。華勒斯在西伯利亞待了四週，返國後對當地「集體社會」生活做了精采的報告。在報告中，他將西伯利亞港口城市馬加丹（Magadan）描述成「田納西河流域管理局與哈德遜灣公司的綜合體」。事實上，早在華勒斯到達之前，蘇聯官員就已經將馬加丹這座奴工營改造成美侖美奐的波騰金城（Potemkin）。瞭望塔被拆掉，鐵絲網被移除，犯人則送到華勒斯看不見的地方（幾年之後，華勒斯坦承，在「閱讀了逃離西伯利亞的奴工的描述後，我發現自己當時被俄國高級官員的演技迷惑」）。

等到華勒斯返國時，小羅斯福的選戰顧問早已動手將華勒斯排除在一九四四年民主黨副總統候選人名單外。策畫這起陰謀的是波利（Ed Pauley），民主黨財務長及資金籌募人；與他共謀的則有總統秘書華生（Edwin Watson）和民主黨全國委員會主席韓納根（Robert Hannegan），韓納根來自密蘇里州，是杜魯門一手提拔上來的。大城市的黨老大，如芝加哥市長凱利（Edward Kelly）、布隆克斯（Bronx）的黨老大弗林（Ed Flynn）、澤西市的海格（Frank Hague），以及郵政部長沃克爾（Frank Walker），也一起參與了這樁陰謀；對他們來說，華勒斯太激進也太理想化。還有一些人則垂涎華勒斯的職位：參議院多數派領導人巴克雷（Alben Barkley）、最高法院法官道格拉斯（William O. Douglas）、「助理總統」柏恩斯，以及眾議院議長雷本（Sam Rayburn）。

一九四四年七月十日，華勒斯結束亞洲之行返回華府，當天和小羅斯福開了兩小時的會；在此之前，華勒斯與小羅斯福的心腹內政部長伊克斯以及為小羅斯福擬講稿的羅森曼（Sam Rosenman）碰面。伊克斯與羅森曼都勸華勒斯不要參選，雖然他們說小羅斯福傾向於支持華勒斯，但他們也暗示總統並不認為華勒斯可以在芝加哥獲勝。華勒斯不聽他們的勸阻，他要親耳聽小羅斯福怎麼說。當天稍晚，華勒斯與總統見面，總統告訴華勒斯，如果他是黨代表，一定會支持他，而他也同意公開發表聲明支持華勒斯。儘管如此，小羅斯福告訴華勒斯，許多人向他進言說華勒斯不可能被提名。於是副總統再次要求總統支持他，而總統也答應了。

次日，小羅斯福與反華勒斯集團碰面，沒有一名黨老大願意支持華勒斯。他們也不喜歡柏恩斯，因為柏恩斯是南方保守派，而且還背離了天主教，改信美國聖公會；除此之外，黑人與勞工也不會接受柏恩斯，民主黨將因此失去天主教徒與新教徒的票源。小羅斯福傾向於支持柏恩斯（一九四三年，小羅斯福告訴霍普金斯〔Harry Hopkins〕：如果他遭遇不測，最佳繼任人選就是「柏恩斯」），不過，既然黨老大反對，他只好推薦法官道格拉斯；然而，黨老大對道格拉斯的評價就跟華勒斯一樣，認為他不是正規的民主黨人。此時，韓納根的腦子突然想到了同鄉的杜魯門參議員，他是小羅斯福的堅強支持者。小羅斯福並沒有下承諾，但是他的確認為道格拉斯與杜魯門都是很好的候選人。會議結束時，韓納根讓小羅斯福在信封上胡亂寫下簡短的訊息，上面寫的是他很高興能與道格拉斯或杜魯門搭擋競選，但是小羅斯福並沒有說不與華勒斯一起參選。

韓納根與沃克爾告訴華勒斯與柏恩斯，小羅斯福傾向跟其他人一起參選，但是這兩人都不願意放棄。此外，柏恩斯說服杜魯門提名他擔任副總統候選人，而華勒斯則明白表示，「只要總統支持」，他就不會放棄。

黨大會前夕，工業組織議會勞動聯盟政治行動委員會主席希爾曼（Sidney Hillman）表示，勞工將全力支持華勒斯。聯合鋼鐵工人與工業組織議會的領導人莫瑞（Philip Murray）於七月十三日召開記者會，宣布他將無條件為華勒斯背書。民主黨員的民調也顯示，華勒斯在全國各地的支持度高達百分之六十五，其中也包括南方地區。

就在黨大會開始之前，華勒斯曾與小羅斯福見面。會議結束時，小羅斯福說：「雖然我不能公開表示我的看法，但我希望未來還能是舊團隊。」最後，在給傑克森（Samuel D. Jackson）參議員——他是黨大會主席，於七月十七日收到這封信——的信上，小羅斯福寫道：「如果我是參加黨大會的黨代表，我個人會投票給華勒斯，但在此同時，我不希望我的意見以任何方式顯露在黨大會上。很明顯地，最後的決定必須交給黨大會，黨大會應該——我相信黨大會也將如此——權衡正反雙方的意見，做出選擇。」這幾乎不能算是明顯的背書，但它已經反映了總統的傾向：如果華勒斯能獲得支持，小羅斯福當然願意跟他搭擋競選；如果失敗，小羅斯福自然就接受其他人選。

對韓納根來說，這並不符合他的期望，當他與小羅斯福在芝加哥岩石島鐵路調車場——每當總統的私人列車從海德公園前往聖地牙哥時，都會在此地停車；而小羅斯福希望待在火車上，直到黨大會結束為止——開會時，就力勸小羅斯福推薦他能接受的人選。於是，小羅斯福寫了一封字跡工整的書信，預先填妥日期七月十九日，這一天剛好是黨大會召開的日子。這封信上寫著：「你已經寫信告訴我有關杜魯門與道格拉斯的資訊。當然，我很樂意與他們其中任何一人搭擋參選，也相信他們任何一人都將為這場選戰帶來實際的力量。」

要讓柏恩斯退出提名和杜魯門接受提名並不是容易的事，但是小羅斯福明確地告訴韓納根和凱利，提名的人選必須得到希爾曼支持——小羅斯福下令：「把事情向希爾曼說清楚。」韓納根與親信構思了一套計策，他們先將柏恩斯塑造成最有可能出線，然後再說服希爾曼支持華勒斯以外的人選，好讓柏恩斯打消念頭。柏恩斯抵達芝加哥時，認為自己已經得到提名所需的票數。此外，奸詐的韓納根也告訴柏恩斯，副總統已經是柏恩斯的囊中物，因為「總統已經給我們打了綠燈的信號，要我們支持你」。

等到柏恩斯瞭解要獲得提名必須通過希爾曼這一關時，不得不全力尋求希爾曼與莫瑞的支持，他已經走投無路。七月十七日，根據沃克爾的說法，當黨老大連繫上小羅斯福時，小羅斯福的火車正在艾爾帕索（El Paso）附近。小羅斯福告訴他們，柏恩斯將會是個「政治包袱」，而杜魯門才是真正的人選。第二天，韓納根將小羅斯福的想法轉告給柏恩斯，「助理總統」的提名之路也就到此為止。當晚，柏恩斯發表聲明，退出選舉。

華勒斯之所以無法保住提名，主要原因不在於小羅斯福沒有從一開始就全力支持，而在於他自己沒有盡力。華勒斯痛恨密室交易，而且由於他負責提名愛荷華州的黨代表，因此他甚至迴避參與黨大會。當工業組織議會開始在芝加哥運作時，華勒斯居然還待在華府不動聲色。所謂的華勒斯組織幾乎沒有組織起來：當他的競選總部在芝加哥設立時，居然沒有告示，也沒有走路工。當他的支持者終於成功說服他於七月十八日前往芝加哥時，到了那裡，他居然被歡迎的群眾嚇了一跳；而當記者問他是否會退選時，他堅定地說：「我會堅持到底。」

七月二十日星期四，杜魯門還猶豫著是否接受提名，韓納根認為此時還需要小羅斯福從後面推一把。當杜魯門回到飯店房間時，黨老大打了一通電話給在聖地牙哥的小羅斯福。韓納根讓話筒遠離他的耳邊，好讓在場每個人都能聽到總統在電話中震耳欲聾的叫聲。小羅斯福大聲地說：「你搞定那個傢伙了沒？」「還沒，總統先生。」韓納根說：「他是我見過最倔強的密蘇里騾子。」

「你告訴參議員，如果他想在戰爭期間把民主黨搞垮，他就要負起責任。」話剛說完，小羅斯福馬上狠狠地掛上電話。

韓納根看著杜魯門。「現在你還有什麼話好說？」

「真是該死。」杜魯門回答：「如果狀況是這樣，我只好答應了；不過，總統為何不一開始就跟我講清楚呢？」

完全不曉得這樁陰謀的華勒斯在黨大會上發表了令人感動的演說，使得黨老大們相當驚慌。現在看起來，華勒斯似乎會贏，不管小羅斯福做什麼也阻止不了。韓納根從小羅斯福那裡取得的信件上只說，他願意與杜魯門或道格拉斯搭擋參選，卻沒有為當中任何一人背書。當韓納根向記者公開信件時，信件卻僅僅被認定是黨老大對杜魯門參選的支持。

當晚的黨大會，「我們要華勒斯」的吶喊聲震耳欲聾。華勒斯的智囊佛羅里達州參議員佩柏（Claude Pepper）試圖引起主席的注意，看能不能在當晚就進行投票；從當時的狀況看起來，華勒斯應該能獲得提名。眼看黨大會將失去控制，而主席傑克森又沒有延會的意思，為了阻止佩柏，韓納根對著傑克森大吼，要他休會：「你要聽我的命令，而我則聽總統的命令。」於是主席讓步，當晚的黨大會就此結束。

一整個晚上，黨老大們到處奔波，為的是要擊敗華勒斯。根據華勒斯的立傳人科爾佛（John C. Culver）與海德（John Hyde）在《美國夢想家》（*American Dreamer*）的說法：「駐外大使和郵政部長的職位都拿出來酬庸，不然就是用金錢賄賂。據說沃克爾在當晚打電話給每個州的主席，向他們保證小羅斯福已經選擇了密蘇里州參議員當他的競選夥伴。」

投票當天，華勒斯在第二輪投票中獲得他的最高票數四百八十九票，但是距離當選還少一百票——之後，水壩裂開。杜魯門的票數開始增加，而杜魯門一家人坐在包廂中，黨老大凱利高舉杜魯門的雙手，這是拳擊手表示勝利的動作。韓納根後來說，他想在自己的墓碑刻上：「這裡躺著一個曾阻止華勒斯成為美國總統的人。」

小羅斯福仍然需要華勒斯這位自由主義堅定支持者在未來選戰中為他助選，他讓華勒斯在下屆政府中擔任商業部長一職，而華勒斯也接受了。華勒斯知道小羅斯福在芝加哥曾堅持提名他，但是為了黨的團結，不得不向黨老大屈服。不過，華勒斯認為自己必須支持小羅斯福，因為小羅斯福現在已經成為美國與世界的自由主義象徵。群眾喜愛華勒斯，華勒斯則毫無保留地支持擴大新政：黑人與少數族裔的公民權、和平時期提供六千萬個工作機會、完善的醫療體系與國民住宅。小羅斯福連任成功，華勒斯並不意外，真正讓他意外的是不到六個月小羅斯福就因腦溢血去世。受到驚嚇的杜魯門還沒準備好要承擔小羅斯福曾背負的重任，於是請求華勒斯繼續協助他。華勒斯與杜魯門都認為，小羅斯福的政策必須持續，但是如何詮釋政策內容，兩人卻有歧見。杜魯門並不尊敬其他自由派專業人士——他用這種名稱稱呼他的閣員——很快就將新政人士從他的政府清除出去。不到六個月的時間，原有的小羅斯福團隊只剩下兩個人：伊克斯與華勒斯。到了一九四六年九月，只剩下華勒斯。

對華勒斯來說，最擔心的莫過於美蘇之間的衝突；然而，由於華勒斯在政治上仍維持清高的形象，因此對實際政策無法產生任何影響。小羅斯福過世整整一年，杜魯門政府還沒找到自己的路線，它的外交政策就像尋找正確方位的羅盤指針般一直搖晃著；一方面試著與日漸野蠻粗暴的蘇聯交往，另一方面對於蘇聯的擴張也開始採取強硬態度。俄國人不願意將他們的部隊撤出伊朗，二次大戰期間，他們的部隊就已經在此駐防。然而，一九四六年三月，美國向蘇聯提出尖銳的外交通牒，抗議蘇聯在此地的外交政策，但是華府也讓俄國人「有面子地撤兵」——用國務次卿艾契森（Dean Acheson）的話來說。俄國人強硬地與伊朗人進行協商後，的確撤軍了。

然而，同年春天，蘇聯軍隊開始進逼土耳其邊境，他們向土耳其主張擁有在達達尼爾海峽設立基地的權利，這一次美國就不給蘇聯留面子了。一九四六年八月，一支美國海軍特遣隊進駐達達尼爾海峽，如果蘇聯不願撤回軍隊，並放棄以陸海軍進駐達達尼爾海峽的想法，華府將不惜與蘇聯開戰。俄國人再次撤軍。一向尋求與蘇聯合作的艾契森，一直被視為內閣中僅次於華勒斯的鴿派人物；然而，此時艾契森認為，蘇聯就像過去的帝俄，只要一有機會，不論何時何地就盡可能擴張。

華勒斯支持以較為同情的角度來詮釋蘇聯的行為，但此時這樣的詮釋空間已越來越少。華勒斯對於即將出現的軍備競賽感到憂心，因此認為應該將東歐畫歸為蘇聯的勢力範圍；他說，這是一塊介於莫斯科與華盛頓之間、「兩國利益不會產生直接衝突」的區域。一九四六年七月，華勒斯寫了一封五千字的信給杜魯門，信中強調蘇聯的行為完全是為了回應美國的政策。杜魯門對於信上的說法深感不悅，但他也擔心華勒斯會辭去職務，如此將對民主黨即將來臨的國會大選造成傷害。因此，他在回信中稍稍敷衍，希望華勒斯能冷靜下來，但是華勒斯決心要改變美國的外交方針，因此決定訴諸輿論。

在反蘇聯的氣氛逐漸濃厚之下，華勒斯帶著講稿去見杜魯門，他想在九月十二日於紐約的麥迪遜花園廣場向群眾發表演說。華勒斯與杜魯門一起反覆看過這篇關於美國外交政策的講稿，而杜魯門也對華勒斯的演講內容表示強烈同意。華勒斯發表演說之前數小時，講稿複本已經送到媒體手中，當天有名記者在記者會中詢問杜魯門，華勒斯的演說是否「可以代表政府的政策」。杜魯門爽快地回答：「的確如此。」隨後又補充：「我同意整個演說內容。」

然而，這場演講幾乎未批評蘇聯；相反地，華勒斯攻擊的是英國：「別搞錯了——光是英國在近東的帝國主義政策，再加上俄國的復仇，就會讓美國陷入戰禍，除非我們有屬於自己的明確實際政策。」

如果這些說法還不足以損傷美國的外交政策，接下來補充的觀點勢必無法見容於華府的世界觀和美國的國家安全。「我們越是強硬，俄國人就會跟著強硬，」華勒斯警告：「東歐的政治事務與我們無關，就如同拉丁美洲、西歐與美國的政治事務與俄國無關。」對華勒斯來說，這種說法公正描述了地理現實；對柏恩斯——現任美國國務卿，此時正與俄國人在巴黎協商——來說，這等於直接攻擊美國的政策：美國的政策目標是讓莫斯科當局允許波蘭舉行自由選舉，並且在其他東歐地區施行民主制度。

杜魯門第二天早上讀到報紙時，才發現自己犯下大錯；而當他試圖說明他贊同的是「商業部長的言論自由」時，《時代》雜誌很適切地將杜魯門的解釋打上「笨拙謊言」的大印。在此同時，在巴黎的柏恩斯則威脅辭職表示抗議，杜魯門再三向柏恩斯保證，他絕對不會准許華勒斯對美國政策發言。

在九月十八日的會議中，杜魯門向華勒斯抱怨：「柏恩斯說我是在拆他的台。」他告訴華勒斯，日後不准再對外交政策發表意見。之後，杜魯門的立場做了一百八十度反轉，宣布不會對蘇聯採取強硬政策。他說，他個人相當欣賞史達林，並且認為他們可以面對面談判。杜魯門甚至承諾，只要簽署和約，他將要求借款給蘇聯。華勒斯對於杜魯門堅持他不准再談論外交政策感到驚訝，他不情願地同意，並且告訴記者他將繼續擔任閣員。

然而，兩天後，華勒斯在辦公室裡，侍從拿著杜魯門給他的信進來，信中毫不掩飾地要求華勒斯辭職。華勒斯馬上拿起話筒，直接撥電話給總統。他告訴杜魯門：你不希望這封信流傳出去吧。白宮派人收走這封信，杜魯門把信銷毀，並且承認華勒斯的姿態的確優雅。「他處理這件事的方式極為高明，我差點因而改變心意。」杜魯門在寫給母親與妹妹的信中說道。但是，杜魯門終究沒有反悔，華勒斯掛上電話並寫了辭職信。這是最終的決裂，杜魯門與華勒斯都將因此付出慘痛的代價。

* * *

離開政府之後不久，華勒斯接受了左傾雜誌《新共和國》的編輯工作，但是他實際上並不編輯。他的興趣是寫作，而他也定期為雜誌撰文。然而，到了一九四六年年底，華勒斯開始深陷政治中：有兩個政治行動組織——全國公民政治行動委員會（是工業組織議會政治行動委員會的分支機構）以及獨立的藝術、科學與專業公民委員會——結合起來組成「美國進步公民」（PCA）。對華勒斯來說，新組織是個推動杜魯門向左翼移動的機制；對其他人來說，例如負責美國進步公民每日運作的鮑德溫（C. B. Baldwin），這個組織是個政黨。一九四七年春，勞工領袖如莫瑞開始和美國進步公民劃清界線，因為這個組織歡迎美國共產黨加入它的陣容。

用來圍堵蘇聯的杜魯門主義也在一九四七年公布，杜魯門明確地要求國會撥款四億美元對希臘與土耳其進行軍事與經濟協助。他在國會演說時指出：「美國政策〔必須〕協助各個自由國家的人民，抵抗企圖奴役他們的少數武裝份子或外國勢力。」第二天，華勒斯在美國國家廣播電台回應杜魯門的演說，他認為總統的提案「等於是要美國幫俄國戍守邊疆。除非有某個政權採取俄國的擴張主義，否則我們不能說它是反動的；除非競爭將擴大為世界大戰，否則我們不能因某個國家遙遠而不將其視為競爭舞台。」

即便杜魯門政府只打算對東地中海地區進行軍事與經濟援助，但華勒斯還是正確預見到，最終趨勢將會朝向對共產主義進行全球圍堵。美國進步公民反對杜魯門主義，也反對杜魯門的「忠誠」計畫。這項計畫授權給政府忠誠委員會，使它能審訊與解雇從屬於顛覆性組織（至於是否具顛覆性，由司法部長認定）的勞工。

一九四七年夏天，華勒斯威脅要以第三黨總統候選人身分參選。雖然華勒斯一開始對杜魯門用來重建歐洲的馬歇爾計畫表示審慎讚賞，但隨後又出言反對，以莫斯科馬首是瞻的進步黨員也拒絕參與計畫。華勒斯逐漸將馬歇爾計畫視為冷戰工具，他認為馬歇爾計畫的目的是「復興德國，對俄國發動鬥爭」。在談到進步黨中有多少共產黨員時，華勒斯只是一笑置之。他告訴《新共和國》的發行人史崔特（Michael Straight），要嚇跑群眾，提到共產黨特別有用。

杜魯門與華勒斯之間的衝突勢不可免，使得華勒斯的第三黨總統選戰逐漸在一九四八年春天成形。華勒斯不斷提到必須瞭解俄國的政策，一九四八年二月的捷克政變——共產黨接管了捷克政府——使得華勒斯認為：「捷克危機證明了『強硬』政策只會引起『更強硬』的政策。」他甚至主張，共產黨政變是為了反制右翼人士接管政府的陰謀。

進步黨開始動員進行總統選戰，而在這場選戰中，杜魯門的對手是共和黨參選人前紐約州長杜威（Thomas Dewey），「南方民主黨」（Dixiecrat）參選人瑟蒙德（Strom Thurmond）則進一步瓜分了民主黨的票源。進步黨黨代表大會在費城召開，在三千兩百四十名黨代表中，工會份子幾乎占了一半，超過四分之一是退伍軍人。華勒斯在演說中將杜魯門的外交政策貼上好戰標籤，這一點並不令人驚訝：即便是一九四八年的柏林危機，蘇聯不讓盟軍由陸路進入柏林，也被華勒斯說成是杜魯門「強硬」政策造成的。

華勒斯跟絕大多數人一樣，相信杜魯門將會被共和黨輕鬆擊敗，然而杜魯門卻訂定了自由主義的政綱：要求調高最低工資和降低通貨膨脹，要求完善的國民住宅和全民醫療體系。根據民調專家蓋洛普的說法：「原本十月底說要投票給華勒斯的選民，在大選前十天竟有三分之一改投給杜魯門。」

進步黨的潰敗是必然的。杜魯門得到三百零三張選舉人票，杜威得到一百八十九張；瑟蒙德第三，獲得三十九張選舉人票。華勒斯雖然獲得一百一十五萬七千零六十三張票，但是連一張選舉人票也沒拿到，他在全美只贏了三十個選區。儘管如此，假使華勒斯在伊利諾州、加州和俄亥俄州剛好拿到兩萬九千兩百九十四票，選舉人票將會變動，最後將會使杜威贏得大選。

往後幾年，華勒斯反對設立北大西洋公約組織，也認為蘇聯在道德上並不比美國更優越，他認為兩國都應該相信聯合國。至於進步黨，黨員則越來越少；但另一方面，它也越來越受到共產黨員和強硬左翼份子的掌控。華勒斯清楚看到這種走向，便在一九五〇年的黨大會中設立了一些支持進步主義的條款；進步黨必須具體證明自己不受共產黨控制，並且必須保證支持美國「進步主義式的資本主義」。

一九五〇年六月，韓戰爆發，這對華勒斯來說是個轉捩點。聯合國支持杜魯門政府出兵抵抗北韓對南韓的軍事攻擊，使得華勒斯支持聯合國的決定。在一九五〇年七月的一份公開聲明中，華勒斯說：「無疑地，俄國人可以阻止北韓出兵；無疑地，俄國人可以隨時阻止軍事攻擊……當我的國家陷入戰爭而聯合國批准了戰爭時，我將支持我的國家與聯合國。」

一九五〇年八月八日，華勒斯退出進步黨。他已經六十一歲，餘生將不再涉入政治。華勒斯在紐約州以務農為生，努力培育出優秀的雞種；與其他雞隻相比，他的雞可以在較短時間內以較少成本產出優良的雞蛋。華勒斯仍與其他科學農業專家保持連繫，他們努力栽培出新品種玉米，不僅產量高，而且抗病力強。

直到臨終，華勒斯都是個自由派人士。一九五二年，華勒斯發現進步黨已經無異於共產黨支派，而他在總統大選中則投票給民主黨候選人史帝文生（Adlai Stevenson）。一九五六年，華勒斯把票投給了艾森豪，因為他相信艾森豪比史帝文生更有能力控制軍隊。一九六五年十一月十八日，華勒斯去世；而在此時，昔日的對手全都以仁慈的語調談論他。杜魯門稱華勒斯是「國家的資產」；然而，詹森總統的農業部長弗里曼（Orville Freeman）所說的也許是最公正的評價：「沒有人能讓我們過著今日富足的生活，除了華勒斯。」

如果華勒斯在一九四四年成為小羅斯福的競選夥伴——如我們所見，這並非不可能——冷戰還會爆發嗎？美國與蘇聯之間還會存有歧見嗎？聯合國還能扮演華勒斯期望的強有力角色嗎？

從歷史來看，我認為廣義的冷戰無法避免。兩個超級強權爭奪權力與影響力，各自擁戴毫無交集的意識型態，勢必成為死敵。不過，華勒斯很可能比杜魯門更願意付出心力與蘇聯尋求和解；另一方面，華勒斯也會向莫斯科提出更嚴厲的要求，並且注意史達林是否真的有心要與盟軍合作，建立一個中立化與非軍事化的德國。

華勒斯與一九四五及四六年的國務次卿艾契森一樣，將支持艾契森—李連塔計畫（Acheson-Lilienthal plan），並透過國際合作來管制整個原子能領域——從開採到製造。杜魯門雖然支持這項做法，卻允許強硬反共的巴魯奇（Bernard Baruch）透過聯合國來管制，此舉自然引起蘇聯反對，而這項計畫也就無疾而終。雖然華勒斯身為最高政策團體的一員，但他還是支持製造原子彈的計畫；不過，到了一九四二年年中，他對這項計畫的涉入卻告一段落，小羅斯福將計畫交給工兵署格羅夫斯（Leslie Groves）准將管理。儘管如此，華勒斯還是會私底下與指導計畫的科學家布希（Vannevar Bush）碰面，這項計畫後來被稱為曼哈頓計畫，而格羅夫斯有時也會向華勒斯做簡報。雖然華勒斯認為戰後應該以某種國際合作管制形式來控制原子彈，但這並不表示華勒斯會反對在日本投下原子彈。事實上，華勒斯是個堅定的反法西斯主義者，他很可能支持投下原子彈，以保全美軍士兵的性命；不過，在廣島原爆之後，有鑒於這樣的科學秘密不可能瞞過俄國人，華勒斯勢必會比杜魯門更積極地邀請蘇聯加入，並與蘇聯協力管制製造原子武器所需的資源。華勒斯的立場一定會在國會中引起質疑，議員們會認為華勒斯對待蘇聯的態度太過軟弱：華勒斯能做的唯一其他選擇，就是採取比原先更為強硬的立場，或是甘受批評而繼續執行原先的政策；不過，如此一來，他的政治事業將會在踉蹌中結束——要是沒有受到彈劾，他應該能完成小羅斯福未完成的任期。

儘管華勒斯的努力值得讚賞，但是要蘇聯放鬆對東歐衛星國的控制卻不可能。如果沒有杜魯門主義，蘇聯在土耳其東部邊境的軍事行動很可能會導致戰爭，南斯拉夫的狄托（Tito）支持的希臘共產黨很可能會獲勝，但史達林也將因此對南斯拉夫的逐漸坐大心生疑慮。華勒斯還會繼續從良性的角度來解釋蘇聯的行為嗎？他會不會否認盟國的疑慮，特別是英國與法國，它們認為就算蘇聯不會實際派兵占領，也會處心積慮地將西歐列入勢力範圍？我想不會。也許華勒斯是個規避權力政治的夢想家，但他不是傻子，也不認同共產主義的意識型態。一個情感豐沛的人經常會被自己的理想主義蒙蔽，然而當他發現自稱是盟友的傢伙竟然危害到他的希望與信仰時，所激起的怨恨也就特別大。

也許華勒斯會盡力避免在外交上採取武力解決的政策，但他最後還是可能被迫採取這種方法，這當中的壓力不只來自於國會。如果華勒斯不動用武力，很可能會遭到彈劾，尤其在一九四七與四八年，整個美國充滿了反共情緒——其實是歇斯底里。

華勒斯幾乎不可避免會遭到眾議院非美活動委員會點名，委員會將認定華勒斯被蘇聯特務欺騙；另一方面，委員會也認為華勒斯是蘇聯的同情者。根據安德魯（Christopher Andrew）與米特羅欣（Vasili Mitrokhin）所寫的《劍與盾》（*The Sword and the Shield*）——蘇聯國家安全局的秘密歷史——華勒斯曾經說過，如果小羅斯福去世後由他繼任總統，他將任命德根（Lawrence Duggan）擔任國務卿，由懷特（Harry Dexter White）擔任財政部長。德根是國務院官員，曾經擔任拉丁美洲署的首長，但幾乎可以確定他是蘇聯派來的間諜。懷特原本擔任財政部官員，他是在布雷頓森林（Bretton Woods）起草國際貨幣基金的關鍵人物，但很明顯地，他的確將美國的經濟政策洩漏給蘇聯。一九四八年，這兩個人都在非美活動委員會的證言中被公開指名是蘇聯間諜；懷特還來不及針對這些指控做出答辯——他的確想辯護——就因心臟病去世，德根則在紐約市跳樓自殺。

華勒斯是否曾說過想任命德根與懷特擔任閣員，這一點容有爭論，但是華勒斯的確公開讚許過這兩人。如果華勒斯真的成為總統，並且任命他們為閣員，恐怕將飽受抨擊；即使華勒斯於一九四八年再度被提名參選總統，杜威也一定會利用這個火線話題摧毀他。這些揭露的事實的確會讓冷戰更冷冽——也許還更危險。

然而，即便是最天真的人，也會有放棄幻想的時候。衡諸華勒斯的性格，這位護教者很可能突然轉變成復仇者。儘管杜魯門向來喜歡背後暗算的伎倆，但他終究還是想避免戰爭；他主要的外交政策顧問，馬歇爾將軍與艾契森，都致力於推動圍堵政策，而非進行反擊，因此不可能向蘇聯發動先制作戰。如果是華勒斯擔任總統，美國外交政策的軍事化很可能會延後；但是，最後美國與蘇聯這兩個分裂世界的繼承者勢必陷入長期的權力爭戰，而華勒斯——如果他的政治生命還能延續——必須承擔這一切。

24 三個美國國會議員的故事

假如沒有尼克森、詹森和甘迺迪，一九四八年

藍斯・莫羅

凡是歷史上曾經發生巨大變動的時刻，都很適合做為反事實場景。一九四八年就剛好處於這麼一個歷史交叉點上，這是「新開始」的一年（借用政客們最喜歡的同語反覆）；自此，美國人開始享受一九二〇年代末期以來未曾有過的繁榮景象，而這場欣欣向榮只會蔓延得更廣更深。另外一個差異是，海洋的阻隔已經不能再確保原本視為理所當然的孤立主義，整個世界在一九四八年已經和美國結合在一起，然而這樣的結合不全然是友善或和平的。二次大戰的結束，帶來的只是新的動盪。不管你喜不喜歡，這些動盪產生了新的責任。同時間，古老的堡壘如大英帝國也正在崩解：英國剛從它最大最富有的殖民地——印度——抽身而出，任由當地印度教徒與穆斯林撕裂彼此。至於巴勒斯坦這塊燙手山芋，英國則交由剛成立的聯合國託管。新一輪的世界大戰——這一回是冷戰——正在形成，在面臨國內顛覆威脅與國外共黨奪權之下，美國人無法再像以往一樣從孤立中求得安全。如果美國沒有提出解救西歐的馬歇爾計畫，或者，如果美國和英國面對史

達林封鎖柏林時表現出退卻，之後會不會發生更多共黨政變，就像捷克被拉進「鐵幕」——邱吉爾使用的這個詞出現還不到一年——的例子一樣？希臘還會是西方國家的夥伴嗎？如果臨時組成的以色列軍隊未能拯救遭受圍困的耶路撒冷，新成立的猶太國會不會因此胎死腹中，成為大屠殺歷史中一個淒涼的註記？中國呢？蔣介石領導的國民黨還有機會逆轉毛澤東的共軍紅潮嗎？

以上是一九四八年的概觀，莫羅提醒我們，有些人剛好也在此時走到十字路口。一九四八年決定了三名年輕國會議員的政治命運，而他們不久即將聞名全國；然而，同樣是一九四八年的戲碼，也可能讓他們從此沒沒無名。儘管如此，歷史告訴我們，他們最後還是走上了政治坦途。

藍斯．莫羅（Lance Morrow）是波士頓大學教授，同時也長期為《時代》雜誌撰文。一九八一年，榮獲國家雜誌獎最佳散文與評論獎項，一九九一年又入圍同一個獎項。他有五本作品。

一九四八年是許多歷史大事匯集的一年——這是戰後「充滿奇蹟的一年」。一九四八年見證了甘地遇刺、以色列建國、冷戰登場（捷克共黨政變、柏林封鎖與空中運補、馬歇爾計畫、毛澤東逐步接掌中國）、電視在美國出現成為大眾媒體，以及杜魯門意外擊敗杜威當選總統。

幾乎在同一時間，一九四八年八月，兩名年輕國會議員尼克森與詹森被捲入一連串戲劇性事件中，這些事件將他們帶出眾議院，並且讓他們成為美國歷史上頗具爭議的總統。第三位則是甘迺迪，此時他才剛從病魔手中逃出。

如果沒有發生這些戲劇性事件，或是出現完全不同的結果，甘迺迪、詹森與尼克森可能就無法成為總統，一九六〇與七〇年代（越戰與水門事件的年代）的美國史也許將有不同的面貌。

這三個人的人格特出，但各有缺點，同時又帶點神秘色彩。他們的性格塑造了一九六〇與七〇年代的美國歷史，從達拉斯刺殺事件開始，中間經過「大社會」計畫與越戰，一直到水門事件。如果一九六三年十一月到一九七四年八月——風波不斷的年代——的美國總統不是甘迺迪、詹森與尼克森，全球歷史會為之改觀嗎？

一九四八年八月，來自加州惠提爾（Whittier）的尼克森——一個聰明、年輕又充滿野心的新任眾議員，在眾議院非美活動委員會的大老當中穿梭——被引薦給《時代》雜誌主編錢柏斯（Whittaker Chambers）。不修邊幅的錢柏斯曾經是進行地下活動的共產黨員，但是現在已退出共產黨，他似乎知道不少非美活動委員會的黑幕。

錢柏斯讓尼克森、非美活動委員會及全美國的矛頭指向希斯（Alger Hiss）。希斯是卡內基國際和平基金會會長，也是前國務院高級官員。錢柏斯指控希斯是蘇聯間諜，並指控他於一九三〇年代在華府進行活動。

爭端、頭條，日復一日出現在報紙頭版。幾個禮拜的時間，尼克森在政治上展露頭角，成了全國知名人物——寬厚的下巴、精明認真的神態，日後成為其行事不光明的象徵。尼克森利用他在希斯案的知名度——直到兩年後麥卡錫（Joseph McCarthy）掀起反共浪潮之前，希斯案一直是美國民眾關心的焦點，它反應了美國人對蘇聯和冷戰深化的憂慮——於一九五〇年競選加州參議員，順利擊敗對手女演員海倫・道格拉斯（Helen Gahagan Douglas）。一九五二年，尼克森三十九歲，四年前與錢柏斯見面時還只是沒沒無名的新任議員，然而現在艾森豪卻選擇年輕的尼克森擔任總統大選的競選夥伴，幫助共和黨爭取更多選票（考量到年齡、地緣關係與意識型態）。

尼克森擔任了八年副總統，一九六〇年總統大選以些微差距敗給甘迺迪。往後八年，尼克森在選舉上並不順遂，於是轉而為其他共和黨候選人助選。一九六九年一月，尼克森從不得人心的詹森手中接下美國總統職位。

要重新捕捉一九四八年八月希斯案在美國引發的熱潮、想像與分歧是很困難的。希斯案就像是一九四〇年代的辛普森案，唯一的差別在於希斯案並非感情糾紛，而是歷史事件。希斯案也跟一個世代後的水門案一樣，涉入的人士備受矚目，牽扯的利害關係極為複雜，而案情本身也引起大眾關注。故事的詳細內容——伍德史達克打字機、藏在南瓜裡的微卷，以及錢柏斯在回憶時認出法院首席書記官，錢柏斯說希斯曾在華府的「乞沙比克與俄亥俄運河」見過這個人——令人難忘，充滿了小說式情節，美國為了這件案子而分裂。

乍看之下，錢柏斯是個卑劣又缺乏同情心的人——遲緩、矮胖、故作神秘、一口爛牙、講話誇大，宛如杜斯妥也夫斯基作品中的人物——相反地，希斯的身子看起來相當輕巧柔軟，具有高尚的貴族氣質，與阿斯泰爾（Fred Astaire）❶有幾分神似。對大多數美國人來說，希斯其實較錢柏斯更為可信——至少一開始是如此。

錢柏斯的說法為何被採信？他看起來是如此誇大不實。錢柏斯告訴委員會：「我跟希斯先生無冤無仇。我們是好朋友，但我們同時被捲入這場歷史悲劇。希斯先生代表了躲在暗處的敵人，我們要打擊敵人，我也不例外。」

錢柏斯過去就曾提出指控。他後來說，接到非美活動委員會的傳票之前，他對共產黨活動的描述「在政府官員和新聞記者當中早已是公開的秘密」。

他向尼克森及非美活動委員會陳述的故事，和九年前向助理國務卿柏爾（Adolph Berle）——小羅斯福最早的「智囊團」成員和最重要的國內安全顧問——說的故事一模一樣。錢柏斯描述了一九三〇年代末期在華府進行間諜活動的共黨網路，而他自己就是當中的重要成員。當錢柏斯於一九三九年提出指控時，柏爾曾記錄下來，內容包括「在一九三七年取得的空中投彈瞄準偵測器

---

❶ 譯註：美國著名的歌舞片男星。

和兩艘超級主力艦的計畫」。在莫里斯（Roger Morris）的《尼克森傳》（*Richard Milhous Nixon: The Rise of an American Politician*）中，據說柏爾當時曾向在白宮打槌球的小羅斯福報告此事。「然而，小羅斯福漫不經心地認為，整件事只是另外一起用來打擊新政的獵巫活動，而且在打了幾記槌球之後，突然發火罵了柏爾幾句。柏爾跟錢柏斯說，總統用不尋常的粗魯語氣『叫他帶著他的報告滾吧！』」

不過，從一九三九到一九四八年，情勢有了很大的變化。蘇聯在戰時原是美國的盟友，此時卻成了冷戰的敵人，他們——從已經解密的維諾納（Venona）報告中，我們得知莫斯科情報頭子與各地蘇聯間諜的來往——在美國布下了龐大間諜網。

尼克森對錢柏斯做了一番研究。一開始，他對這個怪人抱持懷疑的態度，但是逐漸相信錢柏斯所說的是事實。尼克森以其敏銳的律師頭腦聆聽希斯的說詞，希斯一開始似乎自信滿滿地否認錢柏斯的說法，但之後卻開始支吾其詞；當他被問到是否曾在一九三〇年代見過錢柏斯時，竟然顧左右而言他，尼克森隨即斷定希斯在說謊。尼克森的追逐——不管是對希斯，還是他認定的自己的未來——變得無情而執著。

正當尼克森首次詰問錢柏斯時，詹森將所有的政治前途放在德州，此時正與前德州州長史帝文生（Coke Stevenson）角逐民主黨參議員候選人的提名資格。這是一場票數極為接近、難分軒輊的選戰。

受到民眾歡迎的史帝文生——他是個相當保守、白手起家的牧羊農場主，在拉諾河（Llano River）一帶擁有一大片農場，行事風格就跟賈利・古柏與約翰・韋恩扮演的西部牛仔一樣，直爽不囉唆——進行的是一場低調而傳統的選戰，開著一輛老普利茅斯，一個接著一個小鎮拜票，在郡政府前廣場低聲地與一群老人談話。史帝文生的性格帶有傳統西部德州的審慎與自制，充滿著幹練與沉穩。如果有人問他問題，他會先點燃菸斗，在煙霧中瞇著眼睛一到兩分鐘再回答。對他來說，自我吹噓是不禮貌也沒有必要的行為，選民都知道他的立場，因此他只要以一種輕描淡寫的態度出現並且參選參議員就夠了。

詹森的立傳人凱羅（Robert Caro）將史帝文生描繪成被不擇手段的詹森威逼的昔日西部英雄，其他史家則認為史帝文生是個種族主義者及反動的孤立主義者——用雷本的話來說，是個「江湖郎中」。

詹森知道自己正逐漸處於劣勢，也知道再這樣下去政治前途——從擔任十四年的眾議員位子更上層樓——將被堵死。在可預見的未來，不可能參加德州州長選舉，而下一次參議員選舉則是在一九五四年；如果這次不成功，以後就沒有機會了。詹森對支持者說：「如果選不上參議員，我就退出政壇。」

一九四八年，詹森想出了一個極有效率又聰明的競選策略。他一天工作二十小時，利用直升機在德州進行蛙跳戰術——這種選戰策略還是頭一次出現——在十七天內拜訪了一百一十八個城鎮。詹森的三人座直升機在偏遠的農村降落（詹森從天而降！），他從直升機鑽出來，任意抹黑史帝文生，所說的話令人吃驚卻有效（詹森宣稱史帝文生已經跟勞工睡在一起，意指史帝文生與勞工聯合起來反對塔虎脫—哈雷法案）。有時，詹森沒有時間降落，就會在直升機上用擴音機對著底下吃驚的農夫大喊：「你們好，我是你們的朋友詹森……」

最後，帕爾（George Parr）——德州南部的「杜佛公爵」（Duke of Duval）與黨老大——明目張膽地利用非法的墨西哥選票進行灌票，使得詹森以八十七票之差勝選。歷史學家與政治觀察家認為，史帝文生陣營似乎也有做票的行為，特別是在德州東部地區。做票的證據已經無從查起，因此很難判斷在乾淨選舉下哪一個人會勝選。

詹森以精明的手法打敗堅持合法競選的史帝文生，進了參議院之後，便以驚人的速度成為少數黨領袖，然後是多數黨領袖。詹森成為民主黨領袖之後，對於經常不來開會的新任麻州參議員甘迺迪採取禮貌的態度；但另一方面，他卻認為甘迺迪只是初生之犢與紈絝子弟。

出人意料的是，詹森竟於一九六〇年爭取民主黨總統候選人提名時敗給了甘迺迪——不僅是甘迺迪的弟弟羅伯感到驚訝，就連甘迺迪本人也料想不到。

如果詹森沒有贏得一九四八年的參議員選舉，這一切就不會發生了。如果沒有擊敗史帝文生，詹森的政治生涯幾乎可以確定到此為止；此後詹森勢必成為德州的企業家，經營廣播電台，或是在華府為大企業進行遊說。

當你進行「如果」的想像時，你就進入了抽象的運氣與機會之林，裡面充斥著偶然與可能，每條想像的路徑可通往千百種去處。走過非事實的路徑之後，你會想重新回溯走過的地方，並與現實發生的一切做個比較。

尼克森當然有可能循其他路線登上總統寶座，詹森也是。當人們在一九四八年的反事實想像中隨波逐流時，可能會在總統之路上添上第三個「如果」——甘迺迪。

如果甘迺迪——他從二次大戰退伍後便進入國會，之後成為總統，這段過程也成為他那個世代的必經之路——於一九四七年夏天在愛爾蘭旅行時，因罹患愛迪生氏症而病逝，歷史將會有什麼變化？神父甚至已經為甘迺迪舉行了臨終儀式，英國醫生告訴潘蜜拉・邱吉爾（Pamela Churchill）：「你那位年輕的美國朋友不到一年可活。」

終其一生，甘迺迪未曾對外透露自己的病情。他在一九五九年對訪談者說：「從一九四六年到一九四九年，我一直在治療瘧疾——熱病——不過，我現在已經完全康復了。」一九六〇年總統大選之後，他斷然宣布：「我從未得過愛迪生氏症。」

然而，甘迺迪確實罹患此病。愛迪生氏症——腎上腺機能不足，經常可能致命——迫使甘迺迪的父親在全美各地的儲藏箱大量儲存可體松（最有名的療法），以便甘迺迪旅行遇到緊急狀況時使用。

一九四八年，甘迺迪採納父親的意見，開始過著韜光養晦的生活。一方面，他在公開場合、在政治上表現出充滿魅力與理想主義的形象；另一方面，則將危險的事實（他的致命疾病，以及他恣意放縱的性生活）掩蓋起來。

如果詹森於一九四八年成為一介平民呢？如果尼克森沒有遇見錢伯斯呢？如果甘迺迪生病死了呢？

如果甘迺迪死了，他年邁的父親也許會將家族的總統野心交給羅伯——若果真如此，往下的發展難以猜想。有人可能稍加思索就尖酸地認定，羅伯．甘迺迪應該也會走上相同的結局——於一九六八年在國賓飯店遇刺身亡——只是路徑不同而已。

很難想像詹森會完全退出政壇。如果他成為企業界的遊說者或電台的經營者，日後很可能成為民主黨在德州的實力派人物，一個精明的黨老大。詹森不會成為總統，就無法利用白宮的權力實現自己的想法，將無法締造他原先可能締造的偉大事業——特別是在公民權利方面；不過，另一方面，他也不會在越戰上進退兩難，事實上就是這場戰爭毀了詹森。詹森沒有當上總統，美國便有可能不會陷入越戰泥淖。

至於尼克森與錢柏斯：假設他們沒有碰面。錢柏斯會不會找到另一個有權勢者，重新複述一遍他的故事？而那位聽眾會不會將希斯案當成自己政治事業的起點？在冷戰日益升溫下，希斯案一定會浮上枱面嗎？如果沒有希斯案，麥卡錫還有影響力嗎？沒有希斯案，美國的反共熱潮會不會有所不同，是不是不會造成那麼大的痛苦與決裂？

一九九〇年代解密的維諾納報告，清楚顯示蘇共在二次大戰期間及其後在美國進行活動到什麼程度。一九四八年捷克政變，一九四九年中共取得政權以及蘇聯獲得核子武器（透過福克斯〔Klaus Fuchs〕與羅森堡夫婦〔Julius and Ethel Rosenberg〕和其他間諜），一九五〇年六月北韓共黨入侵南韓——種種現象顯示，就算沒有希斯案，美國內部也會掀起一波反共熱潮。

就算尼克森沒有因希斯案早日展露頭角，也一定會藉由其他機會往上發展，他還是可能入主白宮。

一九五二年，艾森豪得知自己的年輕競選夥伴竟然秘密收受加州企業家一萬八千美元的政治獻金時，感到非常驚訝。他其實也有可能大發雷霆地說：「我才不會被一隻名叫『西洋棋』的狗愚弄。我不喜歡尼克森這個人的性格，我要他退出副總統候選人的提名！」❷

---

❷譯註：尼克森在一九五二年獲得黨內提名後，爆發收受政治獻金的醜聞。於是尼克森買了三十分鐘的電視時段，帶著家人和他的寵物——一條名叫「西洋棋」的狗——上電視說明，因而化解了危機。

25 改變人類歷史的小小作物

假如歐洲人沒有在秘魯發現馬鈴薯

威廉・麥克尼爾

一個沒有馬鈴薯的世界？麥克尼爾要我們思考這種澱粉塊莖——它含有很高的熱量，卻沒有受到重視——在過去五個世紀以來所創造的歷史大事。今日的飲食者輕視馬鈴薯，過去西班牙征服者皮薩羅（Pizarro）的軍隊在一五三一至三二年打下安地斯山脈的印加帝國時，也輕視它的存在。馬鈴薯是秘魯高原的原生物種（早期親英派史家要我們相信，馬鈴薯源自於維吉尼亞州），當地原住民仰賴這些看起來像小石頭的植物維生，而這些萎縮的球體竟可儲藏達數年之久。皮薩羅及其帶來的一幫匪徒將天花帶進了印加帝國，殺死了印加帝國大多數人口及其領導階層：他厚顏無恥地利用他們的帶菌優勢，甚至認為這正代表著上帝對他們的支持。這些故事，以及西班牙人的貪婪，我們早已耳熟能詳。西班牙人稱為「chuno」的馬鈴薯「相較於西班牙人掠奪的財富，簡直一無是處，」麥克尼爾寫道：「但我認為，卑微的馬鈴薯對於往後世界史的形塑，比皮薩羅及其後繼者喜歡的金銀更重要。」

若是沒有馬鈴薯，歷史將會走上哪一條路？西班牙能不能成為強大的霸權，建立人類史上第一個日不落國？（西班牙的財富根基在蘊藏銀礦的小土丘，而徵召來挖掘銀礦的工人卻要靠馬鈴薯才能工作。）沒有馬鈴薯，腓特烈大帝治下的普魯士能不能撐過七年戰爭（一七五六至六三年），並且最終為德國的興起鋪路？如果愛爾蘭未曾因缺乏馬鈴薯而鬧飢荒，美國、加拿大和澳洲的社會面貌會有什麼變化？沒有馬鈴薯，十九世紀的歐洲還能進行帝國主義與工業擴張嗎？我們可以猜想，有多少冷戰危機背後的推力竟是來自於以馬鈴薯製成的伏特加？如果沒有馬鈴薯，我們現在——史上難得一見的和平時期——還能欣賞到梵谷第一幅令人回味的重要畫作《吃馬鈴薯的人》（*The Potato Eaters*）嗎？

本章的範圍跨越了數個世紀、數個大陸及自然疆界——可以稱之為化簡的反事實歷史。

威廉・麥克尼爾（William H. McNeill）是芝加哥大學名譽教授，曾以《西方的興起》（*Rise of the West*）一書贏得國家圖書獎。他的其他二十六部著作則幾乎是軍事史大觀，例如《競逐富強》（*The Pursuit of Power*）、《瘟疫與人》（*Plagues and Peoples*），以及《兩種旋律的合奏：論人類史上的舞蹈與操練》（*Keeping Together in Time: An Essay on Dance and Drill in Human History*）。一九九一年，他獲得了國際最具聲望的終身成就獎「伊拉斯謨斯獎」（Erasmus Award）。

這個問題聽起來會讓許多讀者及史家覺得奇怪，我想，要是皮薩羅和他率領的一幫惡棍聽到，也會認為這個問題很蠢。然而，沒有馬鈴薯提供廉價而豐沛的糧食，秘魯高原惡劣的天候絕不可能支撐讓西班牙人吃驚的印加文明——西班牙人於一五三一至三二年攀登進入安地斯山脈，並且征服了印加帝國。對皮薩羅一行人來說，秘魯人不種小麥或不養牛造成的僅僅是微小的不便，因為這意謂著他們只能以難吃的陌生食物取代他們喜愛的麵包與肉類。馬鈴薯相較於西班牙人掠奪的財富，簡直一無是處，但我認為，卑微的馬鈴薯對於往後世界史的形塑，比皮薩羅及其後繼者喜歡的金銀更重要。

尤其是西班牙在歐洲的霸權（一五五九至一六四〇年），沒有卑微的塊莖是支撐不起來的，因為馬鈴薯餵養了波托西（Potosi）的礦工，而波托西的礦工開採的銀產量是史無前例的，這些白銀足以讓西班牙政府支付軍費（至少大部分時間是如此），並維持菲力普二世及其繼任者的其他花費。一六五〇年以後，波托西銀礦開採一空，但是馬鈴薯搖撼世界的力量並未消失；相反地，馬鈴薯被運到歐洲，讓愛爾蘭人在一六五二年被英格蘭沒收土地充公之後——克倫威爾將這些土地分配給遣散的軍隊——還能以馬鈴薯維持生命。馬鈴薯也拯救了七年戰爭（一七五六至六三年）期間遭受入侵軍隊摧殘的普魯士農民，農民能回復元氣，腓特烈大帝的軍隊與政府才有延續的可能。十九世紀，馬鈴薯田提供了大量熱量，讓歐洲各國大規模往海外及西伯利亞移民時，還能確保工廠及都市各行各業有大批勞工可使用，歐洲的人口與帝國主義擴張便因而得以支撐。

簡言之，從一五四五年西班牙探礦者在波托西發現「銀山」開始，世界的軍事與政治史便深深受到馬鈴薯這種容易種植又能提供熱量的植物影響；首先是南美洲的高原，然後是愛爾蘭及整個歐洲北部平原，最後——成果較不明顯——則是其他灌溉良好卻相對較冷的地區，其中最有名的就是中國。

要瞭解為什麼，就需要一些說明。馬鈴薯，植物學家稱為茄屬塊莖，是安地斯山脈的原生植物。馬鈴薯最適合生長的地點是生長季相對較冷的沙地，然而馬鈴薯也能適應各種緯度，只要土壤有充足的水分，馬鈴薯便能形成潮濕的澱粉塊莖。相較於其他穀物，馬鈴薯有幾個優點，使它更適合做為人類的糧食。第一點也是最重要的一點，在濕度剛好的土地上種出來的馬鈴薯，提供的熱量通常比其他穀物大得多。和東亞的灌溉稻作相較也許並不真切，但是在北歐，每一畝馬鈴薯產生的熱量是其他穀物的二到四倍。除此之外，塊莖擁有充足的維他命與礦物質，如果搭配含有脂肪、蛋白質與鈣質的全脂牛奶，飲食就能完全均衡。

另一方面，馬鈴薯的儲藏時間無法跟穀物一樣久。成熟的穀物很乾燥，不接觸水分就不會發芽，因此儲藏時只要注意不讓種子接觸水，另外則要避免動物或昆蟲的啃食。相反地，馬鈴薯本身相當潮濕，只要外界溫度稍有變化，就會啟動內建的生物時鐘；無論是在地窖還是儲藏箱，或是埋在土裡，馬鈴薯都會發芽。儲藏的馬鈴薯也很容易被空中飄浮的真菌沾黏，真菌跟人類一樣，都能輕易地從馬鈴薯得到養分；一旦真菌開始成長，塊莖很快就會腐爛。即便到了今日，要儲藏馬鈴薯超過幾個月依舊不可行。

沒有令人滿意的長期儲藏方法，馬鈴薯就無法像穀物那樣支撐起文明的社會形式；唯有擁有能儲藏的穀物，才能運用這些穀物餵養都市居民，僧侶與統治者就是憑這一點建立起早期文明。地租與稅收——不管是金錢形式還是實物形式——在往後數千年文明史中不斷地讓農民將穀物轉移給統治者、管理者及都市居民；直到近代，即便是都市與農村居民之間的市場交換，內容也是大同小異。

簡單地說，都市居民無法仰賴生產者去採集容易腐壞的馬鈴薯，主要是因馬鈴薯成熟後不需採收，可以等到要吃它時候再採收，馬鈴薯的種植者因此不用煩惱保衛珍貴儲糧的問題。相反地，種植穀物的農民容易受到武裝盜匪的傷害，因為穀物成熟後必須收成並儲藏，而收成的穀物很容易被發現，也很容易被搬走。文明化的收租者與稅吏取走農民一部分收成之後，可能有能力（也可能沒有能力）保護農村居民不受掠奪者侵擾。對種植穀物的農民來說，給強大並願意盡全力保護農民的統治者與地主分享收成絕對是較佳的方法，而統治者與地主之所以會這麼做，是因為每個人都仰賴農民種植的穀物維生，所以農民的安危與他們有直接的利害關係。因此，從文明興起開始，穀物種植與文明就密不可分。

儘管如此，在原生的安地斯棲地，馬鈴薯的確是印加帝國及印加帝國之前諸文明的主要糧食；之所以如此，是因為南美洲高原的特殊氣候使得馬鈴薯能長久保存。當地人把馬鈴薯放在乾燥的室外，儘管秘魯地處熱帶，但是高度因素會讓夜裡降到冰點以下。萎縮乾凍的馬鈴薯——西班牙人稱為「chuno」——就跟穀物完全一樣，可以儲藏好幾年不流失養分。因此，印加稅吏就可以要求馬鈴薯種植者供應chuno給官倉，正如稅吏要求地勢較低的玉米種植者繳交玉米一樣；而官員們就能從官倉發放糧食給軍隊、公共工程的勞工，以及所有的僕役、行政官員與僧侶，這些人結合起來使得印加政府與文明得以運作。

一五三二年，西班牙人接掌了印加帝國的行政體系；一五四五年之後，西班牙人運用這個體系提供chuno給數萬名徵調來波托西開採銀礦的工人。工人吃了chuno之後努力挖礦，開採出如洪水般巨量的白銀。白銀讓西班牙在歐洲與美洲稱霸，並且在往後一百年讓全世界的物價維持高檔；然而，攀升的物價很快就衝擊到各地文明社會的舊經濟關係與舊社會關係。這也就是說，一五四五年到一六五〇年間，被加工成chuno的馬鈴薯推動著西班牙人在秘魯以史無前例的規模開採白銀，而馬鈴薯讓西班牙軍力在西歐達到顛峰的同時，也讓全世界的經濟與社會陷入動亂。當時沒有人看出世界正在變化，更不會有人將chuno——從歐洲人的眼光來看，這是一種令人作嘔又難吃的食物——視為造成這些變化的元兇；然而，它的確是。

這波衝擊只是馬鈴薯初試啼聲，真正的好戲要等到馬鈴薯被移植到歐洲之後才上演。馬鈴薯是如何到達歐洲的，史無明文；但明顯的是，西班牙船要進入太平洋之前會先裝運糧食，做為回程的補給。找不到歐洲人熟悉的穀物，水手們只能在返鄉時靠著玉米和馬鈴薯補充熱量，而南美洲太平洋岸出產的也就這兩種糧食。我們知道，在返回西班牙的路上，水手們會採取沿岸的植物樣本，有些水手覺得當中有一些應該可以當成新的糧食作物，便嘗試種植。西班牙大部分地區都太乾燥，不適合馬鈴薯生長，但是大西洋帶來的濕氣卻讓西班牙西北沿岸的巴斯克自治邦有足夠的濕度，使得馬鈴薯能在當地繁衍生長。

在皮薩羅征服印加帝國之後不到幾十年的時間，馬鈴薯開始在巴斯克自治邦生根。巴斯克漁民很快就懂得在出海前往紐芬蘭巨岸區（Grand Banks）捕魚時，在船上存放一些馬鈴薯。這些漁民在返航時向來有前往愛爾蘭西岸停泊休整的習慣，於是馬鈴薯也因此被引入愛爾蘭。馬鈴薯開始在愛爾蘭繁衍的確切時間已不可考，但至少到了一六五〇年，這種作物已經廣泛種植於愛爾蘭的極西省分卡諾特（Connaught），並且在克倫威爾擊敗愛爾蘭人（一六四九至五二年）之後，解救了愛爾蘭人的性命。

英格蘭政府為了解決愛爾蘭問題，便沒收愛爾蘭人在蘭斯特（Leinser）與芒斯特（Munster）的土地，並將這些土地分配給退伍軍人；原本在這兩個省分生活的愛爾蘭人不得不移往卡諾特，使得卡諾特的人口密度大為增加。戰敗的愛爾蘭人發現，在小塊農地上種植馬鈴薯可以維持生活，這種新糧食可以搭配牛奶一起食用，而牛群向來是愛爾蘭的經濟支柱。愛爾蘭的土壤與氣候配合得恰到好處，使得一畝地所生產的馬鈴薯和餵牛的草料足以養活一大家子，甚至還能再養一頭豬。不管這種飲食對我們來說有多麼乏味，但畢竟從克倫威爾逼迫愛爾蘭人就範的時代開始，愛爾蘭的人口就能健康快速地成長。

相反地，英格蘭移民吃的則是麵包與乳酪，也不願改變他們的習慣。愛爾蘭的氣候常使得小麥無法成熟，每畝的黑麥與燕麥產量都較少，收成這些穀物並製成麵包的成本也較採收馬鈴薯高很多。只需往土裡一挖，將馬鈴薯丟到滾水鍋裡就能上桌，這意謂著愛爾蘭人的生活成本遠低於英格蘭人。克倫威爾的退伍士兵在潮濕寒冷的愛爾蘭氣候中，無法以熟悉的英格蘭穀物耕作方式獲得滿意的收成，便將土地全賣給土地仲介商；這些商人隨即發現，唯有在這些土地上飼養肉牛才能賺取收入。

這些地主暴發戶需要雇用人手幫他們照顧牛群，而他們很快就發現愛爾蘭勞工是相當有經驗的牧人——而且工錢極為低廉，只要有一片馬鈴薯菜園和足夠牛群食用的牧草即可。信奉天主教的愛爾蘭勞工，以及他們賴馬鈴薯維生的生活方式，在整個愛爾蘭鄉村地區取代了工資昂貴、嗜吃麵包的英格蘭勞工，這個結果讓英格蘭政府頗為意外。多虧了馬鈴薯，才使愛爾蘭大部分的人口仍然是愛爾蘭人，唯一的例外是歐斯特（Ulster），由於早期曾發生反英格蘭的叛亂事件，造成一六〇七年之後大批蘇格蘭新教徒移居到這塊合併的領土上。蘇格蘭人種植的作物是燕麥而非小麥，可以在愛爾蘭的土地上順利收成；而且，由於馬鈴薯直到十八世紀初為止都沒有傳入歐斯特地區，所以蘇裔愛爾蘭人便在歐斯特大部分地區順利取代了愛爾蘭人。直到今日，當地的政治與社會問題還是不斷登上報紙頭條。

十九世紀，更快更大的蒸汽船開始橫越大洋，無意間將南美洲的真菌運到了歐洲。在潮濕寒冷的環境下，這些真菌對於已經在愛爾蘭和絕大部分歐洲北部平原建立地盤的馬鈴薯造成致命的影響。一八四五與四六年的夏天，西歐的氣候特別寒冷潮濕，使得馬鈴薯大量歉收，愛爾蘭爆發飢荒，而歐洲北部也面臨嚴重的糧食缺乏。超過一百萬愛爾蘭人死於飢饉及其引發的疾病，有數百萬人在飢荒期間及之後移民國外。這場飢荒造成愛爾蘭人大量移往海外，改變了美國、英國、加拿大、澳洲和其他地方的社會景觀，這也許可以算是栽種馬鈴薯以及愛爾蘭人冒險仰賴單一作物造成的第二次世界變遷。

然而，馬鈴薯對於近代歐洲史的主要衝擊，大部分還是反映在歐陸而非愛爾蘭。故事必須回到西班牙水手首次帶著塊莖橫跨大洋的時候。我們知道西班牙大部分地區並不適合種植馬鈴薯，但是義大利的波河谷地剛好相反；一五三五年時，波河谷地仍為西班牙帝國所有。一定是某個水手將馬鈴薯帶到義大利，遭到重重剝削的義大利農民看到馬鈴薯簡直如獲至寶——不只是因為他們可以逃避稅收，城市居民一開始並不吃馬鈴薯。馬鈴薯田很外就向北擴展，直到十六世紀為止，馬鈴薯已經從義大利越過阿爾卑斯山到弗朗什—孔泰（Franche-Comté）、萊茵河流域，以及低地國。

馬鈴薯之所以會順著這條路徑進入歐洲北部平原，是因歐洲北部平原的農民定期被西班牙軍隊——西班牙軍隊沿著所謂的「西班牙道路」北上——軍事徵調。長期以來，荷蘭人不斷反抗西班牙菲力普二世及其繼承人的統治，八十年來（一五六八至一六四八年）和戰不定。由於荷蘭人擁有強大的海軍，對西班牙船運構成極大的威脅，西班牙政府因而被迫運兵到義大利北部，再從義大利北部走陸路增援低地國。從遠古時代以來，歐洲軍隊行軍時都是仰賴土地維生，運輸的限制讓他們沒有別的選擇。因此，西班牙士兵在前往低地國途中都會沿路沿村地徵調穀物，年復一年都是如此；在這種情況下，農民很快就發現馬鈴薯可以讓他們保住性命：只要將馬鈴薯埋在土裡，需要時再挖出來，就算糧食全被軍隊搶光，農民還是有東西可吃。馬鈴薯如何從義大利北傳在當時並沒有留下記錄，我們只能假設，口耳相傳再加上被軍隊劫掠的痛苦，使得這個救命新作物沿著村子往北傳布出去。

終於，沿著「西班牙道路」北傳的馬鈴薯受到學者關注。一五八八年，有位名叫克魯西烏斯（Carolus Clusius，他將自己的名字拉丁化）的植物學家，在比利時的蒙斯（Mons）附近的菜園裡發現了馬鈴薯，並且用水彩畫了下來。克魯西烏斯隨後將這幅畫收入他的《奇異植物誌》（*Rariorum plantarum historia*，安特衛普，一六〇一年）中並出版，他稱馬鈴薯為「Papas Peruanorum」，並且附上一段描述，同時也說明他對這種植物有什麼發現。他正確地提到馬鈴薯來自於秘魯，並且在義大利北部「很普遍」，義北的居民認為馬鈴薯既能拿來餵馬，也能當做人的食物。這是目前所知最早提到歐陸馬鈴薯的文獻資料，不過，雖然這份文獻正確提到馬鈴薯的原產地，但是說明並不完全。克魯西烏斯並不瞭解西班牙道路沿線農民為何都願意種植這種新作物，更不知道巴斯克漁民也種馬鈴薯。不過，這些事情其實可以從其他可證明的事實推測出來：愛爾蘭的馬鈴薯來自於西班牙，而不是來自於德雷克（Francis Drake），德雷克於一五八〇年帶回英格蘭的是不同種類的馬鈴薯。英格蘭植物學家傑拉德（John Gerard）隨即將德雷克從環球航行中帶回來的馬鈴薯記錄下來，並且為這種新植物製作了一幅大木刻畫，做為其《植物誌》（*Herball, or General Historie of Plantes*，倫敦，一五九七年）的卷頭插畫。這本書比克魯西烏斯的作品早了四年，傑哈德錯誤地將這種新植物命名為「維吉尼亞的馬鈴薯」，因此讓英國人一直到十九世紀都還保留著這個錯誤觀念。

直到十八世紀，馬鈴薯都還只是菜園裡的作物，不管是在巴斯克自治邦、愛爾蘭、義大利北部、萊茵河流域，還是在以上地點的鄰近地區，都是如此。絕大多數歐洲種穀者都在開闊地上將土地區隔成長條狀來耕作，傳統上也要求每個人都必須在毗連的長條土地上種植相同的作物，如此才能按部就班地進行收成、拾穗與犁田的工作；一般說來，開闊地上不許栽種新作物。儘管如此，如我們所看到的，在一五六〇年到一七〇〇年之間，對於歐洲戰火頻仍地區因軍事徵調而造成的人口損失，小規模的馬鈴薯菜園產生了減緩作用。隨著歐洲軍隊規模的擴增，戰事過後，農村人口因飢餓而死亡的數量也不斷增加，其中蔓延最廣、死傷最慘的莫過於發生在日耳曼的三十年戰爭（一六一八至四八年）。這場戰爭的恐怖讓人久久無法忘懷，因為這是馬鈴薯普遍栽種——它可避免軍隊搶過糧食後農民將活活挨餓的慘劇——之前，歐洲北部最後一場長期戰爭。

馬鈴薯之所以會普及，主要是因一七五〇年後馬鈴薯在歐洲的推廣不再仰賴不認識字、單憑口耳相傳的農夫，而是政府官員出面介入——起初只有普魯士這麼做——並且開始宣傳馬鈴薯，以保護農村納稅人在戰時不至於餓死。這項政策起源於年輕的普魯士國王腓特烈大帝，他當時正在萊茵河地區進行奧國王位繼承之戰（一七四〇至四八年）。腓特烈發現馬鈴薯可以讓農民在軍事徵調之後存活下來，因此決定於一七四四年將馬鈴薯引進普魯士，下令地方官員發放免費的馬鈴薯種子給農民，並且教導種植方法。

腓特烈的做法在七年戰爭（一七五六至六三年）中得到豐厚的報償，普魯士農民在奧國、俄國與法國接連入侵下都沒有出現嚴重飢荒，因而得以在戰火中存活下來。普魯士邦與普軍面對壓倒性的敵軍入侵時居然能夠殘存，所仰賴的除了腓特烈的輝煌戰功、英國的協助及俄國突然倒戈之外，當然還有普魯士農民新生又令人驚訝的恢復力。如果七年戰爭期間普魯士的農田與菜園裡沒有馬鈴薯，德國往後的歷史將大為改觀。然而，換個角度來想也未嘗不可，若法國、奧國與俄國的軍隊獲得勝利，幾乎可以確定的是，未來不會在俾斯麥主導下於一八七〇年以普魯士為首統一德國。

七年戰爭期間，攻擊方明顯看穿了普魯士得以抵抗敵軍連續入侵的秘密，於是在訂定和約之後，法奧俄三國政府全都模仿普魯士，開始向自己的農民推廣馬鈴薯，種植馬鈴薯成了三國的既定政策。在軍醫帕爾蒙提耶（Antoine Parmentier）的奔走下，法國率先推行這項政策。帕爾蒙提耶在普魯士發現了馬鈴薯之後，便將整個後半生完全投入於馬鈴薯的營養和種植法的研究上，並將研究成果集合寫成《馬鈴薯研究》（*Examen chymique des pommes des terres*，巴黎，一七七四年）。另一方面，法國官方也努力推廣馬鈴薯，王后瑪麗・安東妮特（Marie Antoinette）為了宣傳馬鈴薯，甚至梳了馬鈴薯花的髮型出現在宮廷舞會中。奧國與俄國政府也加緊腳步要趕上普魯士，然而開闊地耕作法已行之多年，所產生的惰性與限制使得歐洲的馬鈴薯一直局限在菜園裡，這種狀況要等到一八二〇與三〇年代才會改觀。

到那時，法國、低地國與日耳曼的馬鈴薯將突破菜園的籬笆，成為田野上的作物，如此將產生大量熱量，進而促使人口增加。要理解馬鈴薯造成多大的影響，要先瞭解歐洲傳統的穀物耕作必須每二到三年休耕一次。在雜草的種子形成之前，農人必須利用夏天先犁過休耕地，將雜草清理乾淨。要清理馬鈴薯園的雜草，只能用手挖掘，所以從人的觀點來看，馬鈴薯田在夏天需要比穀物田更多的勞工。雜草的種子太多太密，不可能清理乾淨，除非找到充足的勞工，否則馬鈴薯不可能成為主要的田野作物。

不過，歐洲與其他文明地區都在一七五〇年之後開始經歷一段持續性的人口成長；至於當中的原因，人口學家仍莫衷一是。當農地已充分開發、而人口數量卻繼續暴增，表示每個家庭擁有的農地將會減少，生活水準也會下降，清朝政府於一七七〇年代開始遭遇一連串農民暴動，即是這種情況的最佳寫照。然而，在整個歐洲北部地區，還有許多穀物休耕地可以種植馬鈴薯，而政府政策也準備朝這方面進行。因此，糧食將會成倍增加，而歐洲北部的人口在糧食無虞之下也會增加，人口增加便能加強農業、工業、軍事和其他方面的組織性活動。十九世紀時，歐洲北部諸國在支配世界的角色上重要性突然大增，完全要歸功於還有休耕地可供利用。

廣大的休耕地如何在一七五〇年之後讓歐洲北部諸國建立起一套強大的反饋迴圈，要瞭解這一點相當容易。只要在休耕地上種下馬鈴薯，就會出現全新又巨大的糧食供應，而且還不會影響傳統穀物的收成！多麼走運啊！放棄傳統的休耕，將歐洲已開墾農地的三分之一到二分之一拿來種植馬鈴薯（或是其他成排的作物，如蕪菁與甜菜）；只要在初夏用手挖掘一到兩次，雜草問題便能有效控制。今年種的馬鈴薯田，明年還能拿來種穀物，就跟以往一樣，成排作物換行種，差別只是沒有休耕地。歐洲的耕作若是要密集，額外的勞動力是必要條件；馬鈴薯每畝產生的熱量是穀物的二到四倍，可以立即支撐耕作所需的大量人口。除此之外，多餘的馬鈴薯可以用來飼養牲畜或製造伏特加，而伏特加事實上將成為俄國政府的一項重要收入。

在這種情況下，一旦馬鈴薯真的成為田野作物，人口勢必突破以往的高度，而低廉的馬鈴薯將成為整個歐洲北部貧窮階級的主要糧食——從法國北部與低地國，經過德國與波蘭，一直到俄國。歐陸的麵包不可能跟愛爾蘭一樣完全被馬鈴薯取代，因此愛爾蘭的飢荒（一八四五到四七年）——馬鈴薯大量歉收——不太可能發生在歐陸（和英國），但是對於曾經遭遇過那場浩劫的人來說，「飢餓的四〇年代」永遠無法忘記。

真菌對馬鈴薯的危害需要潮濕寒冷的氣候才能助長，一八四七年之後，當乾燥夏日再度降臨歐洲時，真菌自然會減少或甚至消失。不過，每隔幾年就會出現的寒冷潮濕的夏日氣候有可能會延長，並且讓真菌肆虐，造成慘重的農業損失，一直要到一八八〇年代，預防的化學噴霧劑出現，這種狀況才能獲得改善。而在化學噴霧劑（和人工肥料）出現前不久，歐洲農業就已經有了變化，馬匹拖拉的採收機讓人們不需再用手來挖掘馬鈴薯與成排作物，如此將釋放出大量農村勞動力到礦坑和工廠中，這些設施通常出現在煤田附近。除此之外，大量的移民將前往海外，或者往東前往西伯利亞。

一七四四年，腓特烈大帝率先以官方贊助的方式審慎推廣種植馬鈴薯，所引發的效應相當巨大。首先，馬鈴薯很快就成為田野作物，並且逐漸成為歐洲北部重要的糧食來源。歐洲的農業人口能夠承受得起法國大革命和拿破崙戰爭（一七九三至一八一五年）帶來的重重戰禍，主要歸功於馬鈴薯園及馬鈴薯田提供的糧食儲備；若沒有馬鈴薯，歐洲各國不可能在動員數百萬士兵的同時，又能以傳統無情的軍事徵調方式——從各地村落掠奪穀物與牲畜——給養戰場上的部隊。一七九三年至一八一五年的戰爭強度雖然遠邁前代，所帶來的死亡與災禍卻遠不如三十年戰爭，甚至只造成歐洲農業人口非常微小的損害。

之後，隨著馬鈴薯持續往休耕的穀物地擴張，也不再需要手工挖掘，歐洲的鄉村人口將開始減少。數百萬移民開始在工廠和礦場工作，或是在快速擴張的市中心從事其他職業，或是移往海外及往東前往西伯利亞。十九世紀歐洲人口暴增的確令人印象深刻，歐洲人不僅填滿了歐洲本身，還陸續移往海外及西伯利亞；更難得的是，歐洲人在尋找土地容納暴增人口的同時，還能生產適量的——事實上是豐富——食物。

歐洲北部所有的休耕地都消失了，如我們看到的，馬鈴薯在此扮演著領導的角色。在海外及西伯利亞，原住民因暴露於文明疾病中而遭到毀滅。文明社會對於毛皮和其他商品的需求破壞了原本的生態平衡，也瓦解了西伯利亞、美洲、澳洲和其他海外景觀，之後歐洲移民便得以長驅直入。軍事征服僅僅確保了歐洲移民能取代原來的住民，並且種植歐洲人熟悉的作物，施行歐洲人熟悉的耕作方法。歐洲人對美洲、澳洲及一部分西伯利亞進行了徹底的文化與政治轉換，今日的美國與俄國人民很明顯是這段過程的子嗣。

沒有馬鈴薯田提供額外的糧食，歐洲北部的人口不可能暴增。玉米在歐洲南部也扮演類似的角色，只是成效較小，然而這又是另一則故事了。歐洲的興起以及歐洲近來從世界支配者的角色逐漸退了下來，中間當然有許多其他因素，但我們可以相當肯定地認為，秘魯的馬鈴薯推動歐洲人口快速成長，使得歐洲能持續對外進行帝國主義擴張，馬鈴薯因而強烈影響了一七五〇年之後世界史的發展。黃金與白銀固然閃耀生輝，但乍看之下毫不起眼的馬鈴薯卻更是重要，因為馬鈴薯深刻而持續地改變了人類的歷史進程，從皮薩羅初次碰見並輕視它的那一刻開始。

因此，如果皮薩羅沒有在秘魯發現馬鈴薯，我們的世界絕對會有劇烈的變化，只是沒人能確切說出會有什麼不同。

ReNew 012

What If? 2：史上25起重要事件的另一種可能

編　　者　羅伯・考利
譯　　者　黃煜文
主　　編　郭顯煒
發 行 人　涂玉雲

出　　版　麥田出版
城邦文化事業股份有限公司
台北市信義路二段213號11樓
電話：02-2351-7776　傳真：02-2351-9179
發　　行　英屬蓋曼群島商家庭傳媒股份有限公司城邦分公司
台北市民生東路二段141號2樓
讀者服務專線：0800-020-299
服務時間：週一至週五9:30~12:00；13:30~17:30
24小時傳真服務：02-2517-0999
讀者服務信箱E-mail: cs@cite.com.tw
郵撥帳號：19833503
戶名：英屬蓋曼群島商家庭傳媒股份有限公司城邦分公司
香港發行所　城邦（香港）出版集團
香港灣仔軒尼詩道235號3F
電話：25086231　傳真：25789337
馬新發行所　城邦（馬新）出版集團
Cite(M) Sdn. Bhd. (458372 U)
11, Jalan 30D/146, Desa Tasik, Sungai Besi,
57000 Kuala Lumpur, Malaysia
電話：603-9056 3833　傳真：603-9056 2833
E-mail: citekl@cite.com.tw.
印　　刷　禾堅有限公司
初版一刷　2005年8月

ISBN : 986-7252-54-3　　售價：420元
Printed in Taiwan

國家圖書館出版品預行編目資料

What If? 2：史上25起重要事件的另一種可能 / 羅伯・考利（Robert Cowley）編；黃煜文譯. -- 初版. -- 臺北市：麥田出版：家庭傳媒城邦分公司發行, 2005 [民94]
面； 公分. --（ReNew : 12）
譯自：What If? 2: Eminent Historians Imagine What Might Have Been
ISBN 986-7252-54-3（平裝）

1. 世界史

710 94011832

ReNew

新視野・新觀點・新活力